労働法が目指すべきもの

謹しんで
渡辺 章 先生に捧げます

一 同

―〈執筆者一覧〉（掲載順）―

中嶋士元也（なかじま・しげや）　　法学博士

宮里邦雄（みやざと・くにお）　　弁護士，日本労働弁護団会長

中山慈夫（なかやま・しげお）　　弁護士，経営法曹会議常任幹事・事務局長

野﨑薫子（のざき・かおるこ）　　弁護士

香川孝三（かがわ・こうぞう）　　大阪女学院大学教授（副学長）

籾山錚吾（もみやま・そうご）　　朝日大学法学部大学院教授

野田　進（のだ・すすむ）　　九州大学大学院法学研究院教授

土田道夫（つちだ・みちお）　　同志社大学法学部法学研究科教授

荒木尚志（あらき・たかし）　　東京大学大学院法学政治学研究科教授

中窪裕也（なかくぼ・ひろや）　　一橋大学大学院国際企業戦略研究科教授

小畑史子（おばた・ふみこ）　　京都大学大学院地球環境学堂准教授

池田　稔（いけだ・みのる）　　中央労働委員会事務局第二部会担当審査総括室付審査官

菅野和夫（すげの・かずお）　　東京大学名誉教授・日本学士院会員

野川　忍（のがわ・しのぶ）　　明治大学法科大学院教授

山川隆一（やまかわ・りゅういち）　　慶應義塾大学大学院法務研究科教授

渡辺 章 先生

2010 年 11 月　箱根　筑波大学社会人大学院企業法学専攻修了者との懇談会にて

労働法が目指すべきもの

渡辺 章先生古稀記念

菅野和夫　中嶋士元也　編
野川　忍　山川隆一

信山社

はしがきに代えて
──呼びかけ人の一人として──

中嶋士元也

はじめに

　本書は，菅野和夫氏，野川忍氏，山川隆一氏と私が呼びかけ，ご執筆の各位の賛意をいただいて，渡辺章先生の古稀をお祝いして，章先生（以下，普段どおりそのようにも呼ばせていただく）に献呈される予定の書物であった。すなわち，本書は渡辺章先生の古稀記念にご執筆いただくにふさわしい，労働法の理論の分野や労働の法曹実務・行政実務の第一線で活躍し，赫々たる業績を有する方々に呼びかけ，2010（平成22）年10月18日の70歳の誕生日に章先生に差し上げるべきはずのものであった。しかし，私ども呼びかけ人の力量不足をはじめとする種々の事情により，刊行が1年余り遅れたことになる。呼びかけ人としては面目ないことであり，まず，この失礼を章先生にお詫び申し上げなければならない。と同時に刊行が遅れたということは，当初私どもから依頼した期限を守って原稿を提出して下さったご執筆者の方々にはご迷惑をおかけしたということであり，それら諸先生方にも同様に心からのお詫びを申し上げなければならない。

　渡辺章先生の詳細なご経歴およびご業績は本書末尾に掲載されているので，ここでは省略する。

　しかし，冒頭に是非とも記しておきたいことがある。章先生60歳の際には当時先生が主宰され，山川隆一教授（現慶應義塾大学）と共に指導に当たられていた筑波大学労働判例研究会の弟子・教え子による書物『労働時間の法理と実務』（2000年・信山社）が先生に捧げられるとともに，同じく弟子・教え子のほかに章先生の所属する東京大学労働法研究会の研究者を中心とした人々，出版社関係諸氏等による寄せ書き集として『渡辺章先生還暦記念文集』なる小冊子（以下『文集』という）が作成され一部に配布された。

　寄せ書きとしての『文集』では章先生ご自身も，恭子夫人と共に文章を寄せ

はしがきに代えて

られている。ごく簡略なものながら，そこでのエッセイに表わされた，章先生の半生と人生観そしてそこから生まれた労働思想こそは，実にあの「渡辺章の労働法学」の出発点であり，渡辺章以後に登場した労働法研究者とはデッサンや色彩の違うところであって，働く人々への愛情が脈打つ理論構築（時には，私にはやや難解であったが）において俄然異彩を放ち，私などの遠く及ばざるところであったのはもちろん，他者の追随を許さぬところでもあった。

すなわち，『文集』のエッセイには「何のための労働法」との題が付されている。章先生が高校を出て川崎の製鉄工場に勤務していた時代のことである。社員寮では土曜の夕方，日曜の朝になると，地方の農山村から働きに来ている臨時工や期間工に会いに同郷の娘さんたちが彼らを訪ねて来ているのを見かける。遠い故郷から出て来て，工員たちが早番や夜勤を終わって工場から帰るのを寮の玄関前で待ち受けているのだ。それから近くの板造りのラーメン小屋でラーメン（30円）や焼きそば（20円）を食べながらデートしていたという目撃談である。けなげで感動的な話しはまだ続くのだが，エッセイは最後に述べる。「（この光景は）35年後の今も忘れられない。工場地帯の，働く人々の純朴な姿である。労働法はこういう人々の幸せのためにあると信じている。」と。

かようにして，章先生の労働法は若かりし頃の身辺にいた青年たちの「労働風景」から発生したといってよい。このことを，単なる青春期の懐古談に終わらせることなく，長い間そして昨日も今日もそしておそらく明日も，そのような「労働風景」に根ざした労働法理論の構築を目指してきたのが渡辺章先生であると私は思う。

もっとも，そのこと（渡辺の法思想の端緒）と章先生に献呈する本論集のタイトルである『労働法が目指すべきもの』との思想的関連性は，残念ながら，まったくない。もとより，本書は一定の法思想や解釈学的方向を期待してこのタイトルを設定したわけではない。労働に関する法思想は多様化しており，それだけに現今，洋の東西を問わず各論者は苦悩している（例えば，そもそも労働法の入口の「労働者」「労働契約」の概念に関する欧州の立法ないし理論状況。そして雇用創出の立法政策）。本書は，章先生の後進の者たちが，むしろ苦悩して労働の法と実務に取り組んでいる様（さま）を章先生にも見ていただこうという趣旨だと捉えれば最も穏当なのではないかと考える。ここでは，当然渡辺学説も批判にさらされる場面があるであろう。もしそうなれば，本書の企画は成功といって

はしがきに代えて

よい。言うまでもなく章先生は殊の外お喜びになられるであろう。日本労働法学会の事務局長そして代表理事をも務められた章先生は，学問は社会の共通の財産であり，我々の活動目標は知的共通財産の形成にあること日頃から力説しておられたからである。そして，本書はその執筆陣からして，章先生のそのような期待に応えうるものと私ども呼びかけ人一同は確信している。

1　労働法の鬼

（1）　渡辺章先生の近著『労働法講義・上——総論・雇用関係法Ⅰ』（2009・信山社。以下『講義・上』という）の「はしがき」には，先生の今日までの長い研究者としての生きざまと，未来の労働法学への尽きせぬ愛情が見事に表現されている。そして私は，そのほかに，現在の学説状況（学会の現状）に対する憂慮ないし警告が秘められていると感じさせられる。いわく。「これ（判例法理）に対し学説は，広い意味での立法史，国際比較，それに一人ひとりが近未来の社会経済のあり方を思惟し，それもいくぶん織り込み，法理論構成として主張されている」と。

私の抱いている感想では，最近の労働法の教科書・解説書を読んでも，「この法的取扱いの系譜は何モノであったか」「理論のオリジナルと展開はいつ頃のことで誰によってであったか」を明らかにしてくれているものはきわめて少ない。著書の多くが法科大学院の学生を読者として想定して書き進められているからであろう。主たる読者の要望に応えるのが著者というものであるとすれば，現今，（受験）教育用のテキストや副読本として出版されるのも無理からざるところとは思う。しかし，その分だけ知的刺激は少ないものがほとんどであるとの感想を私は抱いている。

その私から見れば，上記の『労働法講義・上』「はしがき」引用部分は，読者たる学生（法科大学院生）に対して心構えを諭した部分ではあろうが，章先生の後進の労働法研究者に対する警告でもあるのではなかろうか。

（2）　上記『文集』には，編集者として章先生とは旧知の渡辺左近氏（信山社）も一文を寄せている。そこにおいて左近氏は，信山社刊『日本立法資料全集』のうち，渡辺章先生が中核となって作業を行い圧倒的な業績として後世に残された渡辺章・野田進編集代表『労働基準法［昭和22年］全6巻』（通しで3,410

はしがきに代えて

頁に及ぶ膨大な資料）の編集作業の過程で，章先生が「（旧労働省の地下で）すごい資料が見つかった」と同氏に告げた際の興奮ぶりを述懐している。その場に私はいなかったが，別の場を通して，この資料発見の頃の章先生の興奮ぶりが尋常ではなかったことは私も記憶している。そのような資料には私も興味がないわけではなかったが，さほどに感動的な発見であるとは思わなかった。ただ，その時「この人は労働の鬼だな」と改めて感じ，心をうたれると同時にいささか恐れた。それが直接的理由になったとは言わないが，その頃から私は徐々に労働法から離れていった。労働法の VIEW POINT が分からなくなってきたのである。

さらに，例えば，章先生の『講義・上』（271頁）は，労働協約の規範的効力規定について，同趣旨がすでに1925（大正14）年内務省社会局労働組合法案に盛り込まれていたことをわざわざ指摘している。このような歴史的系譜の記述は最近の教科書にはまずみられず，久々に昔の体系書を読む思いがしたものである。

ともあれ，章先生がいかに「労働」に由来しあるいは派生する「歴史」や「系譜（物の繋がり）」を玉のごとく抱いて自己研鑽を積んできたかの一端を知るには，これらのエピソードをもって十分であろう。

しかし，さらに本書呼びかけ人の一人である野川忍氏（現明治大学教授）の次のような渡辺評は，よりいっそう的確に章先生の人と学問を描いていると思われる（『文集』53頁）。すなわち，「渡辺先生は，労働現場での青春を学問に最も有益な形で反映させてこられただけでなく，これに『剛直なリベラリズム』というゆるぎない姿勢をも加味されて，独自の学問体系を構築されてきた。」。

(3)　『講義・上』「はしがき」はまた，「学説は，研究者がひとりで考え，迷い，決断し，また迷いつつかたちづくるものである。」と述べて，研究や学問は孤独な仕事であることを読者に教えようとしている。この点は私も同感である。同感ではあるが，私は市民法を基礎に"労働現象"を考えることが多かったから，「ひとりで考え」とは言っても，心中にはそれこそ長い歴史をもつ民法という拠り所はあった。しかし，章先生は，1970年代半ばに，後の『講義・上』（526頁）が自ら「私見は単独説」と評することになる「配転命令権否認論」を唱え学会を驚かせたのを皮切りに，特に労働時間法の分野では独特の持論

（時には異説）を展開して来られた。本書編集者の一人である菅野和夫氏（現中労委会長）は，これを「(渡辺さんの) 現場感覚論」と呼んだ (『文集』36 頁)。章先生は壮年期に入って，小西國友＝渡辺章＝中嶋士元也の 3 人で『労働関係法』という教科書を書かれたが，それを聞いた 3 人の共通の恩師の石川吉衞門先生が「アハハハ……」と笑ったきり何の感想も述べられなかった。今でも，どういう笑いであったろうかと時々思い起こすが，結論は「君たち 3 人では，考えが違いすぎてモノにはなるまい」という意味ではなかったか。石川先生は，共著であるのに，しょせんはそれぞれが協調性に問題があり，「ひとりで考える」タイプであるからまとまりがつくまいと見破っておられたのではないか（だが，その共著は，好評，不評をないまぜにしたまま 5 版まで改訂を続けた＜有斐閣Ｓシリーズ＞）。しかし，幸いなことに，私を除いて，小西先生も章先生も，その後老いてますます盛んと言っては失礼だが，個性に満ちた力作を単著として著わした。それぞれが「ひとりで考える」姿に戻ったし，その姿こそは，本来の渡辺章の姿だと思う。

2 粘りの渡辺委員──都労委時代

渡辺章先生が，信義に厚く誠実なご性格であることは今さら指摘する必要がない程に世に知れ渡っているが，長年のお付き合いをさせていただいた私でも，ほとほと感心させられたのは，「粘り」である。粘りぶりを披露するには，共に東京都労働委員会の公益委員を務めていた頃の想い出が最適であるが，具体的な内容の紹介は紙幅からして無理である。都労委では，章先生と私との"対決"は不当労働行為の成否を決する「合議」の場でしばしば（ほとんど毎回）生じた。もちろん渡辺，中嶋の労使関係の展開をめぐる事実関係に対する評価の視点，不当労働行為制度・理論に関する見解の違いなどから真に対立することもあったが，暗黙の前提にしていたのは，「わざとでもいいから議論をして，他の公益委員，担当職員の関心を引き付け，認識を深めてもらう」ということであった（そのようなことは自意識過剰だとのご批判があれば甘受する）。一定の対立状況になると，硬軟にわたり，捌きの抜群な岩村正彦委員（東京大学教授。現中労委公益委員）が割って入り，穏当な所へ行きついて会議は終わり，渡辺と中嶋は連れ立って在室ランプを消し，飲みに行く（岩村氏は通常飲まない）。周りの職員たちは「さっきまであんなにケンカしていたのに」と首をひねる，といった

はしがきに代えて

具合であった。

　そこまでは，私も章先生に何とか対抗できたが，例えば物分かりが悪く，わがままを言い放題の労働組合・労働者が出てくると（使用者でも理屈としては同じことだが），私にはこらえ性がなかった。私は労使間の調整（和解作業等）をすぐ諦めて，「命令（判定）でいきます」と告げた。労使の参与委員に「先生もう少し辛抱強く和解を探りましょう」と何度たしなめられたか分からない。

　章先生は，違った。筋の悪い労働組合・組合員（使用者のタチが悪かった時の姿は記憶がない）が出てくればくるほど，眼がランランとしてきて，覚悟が感じられ，我慢強く，粘り強くなっていくようだった。章先生は，生来のご気性が鏡のように穏やかであるかと言えば，そうではないと思う。気性は激しく，正邪にやかましい。それでは，あの粘りは何か。やはり私は労働者に対する愛情であると思った。章先生が中央労働委員会に移られてからの精励ぶりは私はみてはいないわけだが，外の私にも聞こえてくるのは，いっそう円熟した労使関係の処理態度と驚異的な粘り腰の話題であった（JRと国労間に生じたいくつかの類型の紛争事案では歴史的ともいえる大型・一括和解が成立したと報じられた。事案担当者は渡辺章会長代理のはずである。章先生は歯を食いしばりながら粘りに粘ったという評判であった）。こういう方には私は到底かなわないのである。そして章先生の今日の名声は，このような生きざまとともにある。それにしても，菅野中労委会長から種々期待されるあまりお忙しすぎるという根強い噂もあって心配したが，真偽の程はどうであったろうか。章先生は中労委任務も無事終えた。

3　再び「友を選ばば書を読みて……」——余滴

　私は，約10年前上記『文集』において，渡辺章先生という人物を評するに際して，「友を選ばば書を読みて，六分の侠気四分の熱」という与謝野鉄幹の詩（明治30年）の一節を引用し，次のように述べた。「（この詩は）要するに，畏友の要素（知性，勇気，情熱）を詠ったもので，古来，青年の理想像ともされてきた。理想像であるだけに，周囲にこれを探しても，なかなかにこのような人物がいるものではないことは当然であるが，わずかに挙げれば，渡辺章さんが限りなくこれに近い」と記した。70歳に際して，ここで，再び同じことを書いておきたい。

　しかし，「安達太良山の会」（あだたら　やまのかい）を結成している渡辺隊長，

菅野，中嶋の両隊員（それぞれの配偶者を入れた6人だけの小さい山に登る会。渡辺隊長は，本来は本格的な登山家）ももはや青年ではないどころか，章先生が70歳だということは，菅野教授も私もそれに近いということになる。もはや急坂や長丁場はとても無理であろう。でもハイキング程度は。

4　結　び

　冒頭に述べたように，本論集の執筆陣は，学界・実務界の最高水準にある人々である。本論集に論説を寄稿できなかったのは私の痛恨事であるが，章先生には，せめてこの「はしがきに代えて」を書くことでお許しいただきたいと願っている。残る私の楽しみは，本書においてどのような優れた論説や法曹・行政的側面からの実務的提案が展開されるかということである。

　本書の刊行に当たっては，信山社の袖山貴氏，渡辺左近氏，稲葉文子氏のただならぬご尽力をいただいた。これらの方々に対し，呼びかけ人の一人として心から感謝の意を表したい。

　　2011年10月17日

　　　　　　　　　　　　　　　　　　　　　　　　呼びかけ人を代表して

目　次

はしがきに代えて　　　　　　　　　　　　　　　〔中嶋士元也〕

1　労組法上の労働者について　………………〔宮里邦雄〕…*3*

　　1　はじめに——本稿執筆の動機（*3*）
　　2　「請負型」就労者が増える背景とその影響（*4*）
　　3　労組法3条の労働者の定義規定の特色（*6*）
　　4　労組法3条の労働者性についての従来の判断基準とその問題点（*8*）
　　5　CBC放送管弦楽団労組事件・最高裁判決の意義とその射程（*10*）
　　6　三事件の東京高裁判決の検討（*12*）
　　7　判断基準を再構成したソクハイ事件・中労委命令の意義と評価（*22*）
　　8　労組法上の労働者概念——何が判断基準とされるべきか（*25*）
　　9　労組法3条の「労働者」と7条2号の「雇用する労働者」の関係（*30*）

2　高年法と再雇用制度における労働契約の成否
　　　——最近の3つの裁判例を巡って——　………〔中山慈夫〕…*37*

　　1　はじめに（*37*）
　　2　検討の視点と取り上げる裁判例（*39*）
　　3　京濱交通事件横浜地裁川崎支部判決
　　　　——高年法9条2項と労働契約の成否（*41*）
　　4　日本ニューホランド事件札幌地判決
　　　　——労働契約の成立要件である賃金合意の成否（*52*）
　　5　東京大学出版会事件東京地裁判決
　　　　——再雇用基準に該当する労働者と労働契約の成否（*60*）
　　6　最後に（*68*）

3　私の実務手帳
　　　——セクシュアル・ハラスメントの裁判例に関する一考察——
　　　………………………………………………〔野﨑薫子〕…*71*

　　1　はじめに（*71*）

2　ハラスメントに対する実務の取り組み (72)
　　　3　使用者の責任に関する裁判例 (73)
　　　4　セクシュアル・ハラスメントの行為者に対する懲戒処分の例 (78)
　　　5　まとめと今後の展望 (88)

4 アジアにおけるストライキ中の賃金問題 ………〔香川孝三〕…97

　　　1　は じ め に (97)
　　　2　法律によって解決している国 (99)
　　　3　判例法によって処理している国 (109)
　　　4　特別な事例としての中国 (121)
　　　5　ま と め (123)

5 労働委員会の再構成の試み …………………〔籾山錚吾〕…127

　　　1　は じ め に (127)
　　　2　「労委2審制」の理論的根拠と動揺 (128)
　　　3　機関委任事務の自治事務化 (133)
　　　4　都道府県労委規則 (135)
　　　5　結　　語 (137)

6 「労働契約上の使用者性」論の現状と展望
　　　——実質的同一性論と法人格否認法理の対比を中心に——
　　　　……………………………………………………〔野田　進〕…139

　　　1　は じ め に (139)
　　　2　「労働契約上の使用者性」理論の現状 (140)
　　　3　権利の帰属主体としての企業・営業 (151)

7 労働法の解釈方法についての覚書
　　　——労働者・使用者概念の解釈を素材として—— …〔土田道夫〕…163

　　　1　本稿の目的 (163)
　　　2　労働者・注文企業間の労働契約の成否——労働契約法の解釈 (164)
　　　3　労働者・注文企業間の労働契約の成否——立法政策 (171)
　　　4　労組法上の使用者・労働者——労組法の解釈 (173)
　　　5　結　　語 (184)

目　　次

8 労働組合法上の労働者と独占禁止法上の事業者
　　――労働法と経済法の交錯問題に関する一考察――
　　………………………………………………………〔荒木尚志〕…185

　　　1　問題の所在 (185)
　　　2　アメリカおよびＥＵにおける競争法と労働法の関係 (192)
　　　3　日本における独禁法と労働法の関係 (200)
　　　4　むすびに代えて (205)

9　戦前の労働組合法案に関する史料覚書…………〔中窪裕也〕…207

　　　1　はじめに (207)
　　　2　プロローグ（大正7年～8年）(209)
　　　3　臨時産業調査会での検討とその後（大正9年～13年）(212)
　　　4　行政調査会, 政府案の作成, 議会提出と審議
　　　　（大正14年～昭和2年）(216)
　　　5　社会政策審議会, 新政府案の作成, 議会提出と審議
　　　　（昭和4年～昭和6年）(220)
　　　6　その後の議会での動き（昭和11年～12年）(224)
　　　7　おわりに (225)

10　障害を持ちながら働く労働者の能力開発 ……〔小畑史子〕…227

　　　1　はじめに (227)
　　　2　障害者雇用促進法の現状と課題 (228)
　　　3　障害者権利条約批准をめぐる議論のもたらすもの (234)
　　　4　望ましいあり方と法的枠組み (236)

11　不当労働行為救済申立事件の審査手続及び
　　救済命令等取消訴訟を巡る問題 ……………〔池田　稔〕…241

　　　1　本稿の目的 (241)
　　　2　不当労働行為救済申立事件における審査の対象 (242)
　　　3　再審査手続の法的性格及び再審査の対象 (243)
　　　4　再審査手続と救済命令等取消訴訟の関係 (259)
　　　5　結　語 (268)

目　次

12 中労委命令と行政訴訟……………………………〔菅野和夫〕…*271*

  1　は じ め に（*271*）
  2　行政訴訟を意識すべきか（*273*）
  3　どの程度取り消されているか（*274*）
  4　組織的対応（*277*）
  5　労働委員会らしい判断（*278*）
  6　中労委の役割（*281*）
  7　終 わ り に（*283*）

13 変更解約告知法理の構造と展開 ………………〔野川　忍〕…*285*

  1　序──本稿の課題（*285*）
  2　日本における変更解約告知法理の推移（*286*）
  3　変更解約告知法理の展望（*307*）

14 労災保険不支給決定の取消訴訟における要件事実
              ……………………………〔山川隆一〕…*313*

  1　は じ め に（*313*）
  2　概　　　観（*313*）
  3　労災保険不支給決定取消訴訟の訴訟物（*314*）
  4　請 求 原 因（*319*）
  5　抗 弁 等（*329*）
  6　お わ り に（*334*）

渡辺章先生ご略歴・主要業績（巻末）

● 執筆者紹介 ●
(掲載順)

宮里邦雄（Kunio Miyazato）
　1939年7月生まれ。1963年東京大学法学部卒業。1965年弁護士登録，現在，日本労働弁護団会長。
　〈主要著作〉『労働委員会——審査・命令をめぐる諸問題』（労働教育センター，1990年），『問題解決労働法12 不当労働行為と救済』（旬報社，2009年），『労使の視点で読む最高裁重要労働判例』〔共著〕（産労総合研究所，2010年）

中山慈夫（Shigeo Nakayama）
　1952年4月生まれ。1975年早稲田大学法学部卒業，1978年弁護士登録（第一東京弁護士会所属）。現在，中山・男澤法律事務所所長，経営法曹会議常任幹事・事務局長。
　〈主要著作〉『改訂版 望ましい就業規則』〔共著〕（社会経済生産性本部生産性労働情報センター，2008年），「偽装請負と黙示の労働契約——松下プラズマディスプレー事件高裁判決を契機として」（安西愈先生古稀記念論文集『経営と労働法務の理論と実務』所収 中央経済社，2009年），『就業規則モデル条文（第2版）』（日本経団連出版，2010年）

野﨑薫子（Kaoruko Nozaki）
　1945年10月生まれ。1971年3月 東京大学大学院法学政治学研究科修士課程修了。現在，弁護士。
　〈主要著作〉「家庭裁判所の指導勧告と保護者の援助プログラム受講」町野朔（編）『児童虐待の予防と対応，科学研究費補助金・基盤研究(B)児童虐待の予防と対応報告書』（2010年3月），「私の家事事務手帳——離婚訴訟における離婚給付の取り扱い」東京大学法科大学院ローレビュー第3巻（2008年9月），「遺産分割における前提問題の確定」『講座・実務家事審判法第3巻 相続関係』（日本評論社，1989年2月）

香川孝三（Kouzou Kagawa）
　1944年2月生まれ。1972年12月東京大学大学院法学政治学研究科博士課程単位取得退学。現在，大阪女学院大学教授（副学長）。
　〈主要著作〉『アジアの労働と法』（信山社，2000年），『政尾藤吉伝——法整備支援国際協力の先駆者』（信山社，2002年），『グローバル下の中のアジアの児童労働』（明石書店，2010年）

籾山錚吾（Sougo Momiyama）
　1943年10月生まれ。1973年東京大学大学院博士課程修了。現在，朝日大学法学部・大学院教授。
　〈主要著作〉「補充性の原則の背景——環境問題との関連において」（石川明教授古稀記念『EU法・ヨーロッパ法の諸問題』信山社，2002年），「国の支援と競争の歪曲」（櫻井雅夫先生古稀記念『国際経済法と地域協力』信山社，2004年），『公勤務者争議法の研究』（法制研究所，2005年）

野田　進（Susumu Noda）
　1950年7月生まれ。1981年東京大学大学院法学政治学研究科単位取得。現在，九州大学大学院法学研究院教授。
　〈主要著作〉『労働契約の変更と解雇——フランスと日本』（信山社，1997年），『「休暇」労働法の研究』（日本評論社，1999年），『労働紛争あっせんファイル——実務から理論へ』（労働開発研究所，2011年）

執筆者紹介

土田道夫（Michio Tsuchida）
　1957 年 2 月生まれ。1987 年東京大学大学院法学政治学研究科博士課程修了（法学博士）。現在，同志社大学法学部・法学研究科教授。
　〈主要著作〉『労働法概説』（弘文堂，2008 年），『労働契約法』（有斐閣，2008 年），『労働指揮権の現代的展開』（信山社，1999 年）

荒木尚志（Takashi Araki）
　1959 年 5 月生まれ。1985 年東京大学大学院法学政治学研究科修士課程修了（法学博士）。現在，東京大学大学院法学政治学研究科教授。
　〈主要著作〉『労働時間の法的構造』（有斐閣，1991 年），『雇用システムと労働条件変更法理』（有斐閣，2001 年），『労働法』（有斐閣，2009 年）

中窪裕也（Hiroya Nakakubo）
　1957 年 12 月生まれ。1980 年東京大学法学部卒業，1990 年ハーバード・ロースクール LL.M. 課程修了。現在，一橋大学大学院国際企業戦略研究科教授。
　〈主要著作〉『アメリカ労働法〔第 2 版〕』（弘文堂，2010 年），「労働保護法から労働基準法へ」日本労働法学会誌 95 号（2000 年），「文献研究・労働協約の規範的効力」季刊労働法 172 号（1994 年）

小畑史子（Fumiko Obata）
　1965 年 4 月生まれ。1994 年東京大学大学院法学政治学研究科博士課程修了（博士［法学］）。現在，京都大学大学院地球環境学堂准教授。
　〈主要著作〉『条文から学ぶ労働法』〔共著〕（有斐閣，2011 年），『よくわかる労働法〔第 2 版〕』（ミネルヴァ書房，2008 年），『最新労働基準判例解説 第 2 集』（日本労働研究会，2006 年）

池田　稔（Minoru Ikeda）
　1952 年 12 月生まれ。1981 年中央大学法学部通信教育課程卒業。現在，中央労働委員会事務局第二部会担当審査総括室付審査官。
　〈主要著作〉「先例性をもつ最近の中労委命令」中央労働時報 1128 号（2011 年），「地方公務員に係る不当労働行為救済申立てをめぐる問題」同 955 号（1999 年），「労働委員会命令取消訴訟事件の判決確定後の措置について」〔共著〕同 941 号（1998 年）

菅野和夫（Kazuo Sugeno）
　1943 年 3 月生まれ。東京大学法学部卒業。現在，東京大学名誉教授，日本学士院会員。
　〈主要著作〉『労働法〔第 9 版〕』（弘文堂，2010 年），『新 雇用社会の法』（有斐閣，2002 年），『争議行為と損害賠償』（東京大学出版会，1978 年）

野川　忍（Shinobu Nogawa）
　1954 年 4 月生まれ。1985 年東京大学大学院法学政治学研究科学位取得。現在，明治大学法科大学院教授。
　〈主要著作〉『新訂 労働法』（商事法務，2010 年），『労働契約の理論と実務』〔編著〕（中央経済社，2009 年），『外国人労働者法』（信山社，1993 年）

山川隆一（Ryuichi Yamakawa）
　1958 年 11 月生まれ。1982 年東京大学法学部卒業。現在，慶應義塾大学大学院法務研究科教授。
　〈主要著作〉『プラクティス労働法』〔編著〕（信山社，2009 年），『雇用関係法〔第 4 版〕』（新世社，2008 年），『労働契約法入門』（日本経済新聞出版社，2008 年）

労働法が目指すべきもの

1 労組法上の労働者について

宮 里 邦 雄

1 はじめに——本稿執筆の動機
2 「請負型」就労者が増える背景とその影響
3 労組法3条の労働者の定義規定の特色
4 労組法3条の労働者性についての従来の判断基準とその問題点
5 CBC放送管弦楽団労組事件・最高裁判決の意義とその射程
6 三事件の東京高裁判決の検討
7 判断基準を再構成したソクハイ事件・中労委命令の意義と評価
8 労組法上の労働者概念——何が判断基準とされるべきか
9 労組法3条の「労働者」と7条2号の「雇用する労働者」の関係

1　はじめに——本稿執筆の動機

　近年「労働者」性，わけても，労働組合法上の労働者性をめぐって多くの論稿が発表されている（末尾の文献一覧参照）。その背景には，労働者性の有無が問題となる請負型就労者（個人請負），委託型就労者（個人委託）が増えていること，請負型労働者らが労働組合を結成して，契約条件の改善や社会・労働保険の加入等を求めて団体交渉を申し入れ，「労働者」性の有無をめぐって労働委員会で係争する事件が増えていることなどがあるが，とくに本テーマについて理論的関心を呼んだのは，いわゆる「三事件」について，労働者性を認めて団交応諾を命じた労働委員会命令が，救済命令取消訴訟において，相次いで労働者性が否定され，労働者性の判断基準とその適用をめぐって，労働委員会と裁判所の判断が対立したことにある。

　「三事件」とは，①新国立劇場運営財団事件（東京都労委平17・5・10別冊中央労働時報1330号17頁，中労委平18・6・7別冊中央労働時報1351号233頁，東京地判平20・7・

31 労働判例 967 号 5 頁，東京高判平 21・3・25 労働判例 981 号 13 頁)，② INAX メンテナンス事件（大阪府労委平 18・7・21 別冊中央労働時報 1351 号 25 頁，中労委平 19・10・31 別冊中央労働時報 1360 号 21 頁，東京地判平 21・4・22 労働判例 982 号 17 頁，東京高判平 21・9・16 労働判例 989 号 12 頁)，③ ビクターサービスエンジニアリング事件（大阪府労委平 18・11・20 別冊中央労働時報 1353 号 30 頁，中労委平 20・3・25 別冊中央労働時報 1360 号 39 頁 東京地判平 21・8・6 労働判例 986 号 5 頁，東京高判平 22・8・26 労働判例 1012 号 86 頁—判例ダイジェスト）である。①事件は，7 条 1 号の不利益取扱いについての救済申立を含むが，三事件に共通するのは，団体交渉応諾義務の前提として，労組法 3 条の労働者性，7 条 2 号の「雇用する労働者」該当性が争われた点である（②事件の東京地裁判決のみは，労働者性を認め，中労委命令を支持している）。

　本テーマについては，後掲のとおり，既に多くの論稿が論じており，また，厚生労働省に設けられた「労使関係法研究会」(2010 年 11 月発足) でも，労働組合法上の労働者性が中心的な検討課題として取り上げられている。本稿は，①，③事件に労働組合側の代理人として関わった実務家として，考えをまとめてみたいと思い執筆したものである。

2 「請負型」就労者が増える背景とその影響

　厚労省「個人請負型就労者に関する研究会報告書」(2009 年) によると，「個人請負型就労者」は 2000 年 63 万人，2008 年 110 万人と推計され，JILT「多様な働き方の実態と課題」(2007) では，125 万人と試算されている。

　近年では，従業員との雇用契約をいったん打ち切り（退職），請負や委託へ変更し，全く同じ業務をやらせている例もみられる。

　このような「雇用」によらない就労者が増える背景にあるのは，コスト削減と労働法規制による使用者責任の回避である。

　委託就労者を活用する事業者へのアンケート（厚労省「平成 19 年就業形態の多様化に関する総合実態調査」）によると，委託就労者を使う理由として，①専門的業務に対応できる (59.4％)，②即戦力・能力のある人材が確保できる (40.3％)，③人件費が節約できる (22％)，④臨時・季節的業務量の変化に対応できる (17.5％)，などといった点があげられている。

　請負就労者が，名実ともに「独立自営業者」といえる例もないとはいえないであろう。しかし，その多くは，請負，委任という「自営」の形式をとっては

いるものの，就労実態においては，雇用契約下の就労と類似性・共通性を持つ「名ばかり事業者」である。にもかかわらず，企業が「請負」「委任」の契約形態を選好するのは，注文企業・委託企業にとって，「請負就労者は労働者ではない」として，労働基準法，最低賃金法，労働組合法などの労働法令及び労働，社会保険の事業主負担を免れることができるからである。企業にとって，請負就労者は，法適用や法規制を免れることができる労働力の活用策とすることができる点に最大のメリットがある[1]。労働者派遣法の改正が行われ，有期労働契約の規制が強化されれば，既に，労働者派遣法の改正を見越して，派遣から請負へシフトする企業が増えているように，非正規雇用から請負，委託へという非雇用化・非労働者化への流れがさらに強まる可能性がある。

　契約上も，実態上も，「自己の計算と責任」において事業を営む者であれば，労働法令を適用する必要はない。しかし，「独立自営業者」といえないにもかかわらず，労働法令が適用されないこととなれば，労働法規制は，空洞化する。請負就労者と企業間の契約締結において契約条件について対等に交渉し，合意を形成することは困難であり，契約形式や文言は交渉力格差によってもっぱら企業側の立場が反映されるし，形式や文言は，容易に操作可能である。（筆者が最近みたある「業務委託契約書」には，「雇用関係でないことを互いに確認する」旨の条項があった）。

　「請負」や「委任」という契約合意は，それとして，尊重されるべきではあるが，同時に重視されなければならないのは，「合意」のもとにある就労関係の実態である。労基法も，労働組合法も，社会的・経済的弱者として存在する労働者を，法規制によって，さらには，団結による対等関係の形成によって保護することを目的・理念とするものである。とすれば，「合意は拘束する」という契約上の合意のみではなく，「合意」のもとで存在している実態に十分な

---

(1) 渡辺章「業務委託契約と労働組合法の適用関係― INAX メンテナンス事件東京高裁判決を素材にして」専修ロージャーナル5号（2010年1月）は「日本は，雇用形態のみならず，就業形態の多様化も進行途上にある。その大勢は，労働関係諸法規の規定するさまざまな公法的負担（法定労働条件の遵守，労働保険の保険料負担など）や民事的負担（法定労働条件の遵守，解雇権濫用法理の適用，母性保護，育児介護休業の付与など）を軽くし，回避できるものならそうしたいという方向に向けられている。
　　そこで，就業関係（労務提供関係）の外観（法形式）に独立自営業者間のいわゆる業務委託契約の衣をかけて労働に従事させる『非労働者化』が進行している」と指摘している（2頁）。

考慮が払われなければならない。契約形式が重視され，実態が軽視されれば，「非雇用化」「非労働者化」を図る就労の増加によって労働法制は底抜けとなる。

また，このような「非雇用化」「非労働者化」のもとで，「団結できない労働者」が増えることは，非正規雇用化が進むなかで，労働組合の組織率が後退する状況をさらに悪化させることになり，労働組合・労働運動にとっても軽視し得ない問題である。

3　労組法3条の労働者の定義規定の特色

現行法で，「労働者」の定義規定を設けているのは，労働基準法，労働契約法，労働組合法である。

労基法9条は，「この法律で『労働者』とは，職業の種類を問わず，事業又は事務所（以下「事業」という。）に使用される者で，賃金を支払われる者をいう。」と定義する。

労働契約法2条では，「この法律において『労働者』とは，使用者に使用されて労働し，賃金を支払われる者をいう。」とされており，労基法の定義と同じである。

一方，労働組合法は，3条において，「この法律で『労働者』とは，職業の種類を問わず，賃金，給料その他これに準ずる収入によつて生活する者をいう。」と定めている。

他の法令においては，労基法上の定義や労組法の定義をそのまま用いているもの（前者について，最低賃金法2条1号，労働安全衛生法2条2号，賃確法2条2項，後者について，労働金庫法2条）と，労働者について特に定義規定をおかないものがある。

「労働者」に関する定義規定のない労働諸法令における労働者の意義は，当該法令の立法目的に則して解釈されることになる。

例えば，最高裁平1・10・17判決（労働判例556号88頁）は，労働者災害補償保険法上の労働者について，同法が労基法第8章「災害補償」に定める使用者の労働者に対する災害補償義務に関わる責任保険であることから，労基法上の労働者と同義であるとしている。

このように，現行法は，労働者概念を統一的に定めるのではなく，それぞれの立法の性格・目的に照らして，相対的に定めるという立場をとっているが，

このような立法手法には，立法的合理性があるといえよう。

労組法3条の定義は，労働基準法の定義と較べて，次の特色がある。

第1に，労組法の定義においては，「使用される」という文言が用いられていない。

第2に，「賃金」「給料」に限らず，「これに準ずる収入」としている。「雇用」「請負」「委任」は，労務供給契約といわれ，民法においては，いずれも「報酬」という言葉が使われており，「これに準ずる収入」には，「請負」に基づく報酬，「委任」に基づく報酬などが含まれることが想定されている。

第3に，「使用される者」の替わりに，「生活する者」とされている。

労基法，労契法と比較して，労組法の定義規定は，その規定の文言からして，「労働者」をより広く把えていることが明らかである。

このような定義規定の違いは，二つの法律の立法趣旨・目的の違いを反映するものとして理解できる。

労基法は，最低労働基準を法定化し，その遵守を刑罰，行政監督によって確保するとともに，基準に反する労働条件を無効とするものであり，そこで定められる基準は，事業に現に使用される関係にある労働者に適用される。職場における労働条件の維持・保護という労働基準法の性格から「使用される者」としての労働者にのみ適用されるのは当然であるといえる。

これに対し，労組法上の労働者は，その第1条の目的にあるとおり，労働者が使用者と対等な立場にたって，その地位を向上させるために団結し，団体行動をすることが予定されている存在としての労働者を想定しており，このような労働者を定義するものとして3条の規定がある。

労基法が個別的労働関係に適用されるのに対し，労働組合法は，集団的労働関係に適用され，集団的労使関係に登場する「労働者」が労組法上の労働者ということになる。

また，憲法の人権規定との関係でいえば，労基法上の労働者は，憲法27条2項の「勤労条件の基準」の享受主体たる労働者であり，労組法上の労働者は，憲法28条の団結権，団体交渉権，団体行動権が保障される権利主体としての「勤労者」ということになる。憲法学説は，憲法28条の「勤労者」は，「労働者」の意で，労働組合法の規定と同義であり，「労働力を売って対価を得る者」としている（宮澤俊義：芦部信喜補訂『全訂日本国憲法』280頁，石川『労働組合法』28

頁も，労組法3条の労働者と憲法28条の勤労者との関係について，憲法および労組法の目的が同一である以上，事実上同一のものであると考えられるとする）。

4　労組法3条の労働者性についての従来の判断基準とその問題点

　従来の命令・裁判例は，労働者性を，雇用，請負，委任といった外形的な契約形式・名称・契約文言によってではなく，労務遂行過程における事実上の「使用従属関係」の有無によって判断してきた。そして，「使用従属関係」の有無の判断にあたっては，業務指示・労務提供等に対する諾否の自由，業務遂行に対する指揮監督の有無，時間的・場所的拘束性の有無・程度，労務提供の代替性の有無などが検討され，諾否の自由がない，業務遂行に対する指揮監督がある，時間的・場所的拘束がある，労務提供の対償性があるなどの諸事実が認められれば，労組法の労働者であるとされた。要するに，従来の命令・裁判例は，労組法の労働者性の判断にあたって，「使用従属関係」の有無を重視してきたわけであるが，改めて考えてみると，「使用従属関係」は，労基法や労契法の「使用される」の意義を説明するものとしては了解できるが，「使用従属関係」を要件としていない労組法3条の解釈に持ち込むことについては，3条の規定の文言に照らし，解釈論としての妥当性に疑問がある。

　「使用従属関係」の具体的な判断基準として，業務指示等に対する諾否の自由・指揮監督の有無など前記のような基準を示したのは，1985（昭和60）年の労働省（当時）の労働基準法研究会報告（「労働基準法上の『労働者』の判断基準について」）であったが，これもあくまでも，労働基準法上の労働者性の判断基準として示されたものであった。

　しかし，この報告書の労基法上の判断基準は，労組法上の労働者性の判断基準としても「借用」され，労組法3条の独自の判断基準を具体的に提示した説得的学説が示されなかったこともあって，「定着」したかのような状況を呈していた[2]。

---

(2)　荒木尚志「オペラ合唱団契約メンバーの労働組合法上の労働者性―新国立劇場事件（東京高判平成21年3月25日・労働判例981号13頁，別冊中時1370号1頁）について」中央労働時報1108号（2009年10月）は，「労組法3条の定義からは，賃金について定義されていないこともあり，具体的判断基準を導き得ないため，従来の学説・裁判例は使用従属関係を代替的判断基準として用いていた」と述べている（19頁）。

〔宮里邦雄〕　　　　　　　　　　　*1*　労組法上の労働者について

　労基法上の労働者と労組法上の労働者は，異なるものであるといっても，同じ判断基準を用いれば，例えば，業務指示に対する諾否の自由について，事実関係の評価において，前者については厳しく，後者については緩やかに判断するとしても，それは「量的差異」（程度の差）の問題にとどまり，「質的差異」ではないことになってしまい，事実認定が結論を左右することにもなる（INAXメンテナンス事件においては，諾否の自由の有無についての事実認定が一審東京地裁判決と東京高裁判決は異なり，結論に影響を与えた）。

　労働者性を否定した三事件の判決も，労基法上の労働者と労組法上の労働者は異なるものであることは一応は認める。しかし，実際の判断にあたっては，使用従属関係の有無によって判断し，実質上労基法上の労働者性の判断と選ぶところがない。例えば，INAXメンテナンス事件・東京高裁判決は，①「労働組合法は，賃金・給料その他これに準ずる収入によって生活する者（同法3条）が使用者との交渉において対等の立場に立つことを促進し，労働者の地位を向上させること，その交渉のために労働者が労働組合を組織して団結することを擁護すること，使用者と労働者との関係を規律する労働協約締結のための団体交渉することなどを目的とする（同法1条）。したがって同法上の労働者は，使用者との賃金等を含む労働条件等の交渉を団体行動によって対等に行わせるのが適切な者，すなわち，他人（使用者）との間において，法的な従属関係に立って，その指揮監督の下に労務に服し，その提供する労働の対価としての報酬を受ける者をいうと解するのを相当ということができる。」，②「そして，同法における労働者に該当するか否かは，法的な使用従属関係を基礎付ける諸要素，すなわち労務供給者に対する業務の依頼に対する諾否の自由があるか，労務提供者が時間的・場所的拘束を受けているか，報酬が業務の対価として支払われているかなどの有無・程度を総合考慮して判断するのが相当というべきである。」と判示している。判示①の部分において，前段の論旨と後段の論旨が「すなわち」で結ばれ，結局前段の論旨は，後段の「使用従属関係」と同義であるとされている。労組法3条の定義規定や1条の目的について言及する前段の論旨が，どうして後段の「使用従属関係」とつながるか，その架橋の論理について説明がなく，著しい論旨の飛躍があり，前段の論旨は論述する意味がないものとなっている。法文の解釈においては，まずは文理解釈が採られるべきであるが，条文の文言を重視する傾向の強い裁判所が，ここでは，条文の文言

から離れ,「使用従属関係」,それも,「法的な使用従属関係」として把えるという甚だしい「縮小解釈」を行っている。

ともあれ,「使用従属関係」を用いて労働者性を判断するというこれまでの判断基準のあり方が,労組法上の労働者性の独自の意義を弱める結果になっていると言わざるを得ない。

5 CBC放送管弦楽団労組事件・最高裁判決の意義とその射程

労組法上の労働者性が争われ,これを肯定した先例の最高裁判決として引用されるのがCBC放送管弦楽団労組事件判決・最一小昭51・5・6判決である(労判252号27頁)。

同判決は,放送会社と「自由出演契約」を締結している放送管弦楽団員が結成した労働組合が申し入れた団体交渉を拒否したことから,楽団員の労組法上の労働者性が争われた事案に関するもので,判決は,要旨以下の三点を指摘し,労組法上の労働者であると判断した。その三点とは,①自由出演契約の目的は,楽団員をあらかじめ事業組織に組み入れておくことによって,放送事業の遂行上不可欠な演奏労働力を恒常的に確保するものであること,②自由出演とはいっても,会社は必要なときは楽団員に出演を求めることができ,楽団員は原則としてこれに従うべき基本的関係があること,③楽団員に支払われる報酬は,芸術的価値を評価したものというより,演奏という労務の提供への対価とみるのが相当である。

本判決は,以上のように,①事業組織への組み入れ,②基本的関係としての諾否の自由,③報酬の労務対価性,という三つの点から,労働者性を肯定したものであるが,労組法3条の解釈基準や労組法の目的については何ら言及しておらず,「楽団員は,自由出演契約のもとにおいてもなお,会社に対する関係において労働組合法の適用を受けるべき労働者にあたると解するべきである」と結論づけた。本判決が,事例判決と言われるゆえんである(三事件の地裁・高裁判決は,いずれも,本判決を引用しておらず,本判決を判例と評価していない)。

また,事例判決であるとすれば,①及び②のいずれかの要素を欠けば,労働者性が認められないことになるともいえないと解する余地もある。

しかし,上記三点を指摘したうえで労働者性を肯定した本判決は重要な先例としてその後の労働委員会実務に大きな影響を与えてきた。

〔宮里邦雄〕　***1***　労組法上の労働者について

　本判決が，労基法上の労働者とは異なるものとしての労組法上の労働者概念を想定していることは，「労働組合法の適用を受けるべき労働者」との文言から伺える。しかし，労組法の目的・趣旨を踏まえて，その独自性をどこまで検討したかは判文からは読み取れない。

　本件の一審判決（名古屋地裁昭46・12・7労民集22巻6号1194頁）および控訴審判決（名古屋高判昭49・9・18民集30巻4号530頁）は，「使用従属の関係」があるとして労働者性を認めたが，本判決は「使用従属」の用語を避けている。労組法3条の明文を意識したものと推察されるが，②の点は，「使用従属関係」の判断要素とされてきた「諾否の自由」に類似しており，判決は判文上明示はしていないが，「使用従属関係」を考慮したとも読める（もっとも事例判決とすれば，これ以上詮索する意味はないというべきか）。

　本判決についての調査官解説（佐藤繁・最高裁解説民事篇昭和51年205頁）は，「当審が業務提供者の労働者性について判断した先例は二つある」として嘱託契約が労働契約か否かが争われた解雇事案にかかわる大平紙業製糸事件・最高裁昭37・5・18判決（民集16巻5号1108頁）および証券会社の外務員への労基法20条の適用の有無が争われた事案に関する山崎証券事件・最高裁昭36・5・25判決（民集15巻5号1332頁）をあげ，両判決では「学説のいう経済的従属性は考慮されておらず，専ら，法的従属性すなわち労働力の処分につき指揮命令ないし支配監督を受ける関係にあるかどうかによって判断されているようである」と指摘している。もちろん，解説の上記部分は，直接本判決についてそのように述べているわけではない。しかし，労働契約上の労働者性や労基法上の労働者性が問題となった判決をあげて，本判決が，あたかも，「法的従属性」の有無で労組法上の労働者性を判断しているかの如き印象を与える記述となっているのは，ミスリーディングな解説であるといわざるを得ない。前述したINAX事件判決は，「法的な使用従属関係を基礎づける諸要素」を判断要素としているが，「法的使用従属性」を重視するこの判決は，本判決の調査官解説に影響されたのではないだろうか[3]。

---

(3)　西谷敏「労組法上の『労働者』の判断基準──ビクターサービスエンジニアリング事件に関する東京高裁あて意見書（2009年12月）」労働法律旬報1734号（2010年12月）は，CBC管弦楽団事件・最高裁判決についての佐藤調査官解説について，本稿で指摘した点を含め，いくつかの疑義を指摘している（31-33頁）。

労働法が目指すべきもの

最高裁としては，本件事案について，労働者性についての判断基準を明示した形で提示せず，とりあえず，事例判断をし，労組法3条の解釈基準の定立は後日を期すという選択をしたものと推測される[4]。

6　三事件の東京高裁判決の検討

労働者性を否定した三事件の東京高裁判決について，判決の採った労働者性の判断基準，判断要素を紹介し，その問題点について簡単にコメントを加えることとする。三つの東京高裁判決に対する論評は，いずれも，判決を批判しており，詳しくはそれらを参照されたい。三判決に共通するのは，第1に，就労関係をめぐる実態よりも，「法的な義務」「法的な指揮命令」という「法的な関係」を重視していること，第2に，判断基準は，「使用従属関係」に拠っており，その適用も労基法上の労働者性とほとんど異なることなく，労組法上の労働者性についての独自の判断基準による判断が行われていないこと，である。

＜新国立劇場運営財団事件＞

I　事案の概要

(1)　A財団は，オペラ公演に出演する合唱団員について，毎年，シーズン開始前に試聴会を実施し，原則として年間シーズンのすべての公演に出演可能な「契約メンバー」の選抜を行っている。試聴会に合格した契約メンバーは財団と期間を1年とする出演基本契約を締結し，その上で，個別の公演ごとに個別公演出演契約を締結していたが，出演基本契約において，出演料その他の契約上の権利義務は決められており，個別公演出演契約は，個別公演への出演を確定するために締結されるものである（基本契約の条文は30ヵ条，個別出演契約の条文は3ヵ条）。契約メンバーは毎年40名程度で，財団が主催するオペラ公演は，年間10ないし12の演目があり，一演目について2ないし8回の公演（5，6回が多い）が行われていた。

(2)　Xは，A財団との間で，平成10年3月から平成15年7月まで契約メン

---
[4]　最高裁は，労組法7条の使用者性に関し，油研工業事件判決（一小昭51・5・6労働判例252号20頁），次いで阪神観光事件判決（一小昭62・2・26労働判例492号6頁）において，事例判決を出し，朝日放送事件判決（三小平7・7・28労働判例668号11頁）において，使用者の意義に関する判断を示した。

〔宮里邦雄〕　　**1**　労組法上の労働者について

バーとして出演契約を締結しながら，新国立劇場合唱団のメンバーとして同劇場のおいて開催された多数の公演に出演していたが，平成15年8月から平成16年7月までのシーズンに係る出演契約に先立つ歌唱技能についての審査により，契約メンバーとしては不合格である旨告知された。

　ユニオンは，①新国立劇場合唱団の契約メンバーにXを合格させなかったこと，②ユニオンからのXの次期シーズン契約に関する団体交渉を申し入れたにもかかわらず，A財団がこれに応じなかったことがいずれも不当労働行為に当たるとして申立を行った。東京都労委は，①については不当労働行為に該当しないとしてその申立を棄却し，②については不当労働行為に該当するとして，団体応諾等を内容とした救済命令を発出した。

　ユニオンは申立棄却部分につき，A財団は救済を命じた部分につき，それぞれ再審査を申立てたが，中労委は双方の再審査申立を棄却した。A財団及びユニオンはこれを不服として，それぞれ中労委の再審査申立棄却命令の取消しを求めた。

　(3)　東京地裁は，Xの労組法上の労働者性を否定し，ユニオンの請求を棄却した。ユニオン及び国はこれを不服として控訴したが，東京高裁は，東京地裁と同様に契約メンバーの労組法上の労働者性を否定し，双方の請求を棄却した。

II　東京高裁判決の要旨（平成21年3月25日）

　(1)　労働者性に関する判断基準（1審判決の判断を引用した判決が付加した部分）

　①　使用者と労働者との間の指揮監督関係は，労働力の配置がされている状態を前提とした業務遂行上の指揮命令ないし支配監督関係という意味においても用いられるほか，業務従事ないし労務提供の指示等に対する諾否の自由という趣旨をも包含する多義的な概念であり，労組法上の労働者に該当するかどうかの判断に当たり，これらの多義的な要素の一部分だけを取り出して論ずることは相当ではない。

　②　契約メンバーの歌唱技能という債務の提供はオペラ公演における各メンバーの持ち場（合唱団におけるパート等）が自ずと決まっており，A財団が契約メンバーの労働力を事業目的の下に配置利用する裁量の余地があるとは考えられない。

　③　契約メンバーが個別公演出演契約を締結してひとたび当該オペラ公演に

労働法が目指すべきもの

参加することとした場合においては，オペラ公演のもつ集団的舞台芸術性に由来する諸制約が課せられるということ以外には，法的な指揮命令ないし支配監督関係の成立を差し挟む余地はない上，契約メンバーには個別公演出演契約を締結するかどうかの自由すなわち公演ごとの労務提供の諾否の自由があることをも併せ考えれば，契約メンバーが労組法上の労働者であるとは言い難い。

④　一つの公演を区切りとした具体的契約関係に入るか否かの判断を契約メンバーが留保していることは格段に大きい要素というべきである上，個別公演出演契約を締結した結果契約メンバーが受けることとなる種々の拘束はいずれも先述したオペラ公演の本質に由来する性質のものであること，契約メンバーのＡ財団からの報酬等に対する収入の依存度といった経済的な側面についてみても，上述のとおり各契約メンバーがその自由な意思で個別公演出演契約の締結を判断する過程で考慮される一要素にすぎない。

(2)　労務提供の諾否の自由

①　基本契約によって個別公演への出演業務を謳い込む必要があるのであれば，端的にそのための明示的な義務付け条項を設ければ足りるのであるから，控訴人（国）の上記解釈は，その余の事項に周到な規定を設けている契約書全体の構成に照らして不合理なものと言わざるを得ない。

②　以上に加えて，基本契約を締結した契約メンバーが自己都合により個別公演に出演しなかったからといってこれまでの法的責任の追及を受けたことはないし，事実上不利益を被ったこともない（次年度以降における基本契約の締結において当該シーズンで個別公演に参加しなかったことが考慮される事情となり得ることはこれを否定することはできないが，それはシーズンを通じて一定水準以上の合唱団員を安定的に確保したい被控訴人（Ａ財団）が新たなシーズンにおける契約に臨む際に判断要素とするかどうかの問題であって，基本契約から個別公演への出演が法的に義務付けられるかどうかとは別次元の問題というべきである）という契約関係の運用ないし実態に照らしても控訴人（国）の解釈は失当。

Ⅲ　コメント

本判決は，労組法上の労働者であるかどうかは，「法的な指揮命令，支配監督関係」の成立の有無により判断すべきとの立場をとる。それ故に，労務提供に関する諾否の自由についての判断において，基本契約だけでは個別の公演

〔宮里邦雄〕　　　　　　　　　　　　　　　1　労組法上の労働者について

に出演する義務はなく，個別公演出演契約を締結することにより個別の公演に出演する義務が生ずる仕組みになっていることを重視し，契約メンバーは個別公演出演契約を締結するかどうかの自由すなわち労務提供の諾否の自由があり，「基本契約から個別公演への出演が法的に義務付けられる」関係にないとする。

「法的な義務」（契約上の義務）という点から諾否の自由を検討する判決は，諾否の自由を法的な義務のみに限定せず，事実上の拘束という実態的・実質的な視点から検討してきた従来の「使用従属関係」による判断基準とも異なるものであるが，このような限定された「法的義務」論によれば，結局契約形式や文言によって諾否の自由の有無が判断されることになる。本判決は，結論の結果妥当性はもとより，「使用従属関係」によって労働者性を判断する考え方のもっとも悪しきありようを示したものといえる。

本判決は，契約メンバーが個別公演出演契約を締結することによって受ける指揮監督等のさまざまな制約について，これらの制約は「オペラ公演が集団的舞台芸術であることに起因する」あるいは「オペラ公演の本質に由来する」もので，労組法上の労働者性を肯定する理由にならないともいうが，このような見解は，労組法3条が音楽，芸能，スポーツなど「職業の種類を問わず」としていることを無視する独異な考え方であることも指摘しておきたい。

＜INAXメンテナンス事件＞

I　事案の概要

（1）住宅設備機器の修理補修等を業とするA会社との間で業務委託契約を締結して修理補修業務に従事しているカスタマーエンジニア（以下「CE」という。）らが労働組合Xに加入し，XらがA会社に団体交渉を申し入れたところ，A会社がCEは労組法上の労働者に当たらないとして団体交渉に応じなかったため，Xらが不当労働行為に該当するとして申立を行った。

（2）CEは，A会社が製造した住宅設備機器の修理・点検等の業務を行うもので，CEの業務の具体的な遂行方法は，A会社の定める業務マニュアル，安全マニュアル，修理マニュアル，新人研修マニュアル等に定められている。修理依頼は，A会社の受付センターで特定のCEに割り付けて登録され，受付センターから当該CEの携行する情報端末に対して，Eメールで修理依頼が送信

労働法が目指すべきもの

され，それとほぼ同時に個人情報を含めた修理依頼のデータ（顧客の氏名，作業現場の所在，「フロートゴム不良」，「便器内水漏れ」等の大まかな作業内容等）が送信される。受信したCEは，原則として，直ちに業務を遂行するものとされており，受信した修理依頼の情報を確認した段階で，CEは，エンドユーザーに直接連絡をとって依頼内容の詳細を確認したり，修理のための訪問日時を調整したりする。依頼が重複したなどの理由により都合が付かない場合には，第2，第3担当に連絡をして対応が可能か確認する。情報端末の操作や電話連絡等の方法により，受付センターに変更の連絡をし，変更したCEが業務を担当する。CEの報酬は出来高制となっており，毎月末日までにCEがA会社に提出したサービス報告書に基づきA会社が計算して，翌月15日にA会社から当該CEが指定する銀行口座に振り込まれる。なお，CEの報酬の額は，委託業務手数料約款に基づきA会社が決めている。

(3) 大阪府労委は，CEの労組法上の労働者性を肯定し，団交応諾等を内容とした救済命令を発出した。A会社はこれを不服として，中労委に再審査を申し立てたが，中労委はA会社の再審査申立を棄却した。A会社はこれを不服として，東京地裁に中労委の再審査申立棄却命令の取消を求めた。

(4) 東京地裁は，CEの労組法上の労働者性を肯定し，A会社の請求を棄却した。A会社はこれを不服として控訴したところ，東京高裁は，CEの労組法上の労働者性を否定し，国の請求を棄却した。

II 東京高裁判決の要旨（平成21年9月16日）

(1) 労組法上の労働者は，使用者との賃金等を含む労働条件等の交渉を団体行動によって対等に行わせるのが適切な者，すなわち，他人（使用者）との間において，法的な使用従属の関係に立って，その指揮監督の下に労務に服し，その提供する労働の対価としての報酬を受ける者を言うと解するのが相当である。

(2) 法的な使用従属関係を基礎づける諸要素，すなわち労務提供者に業務の依頼に対する諾否の自由があるか，労務提供者が時間的・場所的拘束を受けているか，労務提供者が業務遂行について具体的指揮監督を受けているか，報酬が業務の対価として支払われているかなどの有無・程度を総合考慮して判断するのが相当というべき。

(3)　法的な使用従属関係を基礎づける諸要素の存否の評価に当たっては，契約関係の一部にでもそのように評価できる面があるかどうかなどの局部的な視点で判断するのは事柄の性質上適当ではなく，両者の関係を全体的に俯瞰して労組法が予定する使用従属関係が認められるかの観点に立って判断すべき。

　(4)　個別の業務は，A会社からの発注を承諾する個別的業務委託契約の締結によって行っていること，個別的業務委託契約の申込みを受けた際，基本的業務委託契約とは無関係の理由，とりわけ，自らが事業者として行う修理補修等の業務を行うとの理由で拒絶することが認められること，拒絶した場合に，A会社は債務不履行とは解しておらず，CEをその拒絶によって不利益に扱うことはないこと，CEと発注連絡が取れなかったとしてもA会社は基本的業務委託契約の債務不履行に該当するとはしていないこと，受注した修理補修等の業務を実際にいついかなる方法で行うかは全面的にCEの裁量に委ねられていること，A会社は終了後の報告等により修理依頼等が確実に履行されたか否かを確認する以外にCEの行動等について関知せず，CEが独自に営業活動を行い，収益を上げることを認めていること，CEが行った修理等の内容について，全国一律の標準額を基本としているもののCEの裁量による増額を認めた上で出来高制で報酬を支払っていること，したがって，CEには自らが事業者となる業務の営業活動を重視するか，A会社からの発注を積極的に受注するかの選択が可能である。

　(5)　そうすると，CEは，業務の依頼に対して諾否の自由を有しており，業務の遂行に当たり時間的場所的拘束を受けず，業務遂行についてA会社から具体的な指揮監督を受けることはなく，報酬は行った業務の内容に応じた出来高として支払われているというべきであり，その基本的性格はA会社の業務受託者であり，いわゆる外注先とみるのが実態に合致して相当というべき。

　(6)　直ちに承諾拒否を連絡しなければ受託したとみなされる，休日を予め届け出ておかなければならず，発注連絡時間が定められている，制服の着用等が求められ，業務終了後は各種の報告をしなければならず，研修やエリア会議の出席が求められる，会社の認定制度やランキング制度により報酬額が左右される，規定に反した場合に厳重注意や契約解除などがされることがあるなどの点は，住宅設備機器の修理補修等という本件における基本的業務委託契約の受託内容による制約にすぎないというべきである。

労働法が目指すべきもの

そうすると，上記事情の存在をもって，A会社とCEとの関係がその基本的部分において法的に使用従属関係にあると評価することは困難であり，相当ではない。

Ⅲ　コメント

本判決は，労組法上の労働者は「法的な使用従属の関係に立って，その指揮監督の下に労務に服し，その提供する労働の対価としての報酬を受ける者をいう」と定義づける。この労働者の定義づけの前段に，判決は，労組法上の「労働者は，使用者との賃金等を含む労働条件等の交渉を団体行動によって対等に行わせるのが適切な者」とは述べているが，このような労組法上の趣旨・目的をふまえた労働者性の目的論的解釈を展開する論旨は全くみられない。判決は，もっぱら，「法的な使用従属」の有無という観点から判断しており，その「法的な使用従属」の有無の判断においては，会社の指揮監督下にあるか否かが重視されている。

「法的な使用従属関係」論に立てば，重視されるのは本件業務委託契約の約定文言（「法的合意」）となるのは必定である。本判決が，さまざまな制約を「業務委託契約」の「受託内容による制約」と把え，Xと会社の関係の基本的性格を「Xは会社の業務受託者であり，外注先とみるのが実体に合致」するというのも，「法的な使用従属関係」論の当然の帰結であるといえる。

判決の労働者性の判断の手法は，結局「労基法上の労働者性」の場合と何ら異なるところはない。「労基法上の労働者」においても，「法的な使用従属」の有無という点からのみの狭い判断枠組みは妥当でないが，労組法上の判断枠組みとしてはいっそう妥当性を欠く。

＜ビクターサービスエンジニアリング事件＞

Ⅰ　事案の概要

(1)　A会社との業務委託契約に基づいて日本ビクター株式会社の音響製品の修理等業務を行う者（個人代行店）により結成された労働組合Xが，A会社に団体交渉を申し入れたところ，A会社が，個人代行店は労組法上の労働者に当たらないとして団体交渉に応じなかったため，Xが不当労働行為に該当するとして申立を行った。

(2) 個人代行店は，A会社と業務委託契約書を締結し，ビクター製品の修理業務等に従事する者で，個人代行店になるには，A会社による筆記試験・面接を受け，合格した場合，約3か月の研修を受ける必要がある。個人代行店が担当する出張修理業務の件数は，1日当たり8件と定められていた。個人代行店は，午前9時ころまでにサービスセンターに出向き，割り振られた当日の出張修理業務内容を確認する。個人代行店は，特別な事情がない限り，割り振られた修理業務をすべて受注しており，出張訪問カードの記載に基づいて，顧客に電話をかけ，訪問時間や順路を調整，決定し，出張修理に赴く。

(3) 大阪府労委は，個人代行店の労組法上の労働者性を肯定し，団交応諾等を内容とした救済命令を発出した。A会社はこれを不服として，中労委に再審査を申し立てたが，中労委はA会社の再審査申立てを棄却した。A会社はこれを不服として，東京地裁に中労委の再審査申立棄却命令の取消を求めた。

(4) 東京地裁は，個人代行店の労組法の労働者性を否定し，A会社の請求を容認した。国はこれを不服として控訴したが，東京高裁も，個人代行店の労組法上の労働者性を否定し，国の請求を棄却した。

II 東京高裁判決の要旨（平成22年8月26日）

(1) 労組法上の労働者は，同法の目的に照らして使用者と賃金等を含む労働条件等の交渉を団体行動によって対等に行わせるのが適切な者，すなわち，労働契約，請負契約等の契約の形式いかんを問わず，労働契約上の被用者と同程度に，労働条件等について使用者に現実的かつ具体的に支配，決定される地位にあり，その指揮監督の下に労務を提供し，その提供する労務の対価として報酬を受ける者をいうと解するのが相当。

(2) 労務提供者に業務の依頼に対する許諾の自由があるか，労務提供者が時間的・場所的に拘束を受けているか，労務提供者が業務遂行について使用者の具体的な指揮監督を受けているかなどについて，その有無ないし程度，報酬が労務の提供の対価として支払われているかなどについて総合考慮して判断すべきものと解される。

(3) 委託内容により拘束，指揮監督と評価できる面があるのが通常であるから，契約関係の一部にでもそのように評価できる面があるかどうかで労働者性を即断するのは事柄の性質上相当でなく，委託者と受託者の関係を全体的に見

労働法が目指すべきもの

て，労組法の目的に照らし，使用者による現実的かつ具体的な支配関係が認められるか否かといった観点から判断すべき。

(4) 個人代行店とＡ会社とが協議を行って決定する仕組みで決定される営業日，営業時間数，受注可能件数の枠内では，特段の事情がない限り，出張修理業務を拒否できないが，その範囲外では拒否する自由があり債務不履行にもならない。

個人代行店が上記枠内でＡ会社からの受注を拒否できないのは，個人代行店が提示している受注枠内で発注されているからで，これをもって受注の諾否の自由がないと評価することができない。

委任契約において，個人代行店が他企業から同種の業務を受託することは制限されておらず，Ａ会社からだけ受注する営業をすることも，そうでないこともできる。

実態としてＡ会社のみから受注している者もあるが，個人代行店の自主的な選択の結果というほかなく，委託契約上の制約でも，Ａ会社からの個別の指示によるものでもない。

(5) その日の主張修理業務の内容を確認するため，午前9時ころまでにＡ会社のサービスセンターに出向き，その日の業務が終了した後，伝票類の処理や出張修理業務の進捗状況等を記入するため同センターに戻るが，個人代行店はＡ会社の就業規則の適用はなく，出勤義務はなく，出退勤管理を受けていない。一部の個人代行店は同センターに出向くことはなく，上記のとおり出向く理由はＡ会社から業務を受注する手続の一環として，また，受託した業務の処理報告等のためであると認められる。

(6) そして，Ａ会社はその他に，個人代行店の業務内容や業務遂行時間以外の行動等を関知する関係にないことが証拠上うかがわれ，個人代行店を時間的・場所的に拘束しているとみることはできない。個人代行店がＡ会社からの業務担当地域について変更の申し入れを拒否した事例はあり，そのために当該代行店に不利益が課されたことはない。

出張修理業務について場所的に制約があるのは，修理を依頼する顧客の住所地と個人代行店の所在地との関係で生ずる制約に過ぎず，業務遂行時間以外についてＡ会社から所在場所を指定されることはないことがうかがわれるのであって，Ａ会社が業務担当地域の指定・変更権を有していることをもって，Ａ

会社が個人代行店を場所的に拘束しているとみることはできない。

(7) 出張訪問カードによる受注は、業務を発注する手続の一環としてなされ、また、修理代金の入金処理等、個人代行店が業務の受託に付随するものとして、委託契約上義務を負っているに過ぎず、A会社が労務管理上の指揮監督をしているとみることはできない。業務委託の性質上、制服の着用等が求められるものの、業務をいかなる方法で行うかは個人代行店の裁量にゆだねられているものと認められる。

ミーティングの実施などの業務遂行上必要な情報の伝達をもって、直ちに労働者性を基礎づける指揮命令がなされているとは評価するのは適切でない。

委託契約上、他の個人代行店に再委託することは禁止されておらず、A会社から受注した業務を自ら行うことは契約の要件とされていない。

また、部品を有償支給ないし貸与され、個人代行店は貸与された部品の管理、棚卸の責任を負い、差額を負担するものとされ、この支給は有償支給の一種と見ることができる。

さらに、個人代行店は委託契約において工具等を自前で用意することを合意し、実際に自己の費用で購入、使用しており、自家用車を使い、ガソリン代等も自ら負担している。

(8) 出来高に応じて報酬が支払われ、最低保証はない。

修理に要した時間の長短ではなく、修理する機器、修理の内容に応じて決まる（作業時間を基礎として算定される委託料もあることが認められるが、例外的なケース）。

委託料についてA会社の源泉徴収や社会保険料等の控除は行われず、税務申告も個人事業者として行われ、個人代行店の半数近くの者は青色申告の承認を得ていることが認められる。

(9) 個人代行店は、自己の計算と危険の下に業務に従事する独立の自営業者の実態を備えた者として、A会社から業務を受注する外注先と認めるのが相当。

Ⅲ　コメント

本判決は、①「労組法上の労働者は、同法の目的に照らして使用者と賃金等を含む労働条件等の交渉を団体行動によって対等に行わせるのが適切な者」としながら、「すなわち」として、②「労働契約上の被用者と同程度に、労働条件等について使用者に現実的かつ具体的に支配、決定される地位にあり、その

指揮監督の下に労務を提供し，その提供する対価として報酬を受ける者をいう」とする。INAX メンテナンス事件についてコメントしたのと同様，前段の論旨と後段の論旨がどうして「すなわち」で連結されるのか理解しがたい。

②の部分は，朝日放送事件・最高裁平 7・2・28 第三小法廷判決（労判 668 号 11 頁）が判示した労組法 7 条の「使用者」の定義（「その労働者の基本的な労働条件等について，雇用主と部分的とはいえ同視できる程度に現実的かつ具体的に支配，決定することができる地位にある場合」）を「労働者」の定義に「転用」したものと思われる。

そして，判決が②の労働者性の定義の具体的な判断要素として掲げているのは，業務の依頼に対する諾否の自由，業務遂行についての具体的な指揮監督の有無・程度などであり，「使用従属関係」の有無の判断にあたって用いられているものと同じであって，②の判示部分は，「使用従属関係」を言い換えたにすぎないといえる。

また，判決は，「労組法の目的に照らし，使用者による現実的かつ具体的な支配関係が認められるか否かといった観点から判断すべき」というが，その判断の内容からは労組法の目的が考慮されていると読みとれる点はない。

7　判断基準を再構成したソクハイ事件・中労委命令の意義と評価

ソクハイ事件・中労委平 22・7・7 命令（別冊中央労働時報 1395 号 11 頁）は，新国立劇場運営財団事件および INAX メンテナンス事件の中労委命令が，相次いで東京高裁で取り消されて後に初めて出された中労委命令として注目された。

命令は，「運送請負契約」にもとづいてバイク等で書類等の発送業務に従事するメッセンジャー（配送員）の労働者性を認め，団交応諾等の救済を命じたものである。本命令は，両事件について上告受理申立をしていた中労委が，従来の中労委命令を含め，労組法上の労働者性の判断基準のあり方を再検討したものといえる。

まず，命令は，労組法 3 条について，「労働契約法や労働基準法上の労働契約によって労務を提供する者のみならず，労働契約に類する契約によって労務を供給して収入を得る者で，労働契約下による者と同様に使用者との交渉上の対等性を確保するための労働組合法上の保護を及ぼすことが必要かつ適切と認められる者を含む」と定義する。中労委は，本命令以前の命令においては，このような労働者の定義を示していなかった。例えば，新国立劇場運営財団事

〔宮里邦雄〕　　　　　　　　　**1**　労組法上の労働者について

件の中労委命令では，「同法にいう労働者は，自主的に労働組合を結成し，その運営及び活動の主体となる者であり，必ずしも労働契約を締結し使用者に使用されている者に限らず，広く『職業の種類を問わず，賃金……その他これに準ずる収入によって生活する者』（同法第3条）を言う」とされていた。しかし，本命令は，「使用者との交渉上の対等性を確保するための労働組合法の保護を及ぼすことが必要かつ適切な者」として，「交渉上の対等性確保」を強調し，労組法上の労働者の独自の意義をより鮮明にしている。

次いで，命令は，「①当該労務供給を行う者達が，発注主の企業組織から独立した立場で断続的に業務委託を受けているのではなく，発注主の事業活動に不可欠な労働力として恒常的に労務供給を行うなど，いわば発注主の事業組織に組み込まれているといえるか」，「②当該労務供給契約の全部又は重要部分が，実際上，対等な立場で個別的に合意されるのではなく，発注主により一方的・集団的に決定されているか」，「③当該労務供給者への報酬が当該労務供給に対する対価ないし同対価に類似するものとみることができるか」という三点の労働者性の判断基準を提示する。そして，他方において，「当該労務供給者が，当該事業のための相応の設備，機械，資金等を保有しており，また場合によっては他人を使用しているなどにより，その業務につき自己の才覚で利得する機械を恒常的に有するなど事業者性が顕著である場合には，労働組合法上の労働者性は否定される」とする。

さらに，命令は，①の「事業組織への組み込み」を肯定する諸要素として，「(a) 当該労務供給を行う者達が発注者から個々の業務の委託を受けるにつき契約上諾否の自由を有しないか，又は契約上はその自由を有していても実態としては諾否の自由を全く若しくはまれにしか行使していないこと」「(b) 発注者がその事業の円滑な運営のために当該労務供給を行う者達に対して労務供給の日時・場所・態様について拘束ないし指示を行っていること，この拘束は労働契約法ないし，労働基準法上の労働者におけるものほどに強度である必要はない」，「(c) 当該労務供給者が発注主に対して専属的に業務を供給しており，他の発注主との契約関係が全く又はほとんど存在しないこと。ただし，専属性が存在しないからといって，直ちに事業組織への組み込みが否定されるわけではない。」をあげている。

従来の労働委員会命令の多くは，受注に対する諾否の自由の有無，労務管理

労働法が目指すべきもの

上の指揮監督の有無，時間的・場所的拘束の有無，事業者性の有無などの諸要素を総合判断して結論を導く傾向があった。本命令は，従来の判決や命令が労働者性判断にあたって，やや羅列的に考慮していた要素を理論的に整序して，①「事業組織への組み入れ」，②「契約内容の一方的・定型的・集団的決定」，③報酬の労働対価性・対価類似性の三要件に集約し，判断基準の明確化・定式化を図ったものといえる。

①の「事業組織への組み入れ」は，CBC放送管弦楽団労組事件の最高裁判決でも重視された点であり，これを採り入れたものであると考えられる。

もっとも，事業組織への組み入れの有無にかかわる判断要素をみると，従来「使用従属関係」の判断要素として検討されている点とほぼ同じである。

②の「契約内容の一方的・定型的・集団的決定」は，交渉上の対等性確保の要請をふまえた判断基準で，社会的・経済的弱者として使用者による労働条件決定を受容せざるをえないという点を考慮したものといえる。事業組織へ組み入れて労働力を恒常的に確保するためには，契約内容を個々に決定するのではなく，定型的・集団的に決定する必要性があるといえ（この点は，従業員の労働条件を画一的・集合的に決定するために就業規則が制定されるのと類似する），その意味では，「契約内容の一方的・定型的・集団的決定」がなされる必要性と事業組織への組み入れは相互に密接な関連性がある。

③の「報酬」については，「対価に類似するもの」として，対価より広く解釈することが示されている。また，事業者性も「顕著である場合」とされ，事業者性を限定している。

「事業組織への組み入れ」「労働契約内容の一方的・定型的・集団的決定」は，そのような状況におかれている労務供給者であることが，「使用者との交渉上の対等性を確保」する必要がある者としての「労働者」性を基礎づけるものといえよう。

労働者性の判断基準を再構成したといえる本命令であるが，疑問がないわけではない。

それは，①の事業組織への組み入れの具体的判断要素についてである。

命令の掲げる具体的判断要素は，「使用従属関係」基準によって労働者性を判断するにあたって従来用いられていたものとほぼ同じである。命令は，3条の労働者性について「労働契約に類する契約によって業務を供給して収入を得

〔宮里邦雄〕　　　　　　　　　　　　　　　　　　*1*　労組法上の労働者について

る者で，労働契約下にある者と同様に……」と述べている。「使用従属関係」の有無にかかわる判断要素を採り入れることとなったのは，このような「労働契約下にある者と同様」の者という考え方にもとづくものであり，それ故に，労組法上の労働者性の独自性を強調しながらも，「使用従属関係」にかかわる判断要素は，排除しなかったということであろう。

しかし，「事業組織への組み入れ」が労働者性判断の不可欠の要素であるとしたうえで，「使用従属関係」の有無によって「事業組織への組み入れ」が判断されることになれば，従前の「使用従属関係」によって労働者性を判断する場合とどこがどうちがうのか，という点が問題とならざるを得ないが，本命令がこの点をどのように考えているかは判然としない[5]。

8　労組法上の労働者概念──何が判断基準とされるべきか

前述したとおり，これまでの労組法上の労働者性の判断基準は，労基法上の労働者性の判断基準であった「使用従属関係」に拠って構成されてきたことから，労基法上の労働者とのちがいが明確とならないという基本的問題点を内包していた。

三事件判決は，このような「使用従属関係」論が生み出した「混迷」といえる。

とはいえ，実務家としての筆者も，これまでの実務において，「使用従属関係」基準に依拠して，労働者性を主張・立証してきたし，結論として，労働者性が認められていたことから（例えば，筆者の担当した事件として，東京国際高校事件・東京都労委命令平15・11・14別冊中央労働時報1304号17頁，拙稿「『委託契約』をしている外国人教員の労働者性─東京都立国際高校団交拒否事件・東京地労委平15・11・4命令」労働法律旬報1679号（2008年9月）16頁参照），「使用従属関係」基準にさして理論的疑問を感じることもなかった。

しかし，新国立劇場運営財団事件およびビクターサービス事件を担当し，労働者性が否定されるという思いもよらざる判決に接するに及んで，労組法3条の労働者とは何か，その判断基準はどうあるべきか，7条2号の「雇用する労

---

[5] ソクハイ事件・中労委命令の意義とその批判的検討について，古川陽二「業務委託契約にもとづいて製品修理業務に従事する個人代行店の『労働者性』」労働法律旬報1734号（2010年12月）11-12頁。

働者」と3条の労働者の関係をどのように考えるべきか等の問題について、改めて、つっこんで考えることとなった。率直に告白すれば、三事件の判決が結論として労働者性を認めるものであれば、このような問題意識をそれほど持つこともなかったであろう。

三事件判決は、学説にも、労働者性の判断基準の再検討・再構成を迫る大きなインパクトとなった。末尾に掲げた論稿の多くは、三事件判決を批判しつつ、労組法の目的・趣旨をふまえ、労基法上の労働者とは異なる労組法上の労働者概念の再構成（判断基準の定立）を試みている。

また、労働委員会においても、前掲ソクハイ事件・中労委命令において、労組法上の労働者の判断基準の定式化が行われ、そこでは、基本的考えとして、「使用者との交渉上の対等性を確保するための労働組合法の保護を及ぼすことが必要かつ適切な者」という大きな判断枠組みが示されている。以下において、多くの論稿から教示を受けたが、労働者性の判断基準はいかに定立されるべきかについて私見を提示することとしたい。

(1) 3条の文理解釈の重視

従来の「使用従属関係」基準については3条の明文からどうしてそのような基準を導き出しうるのか、という基本的疑問がある。「使用従属関係」論は明文から離れすぎており、3条の明文で把えている広い「労働者」を「使用従属関係」によって何故狭く限定するのか、解釈論として説得性を欠く。労組法3条が労働者の定義規定を設けるにあたって、労基法6条の「使用される」という要件を取り込まなかったのは、「使用される」場合にとどまらず、より広い労働者概念を定立することが労組法の目的・趣旨に適うと立法者が考えたからである。

前述したとおり、「使用従属関係」基準は、労基法の判断基準をいわば「借用」したものであって、必ずしも労組法上の労働者概念として定立されたものでなかった。

そもそも、労組法3条の定義規定は、旧労組法（昭20・12・22法律51号）の3条の定義規定（「本法ニ於テ労働者トハ職業ノ種類ヲ問ハズ賃金、給料其ノ他之ニ準ズル収入ニ依リ生活スル者ヲ謂フ」）と同じであり、労基法の制定（昭22・4・7法律49号）に先立って定められたものである。労基法の定義を労組法の定義の解釈に用い

るのは立法の沿革に照らしても妥当ではない[6]。

　労組法上の労働者性の判断基準を再構成するにあたっては，3条の明文を重視することが必要である。

　筆者が3条の明文を重視すべきであるというのは，文理解釈が解釈方法論として妥当であるとする立場からのものではなく，3条の明文が，労組法の趣旨・目的を体現していると考えるからである。

(2) 団結権・団体交渉権保障の必要性の視点

　労組法上の労働者は，明文に拠りつつ，労組法の趣旨・目的が生かされるものとして目的論的にも解釈されなければならない。憲法28条の労働基本権の主体である「勤労者」と労組法上の労働者は同義と解されることからすれば，労働基本権保障の趣旨をふまえて，労組法上の労働者概念の憲法的構成も必要である。

　生存権的基本権とされる労働基本権は，社会的・経済的に弱者たる地位にある勤労者に対し，その利益を確保するために使用者と実質的に対等の立場に立つことができるための権利として保障されたものである（全逓東京中郵事件・最高裁昭41・10・26判決刑集20巻8号901頁は，憲法28条は，「経済上劣位に立つ勤労者に対して実質的な自由と平等を確保するため」いわゆる労働基本権を保障しているとする）。「使用者」に対する関係において，「社会的・経済的な弱者」「社会的経済的に劣位にある者」たることが「勤労者」の本質的属性であり，このことが団結権や団体交渉権保障の必要性が肯定される憲法上・労働組合法上の根拠である。

　社会的・経済的劣位の故に，当事者の交渉力の対等性が不可欠とされ，団体交渉の保護が必要となるという点で，両者は密接不可分な関係にある。旧労組法制定時においては，憲法は制定されていなかったが，憲法制定後に制定された現行労組法の解釈においては，憲法28条をふまえた労組法3条の解釈が，旧労組法の場合に比してより重視されるべきである。

(3) あるべき判断基準

　社会的・経済的地位の劣位性の問題は，「使用者」と「労働者」間に限らず，

---

[6] 菅野和夫『労働法〔第9版〕』は，「労働者の定義の立法的背景を前提に3条の解釈を行うべきである」として指摘している（512-513頁）。

労働法が目指すべきもの

他のさまざまな契約当事者間にもみられる。したがって，社会的・経済的に劣位であるから，「労働者」であると単純に断ずるわけにはいかない。とすれば，「社会的・経済的の劣位性」という基準を具体化した「労働者」と「非労働者」を分かつ基準を設定することが求められる。

個人の借地・借家人や消費者なども一般的にいえば，地主・大家との関係あるいは企業との関係において社会的・経済的劣位にある者といえ，それ故に借地借家法，消費者契約法が制定され，借地・借家人や消費者の保護が図られている。これらの者が社会的・経済的劣位者といわれることと「労働者」が社会的・経済的劣位者といわれることの決定的差異は，労務の提供先から賃金・給料，その他これに準ずる収入を得て，これによって生活しているという点にある。したがって，社会的・経済的劣位性とそれ故に必要とされる団体交渉の保護を及ぼす必要性は，労務供給先との関係において判断される必要がある。

CBC放送管弦楽団事件・最高裁判決は，事業組織への組み入れなどの三点から団体交渉の保護を及ぼす必要性を肯定し，ソクハイ事件・中労委命令は，事業組織への組み入れ，契約の一方的・集団的決定等から団体交渉の保護を及ぼす必要性を肯定したものであり，いずれも，労務供給先とどのような関係にあるか，どのような立場におかれているか，労務提供先から対価として支払われる収入の性格はどのようなものか，という点に着目して労働者性を判断したものといえる。

問題は，何が重視されるべき基準として妥当か，ということになろう。

私は，契約条件・契約内容において対等な交渉実現の可能性があるか，契約条件・契約内容が実質的に一方的に決定され，対等な交渉の実現可能性がないか，あるいは対等な交渉が困難か，という基準をあげたい。

契約条件等について対等な交渉が実現可能な場合には，団結を背景とする団体交渉という手段を通じての合意形成を図る必要性はない。しかし，対等な交渉が実現不可能ないし実現困難な場合には，団体交渉を通じて対等な交渉関係を形成する必要がある。

企業側が定めた基本的な契約内容について個別的な交渉による変更・修正が実現困難で，結局受け容れるか否かという判断を求められるということであれば，対等な交渉が実現可能とは評価できない。

この基準は，ソクハイ事件・中労委命令が二番目にあげている基準と同じで

〔宮里邦雄〕　　　　　　　　　　　　　　　***1***　労組法上の労働者について

あるが、団体交渉保護の必要性という点からすればもっとも重視されるべき基準であるといえる。

　事業組織への組み入れは、CBC放送管弦楽団事件・最高裁判決、ソクハイ事件・中労委命令が重視した基準であり、雇用関係にある労働者との共通性・類似性を示す指標として考慮されたと思われるが、事業組織への組み入れは、恒常的な労働力を確保する必要によるものであり、それ故に契約条件を個々に交渉し、個別に合意することとせず、定型的な契約内容・契約条件の一方的決定が行われているのが通例であろう。

　事業組織への組み入れをこのように把えれば、独自の判断基準というより、契約条件の一方的決定の有無を判断するうえでの事情と位置づけることができる。

　以上の検討からすれば、「使用従属関係」は、労組法上の労働者の判断基準とはならないし、判断基準とすることは妥当でないということに帰する。「使用従属関係」の具体的な判断基準とされてきた、仕事の依頼や業務指示に対する諾否の自由の有無、業務内容の遂行方法に関する指揮監督の有無、勤務場所、勤務時間に関する拘束性の有無・程度などの問題は、契約締結の交渉過程における対等性の次元の問題ではなく、契約締結後において契約または契約に関連して事実上生ずる問題である。労組法上の労働者性の判断において重視されるべきは契約締結の交渉過程において、労務供給先との関係において交渉上劣位にあり、対等交渉の実現可能性があるかないかである。

　労組法3条のいう「賃金・給料その他これに準ずる収入」についても、ふれておく必要があろう。労組法3条は、労務供給先から支払われる報酬の典型として「賃金」「給料」をあげ、「その他これに準ずる収入」としており、この「準ずる収入」は「事業」あるいは「営業」による収入は除外されるが、広く労務提供に対する報酬を意味すると解され、請負や委任などの労務供給型契約によって労務供給先から支払われる報酬は、その名目の如何を問わず、「賃金,給料」に準ずるものといえる。労基法11条は賃金を「労働の対償として使用者が労働者に支払うすべてのものをいう」と定義しているが、この場合の賃金は、9条の「使用される者」に支払われる「賃金」としてのそれであり、労組法3条における「準ずる収入」は「使用される」関係を前提にしないものであるから、「労働の対償」より広く把えられることになる。

労働法が目指すべきもの

　報酬の決定方法は，労務提供の時間による場合，仕事の成果・出来高による場合，あるいは最低保障額が決められる場合など様々な場合があるが，報酬が労務供給先から支払われ，その者の生活の糧となっているという実体的関係があればよく，報酬の決定方法を考慮する必要はない。

　このような労働者性の判断基準によれば，三事件判決の事案のような労務提供者は，当然労働者性が肯定されることになるし，労務供給型契約ないしそれと同視できるような契約の下で労務を提供している者は，名実ともに「自己の計算と責任」において事業を営んでいる「独立自営の事業主」でない限り，原則として労働者として認められることになるであろう。

9　労組法3条の「労働者」と7条2号の「雇用する労働者」の関係

　労組法3条の「労働者」に該当すれば，7条2号の「雇用する労働者」に当然に該当することになるのか。それとも，それぞれ別個に検討する必要があるのかが，次に問題となる。

　この問題は，従来あまり意識して議論されてこなかったといえる[7]。

　3条の「労働者」には失業者を含むことについては異論がなく，失業者については7条2号の適用を検討する必要はないから，ここでの問題は「失業者」を除く3条の「労働者」に該当するとされた場合であってもなお，7条2号の「雇用する労働者」か否かが問題になるか，という点にある。

　3条の労働者性の判断においては，明文が示すとおり，「雇用される」関係があるか否かは判断基準に入っていない。一方，7条2号の不当労働行為の成立要件として「雇用する労働者」であることが必要であるとされている。

　先に述べたCBC放送管弦楽団労組事件・最高裁判決は7条2号の団体交渉拒否の事案であるが，判決は，「自由出演契約のもとにおいてもなお，会社に対する関係において労働組合法の適用を受けるべき労働者にあたると解すべきである」とし，「したがって」，楽団員の組織する組合と会社との間には7条2号の不当労働行為が成立しうるとした原審の判断は正当とするのみで，労組法

---

[7]　労組法3条の「労働者」と7条2号の「雇用する労働者」との関係を明確に分けて論じているのは，野田進「就業の『非雇用化』と労組法上の労働者―労組法3条から同7条2号へ」労働法律旬報1679号（2008年）である。

3条の労働者に該当するか，7条2号の「雇用する労働者」に該当するかについて判断していない。判決は，会社との関係において，労働者性を検討しており，これを肯定する以上，あらためて7条2号の労働者か否かを論ずる必要はないと判断したものと思われる。

一方，新国立劇場運営財団事件・中労委命令は，3条の労働者にあたるか，さらには7条2号の「雇用する労働者」にあたるか，という二段階的判断を行った。

同命令は，まず，労組法3条の「労働者」性が認められるか否かを判断し，労働者性は明らかであるとする。次いで，財団との関係における労働者性について判断し，合唱団員と財団との間には労働契約ないしこれに類似する関係があり，合唱団員は財団との関係でも団体交渉により保護されるべき労働者であり，財団は使用者たる地位を有する，と判断している。つまり，この命令の判断手法は，3条の労働者を広く解したうえで，7条2号の適用との関係においては労働者を絞り込むというものであった（命令は，同時に「使用者」性も判断しているが，「雇用する労働者」の肯定は即使用者性の肯定につながっている）。

しかし，前述したソクハイ事件においては，中労委は，新国立劇場運営財団労組事件のような二段階的な判断手法はとっていない。

結局，この問題は，3条の労働者性の判断基準をどう考えるかということと深くかかわっている。

筆者は，3条の労働者性の判断に際し，労務提供先との関係から労働者性が肯定されれば，7条2号の労働者性の判断を改めてする必要はないと考える。7条2号の労働者該当性と3条の労働者該当性はあくまでの理論上別個のものと考えるべきとする立場をとるにしても，7条2号のいう「雇用する」は，労組法の趣旨・目的から把えられ，3条の労働者と7条2号の労働者は整合的に解釈すべきこととなる。ソクハイ事件・中労委命令は，この点について，労働組合法7条2号の「雇用する」も，同条を使用者と労働契約関係にある者に限定する趣旨ではなく，3条の「労働者」といえる者が当該企業との間において当該供給の関係を営んでいることで充たされる，と解するのが相当である，として整合的解釈を行っているが，この見解に賛成である。労務供給先との関係性にもとづいて3条の労働者性が認められる労働者が7条2号の「雇用する労働者」性の判断によってふるいにかけられ，結果として7条2号の労働者の範

労働法が目指すべきもの

囲が限定されるというのは妥当な解釈方法とは思えない。もっとも，7 条 2 号の「雇用する労働者」が広く把えられるならば，結論はあまり変わらないとも言えるが，あえて二段階の判断をする必要はない（両者を別個に論ずる実益があるのは，7 条 2 号の「雇用する労働者」が 3 条の労働者より狭く把えられる場合である）。二段階判断論は「雇用する」との文言に囚われているように思われる。

参考文献一覧

以下の文献は，平成 20（2008）年以降のものである。

平成 20（2008）年
- 村田浩治「個人事業主としての『請負』契約を締結している者の労働者性」労働法律旬報 1679 号 20 頁
- 島田陽一，水口洋介，池添弘邦，鎌田耕一「座談会・労働者性の再検討」季刊労働法 222 号 27 頁
- 古川景一「労働組合法上の労働者」季刊労働法 224 号 165 頁。
- 野田進「就業の『非雇用化』と労組法上の労働者性—労組法 3 条から同 7 条 2 号へ」労働法律旬報 1679 号 6 頁

平成 21（2009）年
- 古川陽二，宮里邦雄，八代徹也「(鼎談) 集団的労使関係における新しい課題」労働判例 968 号 13 頁
- 田端博邦「不当労働行為制度と『労働者』性—新国立劇場中労委命令をてがかりに」月刊労委労協 635 号 17 頁
- 西村健一郎「劇場合唱団員の労組法上の労働者性」季刊労働法 224 号 131 頁
- 鎌田耕一「委託労働者の労働組合法上の労働者性」中央労働時報 1098 号 18 頁
- 渡辺章「労働者性・使用者性の問題—その整理と復習」中央労働時報 1102 号 2 頁
- 大内伸哉「合唱団員の労働組合法上の労働者性—国・中労委（新国立劇場運営財団）事件」ジュリスト 1376 号（平成 20 年度重要判例解説）262 頁
- 川田知子「集団的労使関係における労働者概念」—判例研究／国・中労委（新国立劇場運営財団）事件・東京高裁判決（平 21・3・25）」労働法律旬報 1702 号 19 頁
- 日野勝吾「個人業務委託契約者の労組法上の労働者性— INAX メンテナンス事件・東京地判 H 21・4・22」日本労働法学会誌 114 号 133 頁
- 米津孝司「集団的労使関係における労働者— CBC 管弦楽団事件」労働判例百選 8 版 8 頁
- 川口美貴「労働組合法上の労働者と理論的課題」月刊労委労協 642 号 2 頁

〔宮里邦雄〕　　　　　　　　　　　　　　　*1*　労組法上の労働者について

- 古川陽二「不当労働行為の救済申立」日本労働法学会誌 114 号 53 頁
- 荒木尚志「オペラ合唱団契約メンバーの労働組合法上労働者性」中央労働時報 1108 号 14 頁
- 田中誠「『個人請負型就業者』と，労働組合法上の『労働者』性」月刊労委労協 642 号 29 頁
- 鎌田幸夫「ビクターサービスエンジニアリング事件東京地裁不当判決を批判する」季刊労働者の権利 282 号 34 頁
- 古川景一「労働者性判断基準＝経済的従属関係」月刊労委労協 643 号 2 頁
- 島田陽一「労組法上の労働者性についての労働委員会命令および裁判例一覧の掲載にあたって」労働法律旬報 1710 号 6 頁
- 浅野毅彦「労働法上の労働者についての労働委員会命令及び裁判例一覧」労働法律旬報 1710 号 16 頁
- 古川陽二「最近の不当労働行為救済申立をめぐる諸問題(1)」労働判例 988 号 5 頁
- 川口美貴「労務供給契約の成立と労働者性─新国立劇場運営財団事件の検討」季刊労働者の権利 278 号 80 頁
- 古川景一「労働組合法上の労働者─最高裁判例法理と我妻理論の再評価」季刊労働法 224 号 165 頁
- 水町勇一郎「オペラ歌手（劇場合唱団員らの労組法上の労働者性─国・中労委（新国立劇場運営財団）事件」ジュリスト 1372 号 192 頁

平成 22(2010)年

- 渡辺章「業務委託契約と労働組合法の適用関係─ INAX メンテナンス東京高裁判決を素材にして」専修ロージャーナル No.5 1 頁
- 西谷敏，宮里邦雄ほか／シンポジウム「労働者性について考える」労働法律旬報 1718 号 6 頁
- 青野覚「個人請負型就業者の労働組合法上の労働者性」中央労働時報 1117 号 11 頁
- 橋本陽子「個人業務委託契約者と労組法上の労働者─ INAX メンテナンス事件」平成 21 年度重要判例解説 239 頁
- 土田道夫「『労働組合法上の労働者』は何のための概念か」季刊労働法 228 号
- 川口美貴「労働者性の判断基準と理論的課題」月刊労委労協 649 号 2 頁
- 渡辺章「労働組合法上の『労働者性』を団体交渉事項の性質から考える」月刊労委労協 650 号
- 山川隆一「労働者概念をめぐる覚書」月刊労委労協 651 号 2 頁
- 竹内（奥野）寿「労働組合法の労働者について考える」季刊労働法 229 号 99 頁
- 宮里邦雄「労組法上の『労働者』について─その判断基準をめぐる問題と課題」月刊労委労協 652 号 2 頁

労働法が目指すべきもの

- 村田毅之「委託労働者の『労働者性』をめぐる諸問題」月刊労委労協652号18頁
- 城塚健之「やはりこれは労組法の転覆—ビクターサービスエンジニアリング事件・東京高判平成22年8月26日について」季刊労働者の権利287号55頁
- 川口美貴「『労働者』概念と理論的課題」法学セミナー671号4頁
- 川口美貴「労働組合法上の労働者—ビクターサービスエンジニアリング事件・東京高裁判決の批判的検討」月刊労委労協655号35頁
- 野田進「就業の非雇用化と労働者性の課題」月刊労委労協655号2頁
- 古川陽二「業務委託契約にもとづいて製品修理業務に従事する個人代行店の「労働者」性」労働法律旬報1734号6頁
- 豊川義明「『労組法上の労働者』概念」および「『団結権保障関係』論」労働法律旬報1734号15頁
- 西谷敏「労組法上の『労働者』の判断基準—ビクターサービスエンジニアリング事件に関する東京高裁あて意見書(2009年12月)」労働法律旬報1734号)29頁

平成23(2011)年

- 小宮文人「個人営業者と労働組合法上の『労働者』—ビクターサービスエンジニアリング事件(東京高判22・8・26労判1012号86頁)について」中央労働時報1127号38頁
- 川田琢之「個人委託就業者の労働組合法上の労働者—国・中労委(INAXメンテナンス)事件・東京高判平21・9・16労判989号12頁」季刊労働法232号137頁
- 有田,小畑,竹内,野田「学会展望 労働法理論の現在—2008〜10年の業種を通じて」日本労働研究雑誌608号19頁
- 石崎由稀子「業務委託を受けたカスタマーエンジニアの労組法上の労働者性—国・中労委(INAXメンテナンス)事件」ジュリスト1418号137頁

(補論)

本稿執筆後,平成23年4月12日,最高裁第三小法廷は,新国立劇場運営財団事件およびINAXメンテナンス事件について,判決を言渡した(労判1026号)。

両判決は,①事業組織への組み入れ,②契約当事者の認識や契約の実際の運用における基本的な拘束関係,③契約内容の一方的決定,④指揮監督下における労務提供,⑤時間的・場所的な一定の拘束,⑥報酬の労務提供の対価性という「諸事情を総合考慮」し,労働者性を否定した高裁判決を覆し,労働者性を認めた。

両判決の論評については,「[特集]新国立劇場運営財団事件・INAXメンテナンス事件—2つの最高裁判決を受けて」労旬1745号6頁以下,「[特集]労働者性の判断と労働者保護のあり方—新国立劇場事件・INAXメンテナンス事件の最高裁判決

〔宮里邦雄〕　　　　　　　　　　　　　　　　*1*　労組法上の労働者について

—」ジュリスト1426号4頁以下，「［特集］労働組合法上の労働者性—最高裁第三小法廷平成23年4月12日判決—」中央労働時報1135号4頁以下の各論稿を参照されたい。筆者の両判決に対する論評については，労働法律旬報特集の拙稿「新国立劇場運営財団事件およびINAXメンテナンス事件の最高裁判決—その意義と射程」を参照されたい。

2 高年法と再雇用制度における労働契約の成否
――最近の3つの裁判例を巡って――

中 山 慈 夫

1　はじめに
2　検討の視点と取り上げる裁判例
3　京濱交通事件横浜地裁川崎支部判決――高年法9条2項と労働契約の成否
4　日本ニューホランド事件札幌地判決――労働契約の成立要件である賃金合意の成否
5　東京大学出版会事件東京地裁判決――再雇用基準に該当する労働者と労働契約の成否
6　最後に

1　はじめに

(1)　高年法の高年齢者雇用確保措置

　高年齢者等の雇用の安定等に関する法律（以下「高年法」という）は，定年を定める場合は60歳を下回ることができない（8条）とし，これを前提に65歳未満の定年を定めている事業主に対して，65歳（ただし，62歳から段階的引上げにより平成25年4月以降65歳，高年法附則4条）までの高年齢者雇用確保措置として，①定年の引き上げ，②定年後の継続雇用制度，または，③定年の定めの廃止のいずれかの措置を講ずることを義務づけている（9条1項1号から3号）。この高齢者雇用確保措置は，平成16年の改正法（平成18年4月施行）により導入されたものであるが，その後の実施状況をみると，多くの企業では上記②の継続雇用制度（現に雇用している高年齢者が希望するときは，当該高年齢者をその定年後引き続いて雇用する制度）を選択しているため[1]，継続雇用制度を巡る問題が新たな

---

[1]　厚生労働省の「高年齢者の雇用状況集計結果」（平成22年10月29発表）によれば，高年齢者雇用確保措置を講じている企業のうち，継続雇用制度を導入している企業は83.3％，そのうち，希望者全員を対象とする継続雇用制度を導入している企業は41.4％，対象者となる高年齢者に係る基準を労使協定で定め，当該基準に基づく継続雇

論点として議論され，実務においても訴訟に持ち込まれる紛争となっている。
　そこで，本稿では，継続雇用制度を巡る問題のうち，実務でトラブルの多い定年後の再雇用制度における労働契約の成否について，最近の3つの裁判例を取り上げて検討してみたい。

(2) 高年法の継続雇用制度としての再雇用制度について

　まず，高年法の継続雇用制度の対象者に係る基準と再雇用制度について整理しておくと，次のとおりである。

(a) 継続雇用制度と対象者に係る基準

　継続雇用制度を設ける場合，希望者全員を雇用しないで，労使協定で対象者に係る基準を定めて，その基準に該当する者だけを雇用する制度も高年法上の継続雇用制度とみなされている（9条2項）。また，労使協議が整わず，労使協定が締結できない場合には，事業主は，平成21年3月31日（常時雇用労働者300人以下の中小企業の事業主の場合は平成23年3月31日）までの間は，就業規則その他これに準ずるものにより，継続雇用制度の対象者に係る基準を定めて当該基準による継続雇用制度を導入できる（高年法附則5条および改正政令附則1条4項から6項）。

　労使協定の基準について，行政解釈では，「労使協定で基準を定めることを求めているのは，継続雇用の対象者の選定に当たっては，企業により必要とする能力や経験等が様々であると考えられるため，労使で十分に話し合い，その企業に最もふさわしい基準を労使納得のうえで策定するという仕組みが適当であるとの理由によるものであること。」「基準の策定に当たっては，労働組合等と事業主との間で十分に協議の上，各企業の実情に応じて定められることを想定しており，その内容については，原則として労使に委ねられるものであること。ただし，労使で十分に協議の上，定められたものであっても，事業主が恣意的に継続雇用を排除しようとするなど本改正の趣旨や，他の労働関連法規に反する又は公序良俗に反するものは認められないものであること。」としており，適切な基準でないと考えられる例として「会社が必要と認めた者に限る」

　用制度を導入している企業は47.5％，労使協定の締結に向けて努力したにもかかわらず協議が調わず，高年法附則5条に基づく特例措置により就業規則等で基準を定め，当該基準に基づく継続雇用制度を導入している企業は11.1％となっている。

等を掲げ，望ましい基準として，意欲，能力等をできる限り具体的に測るものであること（具体性）および必要とされる能力等が客観的に示されており，該当可能性を予見することができるものであること（客観性）を指摘し，例示として「過去3年間の勤務評定がC以上（平均以上）の者」（勤務評定が開示されている企業の場合）等を掲げている（平成16年1月14日職高発1104001号）。

(b) 再雇用制度と勤務延長制度

継続雇用制度の実際の設計では，定年年齢に達した者をいったん退職させた後，再び雇用する「再雇用制度」と定年年齢に到達した者を退職させることなく引き続き雇用する「勤務延長制度」とがある。再雇用制度は，定年によりそれまでの労働契約は終了し，定年後に新たな賃金等の労働条件を内容とする労働契約を締結するものである。これに対して勤務延長制度は定年までの労働契約を維持したまま期間を延長し，賃金等の労働条件を維持または変更するものである。このうち，再雇用制度では雇用期間を定めて雇用する例が多い[2]。本稿では定年後に新たに有期雇用契約を締結し，期間満了後に更新を繰り返して65歳まで継続雇用する制度を想定して「再雇用制度」と呼ぶこととする。

2　検討の視点と取り上げる裁判例

(1) 高年法9条の私法的効力についての裁判例，学説等の状況

再雇用制度と労働契約の成否を検討する前提として，高年法9条1項の高齢者雇用確保措置の定めが，事業主と労働者との権利義務関係を規律する私法的効力を有するか否かの問題に触れておく。この点については，私法的効力を否定する裁判例が相次いで出されている状況である（NTT西日本（高齢者雇用・第1）事件大阪高判平成21・11・27労判1004号112頁，NTT西日本（高齢者雇用・第2）事件大阪高判平成22・12・21労経速2095号15頁，NTT東日本（継続雇用制度）事件東京高判平成22・12・22労経速2095号3頁，NTT西日本事件（継続雇用制度・徳島）高松高判平成22・3・12労判1007号39頁，X運輸事件（大阪高判平成22・9・14労経速2091号7頁）。

学説では私法的効力を肯定する説（西谷敏「労働法規の私法的効力―高年齢者雇用安定法の解釈をめぐって」（2008年）法律時報80巻8号80頁，根本到「高年齢者雇用安定

---

(2) 労働政策研究・研修機構の「高年齢者の継続雇用の実態に関する調査」（企業アンケート，2007年）結果では，継続雇用者の雇用契約期間1年とするのが83.5％となっている。

労働法が目指すべきもの

法九条の意義と同条違反の私法的効果」(2008 年) 労旬 1674 号 6 頁, 渡辺章『労働法講義上』(2009 年) 697 頁等) と否定する説 (櫻庭涼子「高年齢者の雇用確保措置― 2004 年法改正後の課題」(2007 年) 労旬 1641 号 46 頁, 島村暁代・前掲 NTT 西日本 (高齢者雇用・第 1) 事件大阪高判評釈 (2011 年) ジュリスト 1416 号 106 頁, 菅野和夫『労働法 第 9 版』(2010 年) 462 頁, 荒木尚志『労働法』(2009 年) 270 頁等) があり, 行政は否定説と解される[3]。肯定説では, 高齢者雇用確保措置をいずれも講じていない場合, 定年の定めが 65 歳となるという考え方 (西谷敏・前掲 85 頁) と定年の定めがなくなり無期の雇用契約になるという考え方 (根本到・前掲 15 頁) があり, また否定説をとっても, 高齢者雇用確保措置義務違反の場合, 65 歳 (高年法附則 4 条の法所定年齢) 未満の退職扱いは高年齢のみを理由とする解雇として解雇権濫用法理の適用となるという考え方 (山下昇「高年齢者の雇用確保措置を巡る法的諸問題」日本労働研究雑誌 550 号 (2006 年) 45 頁) などがある。

私見では, 高年法 9 条は政策的な労働市場に関する法であり, 9 条の高年齢者雇用確保措置の内容は一義的ではなく (事業主は定年引上げ, 継続雇用制度, 定年の定めの廃止いずれかを選択), 履行確保も行政による対応 (高年法 10 条の助言, 指導, 勧告) だけを想定しているものであるから, 公法的な性格を有するものであり, かつ事業主の事業経営上の経済・雇用情勢の変動による負担・リスクを考えれば, 私法的な効力まで付与したものとは解されないので, 否定説が妥当であると考える。

(2) 取り上げる裁判例と論点

以下では, 高年法 9 条の私法的効力について, 否定説の視点から, 最近の裁判例のうち, 再雇用制度において労働契約の成否が争われた下記の①から③の裁判例を取り上げる[4]。①から③の判決は, いずれも使用者が労使協定ないし

---

[3] 厚生労働省の正式な通達や指針ではないが, 同省の「改正高年齢者雇用安定法 Q & A」Web サイト http://www.mhlw.go.jp/general/seido/anteikyoku/kourei2/qa/) の Q 2 では,「継続雇用制度を導入していない 60 歳定年制の企業において, 平成 18 年 4 月 1 日以降に定年を理由として 60 歳で退職させたとしても, それが直ちに無効となるものではないと考えられます」としている。

[4] この他, 再雇用制度における労働契約の成否が問題となった裁判例として, 日通岐阜運輸事件 (岐阜地判平成 20・9・8 労経速 2016 号 26 頁) があり, 再雇用時の労働契約の給与額が正社員時より低いことが問題となった前掲 X 運輸事件 (大阪高判) がある。また, 脱稿後, 津田電気計器事件 (大阪地判平成 22・9・30 労判 1019 号 49 頁, 大阪高判平

〔中山慈夫〕　　　　　　　　　*2*　高年法と再雇用制度における労働契約の成否

就業規則により設定した定年後の再雇用制度において，再雇用基準に該当しないことを理由に再雇用拒否された労働者が労働契約上の地位確認等を求めた事案であり，①および③は労働契約の成立を認め，②は否定したものである。

このうち，①については高年法9条2項（同法附則5条1項）の再雇用基準に係る労使協定の手続違反と労働契約の成否，②については労働契約の成立要件である賃金合意の成否，③については再雇用基準に該当する労働者との労働契約の成否が問題となっており，いずれも再雇用制度と労働契約の成否に関する法的論点として重要であると考えるので，これらの論点について，使用者の意思表示と労働契約の成否という観点から検討してみたいというのが本稿の目的である（したがって，その他の論点，例えば②と③における再雇用基準の当否およびその該当性の論点等はここでは取り上げないため，各判決の紹介においても簡略とする）。

①　京濱交通事件（横浜地裁川崎支部判平成22・2・25労経速2085号11頁）
②　日本ニューホランド事件（札幌地判平成22・3・30労判1007号26頁）　なお，この事件の控訴審判決（札幌高判平成22・9・30労判1013号160頁判例ダイジェスト）は一審の札幌地裁判決を全面的に引用して認容しているので，ここでは札幌地裁判決を取り上げる。
③　東京大学出版会事件（東京地判平成22・8・26労判1013号15頁）

3　京濱交通事件横浜地裁川崎支部判決
——高年法9条2項と労働契約の成否

(1)　事案の概要

(a)　被告は，一般乗用旅客自動車運送事業を主たる目的とする株式会社である。原告は，平成8年10月25日，被告に雇用され，以後被告の小倉営業所においてタクシー乗務員として勤務していたところ，平成20年2月7日に満60歳となることから，被告就業規則の定年後再雇用制度の再雇用基準を満たしていないことを理由として再雇用拒否されたため，再雇用拒否が無効であるなどと主張して，被告に対する労働契約上の権利を有する地位にあることの確認及び定年日の翌日からの賃金等の支払を求めた事案である。

───────────
成23・3・25労判1026号49頁），日通岐阜運輸事件（岐阜地判平成23・7・14労経連2112号33頁，前掲の同名事件と別の事件）に接した。

労働法が目指すべきもの

(b) 平成18年10月21日から実施された被告作成の就業規則29条では，定年後再雇用について以下のとおり定めている（要旨）。

「従業員の定年は満60歳とし，定年による退職日は，誕生日以降最初に到来する各月の20日とする。なお，乗務員は2月度は18日とする。ただし，乗務員については，本人が希望し，かつ次のアないしエ（略）の高年齢者雇用安定法9条2項に基づく労使協定に定められた本件再雇用基準に該当する場合は，65歳まで（なお，平成19年4月1日から平成21年3月31日までの期間に定年に達する者の雇用終了年齢は64歳までとする。）嘱託又は定時制として再雇用する（以下「本件継続雇用制度」という。）。また，雇用契約は1年ごとの更新を原則として，次のアないしエの基準（本件再雇用基準）により嘱託又は定時制に採用することができる。」

原告は，本件再雇用基準のうち，過去5年間の出勤率（90％以上）並びに1日当たりの平均営収基準及び平均走行キロ基準をいずれも満たしていなかったため，被告から平成20年2月18日付けで定年退職となる旨の通知を受けた。

(c) 被告は，本件継続雇用制度の導入に先立ち，平成18年9月20日，小倉営業所の京浜交通労働組合ほか2組合が合同で結成した全京浜交通労働組合連合会（組合員数78名）との間で，同年10月12日，小倉営業所の新京浜交通労働組合（組合員数8名）との間で，それぞれ賃金，賞与及び本件継続雇用制度の導入についての協定を締結した。被告は，本社及び小倉営業所を管轄する川崎南労働基準監督署に対し，同年10月20日，本件就業規則29条による本件継続雇用制度の導入を含む就業規則一部変更について異議はない旨の同年9月23日付けの京浜交通労働組合の意見書と共に，就業規則一部変更を届け出た。同年10月20日時点で，本件継続雇用制度の導入に当たって，被告の小倉営業所では労働者の過半数で組織する労働組合はなく，労働者の過半数を代表する者も選出されておらず，同時点までに，被告が，労働者側に対し，本件継続雇用制度の導入に当たって，労働者の過半数を代表する者を選出するように要請することもなかった。

その後，平成21年3月23日，被告は，各営業所の複数の労働組合および非組合員の合計287名（当時の被告の全従業員数は471名）と本件継続雇用制度の導入について協定を締結した。

(2) 判　　旨
(a) 高年9条2項の要件を具備しているか否か

「高年齢者雇用安定法9条2項は，高年齢者雇用確保措置としての継続雇用制度を導入するに当たっては，同条1項2号により，原則として，現に雇用している高年齢者が希望するときは，当該高年齢者をその定年後も引き続いて雇用する制度の導入が求められるところ，事業所の実情に応じて上記原則的措置を一定程度柔軟化する必要性がある一方で，こうした柔軟化が不適切な形で行われることによって生じる，事業主による恣意的な対象者の限定などの弊害を防止するために，すべての労働者の過半数の団体意思を反映した上でかかる柔軟化を行うこととし，そのための手続的担保として，労働者の代表による関与，すなわち，当該事業所に労働者の過半数で組織する労働組合がある場合においてはその労働組合，労働者の過半数で組織する労働組合がない場合においては労働者の過半数を代表する者との書面による協定により，継続雇用制度の対象となる高年齢者に係る基準を定め，当該基準に基づく制度を導入することを要件としたものと解することができる。しかるところ，被告の主張する労使慣行は，労働組合の全組合員数の過半数との間で協定を締結すれば労使協定として有効に成立するというものであり，すべての労働者のうちの一部にすぎない組合員の意思を反映させるものにすぎないから，仮に，被告の主張する方法での労使協定の締結が長期間行われていたとしても，上記の高年齢者雇用安定法9条1項2号所定の継続雇用制度の導入の趣旨目的に照らせば，本件継続雇用制度の導入に当たってはこれを労使慣行として有効であると認めることはできない。」また，「平成18年10月20日よりも後ではあるが，複数の労働組合及び非組合員との間で本件継続雇用制度の導入についての平成21年3月協定が締結されていることからすると，本件継続雇用制度の導入に当たって，各事業所において，すべての労働者の過半数の代表を選出することができないほど労働者間で大きく意見が対立する状況にあったものとはうかがわれず，その他本件全証拠を精査しても，本件継続雇用制度の導入に当たって各事業所においてすべての労働者の過半数を代表する者を選出することができない状況にあったものと認めるに足りる証拠はない。よって，被告の上記主張を採用することはできない。」「そうすると，本件継続雇用制度の導入を定める本件就業規則29条は，手続要件として高年齢者雇用安定法9条2項の要件を満たしていない。」

労働法が目指すべきもの

(b) **高年法附則5条1項の要件を具備しているか否か**

被告は、「その労働者が300人を超える事業主であるから、平成21年3月31日までの間、高年齢者雇用安定法9条2項に規定する協定をするため努力したにもかかわらず協議が調わないときは、就業規則その他これに準ずるものにより、継続雇用制度の対象となる高年齢者に係る基準を定め、当該基準に基づく制度を導入することができる。しかるところ、……本件継続雇用制度の導入に当たって労働者の過半数を代表する者は選出されていなかったし、被告が労働者側に対して、労働者の過半数を代表する者を選出するように要請することもしていなかった。しかも、被告が各事業所を監督する各労働基準監督署に本件就業規則を届け出た平成18年10月20日までに本件継続雇用制度の導入について協定を締結していたのは、……小倉営業所については35名、丸子営業所については29名、神奈川営業所については22名だけであった。また、被告と、同日までに本件継続雇用制度の導入についての協定を締結していなかった組合との関係についてみると、……被告は、同日までに本件継続雇用制度の導入についての協定を締結した全京浜交通労働組合連合会及び新京浜交通労働組合以外の労働組合に対して、本件継続雇用制度の導入についての協定締結に向けて、十分な説明をしたものとはうかがわれず、……本件全証拠を精査しても、被告が上記各労働組合に対して、本件継続雇用制度の導入について、十分な説明をしたことを認めるに足りる証拠はない。よって、被告は、高年齢者雇用安定法9条2項に規定する協定をするため努力をしたにもかかわらず協議が調わなかったものと認めることはできず、平成20年2月18日の時点での本件就業規則29条が高年齢者雇用安定法附則5条1項の要件を具備していないというべきである。」

「高年齢者雇用安定法9条2項による継続雇用制度の導入に当たっては、事業主は、各事業所ごとに、全労働者の過半数を代表する者との書面による協定を締結することが必要であるところ、①労働者への説明の際に、特に疑問や反対の意見が出されず、その後、労働者の過半数に満たない複数の労働組合との間で協定を締結した際にも、特に疑問や反対の意見が出されず、②その後も本件訴訟以外には何ら異議は申し立てられていないとしても、そのことをもって、同協定が、全労働者の過半数の意思を反映したものとはいえない。」また、「平成21年3月協定で本件継続雇用制度と全く同内容の協定が締結されてはいる

ものの，本件にあっては，本件就業規則29条の効力についての判断の基準時は，本件就業規則29条が原告に適用されることが現実化した時点，すなわち，原告が定年に達した平成20年2月18日の時点をもって相当とするから，その後に平成21年3月協定が締結されたことは」上記の判断を左右するものではない。「平成21年3月協定は，その附則1項により，平成21年3月21日より効力を発生する旨規定されているから」被告の追完の主張及び平成21年3月協定が締結されたことによって，従前の継続雇用制度の対象者に係る基準が効力を失うことなく適用されるとの主張を採用することはできない。「そうすると，本件継続雇用制度の導入を定める本件就業規則29条は，手続要件として高年齢者雇用安定法附則5条1項の要件を満たしていない。」「以上によると，本件継続雇用制度の導入を定める本件就業規則29条は，手続要件を欠いていて無効であるというべきである。」

(c)「したがって，その余の点につき判断するまでもなく，本件継続雇用制度の導入を定める本件就業規則29条は，手続要件を欠き無効であり，これに対する被告の再抗弁等の主張はないから，原告は，被告に対し，労働契約上の権利を有する地位にあるというべきである。」「原告の賃金は，毎月20日締めで毎月27日に支払われ，原告の本件再雇用拒否当時の平均賃金額は月額12万3,731円であり，原告は，平成20年2月18日をもって再雇用を拒否されているから，上記平均賃金額を前提とすると，原告は，被告に対し，平成20年2月19日から本案判決確定の日まで，毎月27日限り，月額12万3,731円の割合による賃金及びこれらに対する各月分の該当月の28日から支払済みまで民法所定の年5分の割合による遅延損害金の支払義務がある。」

(3) 検　　討
(a) **本判決の整理する要件事実**
(ア)　本判決は，上記のとおり，定年後の継続雇用対象者に係る基準を設ける継続雇用制度について，高年法9条2項の労使協定は締結されておらず，これを定める就業規則29条も，経過措置である同法附則5条1項の手続要件を満たしていないので無効と判断し，そこから直ちに原告・被告間の労働契約の成立を認めている。本判決は，原告・被告の主張を要件事実に整理したうえで各要件事実の具備・不具備の判断によって結論を導いている点に特徴があるので，

労働法が目指すべきもの

判決が指摘する要件事実に即して検討してみたい[5]。

（イ）本判決は，まず当事者の主張に係る要件事実を次のように整理し，この整理については当事者間に争いがないとしている。

【請求原因】原告・被告間の労働契約の締結及び労働契約上の地位確認の利益

【抗弁】原告の本件就業規則29条に基づく60歳定年とその到来

【本件就業規則29条の有効性を前提とする再抗弁】原告の継続雇用の申出

【原告の継続雇用の申出の再抗弁に対する再々抗弁】原告が本件再雇用基準を充足していないこと

そして，本判決は，この整理を前提に，争点として次の①から⑤を摘示している。ただし，⑤の争点は，【再々々抗弁】または【予備的再抗弁】のいずれにも位置付け難いものの，原告が提起し，原告と被告との間において主張立証が尽くされているので，一応争点として摘示したとしている。

【本件就業規則29条が無効であるとする再抗弁】
　① 本件継続雇用制度の導入を定める本件就業規則29条が手続要件を欠き無効であるか否か。
　② 本件継続雇用制度の導入を定める本件就業規則29条が不当労働行為として公序良俗に反して無効であるか否か。

【再々々抗弁】または【予備的再抗弁】
　③ 本件再雇用基準が公序良俗に反するか否か。

【再々々抗弁】
　④ 本件再雇用拒否が不当労働行為に当たるか否か。
　⑤ 本件再雇用拒否が権利の濫用に当たるか否か。

以上のうち，本判決の結論を導いた要件事実としては，上記の当事者間に争いのないものとして整理された【請求原因】から【原告の継続雇用の申出の再抗弁に対する再々抗弁】まで，および【本件就業規則29条が無効であるとする再抗弁】の①であるため，これを示すと**第1図のようになる**（ここでは【本件

---

[5] 要件事実については，裁判実務で用いられているいわゆる法律要件分類説による（司法研修所『民事訴訟における要件事実第1巻（増補）』（法曹会，1986年）「第1部総論部分」参照）。

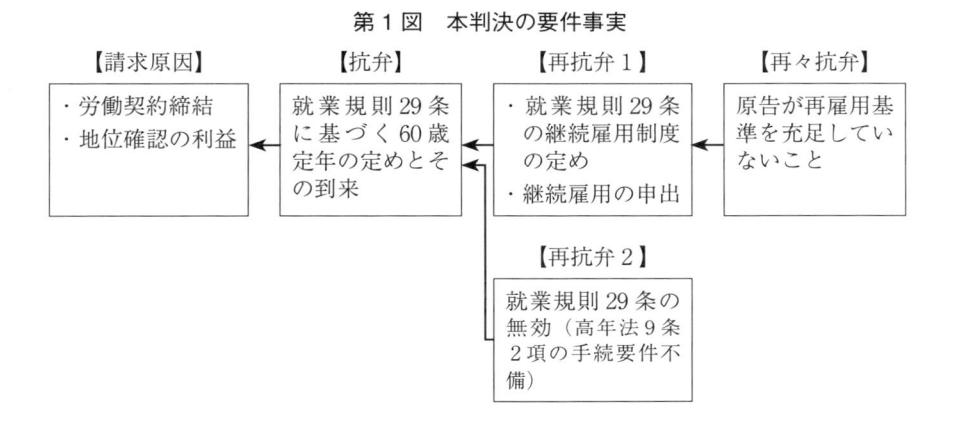

第1図　本判決の要件事実

【請求原因】
・労働契約締結
・地位確認の利益

【抗弁】
就業規則29条に基づく60歳定年の定めとその到来

【再抗弁1】
・就業規則29条の継続雇用制度の定め
・継続雇用の申出

【再々抗弁】
原告が再雇用基準を充足していないこと

【再抗弁2】
就業規則29条の無効（高年法9条2項の手続要件不備）

就業規則29条の有効性を前提とする再抗弁】を【再抗弁1】,【本件就業規則29条が無効であるとする再抗弁】の①を【再抗弁2】として示す）。

しかし，この要件事実の整理については，次に述べるとおり，2つの点で疑問がある。

(b) 本判決の要件事実の問題点（その1）

第1に，【請求原因】から【抗弁】【再抗弁1】【再々抗弁】と整理している点が問題である。

(ｱ) 本判決は，【請求原因】を「労働契約の締結および労働契約上の地位確認の利益」としているが，本件において労働契約の締結とは原告が被告に入社した際の正規の乗務員としての無期の労働契約（定年以前の期間の定めのない労働契約）のことであるから，当該労働契約は【抗弁】＝「原告の本件就業規則29条に基づく60歳定年とその到来」により終了している。そして本件就業規則29条は，上記(1)(b)のとおり，「従業員の定年は満60歳とし，……ただし，乗務員については，本人が希望し，かつ次のアないしエ（略）の高年齢者雇用安定法9条2項に基づく労使協定に定められた本件再雇用基準に該当する場合は，65歳まで……嘱託又は定時制として再雇用する（以下「本件継続雇用制度」という）。また，雇用契約は1年ごとの更新を原則として，次のアないしエの基準（本件再雇用基準）により嘱託又は定時制に採用することができる。」と定めているので，本件再雇用基準に該当して再雇用される場合は，定年以前の正規の乗務員としての無期の労働契約との同一性・連続性はなく，別個の嘱託又は定時制の

労働法が目指すべきもの

有期労働契約（雇用期間1年）の締結となるのである。このため，定年以前の労働契約についての【請求原因】【抗弁】に対して【再抗弁1】＝「本件就業規則29条の継続雇用制度と継続雇用の申出」は成り立たないはずである。つまり，再抗弁というのであれば，再抗弁の要件事実が認められれば，【請求原因】である定年以前の無期の労働契約の成立が認められるという関係に立たなければならないのであるが，本件の【再抗弁1】が認められても，定年以前の無期の労働契約は復活せず，別個の有期（雇用期間1年）の嘱託または定時制の労働契約の締結が新たに問題になるだけだからである。

したがって，第1図の【請求原因】と【抗弁】は定年以前の無期の労働契約についての要件事実であり，定年の【抗弁】が成り立つことにより当該労働契約は終了するとともに，それを前提にして，別個の新たな請求原因（予備的請求原因）として，原告は定年後再雇用される権利（就業規則29条の継続雇用制度および再雇用の申し出）を主張しなければならないのであり，これに対して被告は抗弁として原告が就業規則29条の本件再雇用基準を充足していないことを主張することになる[6]。これを示せば第2図のようになる。

(イ) それにもかかわらず，本判決では定年以前の正規の乗務員としての無

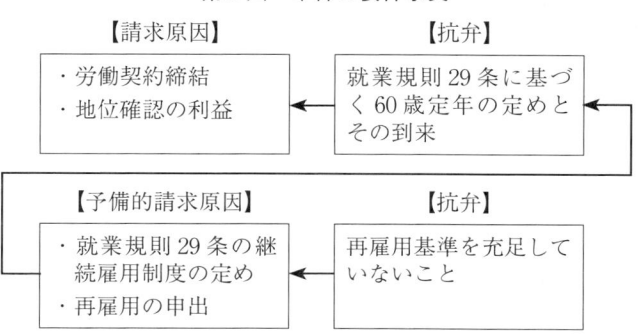

第2図　本件の要件事実

【請求原因】	【抗弁】
・労働契約締結 ・地位確認の利益	就業規則29条に基づく60歳定年の定めとその到来

【予備的請求原因】	【抗弁】
・就業規則29条の継続雇用制度の定め ・再雇用の申出	再雇用基準を充足していないこと

---

[6] 同旨の山口幸雄＝三代川三千代＝難波孝一編『労働事件審理ノート（改訂版）』（2007年）64頁では「定年後再雇用される権利が労働者に付与されていること（就業規則又は労働協約の定めの存在，労使慣行—定年後の自動的な雇用継続の慣行—により黙示の雇用契約の内容となっていたこと）」が予備的請求原因になり，これに対して，定年後再雇用に当たって欠格事由が定められていること，かつ，労働者が当該欠格事由に該当することが抗弁になるとされている。

期の労働契約を出発点として，【請求原因】【抗弁】を立て，定年前の労働契約と定年後の労働契約の同一性・連続性を前提に第1図の【再抗弁1】および【再々抗弁】と整理しているところに問題がある。これは，再雇用制度における労働契約は定年前の労働契約とは別個独立したものであり，新たな労働契約の締結であるという基本的な枠組みを見誤ったものといわざるをえない。

もっとも，当事者である原告・被告は，このような要件事実の整理について争わないとされているので，本判決は，就業規則29条の継続雇用制度の内容が再雇用制度ではなく，あたかも定年後も定年以前の正規の乗務員としての労働契約が同一性・連続性をもって継続される勤務延長制度として整理したのではないかと推測される。このように考えれば，就業規則29条の継続雇用制度の存在と継続雇用の申出が【再抗弁1】に，再雇用基準の不具備が【再々抗弁】となり，上記第1図は成り立つことになる。しかし，本件の継続雇用制度を勤務延長制度と考えることには無理があるといわざるを得ない。本判決の事実認定では，嘱託と定時制の区別や労働条件の内容については触れておらず，定年前の正規の乗務員としての労働契約との相違は雇用期間の有無（定年前は無期契約であり，定年後の嘱託や定時制は有期1年契約）しか指摘できないが，少なくとも期間の定めの有無に違いがあるので，定年前後の労働契約の同一性・連続性を有する勤務延長制度と理解することはできないため，なお問題が残るのである。

以上のように，本判決が第1図の【請求原因】から【抗弁】【再抗弁1】【再々抗弁】とする整理には問題があり，第2図のように整理すべきものと思われる。

(c) **本判決の要件事実の問題点**（その2）

第2に，本判決は，上記第1図の【再抗弁2】を認めて，その余の争点を判断するまでもなく，原告の労働契約上の権利を有する地位の確認および賃金等の支払請求を認容（一部却下）している。しかし，【再抗弁2】は成り立つのであろうか。

(ア) 本件就業規則29条は60歳定年とその後の再雇用制度と再雇用基準を定めているので，【抗弁】＝「定年年齢の到来」に対して【再抗弁2】＝「本件継続雇用制度の導入を定める本件就業規則29条が手続要件を欠き無効」が成り立つためには，就業規則29条の本件継続雇用制度の定めだけでなく，60歳

労働法が目指すべきもの

定年の定めまで無効にしなければならない。つまり，本件継続雇用制度の定めだけが無効であっても，定年の【抗弁】を消滅・阻害するものとはならないからであり，さらに60歳定年の定め自体まで無効としなければ，定年の【抗弁】を消滅・阻害させる関係にならないからである。したがって，本判決が「本件継続雇用制度の導入を定める本件就業規則29条は手続要件を欠いて無効」と判示する意味が判然としないが，本判決の整理した上記**第1図**の要件事実からすれば，就業規則29条（60歳定年及び継続雇用制度）全体が無効という意味でなければ【再抗弁2】は成り立たないと考えられる[7]。

この点については，「本判決は結局，その説示にやや疑問は残るものの，本件就業規則29条のうち継続雇用対象基準のみを無効としたものとして理解すべきであろう。したがって，X（注，原告）は1年ごとの更新を原則とする労働契約上の権利を有すると理解すべきである。」（榊原嘉明・本判決評釈（2011年）労判1017号11頁）との解釈もあるが，本判決の要件事実の整理（上記**第1図**）からすれば，【再抗弁2】が成り立てば，60歳までの無期の労働契約が，勤務延長の如く60歳以後も65歳まで継続する関係になるから，60歳以後は1年ごとの更新を原則とする労働契約になると解することはできないと思われる。本判決の認容した月額賃金額が，原告の本件再雇用拒否当時の平均賃金額（定年前3ヶ月の平均賃金額）であることも，定年前の労働契約が継続していると判断したことを示しているものと思われる。

（イ）そこで，翻って【再抗弁2】が成り立つと判断した本判決が妥当か否か，すなわち高年法9条2項および経過措置である同法附則5条1項の手続要件不備が，本件就業規則29条（60歳定年及び継続雇用制度）全体を無効とするか否かが問題となる。この点については，高年法9条の私法的効力の検討を要する。高年法9条は，8条と異なり私法的効力（強行法規性）はないという否定説からすれば，同法9条2項および同法附則5条1項の手続要件不備であっても，

---

[7] 山川和義「高年齢者雇用確保措置に関する法的問題の検討」季刊労働法231号（2010年）205頁は，本判決について「事実関係をみると，継続雇用制度と60歳定年制と同じ規定で定めており，当該規定そのものが無効とされたという経緯があり，同条2項（注，高年法9条2項）の手続違反から直ちに労働契約上の地位確認が認められるかは不明である。」とし，池田悠本判決評釈（ジュリスト1417号(2011年)170頁）は，「高年法上の手続違反によって，60歳定年制の定めを含む就業規則29条全体が無効になることを認めた判決と解するほかない。」とし，判旨疑問としている。

そのことから直ちに原告・被告間の労働契約を成立させる根拠にはなりえないと考えられる[8]。このため，本判決は高年法9条の私法的効力を肯定していると解釈することになるが，この点もやや疑問である。

本判決は就業規則の継続雇用制度も無効と判断しているので，その結果，高年法9条1項の3つの高年齢者雇用確保措置のいずれも講じていないことになるので，私法的効力を肯定する学説では，上記2(1)のとおり，定年の定めが無効となり，65歳定年あるいは無期の労働契約になると解する見解がある。しかし，本判決では高年法9条の私法的効力の有無については全く触れておらず検討さえしていない。上記2(1)のとおり，これまでの裁判例は否定説であり，本判決が率然として何らの理由も示さず肯定説を採用したとすれば甚だ理由不備の判決といわざるを得ないからである。

(ウ)　私見では，本判決の要件事実（上記第1図）を前提にすれば，【再抗弁2】については，2つの解釈がありうると考える。1つは，本判決が上記(ア)のとおり，高年法9条2項および同法附則5条1項の手続要件不備をもって，就業規則29条（60歳定年及び継続雇用制度）全体を無効と判断したという解釈であり，もう1つは，本判決が就業規則29条の継続雇用制度の内容を再雇用制度ではなく，定年後の勤務延長制度の如く整理していると考えれば（上記(b)(イ)），60歳定年の定めを有効としつつ，高年法9条2項および同法附則5条1項の手続要件不備をもって，再雇用基準（実質は勤務延長対象者の基準）のみが無効になると判断し，その結果希望者全員に勤務延長を認めるものと解して，原告についても，定年前の無期の労働契約が定年後も継続し，賃金についても再雇用拒否当時の平均賃金月額（定年前3ヶ月の平均賃金額）を認容したと解釈するものである。

いずれの解釈が妥当かであるが，本判決は，要件事実の整理において，上記(a)(イ)のとおり，「③本件再雇用基準が公序良俗に反するか否か。」を【再抗弁2】とは別の【再々々抗弁】または【予備的再抗弁】と位置づけているので，【再抗弁2】の意味は就業規則29条（60歳定年及び継続雇用制度）全体を無効と

---

[8]　否定説の桜庭涼子・前掲50頁は，高年齢者雇用確保措置を設けていなくとも当該企業の60歳定年等の定めはただちに無効とならないとし，高年法9条の効果により使用者と定年退職者の間で再雇用契約が成立するとの主張については，「同条が三つの措置を並列的に規定していること，再雇用を義務づけると採用の自由との抵触という問題が生じかねないことを考慮すると，この主張もまた認め難い。」としている。

判断したと考えるのが素直な解釈のように思われる。そして，いずれの解釈によっても，本判決は，就業規則29条（60歳定年及び継続雇用制度）全体あるいは再雇用基準を無効としている点で，高年法9条に私法的な効力を認める肯定説に依拠していると解さざるを得ないであろう[9]。

しかし，高年法9条の私法的な効力を否定する立場からすれば，本判決のように，高年法9条2項の労使協定が認められず，就業規則29条の再雇用基準が無効とされても，同条に示された使用者の継続雇用の意思は，再雇用基準に該当する者について，定年後に嘱託または定時制の労働契約（雇用期間1年）を新たに締結することによって再雇用するというものであるから，使用者に希望者全員を無条件で雇用する意思がないことが明らかである。したがって，就業規則29条の無効から，直ちに使用者の採用の自由[10]を認めず，使用者の意思に反して，使用者の意思決定を擬制し労働契約の継続を強制する法的な根拠と合理性，妥当性は見出しえないところであり，本判決には大いなる疑問が残り賛成できない[11]。

4　日本ニューホランド事件札幌地判決
――労働契約の成立要件である賃金合意の成否

(1)　事案の概要

(a)　被告は，農業用機械器具の販売等を目的とする株式会社である。原告は，被告との間で平成2年9月1日に雇用契約を締結し，平成20年9月30日に被

---

[9]　高年法9条の私法的効力を肯定する説のうち，9条2号の継続雇用制度がひとまず導入されていると評価できる場合，9条2項，附則5条にも私法的効力を認め，その違反の効力については，65歳未満の定年規定それ自体が無効となり，定年のないかたちで雇用契約上の地位が確認されるわけではなく，9条2号の希望者全員雇用の原則を考慮して，継続雇用制度を示したことが使用者の申込みにあたり，労働者が希望する限りは再雇用契約が成立すると解する見解がある（根本到前掲18頁）。

[10]　三菱樹脂事件最大判昭和48・12・12民集27巻11号1536頁，岩村正彦「変貌する引退過程」（岩波講座現代の法12(1998年)) 359頁は平成16年改正高年法以前の継続雇用が努力義務とされていた時期の論文であるが，再雇用制度の義務化は採用強制という点で契約の自由という私法上の大原則と正面から抵触することは否定できないという点を指摘している。

[11]　小嶌典明・NTT東日本(継続雇用制度)事件東京地判平成21・11・16判決判批（判例時報2099号所収の判例評論625号(2011年)40頁）は否定説の立場から本判決には大いに疑問が残るとしている。

告を定年（満60歳）となるところ，平成20年4月10日，被告に対し再雇用を希望すると申し出たが，被告は，原告に対し，同年7月1日付けの文書をもって再雇用はできないと通知した。このため，原告は，A組合の中央執行委員長であり，再雇用拒否はA組合を敵視していた被告が原告に報復するために行ったもので権利の濫用または不当労働行為に該当し無効であり，仮に原告と被告の間に再雇用契約が成立したとは認められないとしても，再雇用拒否は債務不履行（再雇用義務の不履行）または不法行為に該当するなどと主張して，被告に対し，第1次的請求として雇用契約上の権利を有することの確認ならびに未払賃金の支払いを，第2次的請求として損害賠償等の支払いを求めた事案である。

　第1次的請求において，原告は，再雇用された従業員の賃金額が定年退職時の給与額の約60パーセントに決定される労働慣行が存在していたとして，原告の定年退職時の給料月額39万1,800円の60パーセントである月額23万5,080円の請求をした。

　(b)　被告は，平成18年4月1日，平成17年2月に制定した就業規則（「平成17年規則」）を変更し，新たに定年退職者の再雇用制度（以下「本件再雇用制度」という）を設けた。本件再雇用制度の内容は再雇用制度規程（以下「本件規程」という）によって定められているところ，本件規程によれば，再雇用可否の判断基準は次のとおりとされている（本件で問題になる判断基準のみを掲げる）。

　（判断基準）　営業所スタッフ・本社スタッフ部門については，専門能力を有し，直近3年間のインセンティブ評価が標準中以上である（管理職，専門職査定ランク1～9の平均5，実務職査定ランク1～6の平均3.5を中とする）。

　また，本件規程によれば，再雇用契約における賃金は，再雇用時の従業員の能力・担当する職務，勤務形態等を基に個々に決定されることになっている（第8条）。

　(c)　本件再雇用制度が設けられるまでの経緯は次のとおりである。

　(ア)　被告にはユニオン・ショップ制を採る従業員組合が存在したところ，同組合は，平成9年から，原告を中央執行委員長とする執行部を支持するグループ（以下「A組合」という）と，別の者を中央執行委員長とする執行部を支持するグループ（以下「多数派組合」という）に分裂し，以後，A組合と多数派組合は，別個に，被告と団体交渉を行ったり，労働協約を締結したりしていた。

　被告は，昭和63年に就業規則により定年年齢を55歳から60歳としたが，

労働法が目指すべきもの

55歳以降の従業員と55歳未満の従業員との間で賃金について差異を設ける旨定めはなく，その後平成8年の就業規則改定でも同様であったところ，平成13年の就業規則改正により，55歳に達した従業員について，基本給を55歳直前の基準内賃金の60％とする等の定めをしたため，平成15年9月17日に55歳に達した原告は，減額された賃金の差額支払を求めて数次の訴訟を提訴し，札幌地裁判所および控訴審の札幌高等裁判所においていずれも勝訴した。

(イ) この間，被告は平成16年5月29日，多数派組合との間で，次の労働協約を締結した（以下「平成16年協約」という）。

ⓐ 賃金は，年俸とインセンティブ（成果給）で構成される。

ⓑ 年俸は次のとおりとする。

正社員を経営管理職，専門職，実務職に分け，それぞれに対し，資格給，職務給，業績給等で構成される基準内賃金と，通勤手当，超過勤務手当，単身赴任手当等で構成される基準外賃金を支給する。

業績給は，業績達成度及び過去の実績をもとに査定し，資格給，職務給等のその余の基準内賃金は，等級等に従った所定の金額とする。

ⓒ インセンティブは，7月，12月及び3月に，各従業員に対する査定に基づき，査定ランクに相応する額を支給する。

(ウ) 被告は，平成17年2月，就業規則を改定し（平成17年規則），平成16年協約と同内容の賃金体系を定めた後，上記のとおり，平成18年4月1日に就業規則を改定して本件再雇用制度を設けた。

(d) 被告が原告の再雇用を拒否した理由は，次のとおりである。

(ア) 本件再雇用制度は，多数派組合と合意の上，所定の手続を経て，平成18年4月から実施しているが，A組合及び原告は，本件再雇用制度に反対している。

(イ) 本件再雇用制度は，平成17年規則の変更によって設けられたものであるが，A組合及び原告は，平成17年規則は不利益変更であり無効であるとして同規則の有効性を争い，裁判所も，平成17年規則はA組合及び原告には適用されない旨判示しているから，本件再雇用制度は原告に適用されない。

(ウ) 仮に本件再雇用制度が原告に適用されるとしても，原告は，本件規程の再雇用可否の判断基準のいずれにも該当しないから，再雇用の対象とならない（原告の過去3年間のインセンティブ評価が2.44であり，上記再雇用基準（直近3年間のイ

ンセンティブ評価が5以上であること）にはるかに及ばないこと）。

(e) 本判決は，本件再雇用拒否は，それまで被告と対立路線を歩んできた原告に対して不利益を与えることを目的としてなされたものと強く推認され，また原告は再雇用基準に該当し，本件規程の再雇用可否の判断基準を満たしていたことから，本件再雇用拒否が権利の濫用に該当し，かつ，原告に対する不法行為に該当すると判断して，第2次請求について550万円の損害額を認容した。ここでは再雇用契約の成否に関する第1次請求部分の判旨を掲げる。

(2) 判　　旨
(a) 「札幌地方裁判所及び札幌高等裁判所は，平成17年規則等のうち給与及び賞与の減額につながる部分（不利益変更に該当する部分）の効力について判示しているにすぎず，本件再雇用制度が原告に適用されない旨を判示しているわけではない。原告ほかA組合の従業員も，あくまでも給与及び賞与の減額につながる就業規則の改定が不利益変更に該当すると主張しているにすぎず，本件再雇用制度の新設自体に反対しているわけではない。そして，本件再雇用制度は，被告の全従業員にとって有利な制度であることが明らかであるから，当然に被告の全従業員に対して適用されると解するのが相当である。これに反する被告の主張は，原告ほかA組合の従業員の合理的意思に反することが明らかであり，また，事業主に対して定年の引上げや継続雇用制度の導入等といった高年齢者雇用確保措置を講じるよう命じた高年齢者等の雇用の安定等に関する法律（以下「高年法」という。）9条の趣旨及び同条に基づいて新設された本件再雇用制度の趣旨にも明らかに反するというべきである。よって，被告の主張は採用することができない。以上のとおりであるから，本件再雇用制度は原告にも適用される。」

(b) 「本件再雇用制度における再雇用契約（以下，単に「再雇用契約」という。）とは，被告を定年（満60歳）退職した従業員が被告と新たに締結する雇用契約である。そして，雇用契約において賃金の額は契約の本質的要素であるから，再雇用契約においても当然に賃金の額が定まっていなければならず，賃金の額が定まっていない再雇用契約の成立は法律上考えられない。ところで，本件再雇用制度の内容を定めた本件規程によれば，再雇用契約における賃金は，再雇用時の従業員の能力・担当する職務，勤務形態等を基に個々に決定されること

になっている（第8条）。したがって，定年退職時の雇用契約における賃金がそのまま再雇用契約における賃金となるのではなく，再雇用を希望する従業員と被告の合意により再雇用契約における賃金の額が定まることになる。そして，本件において被告は，原告と再雇用契約を締結することを拒否しており，再雇用契約における賃金の額について何らの意思表示もしていない。そうすると，仮に本件再雇用拒否が無効であるとしても，原告と被告の間で締結される再雇用契約における賃金の額が不明である以上，原告と被告の間に再雇用契約が成立したと認めることはできない。この点について，原告は，再雇用契約における賃金の額は，定年退職時の給与額の約60％に決定されるという労働慣行が存在していたと主張する。確かに，証拠と弁論の全趣旨によれば，被告と再雇用契約を締結したA組合の従業員であるDの再雇用契約における賃金の額は，定年退職時の給与額34万6,614円（基本給27万9,000円，役職手当2万1,000円，単身赴任手当4万円，帰省交通費6,614円）の約60％である20万8,614円（基本給16万2,000円，単身赴任手当4万円，帰省交通費6,614円）と決定されたことが認められる。しかし，この事実をもって直ちに原告が主張する方法で再雇用契約における賃金の額が決定されるという労働慣行が存在していたと認めることはできず，他にそのような労働慣行が存在していたことを認めるに足りる証拠はない。よって，原告の主張は理由がない。」

(c)「以上のとおりであるから，その余の点（本件再雇用拒否の有効性）について判断するまでもなく，原告の第一次的請求は理由がない（なお，原告が指摘する大阪高裁平成18年(ネ)第731号同年12月28日判決は，賃金の額等に変更がないまま雇用期間のみが延長される事件に関するものであり，本件とは事案を異にするから，本件の参考にならない。）。」

(3) 検　　討
(a) 本判決の賃金合意についての判断

第1次請求について，再雇用契約の成否に関し賃金額についても争点となっていたところ，本判決は，「本件において被告は，原告と再雇用契約を締結することを拒否しており，再雇用契約における賃金の額について何らの意思表示もしていない。そうすると，仮に本件再雇用拒否が無効であるとしても，原告と被告の間で締結される再雇用契約における賃金の額が不明である以上，原告

と被告の間に再雇用契約が成立したと認めることはできない。」と判断して原告の請求を棄却している。一方，第 2 次請求では，再雇用契約不成立を前提に，原告が再雇用基準に該当するとして，不法行為に基づく損害賠償請求を認めているので，第 1 次請求では，原告が本件再雇用制度の対象者であることを前提としても，賃金が定められていない以上，再雇用契約は成立しないと判断したものと解される。

いうまでもなく，「労働契約は，労働者が使用者に使用されて労働し，使用者がこれに対して賃金を支払うことについて，労働者及び使用者が合意することによって成立する。」（労働契約法 6 条）と定められているので，賃金についての合意は労働契約の成立要件である。本判決は，本件再雇用規程において，再雇用契約における賃金は，再雇用時の従業員の能力・担当する職務，勤務形態等を基に個々に決定されることになっていることから，被告（使用者）が賃金について何らの意思表示もしていない以上，本件では賃金合意の要件が満たされていないとしたものである。

(b) **労働契約の要件である賃金合意について**

(ｱ) 本判決は，労働契約の要件である賃金合意の内容はどの程度具体的であればよいのかという問題を提起している。この点については，労働契約法 6 条の解釈として「実際には，労働契約の締結に際して，労働者がおおよそどのような種類・内容の労働に従事し，使用者がこれに対してどの程度の額の賃金を支払うのかが明らかにされるのが普通であり，それらの合意がなければ，労働契約の成立に到らないのが通常であろう。他方，労働の種類・内容や賃金の計算方法等が詳細に定められたうえで締結される労働契約もあれば，労働の種類・内容や賃金の額が漠とした労働契約の合意もありえよう。労働契約法は，労働契約のこのような多様な現実の中で，労働契約の共通の成立要件としては，上記のような意味での抽象的な労務提供と賃金支払の合意で足り，……賃金の額，決定方法，支払時期等が具体的に合意されることまでは必要ない，としたものと解することができる。要するに，使用者が労働義務や賃金支払の具体的内容を明示せず，これらを後日の決定に委ねたとしても，労働契約それ自体としては成立するとの立場をとったものである。労働契約法は，労働契約の締結に際して労務提供や賃金支払の具体的な内容が不明確となりがちであるという現実を前提に，労働契約の成立自体はこれを肯定しつつ，使用者に対して

労働法が目指すべきもの

労働契約の内容について労働者の理解を深める努力を要請し（4条1項），また両当事者に対して契約内容の書面による確認の努力を要請している（4条2項）と理解することができる。」とされており，採用内定段階では給与等の労働条件が明らかでなくとも労働契約の成立を認めた判例（大日本印刷事件最二小判昭和54・7・20民集33巻5号582頁）が指摘されている（荒木尚志・菅野和夫・山川隆一『詳説労働契約法』（2008年）86頁）。

　(イ)　これによれば，労働契約成立時には具体的な賃金額の合意までは要しないことになるが，そうだとしても明示ないし黙示であっても賃金額の算出方法（例えば定年前の賃金額の一定割合）あるいは賃金額の基準（例えば担当職務に対応する賃金額）についてさえ全く定められていない場合にまで賃金の合意があり，労働契約が成立すると解することはできないと考える。上記で指摘されている採用内定取消しに関する大日本印刷事件の最高裁判決では賃金の合意については特に触れないまま労働契約の成立を認めているが，これは賃金額が全く明らかでなくとも労働契約が成立すると判断したものとは解されない。原審の大阪高裁判決（昭和51・10・4労民集27巻5号531頁）では，採用内定者に労働契約上の地位を認めるとともに，賃金についても「被控訴人（注．採用内定者）は，他の昭和44年度採用の大学新卒業者たる従業員と同じ賃金を受ける権利を有するものである」として新卒業者たる従業員の賃金額と同額の賃金額を認容しており，最高裁も大阪高裁判決の判断は正当であるとしたものである。最高裁判決では賃金の合意については特に触れていないが，採用内定時（労働契約締結時）において，具体的な賃金額までは分からないとしても，当事者の合理的な意思解釈からすれば「他の昭和44年度採用の大学新卒業者たる従業員と同じ賃金」という基準があるものとして，賃金についても合意があったと認定できた事案と考えるべきであろう。

　一方，賃金額の算出方法あるいは賃金額の基準についてさえ全く定められていない場合，最低賃金法の最低賃金額で合意したものと解釈することができるかという問題もある。この点については，賃金額について「何らの依拠すべき資料がない場合には最低賃金額が強行的直立的に規律することもありうる。」（荒木尚志・菅野和夫・山川隆一・前掲87頁）とされるが，これは最低賃金額について当事者間で黙示の合意が認められる範囲でのことと思われる。いうまでもなく最低賃金法の最低賃金の強行的効力と補充的効力（4条1項および2項）は，

成立している労働契約の賃金額についてのものであり，労働契約の成立要件としての賃金合意を補充するものではないし，また賃金について全く定めていない場合に，最低賃金額で合意したものと解釈することは，使用者のみならず，労働者の意思に反するのが通常であり，最低賃金をもって賃金の合意を擬制して労働契約の成立を認めることは困難と思われる。むしろ最低賃金額について当事者間で黙示の合意が認められる場合は極めて限られたケースではないかと思われる。

(ウ) 結局，労働契約の要件である賃金の合意内容としては，具体的な賃金額までは要しないが，少なくとも賃金額の算出方法あるいは賃金額の基準が就業規則や慣行，使用者の決定等により明示的ないし黙示的に合意されていることが必要であると考える。このように解釈すると，本件判決は，本件規程では再雇用契約における賃金は再雇用時の従業員の能力・担当する職務，勤務形態等を基に個々に決定されることになっているが，使用者の賃金に関する決定はなく，また再雇用時の賃金額を決定する慣行もなく，過去の取り扱い等の事情からみても賃金額の算出方法あるいは賃金額の基準が認められないので，労働契約は成立しないと判断したものと理解すべきものであり，妥当な解釈と考える。

(c) 再雇用型と勤務延長型の違い

本判決は，定年後に新たな賃金等の労働条件の雇用契約を締結する再雇用型においては，賃金合意が雇用契約の成否の判断について重要な論点であることを示すものである。これに対して定年前の労働契約との同一性・連続性をもって雇用が継続される勤務延長型においては，新たな賃金合意の有無を特に問題としないで定年前の賃金または定年後の賃金の基準等に関する定めにより労働契約の成立を認めやすい点で再雇用型とは異なるものといえる。

学説では，継続雇用制度の対象者に係る基準として行政で示される具体性と客観性（上記1(2)(a)）を備えた労使協定に基づき，就業規則で同様の継続雇用制度と対象者の基準を定めた規定が周知されていれば，基準に該当する者を再雇用ないし定年延長する旨，使用者があらかじめ一般的に意思表示していると解釈でき，したがって，基準に該当する労働者による再雇用等を希望する旨の意思表示によって再雇用等の申込みに対する承諾があったとして，当該労働者と使用者との間に再雇用契約が成立すると解する見解（櫻庭涼子前掲53頁）があるが，これは勤務延長型（定年延長型）ではいいえるとしても，再雇用型の場合

は，さらに再雇用における新たな賃金合意の要件の具備が条件になるというべきである。

　この点については，平成16年改正高年法施行以前に定年後の継続雇用が争われた事案をみると，定年後の労働契約の成立を認めたものは少ないが，成立を認めた事案としては慣行により雇用契約を認めた大栄交通事件（最二小判昭和51・3・8労判245号24頁，原審：東京高判昭和50・7・24労判245号26頁），日本大学事件（東京地判平成14・12・25労判845号33頁），協和精工事件（大阪地判平成15・8・8労判860号33頁），あるいは解雇権濫用法理の類推適用により雇用契約を認めたクリスタル観光バス事件（大阪高判平成18・12・28労判936号5頁）を指摘できるが，いずれも定年延長型ないし勤務延長型であり，再雇用型ではないため，賃金についての新たな合意の有無が特段問題にならなかった事案であったといえる。本判決が，上記判旨((2)(c))のとおり，「なお，原告が指摘する大阪高裁平成18年（ネ）第731号同年12月28日判決（注，前掲クリスタル観光バス事件大阪高裁判決）は，賃金の額等に変更がないまま雇用期間のみが延長される事件に関するものであり，本件とは事案を異にするから，本件の参考にならない。」と判示しているのは，このような再雇用型と勤務延長型の違いを明確に意識したものである。

　したがって，本判決は，高年法の継続雇用制度においても，勤務延長型ではなく，再雇用型の場合は，労働契約の成立について賃金合意の認定が不可欠であることを示した点に重要な意義が認められるのである。

5　東京大学出版会事件東京地裁判決
　　——再雇用基準に該当する労働者と労働契約の成否

(1)　事案の概要
　(a)　被告は，T大学における研究・成果の発表の助成，優良学術図書の刊行等を行う財団法人である。原告は，昭和48年7月に被告との間で雇用契約を締結し，在職中一貫して編集局に所属し，平成21年3月31日に被告を定年退職した者であるが，定年後の再雇用基準に該当しないとされて，再雇用拒否をされたため，原告が，被告に対し，本件再雇用拒否は正当な理由を欠き無効であるから，被告との間で平成21年4月1日付け再雇用契約が締結されていると主張して，労働契約上の権利を有する地位にあることの確認を求めた事案で

あるが，賃金の支払は求めていない。

　(b)　被告の就業規則（平成18年4月1日実施）は，職員が定年に達したときは，定年に達した日をもって退職とする（33条(1)），職員の定年は，満60歳の誕生日を経過して，なおかつ3月31日か9月30日のいずれか近い日とする（35条1項），定年退職者の再雇用については，高年法9条2項に基づく労使協定により，「再雇用契約社員就業規則」を別に定めると規定している（35条2項）。就業規則35条2項に基づき定められた再雇用契約社員就業規則（平成18年4月1日実施。以下「再雇用就業規則」という）は，被告を定年退職した職員のうち再雇用を希望する者について，その取扱い，条件等を定めるものである（1条）と規定した上，被告は，定年退職者で再雇用を希望することを5条の定めにより事前に申し出た者で，(1)健康状態が良好で，8条（勤務日，勤務時間）に定める勤務が可能な者，(2)再雇用者として通常勤務ができる意欲と能力がある者を再雇用する（3条），再雇用者は契約社員とする（4条1項），再雇用の契約期間は1か年とし，原則として所定の年齢に達するまで更新することができる（同2項），再雇用を希望する者は，退職予定日の2か年前までに，総務部長宛に「再雇用希望申請書」を提出するものとし，(1)面接，(2)被告が指定した健康診断結果の提出手続を定年退職日の6か月前までに完了しなければならない（5条）と規定している。

　(c)　被告は，財団法人T大学出版会労働組合（以下「本件組合」という）との間で，再雇用就業規則の制定に向けて協議し，平成18年4月5日，本件組合に対し，「再雇用契約社員就業規則（案）」を提示し，再雇用就業規則の運用に当たっては，再雇用を希望する定年退職者を排除的に運用しないとの説明をした。そこで，本件組合は，内部で対応を検討したが，案文が法の趣旨を損なうものではないことや被告の上記説明を好意的にとらえ，被告提示の案文を中心に検討することとし，同年6月26日，被告との間で，再雇用就業規則施行に当たって，①再雇用就業規則に基づいて実際の運用例が発生した場合，被告は本件組合の求めに応じて，希望状況・就労条件などの情報を提供する，②再雇用就業規則を運用するに当たって，被告・本件組合それぞれに問題が発生した場合には，双方で協議するとの内容の協定書を取り交わしたものの，労使協定によって，継続雇用制度の対象となる高年齢者に係る基準は定められなかった。再雇用就業規則は，上記の被告と本件組合との労使交渉を経て制定され，同年

労働法が目指すべきもの

4月1日にさかのぼって実施されるに至った。

(d) 原告は，被告のB総務部長に対し，平成19年7月30日に再雇用希望申請書を提出し（なお，提出日は，再雇用就業規則5条の定める提出期限を徒過しているが，被告は，本件において，提出期限徒過の手続違背を主張していない。），平成20年5月20日には再雇用希望調査票及び指定医による健康診断書の写しを提出した。被告は，本件再雇用申請につき，原告に対し，平成20年9月22日，口頭で，原告には，就業規則11条に定める誠実義務及び同12条に定める職場規律に問題があったため，再雇用基準である「再雇用者として通常勤務できる能力がない」と判断した旨を伝えて本件再雇用申請を拒否し，同年10月15日，被告が原告を再雇用しないとの結論に達した旨の記載のある「通知書」と題する書面を交付した。被告は，原告が再雇用基準である「再雇用者として通常勤務ができる意欲と能力がある者」に該当せず，本件再雇用拒否は，客観的・合理的理由があり，社会通念上相当であるとして，①原告は，「講座社会学」と称する継続的刊行物の編集者を務めていたところ，第3巻の刊行に関し，編集業務の進行を著しく遅延させ，職場秩序を大きく乱すとともに，関係者に迷惑を掛けるなどした具体的な事実（再雇用拒否理由1）および②新たな編集局体制に伴う部屋の移動に関し，被告の職場秩序を大きく害した具体的な事実（再雇用拒否理由2）を主張した。

(e) 本判決は，被告の主張する再雇用拒否理由1および2をもってしても，原告には，職務上備えるべき身体的・技術的能力を減殺するほどの協調性又は規律性の欠如等は認められず，再雇用就業規則3条の「能力」がないと認めることはできないとして，原告が再雇用対象者の基準である同条所定の「通常勤務ができる意欲と能力がある者」に該当すると判断した。ここでは，再雇用拒否理由1および2についての判断内容は割愛し，再雇用基準に該当する場合の労働契約の成否に関する判断部分を掲げる。

(2) 判　　旨

(a) 「法は，継続雇用制度の導入による高年齢者の安定した雇用の確保の促進等を目的とし，事業者が高年齢者の意欲及び能力に応じた雇用の機会の確保等に努めることを規定し，これを受けて，法附則は，事業者が具体的に定年の引上げや継続雇用制度の導入等の必要な措置を講ずることに努めることを規定

〔中山慈夫〕　　　*2*　高年法と再雇用制度における労働契約の成否

していることによれば，法は，事業主に対して，高年齢者の安定的な雇用確保のため，65歳までの雇用確保措置の導入等を義務づけているものといえる。また，雇用確保措置の一つとしての継続雇用制度（法9条1項2号）の導入に当たっては，各企業の実情に応じて労使双方の工夫による柔軟な対応が取れるように，労使協定によって，継続雇用制度の対象となる高年齢者に係る基準を定め，当該基準に基づく制度を導入したときは，継続雇用制度の措置を講じたものとみなす（法9条2項）とされており，翻って，かかる労使協定がない場合には，原則として，希望者全員を対象とする制度の導入が求められているものと解される。この点，被告と本件組合との間においては，被告における継続雇用制度の制定を巡って労使交渉が重ねられ，上記(略)記載の内容の協定書が取り交わされる一方，継続雇用制度の対象となる高年齢者に係る基準を定める労使協定は結ばれていないものの，被告においては，上記のとおりの労使交渉を経て，再雇用の条件等を定めた再雇用就業規則が制定され，同規則の中で再雇用の条件として3条所定の各要件が定められるに至った。そして，同規則の実施後に再雇用の対象となった定年退職者のうち，原告以外に再雇用を拒否された者はいないことがうかがわれる。」

(b)　「以上のとおり検討した法の趣旨，再雇用就業規則制定の経過及びその運用状況等にかんがみれば，同規則3条所定の要件を満たす定年退職者は，被告との間で，同規則所定の取扱い及び条件に応じた再雇用契約を締結することができる雇用契約上の権利を有するものと解するのが相当であり，同規則3条所定の要件を満たす定年退職者が再雇用を希望したにもかかわらず，同定年退職者に対して再雇用拒否の意思表示をするのは，解雇権濫用法理の類推適用によって無効になるというべきであるから，当該定年退職者と被告との間においては，同定年退職者の再雇用契約の申込みに基づき，再雇用契約が成立したものとして取り扱われることになるというべきである。」

(c)　被告の主張する再雇用拒否理由1および2をもってしても，原告には，職務上備えるべき身体的・技術的能力を減殺するほどの協調性又は規律性の欠如等は認められず，再雇用就業規則3条の「能力」がないと認めることはできない。

(d)　「以上によれば，本件再雇用拒否は，原告が再雇用就業規則3条所定の要件を満たすにもかかわらず，何らの客観的・合理的理由もなくなされたもの

労働法が目指すべきもの

であって，解雇権濫用法理の趣旨に照らして無効であるというべきである。そうすると，原告は，再雇用就業規則所定の取扱い及び条件に従って，被告との間で，再雇用契約を締結することができる雇用契約上の権利を有するというべきであるから，原告の平成19年7月30日付け再雇用契約の申込みに基づき，原被告間において，平成21年4月1日付けで再雇用契約が成立したものとして取り扱われることになるというべきである。したがって，原告が被告に対して，労働契約上の権利を有する地位にあることが認められる。」

(3) 検　　討
(a) 高年法の継続雇用制度と本件の再雇用制度の関係について

本判決は，本件の再雇用対象者に係る基準を定める再雇用制度が高年法9条の継続雇用制度に該当するか否かという問題について特に触れていない。すなわち，本判決の事実認定からすれば，再雇用就業規則の再雇用条件（同規則3条所定の要件）については高年法9条2項の労使協定は締結されておらず，また労使協議が整わず，労使協定が締結できない場合には，上記1(2)(a)のとおり，平成21年3月31日までの間（ただし，常時雇用労働者300人以下の中小企業の事業主の場合は平成23年3月31日までの間）は就業規則で継続雇用制度の対象者に係る基準を定めことができるが，本判決は被告の常時雇用する労働者数も認定していないので，その適用要件さえ定かでない。したがって，本判決は，本件の再雇用制度が高年法9条の継続雇用制度に当たるか否かを問わず，専ら再雇用就業規則に基づいて労働契約の成否を判断していると解されるので，高年法9条の私法的な効力を否定する説をとっているものと考えられる。そのうえで，本判決は，再雇用就業規則の解釈として「同規則3条所定の要件を満たす定年退職者は，被告との間で，同規則所定の取扱い及び条件に応じた再雇用契約を締結することができる雇用契約上の権利を有するものと解するのが相当であり，同規則3条所定の要件を満たす定年退職者が再雇用を希望したにもかかわらず，同定年退職者に対して再雇用拒否の意思表示をするのは，解雇権濫用法理の類推適用によって無効になるというべきであるから，当該定年退職者と被告との間においては，同定年退職者の再雇用契約の申込みに基づき，再雇用契約が成立したものとして取り扱われることになるというべきである。」と判示したものである。

〔中山慈夫〕　　　　*2*　高年法と再雇用制度における労働契約の成否

　そこで，本判決が再雇用就業規則の解釈として，再雇用拒否と労働契約の成否について解雇権濫用法理の類推適用という手法を用いることの是非が問題となるので，以下この点について検討する。

　(b)　解雇権濫用法理の類推適用の射程について

　(ア)　本判決の用いる解雇権濫用法理の類推適用はどのような根拠から出てくるのであろうか。この点については，まず解雇権濫用法理の類推適用ルールを確立させた日立メディコ事件最高裁判決（最一小判昭和61・12・4労判486号6頁，以下「日立メディコ事件最判」という）の考え方から検討する。

　(イ)　有期労働契約の期間満了による雇止めについて，日立メディコ事件最判は「雇用関係はある程度の継続が期待されていたものであり，上告人との間においても五回にわたり契約が更新されているのであるから，このような労働者を契約期間満了によって雇止めにするに当たっては，解雇に関する法理が類推され，解雇であれば解雇権の濫用，信義則違反又は不当労働行為などに該当して解雇無効とされるような事実関係の下に使用者が新契約を締結しなかったとするならば，期間満了後における使用者と労働者間の法律関係は従前の労働契約が更新されたのと同様の法律関係となるものと解せられる。」との考え方を示している。

　日立メディコ事件最判は，上記判示でいう「雇用関係はある程度の継続が期待されていたものであり，上告人との間においても五回にわたり契約が更新されているのである」という事情に基づいて解雇権濫用法理の類推適用を導いていると解されるから，これを敷衍すれば当事者間に雇用継続についての合理的な期待利益があれば解雇権濫用法理の類推適用が肯定されるとの考え方が成り立つようにも思われる。

　実際に平成16年改正高年法施行以前の事案である前掲クリスタル観光バス事件大阪高裁判決は，60歳定年で雇用が打ち切られたことが労働組合との雇用延長（62歳まで）に関する協定に反するなどとして雇用契約上の地位が争われたものであるが，同判決は「本件協定の上記趣旨及び内容によると，60歳の定年に達する従業員は，例外的事由に該当しない限り，雇用延長契約を締結する雇用契約上の権利を有するものと認められるから，定年までに該当従業員から雇用延長願いが被控訴人（注，使用者）に対してなされ，被控訴人が，これを非承認にした場合については，解雇権濫用の法理が類推適用され，それが，

労働法が目指すべきもの

例外的事由該当の判断を誤ってなされた場合には，非承認の意思表示は無効であり，該当従業員と被控訴人との間には，上記該当従業員の雇用延長に係る権利の行使としての新たな雇用契約の申込に基づき，雇用延長に係る雇用契約が成立したものと扱われるべきである。」，「被控訴人が控訴人の雇用延長を非承認としたことは，本件協定の適用を誤ったものであり，解雇権濫用の法理の類推適用により，上記雇用延長の非承認は無効であると認めるのが相当である。そして，控訴人の雇用延長願いにより，控訴人と被控訴人との間には，控訴人の定年後62歳まで，従前と同様の内容の雇用契約を延長する契約が成立したものと扱うべきである。」と判断している。これは，日立メディコ事件最判の示した解雇権濫用法理の類推適用を定年後の雇用延長制度の場面で用いていたものである。

(ウ) そこで，解雇権濫用法理の類推適用を導くことについて，まずクリスタル観光バス事件が日立メディコ事件の事案と共通する点はどこにあるか，つまり類推適用は妥当か否かを検討する。

この点について，私見では日立メディコ事件最判が示した解雇権濫用法理の類推適用を用いるためには，第1に雇用の継続についての合理的な期待（以下，「雇用継続の合理的期待」という）が認められることが必要であるが，それだけではなく，第2にそれ以前の労働契約の内容（つまり具体的な労働条件，以下同様）が連続性をもってそれ以後も引き続き継続されるという合理的な期待（以下，「契約内容継続の合理的期待」という）が認められなければならないと考える。なぜならば，日立メディコ事件は，有期労働契約の期間満了による雇止めの事案であり，更新前後の労働契約の同一性はないが，更新後の労働契約の内容は更新前の労働契約の内容と連続性をもって継続するという合理的期待が認められるがゆえに，解雇権濫用法理の類推適用により，「期間満了後における使用者と労働者間の法律関係は従前の労働契約が更新されたのと同様の法律関係となる」としたものと解されるので，上記第2の契約内容継続の合理的期待も必要となるからである。一方，前掲クリスタル観光バス事件大阪高裁判決は，例外的事由に該当しない限り，雇用継続の合理的期待が認められ，かつ，定年後の雇用延長制度という勤務延長型の事案であるため，定年前後の労働契約が同一性・連続性を有し，定年前の労働契約の内容が定年後も連続性をもって継続するという合理的な期待が認められる点で日立メディコ事件と共通するので，こ

の2点に着目して，解雇権濫用法理の類推適用により，定年後も「従前と同様の内容の雇用契約を延長する契約が成立したものと扱うべきである」としたものと解されるのである。要するに，雇用継続の合理的期待および契約内容継続の合理的期待がいずれも認められる場合に，解雇権濫用法理の類推適用が肯定されるのではないかと考える。

対象者に係る基準を設ける定年後の継続雇用制度においても，本来は使用者の労働契約（特に労働契約の成立要件たる賃金）についての意思表示が不可欠であるが，意思表示がなくとも，雇用継続の合理的期待及び契約内容継続の合理的期待に基づき解雇権濫用法理の類推適用という理屈を用いてこれを架橋し，使用者の意思表示を擬制することにより従前と同内容の労働契約を成立させるという点に解雇権濫用法理の類推適用の意義がある。そこでは労働契約の成立要件である賃金の合意も従前と同様の内容として取り扱われるので労働契約の成立要件に不足はないのであり，それゆえに類推適用の効果として従前の労働契約が同内容で継続することが認められるのである。

したがって，日立メディコ事件最判の示した解雇権濫用法理の類推適用の射程は，上記第1の雇用継続の合理的期待および第2の契約内容継続の合理的期待がいずれも肯定される事案には及ぶと考えられるが，第2の契約内容継続の合理的期待を欠く事案の場合は，労働契約の要件である賃金合意が満たされないゆえに，及ばないということになる。

(c) **本件事案と解雇権濫用法理の類推適用の是非**

そこで，本件の場合に，日立メディコ事件最判の解雇権濫用法理の類推適用を用いることが妥当かどうかを考えると，本件では上記の第2の契約内容継続の合理的期待に欠けるものといわざるを得ない。

本件の再雇用就業規則において，被告は，定年退職者で再雇用を申し出た者で，「(1)健康状態が良好で，8条（勤務日，勤務時間）に定める勤務が可能な者，(2)再雇用者として通常勤務ができる意欲と能力がある者を再雇用する（3条），再雇用者は契約社員とする（4条1項），再雇用の契約期間は1か年とし，原則として所定の年齢に達するまで更新することができる（同2項），再雇用を希望する者は，退職予定日の2か年前までに，総務部長宛に「再雇用希望申請書」を提出するものとし，(1)面接，(2)被告が指定した健康診断結果の提出手続を定年退職日の6か月前までに完了しなければならない（5条）」と規定している。

労働法が目指すべきもの

これは，定年後の再雇用制度であることは明らかである。したがって，本件は，勤務延長型ではなく，再雇用型であり，定年によりいったん定年前の労働契約が終了し，その後当事者が新たな賃金等の労働条件による労働契約を締結することによって雇用継続がなされるので，定年前後の労働契約内容の連続性はなく，上記第2の契約内容継続の合理的期待が認められないのであるから，解雇権濫用法理の類推適用を用いる事案ではないと考えられる。

このように，本件は再雇用型であり，定年後の再雇用による賃金について，解雇権濫用法理の類推適用を用いて，定年前の賃金合意をそのまま擬制できる事案ではなく，当事者の新たな賃金についての合意を認定しなければ労働契約の成立は肯定できないはずである。この点で日立メディコ事件およびクリスタル観光バス事件の事案と同列には扱えないものであり，仮に解雇権濫用法理を類推適用するとしても，そこから直ちに労働契約が成立すると解することには飛躍があるといわざるを得ないのである。本件と同様，再雇用型の事案である前掲日本ニューホランド事件札幌地裁判決が，前掲クリスタル観光バス事件大阪高裁判決について「賃金の額に変更がないまま雇用期間のみが延長される事件に関するものであり，本件とは事案を異にするから，本件の参考にならない。」（上記4(2)(c)）としているのも，この違いをまさに指摘したものである。

(d) 以上から，本判決が再雇用基準に該当することだけをもって，解雇権濫用法理の類推適用により労働契約の成立を認めたことには賛成できない。また，本件は原告が労働契約上の権利を有する地位確認だけを求め，賃金請求をしていないことにもよるが，本件判決が，再雇用制度において労働契約の成立を認める以上，賃金額の合意（少なくとも賃金額の算出方法あるいは賃金額の基準が就業規則や慣行，使用者の決定等により明示的，ないし黙示的合意）がなされたという事実認定は不可欠であり，これを経ずに，労働契約の成立を認めた点では，労働契約の賃金要件（労働契約法6条）を看過するものと思わざるを得ないところである。

6 最後に

最近の3つの裁判例により，定年後再雇用制度における労働契約の成否に関する論点をみてきたが，そこで述べたように，再雇用型は，定年後に，定年前の労働契約内容と異なる別個の労働契約を接木するものであり，その間隙に使用者の採用行為が介在するものであるから，再雇用時の新たな賃金等の労働条

〔中山慈夫〕　　　　　　　　　**2　高年法と再雇用制度における労働契約の成否**

件についての使用者の意思表示が労働契約成立の要件であり，この点の事実認定が労働契約成否の判断にとって必要不可欠なものであると考える。このような再雇用型においては，東京大学出版会事件東京地裁判決の用いた解雇権濫用法理の類推適用も問題であり，以上のことをあらためて示したのが日本ニューホランド事件札幌地裁判決である。これに対して，京濱交通事件横浜地裁川崎支部判決および東京大学出版会事件東京地裁判決は，再雇用制度における使用者の再雇用に関する意思表示を甚だ軽視するもので，従前の裁判例にも反する[12]。両判決は，高年法9条が継続雇用制度について，希望者全員を定年後も引き続き雇用する制度と定義し，その例外として継続雇用対象者基準を設ける場合も労使協定で定めることを要件とする枠組みを示して，事業主にその実施を義務づけたことを重視し，これを色濃く法解釈にも投影させようとした結果，再雇用制度における労働契約の成立を認めるに甚だ性急な判決のように感じる次第である。

　私見のように考えると，再雇用型において，使用者が慣行や就業規則等に基づき再雇用における具体的な賃金等の労働条件を決定している場合は労働契約が成立するが，そうでない場合は，労働契約が成立しないことになり，したがって使用者の対応次第で労働者にとって有利，不利な結果になるという不合理が指摘されるかもしれない。しかし，この是正は事案ごとに，日本ニューホランド事件札幌地裁判決のように不法行為が成立すれば損害賠償によるべきであり，使用者の意思に反して労働契約の成立を擬制することにより解決することは，高年法及び労働契約の解釈論の域を超えるものではないかと考える。

　現行の高年法の下における再雇用制度と労働契約の成否について，今後の裁判例の動向を注目したい。

---

[12] 平成16年改正高年法施行以前の裁判例は，定年後再雇用型の事案について，慣行がある場合を除き，就業規則で再雇用制度を設けている例でも使用者の採用決定がなければ労働契約の成立を認めないというのが基本的な考え方であったと解される（労働契約の成立を否定した長崎総合大学事件長崎地決平成5・7・28労判637号11頁，東京海上火災保険事件東京地判平成8・3・27労判698号30頁，教王護国寺（東寺）事件京都地判平成10・1・22労判748号138頁，三井海上火災保険事件大阪地判平成10・1・23労判731号21頁，三室戸学園事件東京地判平成14・1・21労判823号19頁，JALメンテナンスサービス事件東京高決平成17・6・20労判894号85頁，宇宙航空研究開発機構事件東京地判平成19・8・8労判952号90頁など）。

3 私の実務手帳
――セクシュアル・ハラスメントの裁判例に関する一考察――

野﨑 薫子

1 はじめに
2 ハラスメントに対する実務の取り組み
3 使用者の責任に関する裁判例
4 セクシュアル・ハラスメントの行為者に対する懲戒処分の例
5 まとめと今後の展望

1 はじめに

　近年，職場におけるセクシュアル・ハラスメント，パワー・ハラスメント或いはいじめ（以下これらを総称して「ハラスメント」ということがある）が，行為者個人の責任を超えて，使用者の職場環境配慮義務の問題として論じられている。すなわち，ハラスメントに対しては，行為者の不法行為責任を問うことに留まらず，使用者についての不法行為責任又は債務不履行責任に繋がり，更に労災補償の問題にも関連することになる。

　平成19年4月から改正施行された雇用機会均等法11条は，事業主が，職場における性的な言動に起因する問題に関する雇用管理上の措置を講ずべき旨を規定し，これを受けて厚生労働省はその措置に関して必要な指針を定め（平18厚労告615号），また平成21年4月には，「心理的負荷による精神障害等に係る業務上外の判断指針の一部改正について」（基発第0406001号）において，労災請求事案に関する心理的負荷表の見直しを行った。

　本稿では，まずセクシュアル・ハラスメントに関する個別労働関係紛争における実務の取り組みを確認した上，特にセクシュアル・ハラスメントに対する使用者の責任及び行為者に対する懲戒処分の面で，このような規定や指針の趣旨がどのように活かされているのか，また更に検討すべき点があるのかについて，若干の裁判例を通して検証し，今後の実務の在り方を展望しようとするも

のである。

2　ハラスメントに対する実務の取り組み

　ハラスメントを含む個別労働関係紛争の解決への取り組みがどのようにされているかについては，「個別労働紛争の実際と法的処理の今後」ジュリスト1408号8頁－104頁に特集されている。

　この中で，濱口桂一郎「労働局個別労働関係紛争処理事案の内容分析」（同誌同号56頁－62頁）では，平成13年10月に開始された都道府県労働局における労働相談，助言・指導及びあっせんについて，平成21年度までの件数の推移と共にあっせん事案1,144件を対象とした分析の研究結果として，いじめ・嫌がらせ事案260件の分析も示されている。これによれば，加害者の典型的なパターンは，上司（44.4%），先輩・同僚（27.1%），会社代表等（17.9%）で，その合計は89.4%であり，被害者はその54.6%が女性であること，いじめの行為態様は，暴力，傷害等の身体的苦痛を与えるもの，暴言，罵声等の精神的苦痛を与えるもの及び仕事を与えないなどの社会的苦痛を与えるものに分けられること，被害者におけるいじめの影響としては，メンタルヘルスへの影響が大きく，労働局のあっせん制度を利用して迅速な解決を図り，治療に専念したいという意向も見られること，いじめによる退職や解雇など雇用への影響も多く見られることが指摘されている。

　また，荒木祥一「労働委員会による個別労働関係紛争の解決について」（同誌同号63頁－72頁）は，労働委員会による個別労働関係紛争処理について，あっせんを行う労働委員会は平成15年度以降44労働委員会であるところ，他機関によるものと比較した場合の特色（あっせん員が，公益側，労働者側，使用者側の三者構成であることなど）と共に，個別労働関係紛争の統一的処理と促進方策の必要性を論じており，各機関における個別労働紛争処理制度の運用状況が，表（同号71頁）に示されている。

　このように，セクシュアル・ハラスメントの個別労働関係紛争について実例が蓄積されている。その形成過程には，問題とされる行為に関する事実認定や評価の面で，裁判例の考え方が影響していると見られるので，次項においてこれを見てゆくこととする。

3 使用者の責任に関する裁判例

セクシュアル・ハラスメントに関する裁判例のうち，使用者の責任が問題となった別紙裁判例を素材として検討する[1]。裁判例①ないし㉗において，原告Ｘは女性の従業員又は学生であり，被告Ｙは行為者等，被告Ｚは，Ｙの使用者の会社又は大学等である。

(1) セクシュアル・ハラスメントに対する使用者としての責任

(a) セクシュアル・ハラスメントの行為が行われた場合には，行為者の不法行為責任が成立し，その使用者は，その行為が被用者の業務の執行について行われた場合には民法715条により，行為者が使用者の代表者である場合には会社法350条（平成18年改正前民法44条1項）により，それぞれ責任を負うとの構成が取られる。以下に，当事者原告の請求に対応して，どのような結論が示されているかを確認する。

(ⅰ) 行為者が被用者（被害者の上司）又は取締役の場合に上記使用者としての責任が認められた事例（①②⑥⑦⑧⑨⑩⑬⑭⑯⑱㉒㉓㉕㉖㉗）
　　　行為者が被用者の場合に，認められなかった事例（⑤⑫⑮）

(ⅱ) 行為者が代表者の場合に認められた事例（③㉔）

(ⅲ) 国賠法1条1項による賠償請求が認められた事例（⑰⑲）
　　　同法による責任を否定した事例（㉑）

(b) 使用者の職場環境配慮義務の懈怠により，民法709条ないし会社法350条の責任があるとする事例（⑨⑪⑫⑭⑳㉗）

(c) 使用者には職場環境配慮義務があるとし，債務不履行責任を認めた事例（④⑤）

(d) 債務不履行責任を否定した事例（⑮㉓）

(2) 理由の構成上の問題点

(a) 上記裁判例において，セクシュアル・ハラスメントの行為者については，

---

[1] 裁判例を整理したものとして，財団法人21世紀職業財団『改訂版わかりやすいセクシュアルハラスメント裁判例集』（2009年），小島妙子『職場のセクハラ』（信山社，2011年）88頁がある。

労働法が目指すべきもの

被害者の性的自由及び人格権を侵害した不法行為として，民法709条の責任を負うものとし，その使用者については同法715条による使用者責任を問うことが一般である。この使用者責任では，セクシュアル・ハラスメントの行為と事業の執行との密接関連性が問題となる。

（ⅰ）民法上，使用者責任については，被用者の行為が「会社の事業の執行行為を契機とし，これと密接な関連を有すると認められる行為であるか否か」という判断基準が採用されている（最三小判昭和44・11・18民集23巻11号2079頁）。内田貴『民法Ⅱ［第2版］債権各論』（東京大学出版会，2007）467頁は「事業の執行行為との密接関連性の基準が意味を持つのは，本来の事業とは異質な，被用者の主体的行為が損害を発生させた場合である。」と指摘している。また，「職務関連性」の他に「加害行為の近接性」を判断要素とする見解が唱えられている[2]。

セクシュアル・ハラスメントは，上記のような本来の事業とは異質な被用者の主体的な事実行為といえる。上記裁判例においても，当該行為は職場を離れて行われる場合も少なくないことが事実関係の摘示の中に示されており，職場の懇親会等は私的会食との区別が付き難いとして，概ね密接関連性が肯定されている（⑧⑩⑫⑲㉒㉓㉔）。大学の合宿等も同様である（⑬）。

職場や大学内の上司と部下或いは教授と学生とのいわゆる人間関係としての支配従属関係は，職場や大学を地理的に離れても直ちに切り離されるわけではないので，事業の執行行為との密接関連性の判断には充分留意することが求められる。特に，大学関係者間の場合は，キャンパスを離れて行動を共にする機会も多く，セクシュアル・ハラスメントの特徴を理解して，実質的な密接関連性を吟味しなければならない。

（ⅱ）そこで，裁判例㉑東京地判平成17・4・7判タ1181号244頁を検討する。

Xは，国立大学Zの大学院研究生であり，その博士課程の再受験のために必要な研究指導を受ける目的で，Y教授の担当するゼミの科目等履修生となって受講していた。Xはゼミ終了後，Yから女子学生Aと共に誘われて，大学付近の店で飲食し，駅でAと別れてYとXの2名になり，その後ホテルで飲食し，別のホテルに立ち寄った後，タクシーでXのマンションに降りたという経緯の

---

[2] 山川隆一「セクシュアル・ハラスメントと使用者の責任」花見忠先生古稀記念論集『労働関係法の国際的潮流』（信山社，2000年）22頁。

〔野﨑薫子〕　　　　　　　　　　　　　　　　*3*　私の実務手帳

中で，セクシュアル・ハラスメントが行われたというものである。
　この件については，公務員個人としてのYの不法行為責任は認められたが，Zの国賠法による責任及びセクハラの被害の発生を防止するための対応に関する信義則上の義務違反という債務不履行責任は否定された。その理由は，「本件セクハラ行為は，YがXの担当教授としての教育活動ないしこれに直接関連する会合等で行われたものではなく，全く私的な懇親会が場所を変えて行われた後に，それぞれが帰宅する途中で行われたものであり，その内容としてはもちろん，行為の外形上も到底公務員がその職務を行うについてされたものということはできない」，「Zでは，平成11年2月23日付けでセクハラ防止指針を定めた上，相談員の配置，防止対策委員会等の設置をするなどしており，当時において，セクハラ被害の発生の防止等の対応として，不適切，不十分であったものとはいえない。」旨を判示している。
　前述のとおり，教授の学生に対する教育上の支配従属関係は，大学内と同様に，教育の現場を離れた大学外でも影響を及ぼすと考えられ，これを区別することは困難である。学外における飲食の機会であったとしても教育との関連性を吟味しなければならず，全く私的な関係と見うるものは限定されると解される。例えば，ゼミ終了後に教授が学生を誘って食事する場合，それが教授の学生に対する教育活動の一環として行われることがあり，学生が特段の理由なくこれを断ることは，指導の機会を逸することにもなるので難しい。したがって，ゼミ終了後に教授の誘いで学生が飲食を共にした場合，ゼミ全体の懇親会かどうかとの区分けで，直ちに教育活動との密接関連性の存否を考えることは相当ではない。また「行為の外形上」を重視する判示部分があるが，外形理論は，取引行為的不法行為に適合的な判断基準であるとの指摘が想起される（内田・前掲書460頁）。このように，上記事例についても，「全く私的な懇親会が場所を変えて行われた」とはいいきれないと考えるので，この理由付けは疑問である。
　また，当該セクシュアル・ハラスメントの行為は平成11年に行われたものであり，Zのセクハラ被害防止等の対応が「当時において」不適切とされなかったものの，現在においては上記措置のみでは充分とは言い難く，教育担当者に対するきめ細かな研修とその実効性確保が求められる。
　(iii)　裁判例①の福岡出版社事件は，「使用者は，被用者との関係において，社会通念上伴う義務として……労務遂行に関連して被用者の人格的尊厳を侵し

労働法が目指すべきもの

その労務提供に重大な支障を来す事由が発生することを防ぎ，又はこれに適切に対処して，職場が被用者にとって働きやすい環境を保つよう配慮する注意義務もあると解される」とし，被用者を選任監督する立場にある会社Ｚの専務は，代表権はないもののＺの実質上の最高責任者の地位にあったところ，専務らの行為は職場環境を調整する義務を怠った点において不法行為性が認められるとし，使用者責任を肯定した。

このように，法人において，職場環境配慮義務を実際に担うのは代表者の地位にある者のみではなく，代理監督者も同様であることを表明した点に着目すべきものと解する[3]。

なお，大庄事件（京都地判平成22・5・25判時2081号144頁）は，従業員のいわゆる過労死について会社の民法709条による不法行為責任のほか，同社の取締役4名についても会社法429条1項による損害賠償責任を肯定した。「労使関係は企業経営について不可欠なものであり，取締役は，会社に対する善管注意義務として，会社の使用者としての立場から労働者の安全に配慮すべき義務を負い，それを懈怠して労働者に損害を与えた場合には同条項の責任を負うと解するのが相当である。」と述べていることが参考になる。

(b) 使用者の職場環境配慮義務について，同義務の内容と根拠の検討を進める。

(i) 上記(1)の裁判例において，(b)使用者の職場環境配慮義務違反があるとして不法行為責任が認められた事例のうち，⑫は事業の執行との密接関連性がないとされた場合に，職場環境維持・調整義務の懈怠とされ，⑪⑭㉗はセクシュアル・ハラスメントが生じた場合の対処方法が問題とされたものである。

また，(c)⑤の裁判例は，Ｙが勤務中Ｘらの身体を触ることがあり，また卑猥な言葉をいうことがあったことについて，Ｙの行為はいわゆる環境型セクシュアル・ハラスメントに当たり，不法行為に該当すると判断したが，それは行為者の個人的な行為であり，業務を契機としてなされたものではなく業務との密接関連性は認められないことを理由にＺの使用者責任を否定した。他方，Ｚは労働契約上の付随義務として信義則上職場環境配慮義務を負うものと

---

[3] 匿名解説・判時1426号51頁は，この判示部分について，「会社幹部（専務）が右のような職場環境調整配属義務に違反したとして，会社に使用者責任が認められたケースとして，事例的意義を有する。」と述べている。

〔野﨑薫子〕

し，ZはYに従前から日常勤務中特に卑猥な言動が認められたのに何も注意しなかったこと，X2からYとの深夜勤をやりたくないと聞きながら，その理由を尋ねず，何ら対応策をとらなかったことから，YのX1に対する行為を招いたとして，債務不履行責任を肯定した。

(ⅱ) 労契法5条に規定された使用者の労働者に対する安全配慮義務については，この「生命，身体等の安全」には心身の健康も含まれるとされており（平20・1・23基発0123004号），最近，（自殺には至ってない）うつ病それ自体について使用者の安全配慮義務違反の責任を認めた裁判例が出ていることが指摘されている[4]。心理的負荷による業務災害の保険給付や民事上の損害賠償責任は，使用者の上記責任がその根底に置かれているのであり，ハラスメントに対する職場環境配慮義務もこれとの同質性を有すると解する。したがって，上記裁判例のように，使用者に職場環境配慮義務があり，職場環境を整備してセクシュアル・ハラスメントを防止し，その周知徹底を図り，被害に対し適切に対応するという義務を認める考え方は適切であり，実務面での発展が期待される。

なお，上記(ⅰ)記載のように，裁判例⑤については使用者の職場環境配慮義務の債務不履行責任が認められたものであるが，行為者の当該行為が職場の中で勤務中に行われたことは，事業との実質的な密接関連性を推測させる重要な要素というべきである。したがって，このような場合，Xとして使用者が行為者の日常の言動について注意したか否か，対応策をとったかどうかなどの債務不履行の事実を主張立証しなければならないとするのは相当でないことを指摘したい。

(3) 労災補償の問題

セクシュアル・ハラスメントにより心因性疾患に罹患したと主張する労働者としては，何よりも速やかな救済を望むものである。

この場合，まず労災補償を請求することが考えられる。厚生労働省発表の「平成22年度脳・心臓疾患および精神障害などの労災補償状況まとめ」の表2－8「精神障害等の出来事別決定及び支給決定件数一覧」によれば，対人関係のトラブルについて，セクシュアル・ハラスメントを受けたことに関する決定

---

[4] 菅野和夫『労働法〔第9版〕』（弘文堂，2010年）402頁。

件数27件のうち，支給決定件数は8件と示されている[5]。

更に，訴訟手続の中で，セクシュアル・ハラスメントを原因とする心因性疾患の事実を主張立証する例としては，裁判例⑩⑬，⑮及び⑯が挙げられる。この場合も，セクシュアル・ハラスメントに起因する損害であるかどうかの判断については，その特殊性の理解が不可欠であることは前述のとおりである。

4 セクシュアル・ハラスメントの行為者に対する懲戒処分の例

次に，セクシュアル・ハラスメントの行為者に対して，どのような懲戒処分が行われているかについて検討する。

その前提として，裁判における主張立証の枠組みを見ると，懲戒解雇された原告たる労働者が雇用契約の存在を主張して，地位確認請求等をする場合，その請求原因は，雇用契約の締結と使用者の雇用契約終了の主張であり，被告たる使用者は，抗弁として懲戒解雇の有効要件として就業規則の懲戒事由の定め，懲戒事由に該当する事実の存在，懲戒解雇したことを主張することになる。これに対し，労働者は再抗弁として，解雇権濫用の評価根拠事実を主張し，使用者は再々抗弁として，解雇権濫用の評価障害事実を主張するものと解されている[6]。このことに留意しながら，別表裁判例㉘ないし㊳において，懲戒処分の事例を審理する際に，どのような判断基準で，どのような事実に着目しているかを確認しておくこととする。

(1) 懲戒解雇に関する判断基準とその要素

(a) ㉘ダイハツ工業事件（最二小判昭和58・9・16判時1093号135頁，労判415号16頁）（工場の組立工X（被上告人）に対する業務命令拒否を理由とする会社Z（上告人）の出勤停止処分及び懲戒解雇が，いずれも有効とされた）は，「使用者の懲戒権の行使は，当該具体的事情の下において，それが客観的に合理的理由を欠き社会通念上相当として是認することができない場合に初めて権利の濫用として無効となると解するのが相当である。」とし，Xの行為の性質，態様，結果及び情状並びに

---

[5] http://www.mhlw.go.jp/stf/houdou/2r9852000001f1k7.html，http://www.mhlw.go.jp/stf/houdou/2r9852000001f1k7-att/2r9852000001f1o2.pdf（2011年9月12日最終検索）

[6] 山口幸雄他編『改訂版労働事件審理ノート』（判例タイムズ社，2007年）15頁参照。

〔野﨑薫子〕　　　　　　　　　　　　　　　　　　　　**3　私の実務手帳**

これに対するZの対応等に照らせば，本件懲戒解雇は客観的に合理的理由に基づき社会通念上相当であって，懲戒権を濫用したものと判断することはできない」旨を判示した。

　菅野（前掲注(4)432頁）は，懲戒事由への該当性については，当該行為の性質・態様等に照らしての該当性如何が問題となるとし，懲戒処分の相当性として，当該行為の性質・態様や被処分者の勤務歴などとの対応，公平の要請・（従前黙認してきた行為に対して）事前の十分な警告が勘案されるとする。

　(b)　㉞崇徳学園事件（最三小判平成14・1・22労判823号12頁）（学校法人Z（上告人）の事務局最高責任者である事務局次長X（被上告人）は，会計処理上違法な行為を行い，Zの信用を失墜させ，損害を与えたとして，Xに対する懲戒解雇を有効とした）を見ると，同事件の原審では，懲戒解雇が無効とされたところ，Zの当時の内部組織上，Xに対する充分な監督，指導，助言の体制が取られていたとはうかがわれないことが，理由の一つに挙げられている。他方，上告審は，Xは法人事務局次長であり，法人事務局の最高責任者であるが……会計処理上違法な行為を行い，Zの信用を失墜させ，損害を与えたのであり……その責任を軽視することはできない。原審が挙げるような事情によってXの責任が軽減されるということはできないとした。

　懲戒処分について，X自身が経理処理の最高責任者であったということ，すなわち原審のいう内部組織における監督指導はむしろXの役割であったことが，結論に影響しているものと考える。

(2)　セクシュアル・ハラスメントを理由とする行為者に対する解雇等の事例
　(a)　以下は，猥褻行為を理由とする懲戒解雇，諭旨解雇ないし懲戒免職処分の事例であり，いずれも有効とされた（㉙㉚㉛㊳）。

　ここでは，被処分者について，猥褻行為の有無とその態様のほか，猥褻行為の禁止について指導を受けていることが重視されている。

　(b)　進んで，管理職の事例について，その判断の理由を要約して検討する。
　㉜F製薬セクハラ解雇事件（東京地判平成12・8・29労判794号33頁，判時1744号137頁）では，30名の部下を有する管理職従業員X（本社課長ないし室長等の地位）が，部下の女性らに対し性的言動を繰り返して就業環境を著しく害したことによる通常解雇が有効とされた。

労働法が目指すべきもの

理由：より軽微な処分を経ることなく通常解雇を選択したこと（被害を受けた者の多さ，Xの地位，セクハラに対するZ会社の従前からの取り組み，Xは自己の言動の問題性を充分認識しうる立場，Zの調査に対し真摯な反省の態度を示さず，かえって告発者捜し的な行動をとったことなども考慮する）に合理性が認められる。

㉟日本HP社セクハラ解雇事件（東京地判平成17・1・31判タ1185号214頁）では，役員に次ぐ地位（約80人の従業員を管理監督する立場）のXが，性的発言や身体接触を繰り返したことを理由とする懲戒解雇が有効とされた。

理由：Xのセクハラ行為が悪質であり，Xは役員に次ぐ地位で約80人の従業員を管理監督する立場にあった。会社Zは差別や嫌がらせの禁止とこれに違反した場合に懲戒解雇を含む厳罰を科する旨明示し，全管理職に対し業務上の行動指針に関する教育を実施した。またインターネット上に「セクシュアル・ハラスメントのない職場づくりに向けて」と題する書面を掲示し，管理職においてセクハラに関する法律・業務上の行動指針の規定等が遵守されるよう周知徹底すべきことを告知していた。

㊱x市事件（大阪地判平成18・4・26労経速1946号3頁）では，x市センターの所長代理という管理職員Xの女性職員多数に対する性的言動を理由とする減給10分の1を1か月という懲戒処分について，同処分は重すぎる処分であり，懲戒権者の裁量を逸脱したものであるとして取り消しを認めた。

理由：Xは，センターの所長代理という管理職員で，セクシュアル・ハラスメントの防止・排除に努めなければならない立場にありながら自らセクシュアル・ハラスメントを行っていたのであり，被害者の数は多数に及んでいる。x市では種々のセクシュアル・ハラスメントに対する取組が行われており，Xもこれを充分認識すべき立場にあった。しかし，Xの上記言動は，その程度は必ずしも高いものとはいえず，Xにおいて，相手の不快感を充分認識していなかった可能性も否定できない。一方，Xに対し，これまで何らの注意処分を経ていないことや，同市のセクシュアル・ハラスメントに関する懲戒処分の指針により想定される処分に照らすと，Xに反省の態度が見られないことを考えても，重すぎる処分である。

㊲Y社（セクハラ・懲戒解雇）事件（東京地判平成21・4・24労判987号48頁）は，取締役兼支店長Xの部下の女性らに対する性的言動を理由とする懲戒解雇が無効とされ，従業員としての地位確認とバックペイが認められたものであり（Xは取締役も解任された。），その事実及び理由をより細かく検討する。

事実：(ⅰ)（当事者等）　Xは株式会社Zの東京支店支店長である。Zは従業員約140名の会社であり，その東京支店には下部組織として，東京営業所（従業員21人）等があった。

(ⅱ)（Xの言動）　Z東京支店では，平成18年12月に慰安旅行が実施され，同支店傘下の従業員38名とX及び取締役兼本部長Aの合計40名が参加し，宿泊先である温泉ホテルで宴会（「本件宴会」）が開かれた。本件宴会においてXは，東京営業所主任Bに対し，指を触ったり，手を握ったりなどした。また他営業所の新人Cに対し，Xの膝にとにかく座ってくれと申し向け，その際，「何も子どもができるわけではない」旨を述べた。さらにXは，東京営業所のDに対し，「最近綺麗になったが恋をしてるんか」「胸が大きいね，何カップかな，胸が大きいことはいいことやろ」「男性が女性を抱きたいと思うように，女性も男性に抱かれたい時があるやろ」と発言した。このほか，Xには日常，女性従業員E，Bに対する身体接触を含む性的言動があった。

(ⅲ)（W（Zの親会社）グループにおける倫理，コンプライアンスの取り組み）　Wは，平成14年11月倫理綱領を制定し，これに関する小冊子及び月刊誌を全従業員に配布して周知徹底を図り，同時に倫理ヘルプライン制度（相談窓口）を創設した。また平成15年以降は全グループ会社において倫理研修を実施し，ZにおいてもXが参加して平成16年3月倫理研修がされ，その中でセクハラに関する講義も実施されており，Xはその後実施された倫理研修に少なくとも1回参加している。またWグループでは，平成15年1月から平成18年3月までのセクハラによる懲戒事例5件（うち2件は諭旨解雇）の概要について，Xを含むグループ会社の幹部にも情報提供されていた。

理由：(ⅰ)　Xの問題となる言動として，上記事実記載のほか，次の事実が認められる。

Xは本件宴会において，「Dに対して，『この中の男性陣で誰を選ぶか』とか，『X自身も現役であり，Xもどうか』といった趣旨のことを……申し述

労働法が目指すべきもの

べ，……「また，Xは同女の胸のことを話題にした際に，同女に触れてはいないが，その胸の大きさを測るかのような動作もした。」更にXは，本件宴会の中締めの後，Kを呼び止めて，同女がXを含む男性6名に取り囲まれるような形となった中で，Kに対し「『色っぽくなったなあ』と述べ，……『この中で好みの男性は誰か』……『俺は金も地位もあるがどうか』という趣旨の発言をした。」そしてXは，この場から逃れようと席を立ったKに対して『誰がタイプか。これだけ男がいるのに，答えないのであれば犯すぞ』という趣旨の発言（「本件犯すぞ発言」）をした。……これらの一連のXの言動に……Kは傷つき，悔しい気持ちで一杯となった。」

(ⅱ)「Xの部下の女性らに対する前記認定にかかる本件宴会や日頃の言動は，……違法なセクハラ行為である上いずれも，東京支店長という上司の立場にあった故に，できたことであって，これらが『(支店長の)職務，職位を悪用したセクシャルハラスメントにあたる行為』に該当することは明らかである。」

「加えて，本件では，被害者側にもXに誤解を与える行為をしたといった落ち度もない上，Xは，東京支店支店長として，セクハラを防止すべき立場であるにもかかわらず，これらを行ったものであり，またXは，W社グループの幹部として，倫理綱領制定の趣旨，重要性をよく理解し，他の過去のセクハラの懲戒処分事案についても認識していたものである」。

「以上の諸点にかんがみれば，本件におけるXの情状が芳しからざるものであることは明らかである。」

(ⅲ)「しかしながら，他方，日頃のXの言動は，前記発言のほか，宴席等で女性従業員の手を握ったり，肩を抱くという程度のものに止まっているものであり，本件宴会での一連の行為も，いわゆる強制わいせつ的なものとは，一線を画すものというべきものであること。」「本件宴会におけるセクハラは，気のゆるみがちな宴会で一定量の飲酒の上，歓談の流れの中で，調子に乗ってされた言動として捉えることもできる面もあること，全体的にXのセクハラは，……多数のZ従業員の目もあるところで開けっぴろげに行われる傾向があるもので，自ずとその限界があるものともいい得ること」，「『本件犯すぞ発言』も……Kが，好みの男性のタイプをいわないことに対する苛立ちからされたもので，周囲には多くの従業員もおり，真実，女性を乱暴する意思

〔野﨑薫子〕　　　　　　　　　　　　　　　　　　　**3**　私の実務手帳

がある前提で発言されたものではないこと，Xは，Zに対して相応の貢献をしてきており，反省の情も示していること，これまでXに対して，セクハラ行為についての指導や注意がされたことはなく，いきなり，本件懲戒解雇に至ったものであること等の事情を指摘することができる。」

　(iv)　「Xの前記各言動は，女性を侮辱する違法なセクハラであり，……その態様やXの地位等にかんがみると相当に悪質性があるとはいいうる上，コンプライアンスを重視して，倫理綱領を定めるなどしているZがこれに厳しく対応しようとする姿勢も十分理解できるものではあるが，これまでXに対して何らの指導や処分をせず，労働者にとって極刑である懲戒解雇を直ちに選択するというのは，やはり重きに失するものと言わざるを得ない」。

　「本件懲戒解雇は，……客観的に合理的な理由を欠き，社会通念上，相当なものとして是認することができず，権利濫用として，無効と認めるのが相当である。」

(3)　上記(2)の裁判例における判断要素の分析

　ここで，上記(2)の裁判例における判断要素について，そのために必要な前提問題を確認しながら検討する。

　(a)　セクシュアル・ハラスメント法理の発展経過については，貴重な文献が多々存在する。山崎文夫『改訂版　セクシュアル・ハラスメントの法理　職場におけるセクシュアル・ハラスメントに関するフランス・イギリス・アメリカ・日本の比較法的検討』(労働法令，2004) 1頁は，セクシュアル・ハラスメントの社会的概念と法規制の起源及びセクシュアル・ハラスメント法理の形成について論じている。また小島妙子・水谷英夫『ジェンダーと法Ⅰ　DV・セクハラ・ストーカー』(信山社，2004) 213頁以下も，セクシュアル・ハラスメントの社会的意義とその法理の生成発展について述べている。そして，山川・前掲（注(2) 10頁−15頁）において，アメリカ合衆国における使用者責任について，セクシュアル・ハラスメントは雇用条件による差別を包括的に禁止している1964年公民権法第7篇を根拠として訴えが提起されることが多いところ，合衆国最高裁は1998年6月，使用者責任に関する重要な判決をし，判断基準を示したこと，対価型と環境型の区別が使用者責任の判断にとって決定的なものではないことが判示された旨が解説されている。

労働法が目指すべきもの

　このように，身体的接触以外のそれまで法的保護の対象とされていなかったものが，重要な法益であること及びその違反に対する使用者の責任が認められるようになった歴史があるのであり，その意義を念頭に置かなければならない。

　(b)　セクシュアル・ハラスメントは，他の者を不快にさせる職場における性的言動等として人事院規則10-10の2条に定義されているところ，その懲戒処分の指針は「職職-68，平成12年3月31日，懲戒処分の指針について（通知）」の第2の1(13)に示されている。すなわち，セクシュアル・ハラスメントに対する懲戒処分については，当該性的言動について，職場における上司・部下等の関係に基づく影響力を用いたか否かと共に，暴行，脅迫を用いた猥褻行為や性的関係の有無等により段階的に処遇することとされている。確かに，身体的な猥褻行為等に該当するか否かは，セクシュアル・ハラスメントの態様として重要で，その態様に応じて懲戒処分の指針を定めることには相応の理由がある。上記(2)(a)の裁判例においても，被処分者の猥褻行為が重視されていることは頷ける。

　他方，セクシュアル・ハラスメントの法理が形成されてきた経緯に照らすと，この区別を過大視すると，事の本質を見極めることが難しくなる。単に猥褻行為が伴うものであるか否かを重視するのではなく，言動による環境型による被害を，その実態に即して判断すべきである。身体的接触がないからといって直ちに被害の程度が低いものと評価し，これを軽視すべきではない。

　(c)　懲戒処分の被処分者については，上記(2)(a)のとおり，従来の会社による指導等が問題とされている。ここで，特に，被処分者が管理者であった場合に，使用者の指導等との関係をどのように解すべきかについて考える。そのために，まず使用者の意義を確認する。

　労基法10条は，「この法律で使用者とは，事業主又は事業の経営担当者その他その事業の労働者に関する事項について，事業主のために行為をするすべての者をいう。」と規定している。渡辺章『労働法講義上』（信山社，2009年）34頁では，「労基法上の使用者は法律上労働者であり，同時に使用者としての権限を行使し責任を負う立場にある者を含む相対的概念である」とし，同規定の趣旨は，「労働者を職場で現実に指揮監督する者に直接法令遵守の義務を課すためである。」と説明されている。

　また，「事業者」を例に取ると，労安衛法2条の「事業者」については，

「『事業者』」（結局，労基法 10 条の「事業主」と一致する）に対し規制を行っているが，これは『事業経営の利益の帰属主体そのものを義務主体としてとらえ，その安全衛生上の責任を明確にしたもの』である」（昭 47・9・18 基発 91 号）」とし，「しかし，法違反の処罰は……各規定の事項に関する現実の責任者を『行為者』としてとらえて行われる。」と解されている（菅野・前掲注(4)343 頁）。

更に，雇用機会均等法における事業主の意義について確認するために，同法 2 条，11 条ないし 13 条（職場における性的な言動に起因する問題に関する雇用管理上の措置）を参照する。同法において，法に規定された責任主体は事業主であるが，過料の制裁の適用に関しては，事業主のほか違反行為者も対象になる（同法 33 条）のであり，労基法の場合と類似する面があるといえる（労基法 121 条，労安衛法 122 条）。このように，雇用機会均等法の規定についても，法の趣旨を実現するについて，その責務を負う行為の主体は誰なのかという観点から見る必要があり，代表者のみではなく，当該事項に関する現実の責任者が何をすべきかにも注意しなければならない。事業主の責任は，前記改正により，防止措置義務となったわけであるが，これを実現するためには，その組織内部において，代表者のほか，現実の責任者の自覚と実行が求められるのである。

別表裁判例の中で使用者の職場環境整備義務違反の有無が問われた事例のうち，例えば，⑲，⑳では雇用機会均等法及び指針等の下での事業主，そして内部担当者の責務について触れられており，また，㉜，㉟ないし㊲では，組織内部でのセクシュアル・ハラスメントに対する取り組みとその中での被処分者の立場に言及されていることが注目される。前記 2 及び別表裁判例で示されているとおり，セクシュアル・ハラスメントの加害者については，その多くが上司等であるといえるのであり，特に管理者の地位にある者が，セクシュアル・ハラスメントの防止等について，職務上どのような責任と義務を負担し，これを実現していたかを見る必要がある。この観点から，㊲裁判例を更に吟味する。

(4) ㊲裁判例の事実認定と判旨の検討
(a) **セクシュアル・ハラスメントの態様の評価**
(i) 本件では，X に酒席等における身体への接触を含むセクシュアル・ハラスメントの言動があり，殊に K に対する本件犯すぞ発言等がなされたこと，被害者に落ち度はなく，また本件犯すぞ発言について K が傷ついたこと，他の被

労働法が目指すべきもの

害者らがこれまで我慢していたことを認定している。他方，Xの言動は強制猥褻的なものと一線を画すとし，宴会での一定量の飲酒の上でのものであり，全体的に多数の従業員の目もあるところで開けっぴろげに行われる傾向があること，本件犯すぞ発言もそれが真意ではないことなどを取り上げている。

このように，本件判示では，前段の身体接触を含む環境型のセクシュアル・ハラスメントの言動が，強制猥褻的なものと一線を画するという判断により，後段の宴会等での言動であるなどの理由によって軽視されている。

セクシュアル・ハラスメントについては，その範囲に入る言動は多々あり，そのすべてを法律で規律できるとは限らず，一般的な社会常識では避けるべきこととされても，違法にまではならない部分があるとはいえよう。しかしその理由として，酒席であるとか，多数の前であることを根拠として，相手の人格を傷つける性的な言動を安易に軽視し，果ては認めてしまってはならない。

このような事例は，他の裁判例でも散見される。例えば，⑮岡山セクハラ（リサイクルショップＡ社）事件では，被告Ｙ２の猥褻な言動が不法行為を構成するとされたものの，その余の船上でＸの尻を膝で蹴ったこと，帰りのバスの中でＸの頭を殴ったり叩いたりしたことについては，蹴る，殴る，叩くといっても，Ｘは手帳に「頭にたんこぶじゃ」と記載してはいるが，いずれもＸに傷害を与えるようなものではなく，飲酒の上，特段の理由もなく行われた行為であって，不法行為における違法性がある行為とまではいえない旨が判示されている。

飲酒の上特段の理由もなく蹴る，殴る，叩くという行為に寛容な姿勢は問題である。

(ⅱ) また，本件で上記言動がセクシュアル・ハラスメントに該当するということは，行為の相手方が性的不快感を有するものと客観的に認められたということであるから，行為者本人が当該言動について真意ではなかったとか，自己の行為について，相手の不快感を充分認識していなかったなどという主観的な事柄を情状として勘案するのは相当でない。

他に⑭岡山セクハラ（労働者派遣会社）事件では，「子どもはまだか」という話を度々したことにより，相手方が不快感を持ったとしても，その話をする者が相手方の気持ちを理解し得る立場にあり，執拗に尋ねるなどした場合は各別，そうでなければこのような発言のみを捉えて違法行為であると解することはで

きないと判示している。

これについても，行為者が相手方の気持ちを理解できないことを，性的に不快な言動を違法としない理由として挙げていることからも問題である。どのような事実関係の下での言動かを見極めて，社会通念によりその行為を評価すべきである。

(b) Xの地位と責任の評価

本件においてXは，Zの東京支店支店長兼取締役の地位にあり，セクハラを防止すべき立場であったと認定されている。また倫理綱領制定の趣旨，重要性を理解し，他の過去の懲戒処分事案についても認識していたとされる。他方，Xの貢献度のほか一般従業員と同様に，Zの指導等が重視されている。

これによれば，Xは，使用者と共に，職場において行われる性的な言動により当該女性労働者の就業環境が害されることのないよう雇用管理上必要な配慮をする義務と責任を負っていたものと解される。労働者の立場としては，懲戒解雇について相当な理由が必要であることは当然であるが，判旨からは，Xが，上記役職者として職場環境配慮義務を尽くしてきたか否かについての検討は見られない。Xは上記2つの立場を併せ持つということを念頭に置いて，懲戒処分の軽重を勘案すべきものである。

すなわち，前記(2)(a)の裁判例に見られるとおり，被処分者が，従来使用者から注意処分を受けていたか否かは，一般的な従業員の立場からすれば意味のある指標といえる。しかしながら，4(1)(b)㉞の判示に見られるとおり，被処分者が従業員を管理監督する立場にあるとすれば，その者について，職場環境配慮義務の遂行状況を充分確認しないまま，注意処分を受けていたか否かを単に類型的に取り上げるべきではない。

(c) このように，本件は，懲戒解雇の許否の判断において，セクシュアル・ハラスメントの態様と役職者である被処分者の責任の評価の仕方の点で，その相当性に疑問がある。懲戒解雇の権利濫用の要件事実として，いずれの事情も総合勘案される要素にはなるが，どの要素が重視されるべきかについて，理由の構成に更なる吟味が必要と解する。

5　まとめと今後の展望

　以上のとおり，上記規定，指針及び裁判例等の集積により，実務上セクシュアル・ハラスメントに関する法理は徐々に形成発展しつつある。しかし，別表裁判例を見ると，未だ従前のセクシュアル・ハラスメントについての不十分な理解が実務上も残存している状態である。

　職場や教育の現場で，真に対等な人間関係が成立するために，ハラスメント等の防止対策の実施が喫緊の課題である。その一つとして，セクシュアル・ハラスメント防止の措置義務を負う使用者，事業主とは，単に抽象的な法人又は代表者を指すのみではなく，これを現実に体現する立場の者が含まれること，及びそれぞれがその職場環境配慮義務を有するという法的な役割の重大性を認識し，これが実践されるように，実務の取り扱いを考えるべきである。すなわち，使用者，事業主等は，セクシュアル・ハラスメントに関する規定や指針を尊重し，その趣旨を実現すべく職場環境に配慮する義務があり，これに違反した場合には当該被害者に対する責任と共に，職務上の責任も問われるということである。これは，教育の現場でも同様である。このように解して始めて，規定や指針が現実に活きて運用され，セクシュアル・ハラスメントの法理が実社会に定着することになるものと考える。

〔野﨑薫子〕　　　　　　　　　　　　　　　**3　私の実務手帳**

別表	裁判例①ないし㉗ 　　X：原告（女性の従業員等） 　　Y：被告（男性の従業員等） 　　Z：被告（会社等）	裁判例㉘ないし㊳ 　　X：懲戒被処分者 　　Z：使用者

（要旨中の金額は，主たる認容額であり，「Y・Z」の表示は，連帯又は各自支払いの意である。）

番号	事件名，裁判例，出典	要　旨
①	福岡セクシャル・ハラスメント事件（損害賠償請求・一部認容） 福岡地判平成4・4・16労判607号6頁，判時1426号49頁	編集長YはX（社員）の異性関係等の噂や悪評を流布して人格権を侵害し，結果として退職せしめ，また会社Zの専務は職場環境調整配慮義務を怠り，Xの犠牲において職場関係を調整しようとしたことについてそれぞれ使用者責任を認めた。 Y・Z：165万円
②	東京セクシュアル・ハラスメント（広告代理店A社）事件（慰謝料請求・一部認容） 東京地判平成8・12・25労判707号20頁	会社Zの会長で上司であるYが，肉体関係や交際を求める性的言動は，Xの人格を踏みにじる不法行為であるとし，Zの職務と密接な関連性があるとして使用者責任を認めた。 Y・Z：148万5,000円
③	旭川セクシュアル・ハラスメント（不動産会社）事件（慰謝料請求・一部認容，損害賠償請求反訴・棄却） 旭川地判平成9・3・18労判717号42頁	会社Zの代表者Yは，その職務を行うにつき，Xに対して身体的接触等を行い，これによりXはZを辞めたのであり，Xの性的自由を故意に侵害する不法行為と同時に，Xの雇用関係継続に対する権利も不当に侵害したと認めた。 Y・Z：200万円
④	京都セクシュアル・ハラスメント（呉服販売会社）事件（損害賠償等請求・一部認容） 京都地判平成9・4・17労判716号49頁	会社Zの取締役Yについて，Xに対し異性関係に関する発言と退職を示唆するような発言をしたことによりXは退職したのであるとして不法行為責任を認め，Zについて，女子更衣室のビデオの隠し撮りに対する職場環境を整える義務違反による債務不履行責任を認めた。 Y：139万5,945円，Z：214万5,945円

労働法が目指すべきもの

⑤	三重セクシュアル・ハラスメント(厚生農協連合会)事件(慰謝料請求・一部認容) 津地判平成9・11・5労判729号54頁	准看護士副主任Yの業務中の看護婦らX1,2に対する卑猥な発言や身体接触は不法行為に該当するが,個人的行為であり,業務を契機としてなされたものではないから使用者責任は認められない。他方,病院ZがYの言動に対して対応策をとらなかったとして職場環境配慮義務違反による債務不履行責任を認めた。 Y・Z：Xらに対し各55万円
⑥	横浜セクシュアル・ハラスメント事件(損害賠償請求控訴・原判決変更,一部認容) 東京高判平成9・11・20労判728号12頁	性的自由又は人格権侵害の判断基準を示し,猥褻行為をした営業所長Yの不法行為責任のほか,行為の外形から事業の執行行為を契機とし,これと密接な関連を有すると判断し(一部は否定),Yの出向先である会社Zの使用者責任を認めた。 Y・Z：275万円
⑦	和歌山セクシュアル・ハラスメント(青果会社)事件(損害賠償請求・一部認容) 和歌山地判平成10・3・11判タ988号239頁,判時1658号143頁	会社Zの取締役らY1ないし4がXに対し,Zの営業時間内の営業所内で継続的,集団的な性的言動をしたことについて,人格権を侵害する共同不法行為とし,Zの使用者責任を認めた。 Y1ないし4・Z：110万円
⑧	大阪セクハラ(S運送会社)事件(慰謝料等請求・一部認容) 大阪地判平成10・12・21労判756号26頁	会社Zの上司Yが飲み会の二次会においてXに対し,猥褻行為等による性的嫌がらせにより人格権及び性的自由を侵害したことにつき不法行為とし,業務執行性を認めてZに使用者責任を肯定した。 Y・Z：110万円
⑨	沼津セクハラ(F鉄道工業)事件(損害賠償等請求・一部認容) 静岡地沼津支判平成11・2・26労判760号38頁	会社Zの上司Y1,Y2のXに対する性的嫌がらせ行為が人格権を侵害する不法行為に当たり,Zにはその使用者責任と共に,職場環境調整義務違反及びXに対する解雇権濫用による不法行為責任がある。 Y1・Y2：各80万円,Z：257万1,896円
⑩	京都地判平成13・3・22(損害賠償請求,一部認容)判タ1086号211頁	銀行Zの支店長YのXに対する身体接触等のセクハラ行為(勤務時間外で勤務場所以外での行為も含む。)により,Xは身体不調を

		生じ，退職のやむなきに至ったのであるとして，人格権侵害による不法行為責任のほか，Zの使用者責任を認めた。 Y・Z：676万8,960円
⑪	仙台セクハラ（自動車販売会社）事件（雇用関係存在確認等請求・一部認容） 仙台地判平成13・3・26労判808号13頁	会社Zの女子トイレに男性従業員が侵入した事件の後，Zは職場環境配慮義務を怠り，不適切な対応が重なってXが精神的苦痛を覚え，ひいてはZを退職するに至った（退職は任意退職とした。）として，不法行為による慰謝料等の損害賠償を認めた。 Z：350万円
⑫	鹿児島セクハラ事件（損害賠償請求・一部認容） 鹿児島地判平成13・11・27労判836号151頁	医師会Z事務局長Yが，研修旅行の懇親会の二次会でした身体的接触行為を性的自由及び人格権を侵害する不法行為とし，Zは使用者責任を負わないが，職場環境維持・調整義務の懈怠による不法行為により共同して賠償する責任を認めた。 Y・Z：30万円
⑬	学校法人C大学（セクハラ）事件（慰謝料等請求・一部認容） 東京地判平成13・11・30労判838号92頁	学外の合宿で行われたY教授のXに対する猥褻行為により，Xが重度の心的外傷後ストレス障害（PTSD）に罹患したとして，Z大学の使用者責任を認めた。 Y・Z：180万円
⑭	岡山セクハラ（労働者派遣会社）事件（損害賠償請求・一部認容） 岡山地判平成14・5・15労判832号54頁	派遣先会社Zの支店長X1，2に対し，Zの専務取締役営業部長Y1が行った行為（肉体関係を迫り，虚偽の性的内容の風評を流布するなど）は，不法行為に当たるとしてZの使用者責任を認め，またZが，Xらに対してセクハラの事実調査をしないまま降格・減給処分をしたこと及びY1の言動を放置し，職場環境の悪化を放置したことなどによる不法行為責任を認めた。 Y1・Z：X1に対し220万円・X2に対し33万円，Z：X1に対し1,308万9,320円・X2に対し1,447万2,080円

労働法が目指すべきもの

⑮	岡山セクハラ(リサイクルショップA社)事件（損害賠償請求・一部認容） 岡山地判平成14・11・6労判845号73頁	会社Zの店舗の総括責任者店長のY1は，性的な言動によりXの人格権を侵害したものとして不法行為を構成し，Zには使用者責任及び職場環境配慮義務の債務不履行責任がある。またXは，同店の新規事業推進部部長Y2の猥褻な言動によるPTSD（寄与度5割）により休業するに至ったものであり，これは性的自由を侵害する不法行為である（一部否定）。Y2の行為は個人的な行動で，職務を行うにつきされたといえないので，Zは使用者責任及び債務不履行責任を負わない。 Y1・Z：55万円，Y2：709万6,968円
⑯	広島地判平成15・1・16（慰謝料等請求事件・一部認容）判タ1131号131頁	会社Zの正社員Yは，未成年であったアルバイト従業員X1に対し，性交を含む性的行為により，人格権や性的自由を侵害し，これによりX1は解離性同一性障害（多重人格障害）に罹患したものであるとして，X1及びその父母X2,3に対する不法行為責任を認めると共に，Zの使用者責任を認めた。 Y・Z：X1に対し220万5,120円，X2，X3に対し各22万円
⑰	N市（大学セクハラ）事件（損害賠償本訴請求・一部認容，損害賠償反訴請求・棄却） 名古屋地判平成15・1・29労判860号74頁	Z市のN市立大学の教授Yが，大学学長の旅行命令による職務研修において，Yの依頼により調査研究活動の資料整理等のほか通訳や雑用等を担当するため参加したXに対し性的な言動をしたことを不法行為とし，Zの国賠法による賠償責任を認めた。 Z：120万円
⑱	東京セクハラ（破産出版会社D社）事件（慰謝料等請求・一部認容） 東京地判平成15・7・7労判860号64頁	破産会社Zの編集長Yの編集員Xに関する職場における発言（「Xが毎晩電話を架けてくる」「Xはストーカーじゃないか」など）について，名誉感情，プライバシー権その他の人格権を侵害したものであり不法行為を構成するとし，Zに使用者責任を認めた。 Y：110万円，Z：Xが113万4,205円の破産債権を有することの確定

⑲	A市職員(セクハラ損害賠償)事件（慰謝料等請求・一部認容）横浜地判平成16・7・8労判880号123頁	市役所Zの職員Xに対し，Zの係長は性的言動により違法な権利侵害行為を行い，またXの申出を受けた，セクシュアルハラスメント相談窓口であるZの課長には，事実の調査，Xの保護や係長に対する制裁について違法な権限不行使があったから，Zには国賠法による賠償責任がある。Z：220万円
⑳	下関セクハラ(食品会社営業所)事件（損害賠償請求控訴・棄却，第1審一部認容）広島高判平成16・9・2労判881号29頁	会社Z（控訴人）の営業所を管轄するブロック長Yは，準社員のX（被控訴人）に対し，卑猥なメールの送信や性交渉に及び，また営業所長Dは，性的中傷に及んだ。Zには，良好な職場環境を整備すべき義務違反の不作為による不法行為責任がある。1審・Y：145万円，Z：55万円
㉑	東京地判平成17・4・7（損害賠償請求事件・一部認容）判タ1181号244頁	国立大学Zの大学院教授Yが，ゼミ終了後担当の科目等履修生で留学生のXと飲食した後に行った身体接触等の行為について，性的自由ないし人格権侵害の不法行為による損害賠償責任を認めたが，Zの国賠法による責任を否定した。Y：230万円
㉒	消費者金融会社(セクハラ等)事件（損害賠償請求・一部認容）京都地判平成18・4・27労判920号66頁	会社Zの勤務時間終了後の食事会において，課長Yは身体的接触等によるセクハラ及び退職を示唆するようなパワハラを行い，これによりXは一時休業せざるをえなくなったものとして，Yの不法行為責任及びZの使用者責任を認めた。Y・Z：110万円，Z：50万9,491円及び10か月間にわたり各月17万2,506円
㉓	広島セクハラ(生命保険会社)事件（損害賠償請求，一部認容）広島地判平成19・3・13労判943号52頁	保険相互会社Zの忘年会における営業所長Y1，営業所組織長Y2，支社副長Y3の保険外交員X1ないし7に対する抱きつくなどの行為は，暴力行為及び性的嫌がらせ行為であり，身体的自由，性的自由及び人格権を侵害するものとして不法行為責任及びZの使用者責任を認め，Xらの態度にも落

労働法が目指すべきもの

		ち度があったとして損害の2割を減じた。またZには，事後的対応において環境保護義務違反があったとまでいえないとした。Y1ないし3・Z：X1，6に対し各220万円・X2，4，5，7に対し各70万円・X3に対し132万円
㉔	京都地判平成19・4・26（平成17年（ワ）第1841号，損害賠償請求事件・一部認容）TKC【文献番号】28131260	Xは会社Zの代表者Yから業務中に性交渉の要求等のセクハラ行為を受け，これを拒否したことにより退職に追い込まれ，その後3か月間は就労ができず，またその後9か月間も通常の3分の1以下の就労しかできなかったのであり，Zは会社法350条による責任を負うとして，慰謝料及び逸失利益を認めた。Y・Z：630万円
㉕	東京セクハラ（T菓子店）事件（損害賠償請求控訴・一部認容）東京高判平成20・9・10労判969号5頁	会社Zの菓子店の店長が高卒契約社員Xに対し，職務の執行中及び慰労会ないし懇親会において強圧的ないし性的な言動により勤務を断念させたのであり，再就職するまでには6か月程度を要するとして，Zに使用者責任を認めた。Z：169万5,616円
㉖	さいたま地判平成21・8・31（平成19年（ワ）第911号，損害賠償請求事件・一部認容）TKC【文献番号】25441387	会社Zの委託された食堂において，パート社員であるXは，チーフのYから身体接触等のセクハラ行為を受けたことによりうつ病を発症したとして，Yの不法行為責任とZの使用者責任を認めたが，Xの気質的な素因等がうつ病の発症や程度等に寄与しているとして民法722条2項の類推適用により，認定した損害額の6割の賠償責任を認めた。Y・Z：306万1,842円
㉗	大阪地判平成21・10・16（平成20年（ワ）第5038号，損害賠償請求事件・一部認容）TKC【文献番号】25441354	建物及び各種施設の総合管理会社Zに勤務する知的障害者Xが，配属先の業務責任者であるYから身体接触によるセクハラを受けたことについて，人格権（性的自由）を侵害するものとしてYの不法行為責任及びZの使用者責任を認めた。またZの代表者

		が，Xの苦情に対し充分な調査をせず，適切な措置を執らなかったことについてZに会社法350条の責任を認めた。 Y・Z：55万円，Z：33万円
㉘	ダイハツ工業事件（出勤停止処分無効確認等・従業員地位確認等請求本訴，独身寮明渡請求反訴上告・原判決一部破棄取消，被上告人の請求棄却） 最二小判昭58・9・16判時1093号135頁，労判415号16頁	工場の組立工X（被上告人）に対する業務命令拒否を理由とする出勤停止処分及び懲戒解雇をいずれも権利の濫用に当たらないとした。
㉙	西日本鉄道(福岡観光バス営業所)事件（解雇無効確認等請求・棄却） 福岡地判平成9・2・5労判713号57頁	宿泊勤務先での，バスガイドに対する猥褻行為を理由とする観光バス運転手Xに対する懲戒解雇を有効とした。
㉚	コンピューター・メンテナンス・サービス事件（地位確認等請求・棄却） 東京地判平成10・12・7労判751号18頁	派遣社員Xが，派遣先の女性従業員に対して抱きつくなどの行為をしたことによる懲戒解雇を有効とした。
㉛	大阪観光バス（懲戒解雇）事件（地位確認等請求・一部却下，一部棄却） 大阪地判平成12・4・28労判789号15頁	観光バス会社運転手Xの会社従業員に対する猥褻行為及び取引先添乗員に対する性的振る舞いにより苦情を寄せられたことなどによる懲戒解雇を有効とした。
㉜	F製薬セクハラ解雇事件（雇用契約存在確認等請求・棄却） 東京地判平成12・8・29判時1744号137頁，労判794号33頁	30名の部下を有する管理職従業員X（本社課長ないし室長等の地位）が，部下の女性らに対し性的言動を繰り返して就業環境を著しく害したことによる通常解雇を有効とした。
㉝	JR西日本（諭旨解雇）事件（地位確認等請求・棄却） 大阪地判平成13・2・23労判802号98頁	新幹線車掌Xに対し，同僚の女性車掌にした執拗な飲食の誘い，ホテルへの誘い，携帯電話への遊びの誘い，夜間の長電話による交際迫り，新幹線内での写真撮影の強行等の一連の行為についてなされた諭旨解雇を相当とした。

労働法が目指すべきもの

㉞	崇徳学園事件（従業員たる地位確認等請求上告・原判決破棄，被上告人の控訴棄却） 最三小判平成14・1・22労判823号12頁	学校法人Z（上告人）の事務局次長であるX（被上告人）は，会計処理上違法な行為を行い，Zの信用を失墜させ，損害を与えたとして，Xに対する懲戒解雇を有効とした。
㉟	日本ＨＰ社セクハラ解雇事件（解雇無効確認等請求・棄却） 東京地判平成17・1・31判タ1185号214頁	役員に次ぐ営業本部長の地位で，約80人の従業員を管理監督する立場のXが，性的発言や身体接触を繰り返したことを理由とする懲戒解雇を有効とした。
㊱	x市事件（懲戒処分等取消等，損害賠償請求・懲戒処分取消，その余棄却） 大阪地判平成18・4・26労経速1946号3頁	x市センターの所長代理という管理職員Xの女性職員多数に対する性的言動を理由とする減給10分の1を1か月という懲戒処分について，同処分は重すぎる処分であり，懲戒権者の裁量を逸脱したとして取り消した。
㊲	Y社（セクハラ・懲戒解雇）事件（地位確認等請求・一部認容） 東京地判平成21・4・24労判987号48頁	取締役兼支店長Xの部下の女性らに対する性的言動を理由とする懲戒解雇を無効とした。
㊳	中学校教諭セクハラ懲戒免職処分取消請求事件（処分取消請求・棄却） 宮崎地判平成22・2・5判例地方自治335号38頁	中学校教諭Xの女子生徒に対する身体接触等を理由とする懲戒免職処分を有効とした。

4 アジアにおけるストライキ中の賃金問題

香川孝三

1 はじめに
2 法律によって解決している国
3 判例法によって処理している国
4 特別な事例としての中国
5 まとめ

1 はじめに

　本稿はアジアのいくつかの国でストライキ中の賃金がどのように取り扱われているかを分析することを目的としている。資料がないと論じることはできないので，アジアの国々の中で資料を入手できる国に限定せざるを得ない。

　日本もアジアの中に入るが，第二次世界大戦後，日本では，飢餓的状況の中で労働組合の結成が促進され，使用者への圧力手段としてストライキが実行された。ストライキを解決する方法としてスト中の賃金が支払われたり，その代わりに「スト解決金」とか「立ち上がり資金」という名目で，組合に一括して金銭が支払われてきた。それがスト中の労働者の生活費として用いられてきた。これは労使交渉によって取りきめられ，特に組合の力が強い場合には，「スト解決金」を組合が勝ち取ったとみられていた。しかし，これは使用者側の負担でストライキ中の生活を保障したことになる。その後，日本ではストライキ基金，罷業基金，闘争基金などの名称で，月々の組合費から積み立てておき，ストライキ中の生活資金としてスト参加労働者に支給することが慣行となっていった[1]。ストライキ基金が少ない場合には労働金庫から借りたり，他の組合の組合員から資金カンパをうける場合もあった。

---

(1) 香川孝三「労使関係の法的枠組」中條毅編『日本の労使関係』（中央経済社，1986年）35頁。

労働法が目指すべきもの

　法理論上，日本では，ストライキ中でも労働契約は切断されないで，ストライキは労務の不提供になると構成されている。ストライキ中は労務の提供がされないので，「ノーワーク・ノーペイの原則」が適用になって，賃金は支払われない。しかし，賃金のどの部分に「ノーワーク・ノーペイ」の原則が適用になるのかが議論された。これが賃金二分論の主張であった。つまり，従業員たる地位に対応して生活補助として支給される家族手当や住宅手当は賃金カットの対象とはならず，具体的な労働力の提供に対応する交換的部分は賃金カットの対象になるという考え方である。これに対して，賃金二分論から判断するのは適切ではなく，契約の解釈として処理すべきであり，労働契約上，どの範囲までカットの対象として明示または黙示に合意しているかどうかで判断するというのが，現在の判例・通説となっている。日本では労働契約に合意した内容に基づいて処理していこうとしている。つまり，労働契約，就業規則，賃金規則，労働協約の内容や労働慣行から，どのように合意されてきたかによって処理していこうとしている[2]。これは判例法によって形成された。労働立法には何も規定は存在しない。

　日本以外のアジアではどのように取り扱われているのであろうか。石川吉右衛門著『労働組合法』251頁では，「所変われば品変わり」，インドでスト中でも賃金が支払われていることや，メキシコでもスト中の賃金が80％支払われていることを紹介している。なぜ「所変われば，品変わり」になるのか，その理由を説明していくことが必要になる。そこで，次のような仮説を立ててみたい。スト中の賃金の支払を認めるのは，賃金の支払いを受けなければ，スト中の生活が確保されにくいからである。見方をかえれば，スト中の賃金の支払いが認められなければ，スト権を保障したことにならないからである。そこで国民の生活レベルを知る指標として，国民1人あたりの国民所得を採用すると，それらの額の低い国ほど，スト中の賃金の支払いを認める傾向にある。ただし，スト中の賃金の支払いをみとめることは使用者側の負担を伴うので，賃金支払いを認めるストの範囲に限界を設けることによって，労働者側と使用者側のバ

---

(2) 菅野和夫『労働法〔第9版〕』(弘文堂，2010年) 653頁。ILO結社の自由委員会において，ストライキ中の賃金カットや逆に賃金支払いをおこなうことがストライキ権の侵害するかという問題とは関係ないことを述べている。Bernard Gernigon, Alberto Odero, Itoracio Guido ed., ILO Principles concerning the Right to Strike, ILO, 1998, p. 48.

ランスをとっているのではないかというものである。

このテーマは比較法的考察が可能な分野であるが[3]、本稿ではアジア諸国のいくつかを対象に考察していこうと思う。この問題について、法律で解決している国と判例法によって処理している国に分かれる。その中で、日本での議論のように労働契約論を貫徹して「ノーワーク・ノーペイの原則」を採用しているかどうかが決め手となる。それを採用していない場合、どのような論理を採用しているかに着目して、仮説が立証できるか試みてみよう。

2 法律によって解決している国

法律によってストライキ中の賃金問題の処理方法を定めている国々がいくつかアジアには存在する。もちろん法律上の規定の解釈をめぐって争いが生じる場合には、裁判所の判断が処理する基準を提供している。それらを紹介しよう。

(1) インドネシア

1998年5月スハルト大統領が政権を失った後、インドネシアは権威主義的な開発体制から民主化を目指す国へと切り替えられ、そのもとで労働法改革がなされた。2000年労働組合法、2003年労働力法、2004年労使紛争処理法の労働三法がそれである。民主化を促進する上では、結社の自由を保障して、労働者の権利を保障する方向を目指し、中核的労働基準を定めた8つのILO条約も批准した。しかし、使用者側はそれがあまりにも労働者寄りであるとして抵抗したために、労働三法は労使の妥協の産物として制定されたと位置付けられている[4]。

ストライキ中の賃金問題を立法によって解決したのが、労働力法145条であ

---

(3) 香川孝三『ベトナムの労働・法と文化』(信山社、2006年) 44頁で比較法研究についてふれている。

(4) 労働三法の制定過程の論点については「インドネシア」海外労働時報2001年4月、2002年9月、2002年10月、2002年12月、2003年1月、2003年5月の各号参照。
　　http://www.jil.go.jp/kaigaitopic/2001_04/indonesiaP01.html
　　http://www.jil.go.jp/kaigaitopic/2002_09/indonesiaP01.html
　　http://www.jil.go.jp/kaigaitopic/2002_10/indonesiaP01.html
　　http://www.jil.go.jp/kaigaitopic/2002_12/indonesiaP01.html
　　http://www.jil.go.jp/kaigaitopic/2003_01/indonesiaP02.html
　　http://www.jil.go.jp/kaigaitopic/2003_05/indonesiaP01.html

労働法が目指すべきもの

る⁽⁵⁾。それによれば、「労働者の権利を順守しない使用者に対して、労働者が権利の実施を求めて合法なストライキをおこなう場合には、その労働者に対して、賃金が支払われなければならない」と定められている。これは1981年賃金保護に関する政府規則第8号の第4条に定めている「ノーワーク・ノーペイの原則」とは異なる内容となっている。

146条3項には、「ロックアウトは現行の法律や規則にしたがって実施されなければならない」と規定され、その解釈として、「ロックアウトが違法に実施され、または労働者が正当な権利の実施を要求する合法なストライキへの報復手段として実施される場合、使用者は労働者に賃金を支払わなければならない」とされている。

145条では、賃金が支払われるストライキに2つの要件を課している。1つはストライキが合法であること、もう1つはストライキの原因が使用者側の労働契約上の債務不履行にあることである。142条によれば、ストライキが合法かどうかは139条と140条に定められている。

139条によれば、公益に役立つ企業（病院、消防、水門、鉄道、航空、船舶）では、その運営の中止は生活を脅かす可能性があるので、公益や安全を脅かさない方法でストライキを実施されなければならない。それに違反すると合法性のないストライキとなる。

140条によれば、ストライキを実施しようとする労働者および組合は、実施予定日の7日以上前に書面で使用者および労働担当の地方官庁に届け出なければならない。その書面には、ストライキ開始日時、終了予定日時、ストライキの場所、ストライキの理由、ストライキ実施責任者の署名が記載されなければならない。労働組合の組合員でない者がストライキを実施する場合には、それらの者を代表する者の署名が必要である。予告なくストライキが実施される場合には、生産設備や企業財産を保護するために、企業はストライキに参加する労働者を一時生産設備に近づくことを禁止したり、企業の敷地に立ち入ることを禁止することができる。以上の規定に違反すると違法なストライキになる⁽⁶⁾。

---

(5) 水野広祐「インドネシアの新労働法」労働法律旬報1557号38-47頁、2003年8月、Ministry of Manpower and Transmigration and ILO, Jakarta ed., *Major Labour Laws of Indonesia*, Kantor Perburuhan Internasional, 2004.

(6) PT Fuji Staff Indonesia労働問題等相談室編『インドネシア新労働法解説』PT NNA Indonesia, 2005年12月、54頁。

さらに、ストライキは話し合いが失敗した結果として、合法的に秩序ある平和な方法で実施する権利として労働者に保障されていること（137条）から、労使の話し合い（団体交渉）を尽くすことが不可欠になってくる。そこで大臣決定2003年第233号では、労働組合が14労働日の間に2回書面で話し合いを要請しても使用者側がそれに応じる意思がないこと、あるいは話し合いの議事録に双方が話し合いが行き詰ったことを示している場合に、話し合いが失敗に終わったことを意味し、そのあとにストライキを実施する場合には、合法なストライキとなる。

さらに、ストライキは平和的に行われなければならない。使用者に対して暴力をふるったり、工場や事業場を破壊したり、ストライキに参加を呼び掛ける際に強制や暴力をふるう場合には、違法なストライキとなる。そこで、平和な状態で実施されるストライキが合法なストライキとなる。

さらに、もう1つの要件がある。それは法令、労働協約や就業規則に定められている使用者の義務を果たさないことへの不満から労働者がストライキに入ることである。これは権利紛争を意味する。となると利益紛争から生じるストライキはどうなるのであろうか。たとえば賃金額をいくらにするかをめぐって生じる紛争で、使用者に圧力を加えるためのストライキは合法なストライキに入るのであろうか。明確な文言は145条には存在しない。もし、それを入れなければストライキを認める意義がないことになるが、規定からは不明である。

145条の合法なストライキ中の賃金の支払い義務を肯定する規定は、「ノーワーク・ノーペイの原則」に反すること、あまりにも労働者への過保護であること、もしこの規定が制定されるとストライキが頻発するおそれがあること、そうなると外国資本がインドネシアから逃げていくおそれがあることから使用者側は抵抗したが、ロックアウトの扱いのバランスから、しぶしぶ同意した[7]。

146条3項では、ロックアウトが違法な場合や合法なストライキに報復措置としてなされる場合には、違法なロックアウトになり、その間の賃金支払義務があるとしている。これは、ロックアウトが労務受領拒否を意味し、それが違法になる時は、反対給付である賃金請求権がなくならない。そうなると、権利争議を理由とするストライキにはこの論理が適用になるが、利益紛争になる場

---

[7] 「インドネシアにおける貿易・投資上の問題点と展望」。
　　http://www.jmcti.org/cgibin/list_ind.cgi?Kind=Category&category=16&code=109

労働法が目指すべきもの

合はどうなるのかという問題がある。権利紛争は使用者側の違法行為や労働契約や労働協約に違反した結果発生するとしている。つまり，使用者側の責任によってストライキが起こるので，その責任をとるためにストライキ中の賃金の支払いを是認するという考えがあるように思われる。

以上の規定にもかかわらず，組合側が実施するストライキが合法になる場合は多くないとみられている。なぜならば，実際に実施されるストライキの多くが手続上違法になっており，賃金の支払いを受ける場合が少なくなっている。ただストライキを解決する方法として，違法なストライキであっても，賃金相当額を支払うことを使用者がスト解決策として，組合に約束する場合を否定できない[8]。

インドネシアでは，ストライキを実施する場合，スト中の生活を組合が面倒をみる必要がある。しかしスト基金を持つ組合はきわめて少なく，組合の生活保障は組合の財政状況いかんにかかっており，ほんの一部の保障しかできない組合が多い。それでもストライキを実施するかどうかを組合員の意思確認をする必要性がある。スト決議にはそういう意味も含まれている[9]。ストライキによって賃金引き上げが成功すれば，引き上げ分の10％や20％を組合に拠金することを求める組合がある。このために一般組合員がある程度の賃金値上げ率に賛成していながらも，組合がもっと値上げ率を獲得しようとする傾向にあるのは，このためである[10]。

(2) ベトナム

ベトナムでは1994年に労働法典が制定された。この時にはすでにドイモイ政策の採用が決定されており，社会主義市場経済化が政策目標となっていた。

---

[8] 香川孝三「インドネシアの労働事情調査」国際産研14号（1997年12月）25頁。
[9] 2001年1-2月におこなわれたストライキに賃金を支払った事例が紹介されているのが水野広祐「インドネシアにおける労使紛争処理制度とその紛争事例―「合議の原則」（ムシャワラー）のもとにおける労使紛争処理―」アジア経済44巻5・6号，2003年5・6月，175頁・178頁，181頁。組合側が「ノーワーク・ノーペイの原則」によって，スト中の賃金の支払いを拒否すべきであるとする意見書を提出したが，会社が支払いに合意していることを根拠に中央労働紛争調停委員会はスト中の賃金の支払いを認める決定をしている。
[10] Payaman J. Simanjuntak, *Industrial Relations System in Indonesia*, Himpunan Pembina Sumberdaya Manusia Indonesia, 2004, p. 146.

労働法典では一定の手続をふめばストライキをおこなうことができるシステムを採用した。この点は中国とは異なる。

しかし，ストライキ件数は2005年まではそれほど多くはなかったが，2006年から急激に増加した。これはインフレが激しくなって生活が苦しくなり，最低賃金を増額する要求が全国に広がったためである。さらに特徴があるのは実施されたストライキのほとんどが違法ストライキであったことである。しかも，それらは山猫ストということである。これはストライキを実施するまでの調停や仲裁の手続を経ることなくおこなわれることと，組合役員が一般組合員の要求を汲み取って使用者側と団交あるいは話し合いをおこなわないためである。一部の組合員が日頃の不満をいきなり使用者にぶつけ，それに賛同する組合員が加わってストライキがおこなわれる。手続は一切踏んでいないし，組合としてスト決議に付すこともなく，スト予告もなく実施されるのが実態である。一部の労働者集団がストライキができることは労働法典の2006年改正によって認められているが，手続を踏んでいないので違法ストに該当する。当然罰則の対象になるはずであるが，実際に罰則の対象となった事例を聞いたことがない。法務省法務総合研究所国際協力部の主催で2010年1月におこなわれた「第10回法整備支援連絡会」で，ベトナムから参加した検察官にこの問題を質問をしたところ，違法ストを理由とする訴追がなされたことはないという返事であった。低賃金で生活に困っている労働者がストライキをおこなうので，たとえそれが違法であっても罰則を適用することはしないというのが，その理由であった。さすが社会主義国の検察官だと，きわめて印象的で忘れがたいやり取りであった。

スト中の賃金については，ベトナムではどのような取り扱いがなされているのか。はじめは「ストライキ参加労働者に対するストライキ期間中の賃金の支払いおよびその他の権利利益の解決に関する」政府議定ND58/CP（1997年5月31日）によって定められていた[11]。

① 合法なストであって，その原因が使用者の責めに帰すべき理由によってのみの場合は，スト中の賃金を全額支給する。これはスト手続を順守して実施された権利紛争で労働者側に責任のないストの場合を指している。

---

[11] 斉藤善久『ベトナムの労働法と労働組合』（明石書店，2007年）152頁。

労働法が目指すべきもの

② 合法なストであって，その原因が使用者の責めに帰すべき理由だけでない場合には，基礎労働組合執行委員会と使用者の協議によって，スト中の賃金を支払うか，支払うとしたら，いくらの額かを決める。スト手続を順守した利益紛争であって労働者側に責任のあるストの場合を指している。

③ 非合法なストであって，その原因が使用者の責めに帰すべき理由のみによる場合には，スト手続違反の理由いかんによって，賃金の70％または50％に相当する金額を支払わなければならない。スト手続を順守しない権利紛争で労働者側に責任のないストを指している。手続違反の種類の違いによって金額の割合に差がある。

④ 非合法なストであって，その原因が使用者と労働者の双方に責めに帰すべき理由がある場合は，基礎労働組合執行委員会と使用者が協議をして，支払うかどうか，支払うとしたらいくらの額にするかを決める。スト手続を順守しない権利紛争で労働者側にも責任のあるストを指している。

⑤ 非合法なストであって，その原因が労働者の責めに帰すべき理由による場合には，スト中の賃金は支払われない。スト手続を順守しない利益紛争で労働者側に責任のあるストの場合を指している。

⑥ 非合法なストであって，その原因が使用者の責めに帰すべき理由でない場合には，双方が別の合意をしないかぎり，スト中の賃金は支払われない。スト手続を順守しない利益紛争で労働者側に責任のあるストの場合を指している。

⑦ 非合法なストであって，その原因が使用者と労働者の双方に理由がある場合には，スト中の賃金は支払われない。スト手続を順守しない利益紛争で労働者側に責任のないストの場合を指している。

⑧ 首相のスト中止命令に従わない非合法なストであって，その原因が使用者と労働者の双方に理由がある場合には，中止命令後のスト中の賃金は支払われない。中止命令以前の賃金については裁判所が判断する。スト手続を順守しない権利紛争で労働者側に責任のあるストの場合を指している。

⑨ ストライキに参加しなかった労働者であって，ストライキのために就労できなかった場合は，使用者と当該労働者との協議で決める。だたし，最低賃金額を下回ることはできない。

こと細かくケースに分けて処理方法を規定している。基本的に権利争議の場合に，全額か一部の額かの違いはあるが，ストライキ中の賃金は支払われる。

それに対して利益争議の場合には基本的にストライキ中の賃金が支払われないというスタンスで規定されている。権利争議と利益争議で区別する理由はなにであろうか。権利争議は労働者として認められた権利をめぐる紛争なので、使用者が契約違反をしているか、強行法規に違反している場合なので、使用者側の責めに帰すべき理由でストライキが生じているので、使用者側が賃金を支払うべきであると考えられているのに対して、利益争議の場合、たとえば賃金値上げを要求する場合、労働者が自分の判断でやっていることなので自己責任の考えに立って、賃金の支払いはないとされている。さらに、賃金値上げ問題は国家の政策とつながっており、一企業だけで決められる問題ではないという考えがあって、賃金値上げ問題を一企業と組合が団体交渉によって決めることには否定的である。これは国有企業が一般的であった時代の発想が今も残っていると思われる。事実ベトナムでは現在でも賃金値上げ交渉は定着していない。そこで利益争議の場合には権利争議ほど保護する必要はないという判断がなされたものと考えられる。

以上のように、きわめて複雑な定めによって処理されてきたが、2006年の労働法典改正174条dで次のように整理された[12]。

「① ストライキに参加しなかった労働者が、ストライキのために就労できなかった場合、62条2項に定めによって賃金およびその他の利益が支払われる。
② ストライキに参加する労働者は、当事者が別の合意をしないかぎり、賃金およびその他の利益は支払われない。
③ 労働組合幹部は、当該事業所での集団紛争を解決に参加するために本法典155条2に基づいて使用される時間とは別に、少なくとも3日間仕事を休んでも賃金に支払いを受ける。」

ここでは、ストライキの合法、非合法に関係なく、さらに権利争議か利益争議かによって区別することなく処理することが定められている。2項では、ストに参加した者のスト中の賃金は当事者が支払うことに合意すれば、支払われることになる。労働者側は賃金が支払われることに反対はないであろうから、使用者側が支払いに合意すれば、賃金が支払われることになる。このような特

---

[12] 香川孝三「ベトナムのストライキと争議調整」日本労働研究雑誌527号129-130頁、2008年2・3月。

労働法が目指すべきもの

別な合意がないかぎり，スト中の賃金は支払われない。このことは，ストを終結する条件として使用者側が賃金支払いに合意する場合を認めている。このように処理された事例も報告されている[13]。ストライキの合法，非合法に関係なく，スト中は労務提供をしていないので，その対価である賃金の支払がないという考えを前提にしていることを意味している。さらに権利争議か利益争議の区別がなくなったのも，ストである限り，両者を区別する意味はないことを示している。基本的に「ノーワーク・ノーペイ」の原則に則った処理になってきている。市場経済化が進んできたことの反映であろう。

1項では，ストに参加しないが，ストのために就労できなかった労働者の場合には，ストに参加した労働者と同じ単位（工場）に属していても，双方の合意によっていくらの賃金を支払うか合意できれば，その額が支払われることになっている。その額は最低賃金を下回ることはできない。

155条2項では，通常の仕事をしながら，組合の仕事もおこなう従業員には，就業期間中に組合の仕事をおこなう一定の時間を保障している。それは企業と組合執行部との間の協定によって決まる。ただし3労働日を超えることは認められない。それに追加して，集団争議の解決に必要な場合には3日間有給で休むことができる。その間に集団争議の解決に努力することができる。

この変化の背景には1997年の国民一人当たりの年間所得が300ドル台から2006年には700ドル台へと上昇し，それだけ国民の生活が良くなったことがある。

1994年労働法典は，その全面改正が計画されており，いくつかの法案が検討されてきている。しかし，2011年10月段階では，まだ国会に提出されていない。その中で，スト中の賃金に関する規定は，2006年労働法典改正の内容がそのまま存続する予定ではないかと思われる。違っているのは組合幹部が有給で休める日が3日から2日に短縮されている案がある[14]。今後の改正に注目する必要がある。

---

[13] 斉藤善久・前掲書244頁。
[14] ベトナムの1994年労働法典の2010年の改正案を参照。2012～3年には成立の可能性がある。

〔香川孝三〕　　　　　　　　*4*　アジアにおけるストライキ中の賃金問題

(3) 韓　　国

　韓国においては，1987年の民主化宣言以前には，争議解決の方法としてスト期間中の賃金を支払うことが慣行としておこなわれてきた。当時は争議の数が少なく，その期間も短かったので，賃金を支払っても使用者側の負担は大きくなかった。しかし，民主化宣言の後は，労働組合の設立が増加し，争議件数も増え，しかも長期化しはじめた。使用者にとってスト中の賃金の負担が大きくなってきた。ストライキが長期化する要因の1つが，ストライキ中の賃金が支払われるので，いつまでもストライキを継続する傾向になるからでもある[15]。そこで使用者は「ノーワーク・ノーペイの原則」を主張して，スト中の賃金支払いを否定する法律の作成を提案した。これに対して，労働組合側は，組合にはスト基金を積み立てることが困難であること，争議中であっても労働者は生計を維持するため賃金を必要としていることから，「ノーワーク・ノーペイの原則」の適用を不合理であると主張した。スト中の賃金は労使の自治にまかせ，企業の実情や労使関係の現状を見定めて処理すべきであって，法律で規制することに反対した。というのは，スト解決の条件として賃金以外の名目で賃金相当額を実質的に獲得している事例があり，まさに労使の自治で決着をつけて事実上賃金相当額を手にいれていたからである。1992年2月に韓国の労働事情調査を実施した時に，釜山の造船企業で1991年に40日間のストライキが実施された際に，ストライキ中の賃金が支払われなかったことを聞いた。その時には，支払わなれなかったのは，当時としては新しい動きとして注目されていた[16]。

　この問題が裁判所で争われた場合，その解決方法をみると，そこに日本の判決の影響をみることができる[17]。1つは賃金二分論に基づいて判断されている。つまり，賃金の中で生活保障的部分は，争議中といえども労働者の地位は保持しているので支払われなければならない。しかし，交換的部分は争議中は支払う必要はないという判断が示されている。もう1つは争議中の賃金の支払いを認める特別の合意や慣行がないかぎり，争議行為中は，労務提供の義務が停止

---

[15] 香川孝三「労働協約からみた日韓労使関係の比較研究」国際産研3号（1990年8月）100頁。

[16] 日本労働研究機構編『韓国企業の雇用・人事管理，労使関係に関する実証的研究（関西国際産業関係研究所への委託研究）』（日本労働研究機構，1992年）43頁。

[17] 三満照敏「労働法制の過去と現在—労使関係改革委員会での争点を中心に—」法政大学大原社会問題研究所編『現代の韓国労使関係』（御茶の水書房，1998年）199頁。

労働法が目指すべきもの

されているので，賃金支払いの義務は使用者側には発生しないという判断である。

　この問題の立法的解決を目指したのが，1996年12月31日強行採決された「労働組合および労働関係調整法」44条である。そこでは，「使用者は，争議行為に参加して労働を提供しなかった労働者については，当該期間に対する賃金を支給してはならず，労働組合は，当該期間に対する賃金の支給を要求しもしくはこれを貫徹する目的で争議行為を行ってはならない。」と定められていた。これが1997年3月成立した「労働組合法および労働関係調整法」44条に引き継がれた。この法律がその後いくどかの改正がなされ，2010年1月1日の改正法が現行法であるが，その44条の内容は変わっていない。それによれば，「①使用者は，争議行為に参加して労働を提供しなかった労働者に対して，当該期間中の賃金を支給する義務はない。②労働組合は，争議期間中の賃金支給を要求し，これを貫徹する目的で争議行為を行ってはならない。」という規定に置き換えられた。90条では，これに違反した場合「2年以下の懲役または2,000万ウオン以下の罰金に処す。」と定められている。

　以上のように，使用者側の主張が立法によって解決がなされた。しかし，1996年の法律では「当該期間中は賃金を支払ってはならない」という規定が，1997年の法律では「賃金を支払う義務はない」という含みのある定めになっている。これは賃金支払いとしてではなく，別の名目で支払うことを，使用者の判断や労使の話し合いで決めることを禁止してはいないという解釈の余地を残している[18]。ということは，争議中の賃金を払うことによって生活に困らない状況で争議行為が頻発する恐れを感じ，「ノーワーク・ノーペイの原則」を明文化することを主張した使用者側の主張と，労使が企業の状況や労使関係を考慮した上で解決すべき問題であるとする労働組合側の妥協の産物として成立したからである。さらにもう1つのねらいは，争議自体が解決しても，ストライキ中の賃金の支払いをめぐって再び紛争が起きることを避けたい意図から法律で規制がおこなわれた。争議にまで至らないで，労使の話し合いで処理していくことは禁止行為には該当しないという解釈が成立しうるからである。

　2000年8月ロッテホテルで賃上げと労働協約改定交渉をめぐって争議がお

---

[18] 日本労働研究機構編（林和彦・西澤弘・吉田昌哉・野村かすみ執筆）『韓国の労働法改革と労使関係』（日本労働研究機構，2001年）71頁。

き，その解決のために，スト中の賃金は支給されなかったが，勤務奨励金の名目でボーナスの 0.7 か月分を追加支給することが合意された記事が見られた[19]。現代自動車は「ストのヒュンダイ」と呼ばれ，ストライキをよくおこなわれているが，ストを解決するために，生産性奨励金が支給されている。スト中の賃金とは言っていないが，それに相当する金額が支給されている。これは「ノーワーク・ノーペイの原則」が守られていないものとみなされて，批判の対象になっている[20]。

したがって，スト中の賃金の支払いがまったくなくなったとは言えない状況が現在でもみられる。東亜日報 2008 年 8 月 20 日によれば，争議の妥結後，正規の賃金ではなく「見舞金」や「慰労金」などの名目で支払い，「ノーワーク・ノーペイの原則」を守らなかった事業所の調査に乗り出すことが報道されていた[21]。さらに，これをなくすために，スト労働者に補償金や激励金を支給する場合に処罰の対象とすることを明記する改正案の提起をハンナラ党・第 5 政策調整委員長が述べたことが報道されている。したがって，韓国においては，まだスト中の賃金問題が「ノーワーク・ノーペイの原則」に基づいて処理されていない場合があることが分かる。

3　判例法によって処理している国

法律にはなにも規定がないが，裁判で争われた事例の積み重ねによって判例法として，処理方法がもうけられている国々を紹介しよう。

(1)　フィリピン

フィリピンには労働法の基本立法として 1974 年労働法典が制定されている。この中にはストライキ中の賃金についての規定は存在しない。

フィリピン最高裁判所が 2010 年 9 月 27 日に出した判決がストライキ中の賃金についての判断を示している[22]。これは，食品調味料を製造販売している

---

[19]　http://ameblo.jp/ad-mini/entry-10015198457/html.
[20]　「現代自スト終結，損失 2 兆ウオン」
　　　http://www.jil.go.jp/kaigaitopic/2000_12/kankokuP02.htm
[21]　http://japan.donga.com/srv/service.php3?bicode=040000&biid=2008082071768
[22]　Jalie Olisa et.al. v. National Labour Relations Commission (Third Division), Pinakamasap Corporation et.al. G. R. No. 160302, September 27, 2010, http://www.

労働法が目指すべきもの

Pinakamasarap 会社（PINA）の人事部長によって名誉棄損をされたとして組合役員の1名がバランガイ裁判所で争い，それを支援するために組合役員全員と組合員200名あまりが，1993年3月13日に会社の敷地から外に出て，裁判所まで行進した。バランガイ裁判所での訴訟は和解で解決され，行進に参加した全員は仕事に復帰した。しかし，会社は組合役員全員を停職として，1か月後全員を解雇した。さらに会社はこの行為は労働組合の不当労働行為であるとして救済を申し立て，それが認められた。その結果，名誉棄損を争っていた組合役員以外の役員の雇用上の地位がなくなった。そこで，組合はスト投票を実施して，6月25日にストライキに入った。会社側が全国労使関係委員会に救済を求めたが，そこでストライキが違法であり，違法ストライキに積極的に参加する組合役員は雇用上の地位を失うが，一般組合員の場合は，指令に従っただけで，積極的に違法ストライキに参加していないので，雇用上の地位は失わない（労働法典264条）。そこで，このような一般組合員の場合には原職復帰が認められたが，バックペイの支払は認められなかった。雇用上の地位がない組合役員の場合には，雇用期間1年につき半月分の退職金が支払われるとした。これが控訴裁判所に控訴されたが，結論は変わらなかった。控訴裁判所はバックペイ付きの原職復帰が認められるのは正当な理由のない解雇の場合と違法なロックアウトの場合だけであり，この事件はそれのどれにも当たらないと判断した。そこで最高裁判所に上告された。

最高裁では次の判断が示された。ストライキは雇用関係を切断するものではないので，違法ストライキに参加しても，そのことだけで雇用上の地位はなくならない。違法ストライキであることを認識せず単に役員の指導にしたがってストライキに参加している場合は，原職復帰ができる。ただしバックペイは支払われない。ストライキ中労務を提供していないからである。たとえそれが合法なストライキであっても同じである。「a fair day's wage for a fair day's labor」の原則に基づき，ストライキ中の賃金は支払われない。ただし，賃金が支払われる例外的場合がある。ストライキ中の賃金について当事者間に別の

---

lawphil.net/judjuris/juri2010/sep2010/gr_160302_2010.html. 同じ趣旨の判決は Manila Diamond Hotel v. Manila Diamond Hotel Employees Union, G. R. No. 158075, June 30, 2006, 495 SCRA 195, G&S Transport Corporation v. Tito S. Infante, Melor Borbo and Danilo Castanda, September 13, 2007, G. R. 160303, 533 SCRA 288.

合意がある場合，つまり使用者がストライキ中の賃金を支払うという合意がなされている場合には，使用者は支払う義務が生じることになる[23]。「ノーワーク・ノーペイ」の原則が採用されていることが，以上から分かる。

以上を踏まえて，フィリピン労働法典277条では，スト基金を設定して，そこに組合費を積み立てることを認めている。もっとも1974年労働法典を制定した時にはスト基金を禁止し，それを労働者教育のための基金に振り替えることを義務づけたが，スト基金の禁止はスト権の行使を制限するものという批判が労働組合側から出され，それを受け入れてスト基金の設置が1989年の改正労働法典によって承認された。マルコス政権からアキノ政権に移ったのが1986年であり，開発独裁体制から「エドッサ革命」（ピープル・パワー革命）へと転換した影響がこの改正には示されている。

(2) マレーシア

マレーシアの労使関係を定める基本法として1967年労使関係法があるが，その中ではストライキ中の賃金問題にかかわる規定は存在しない。この問題は，紛争調整をおこなう産業裁判所の裁定によって処理されている。

その代表的事例が2つある。1つはTransport Workers' Union v. Central Pahang Ominibus Berhad（Award 94 of 1979, Malaysian Industrial Court Award (1979) pp. 442-447）である。このケースでは，組合結成の中心人物4名が配転命令をうけたが，それを拒否した。なぜなら組合から会社に団交を要求した時期になされた配転命令であったからである。会社が労使関係局のアドバイスを受けて配転命令を撤回しようとしたが，会社はその方針を取り下げ，4名に解雇通知を出した。そこで組合はストライキを決定したが，その手続が不十分であった。さらにスト中の行為がバスを破壊するなどの過激な行為であった。一般論として「ストライキが合法であっても，不当な要求や解決のための手段を尽くさないで性急に実施された正当性のないストライキであれば，ノーワーク・ノーペイの原則が適用になる」という判断基準が示された。そのうえで裁判所はこのストライキが違法でかつ正当性がないと判断して，賃金の支払いを認めなかっ

---

[23] Joselito Guianan Chan, *The Labour Code of the Philippines Annotated Volume 2 Labour Relations and Termination of Employment, Fourth Edition*, ChanRpbels Publishing Company, 2009, p. 645.

労働法が目指すべきもの

た。

　もう1つは，Woodward Textile Mills Sdn Bhd and Penang & Prai Textile & Garment Industry Employees Union（Award 297 of 1984,（1985）ILR 133）である[24]。ここでは違法なストライキや違法なロックアウト中の賃金を労働者は受け取ることができるかという問題が取り扱われた。事件の内容は，組合が団交中の会社の不誠実な行為に怒って，ピケをはったり，時差で食事をとる約束を無視していっせいに食事をとった。事務所の前で大声をあげてデモ行進したり，火事をひきおこして機械を損傷させたり，トイレを詰まらせて織物工場を水びたしにした。それに対抗するために会社がロックアウトを実施した。

　「労働法の分野では，労働者は違法ストライキ中の賃金を受け取ることはできない。さらにストライキには至らないが，正当性のない争議行為の場合も，その期間の賃金を受け取ることはできない。ロックアウトの場合は逆である。違法なロックアウトの場合には，使用者はその間の賃金を支払う義務がある。ロックアウトが合法でかつ正当な場合には，使用者はその間の賃金を支払う義務は生じない。ロックアウトが合法であるが，正当性がない場合（たとえば，労働者に報復措置を加えるために実施されるロックアウト）は，使用者が賃金を支払う義務があり，労働者は賃金やその他の便益を受けとる権利を有するであろう。」

　2つの裁定からは，なにが言えるか。先の裁定では，合法なストライキの場合であっても，正当性がない場合には賃金を受け取ることができない。後者の裁定では，ロックアウトが違法であれば労働者は賃金を受け取れ，合法であれば受け取れないということからすれば，ロックアウトとの均衡の原則から，ストライキが合法であれば，賃金を受け取ることができることになる。両者を重ね合わせと，ストライキが合法で正当性があれば，ストライキに参加した労働者は賃金を受け取ることができる。これは，後述のインドの考え方に近い。しかし，最近のマレーシアでは「ノーワーク・ノーペイ」の原則を適用する考えが一般化してきていることから，ストライキの合法・違法，正当・不当に関係なく，ストライキ中の賃金は支払われないという考えも示されている[25]。マ

---

[24] Dunston Ayadurai, *Industrial Relations in Malaysia---Law and Practice*, 3rd ed., Butterworths, 2004, p. 213, Cyrus V. Das, "The Control and Regulation of Strike and Lock-outs in Malaysia", Central India Law Quarterly, Vol. 4, No. 1, pp. 96-108.

[25] Alfred Charles, *A-Z Guide to Employment Practice in Malaysia*, 2nd Edition, CCH

〔香川孝三〕　　　　　　　　　**4**　アジアにおけるストライキ中の賃金問題

レーシアでは，2つの考えの間を揺れ動いていると見ることができる。

(3) タ　イ

　タイにおいては，ストライキの正当性の有無にかかわらず，労働者はストライキ中の賃金を受け取ることはできない[26]。つまり，ストライキ中は労働契約が停止しており，労務提供がなければ，賃金支払義務は使用者側には生じないという考えである。ただタイではストライキ中であっても福利厚生を受ける権利は消滅しないとされており，どのような福利厚生を受けられるかをめぐって争われてきた。その例として住宅手当の事例がある。ストライキ中であっても，住宅手当は労務提供とは関係なく支払われてきているので，それが支払われないことは認められないと判断されている。またストライキ中に労働者が死亡した場合には，葬祭費は福利厚生として支払われることは当然としている。さらにタイではボーナスは福利厚生の1種と考えられており，ストライキ中のボーナスの支払い義務を認めた最高裁の判決（5024/2530）がある。つまり，労働協約に従業員が休暇の取得，欠勤，遅刻の場合にボーナスのカットを定めていたが，合法なストライキは欠勤に該当しないので，ボーナスの支払い義務を会社に認めた[27]。福利厚生は労働者という地位に支払われるという考えがみられ，日本の賃金二分論と同じ考えがタイでもみられる[28]。

　タイでは，ストライキ中の賃金を求めて紛争が実際におきている。古い事件であるが，ある日系企業で，工場拡張のために従業員を新設工場に配置転換しようとしたが，一部の従業員がそれに反対して，1974年工場長を監禁するという事件がおきた。1975年6月，配転に反対して解雇された32人の復職をめぐる紛争がおき，工場長，副工場長ら日本人幹部5名が社宅に監禁された。従業員は門の前でピケを張って監視した。日本の親会社から重役が来て，日本大

　　Asia Pte Limited, 2009, p. 531. 最近ではピケッティングによって就労しようとする従業員が阻止されて働けなかった場合の賃金請求権が認められるかどうかが議論されている。しかし，これについての産業裁判所の判断はまだでていない。
(26) 吉田美喜夫『タイ労働法研究序説』（晃洋書房，2007年）106頁，裁判例としてチョーン・トーンボー対アイ・ティー・アイ株式会社事件，最高裁判決第3996/2524。
(27) 岡本邦宏『タイの労働問題―現地責任者のために』（日本貿易振興会，1995年）276頁。
(28) Kittipong, "Legal Effect of Strike and Lockout" Central Labour Court Journal, October- December 2539 (1986), p. 51-62. （タイ語）

113

労働法が目指すべきもの

使館にタイ政府の援助を要請し，さらに地元の警察に依頼して，警察が従業員を説得して，工場長だけ解放された。タイ内務省労働局は暴力行為をおこなった20名を除く従業員の復職を会社が認めるという調停案を出したが，従業員は全員の復職を求めた。従業員と会社の間で，9月1日の操業開始，32人全員の復職，うち12人は2か月間の休職ということで合意ができた。ところが，一部の従業員は，スト中の賃金全額保障，9月1日に操業開始しない場合の休業補償の支払いを要求した。それを受けれられない場合は日本人の解放をしないと述べた。さらに交渉の結果，32人全員の復職，うち12人は2か月間の休職とし，この間賃金の半額相当分を支払う，9月4日操業開始，スト以前の未払い賃金の支払い，暴力行為の告訴の取り下げを合意した。ここではスト中の賃金の半額が支払われて解決した[29]。

サム・プラカンにある縫製工場で組合の女性指導者が解雇されたことに，組合が抗議した。解雇の理由は彼女がテレビに出演した際に，映画上映中の王室を賛美する歌が流れている間起立しない権利を支持するというTシャツを着ていたことであった。約2,000名の従業員が2008年6月30日に解雇に抗議してストライキを実施した。サム・プラカン労働裁判所は女性指導者の行為は企業に損害を与え，企業の評判を低下させたことから解雇には正当理由があるとして解雇を認めたが，従業員は不当な解雇と抗議した。話し合いの結果，その女性指導者の復職を認める約束をしたが，ストライキ中の賃金の支払いについては企業側が回答をしなかった。この問題についての話し合いを促進することを彼女は労働保護福祉局に要請した[30]。従業員はタイ国際航空労働組合やその他から財政援助を受けていたようである。企業側は「ノーワーク・ノーペイの原則」に基づきストライキ中の賃金要求に応じなかったが，従業員はそれに抵抗して支払いを求めたものと思われる。法理論上はストライキ中の賃金支払い義務は企業側に生じないが，それでも従業員は生活を維持するために賃金の支払いを求めたものであろう。

---

[29] 「Workers Revolt Over Wage Demands」http://mekong.ne.jp/directory/society/saraburi.htm
[30] http://www.humanresourcesonline.net/news/8342,「Striking workers block road」http://www.bangkokpost.com/260808_News/26Aug2008_news06.php

(4) インド

　これまでインドでは、ストライキ中の賃金が一定の条件のもとで支払われていた。それは「社会正義」にかなうという理由である。インドでは貧しい労働者が多く、ストライキ中であっても労働者は生活をしなければならず、蓄えがあればいいが、それがない場合どうするのか。組合がスト基金を持っていて、スト中の生活費を支給できればいいが、それもない場合どうするのか。ストライキ中にも賃金が支払われなければ労働者とその家族は生活できないことになる。ストライキ権を保障するためにはスト中の賃金を使用者が支払うことが必要であるという論理である。これはネール首相が提唱した「社会主義型社会」を構築しようとするインドでは、使用者より弱い立場にある労働者が労働条件改善のためにストライキを実施する場合、労使の実質的な公平の原則を実現しようと思えば、使用者はストライキ中の賃金の支払いをおこない、それだけ損失が生じるが、それを耐え忍ぶべきであると考えられている[31]。労働者と使用者の損失を比べれば、前者の損失が大きいからである。貧困の追放という政治的スローガンが掲げられたように、労働者保護政策を推進せざるをえない状況の中で、このような考えがインドの「社会正義」の名のもとで、労働裁判所や産業審判所で採用されてきた。

　しかし、すべてのストライキの場合に、スト中の賃金の支払い義務を認めているわけではない。判例法上一定の制限を課している[32]。第1の考えは、ストライキが違法な場合にはスト中の賃金は支払われないというものである。これはストライキの正当、不当性を考慮に入れない点に特徴がある[33]。第2の考えは、ストライキが合法かつ正当な場合にのみスト中の賃金の支払いを認めるというものである[34]。第3の考えは、ストライキが合法かつ正当な場合にスト中

---

[31] 香川孝三「インドにおけるストライキ中の賃金問題」国際協力論集（神戸大学大学院国際協力研究科）5巻2号61-75頁（1999年11月）。

[32] 香川孝三『インドの労使関係と法』、成文堂、1986年9月、194頁。

[33] Statesman Ltd. v. Workmen, Labour Law Journal 1976-1, p. 484 この事件ではストライキが実施された後にロックアウトがなされた場合であるが、その時にストライキが合法であって、ロックアウトが違法であれば、スト中の賃金が支払われる。それに対して、ストライキが違法であって、ロックアウトが合法であれば、ストライキ中の賃金カットができるという基準が述べられている。

[34] Crompton Greaves Ltd., v. The Workmen, All India Reporter, 1978 Supteme Court, p. 1489.

労働法が目指すべきもの

の賃金が支払われるが，それ以外にストライキが合法でかつ不当な場合には，労働裁判所や産業審判所の自由裁量に任せるというものである。この場合にもストライキが違法かつ不当な場合には，スト中の賃金は支払われないとする。

ここでいうストライキの合法・違法は労働争議法22条および23条によって定められるストライキの開始手続に違反しているかどうかで判断されている。つまり，合法・違法はきわめて技術的な手続の順守がされているかどうかを基準に判断されている。しかし，それだけではストライキを評価する基準としては不十分なために，正当・不当という基準を編み出している。この正当性はストライキの目的，時期，方法によって判断されている。たとえばストライキ中に暴力行為や強迫行為があるかどうか，労働者の要求が異常に高くないか，使用者側が団交や調停によって処理しようとしているのを無視してストライキに突入しているかどうか，産業破壊や政治的目的を持っているかどうか等々が判断基準となっている。そうなると，4つのパターンがありうる。合法・正当なストライキ，合法・不当なストライキ，違法・正当なストライキ，違法・不当なストライキの4つである。この中で違法・正当なストライキはありえないとするのがインド最高裁判所の考えである。そこで3つのパターンがありうることになる。そのうち，違法・不当なストライキ中の賃金は支払われない点では一致している。そして合法・正当なストライキの場合にはスト中の賃金が支払われることも一致している。問題は合法・不当なストライキの場合である。

以上のように，議論となる点はあるが，一定の条件つきでストライキ中の賃金の支払義務を認める考えがインドで採用されてきた。それがインド社会の現状から，「社会正義」を実現するために，ストライキ中の賃金支払いを認めるという考えを編み出してきた。この考えが，1964年2月1日から1966年3月16日まで最高裁判所長官であったガジェンデュラガデュカール（Prahlad Balavharya Gajendragadkar）によって積極的に主張された。「社会主義型社会」とは「社会正義」を実現することを目指したものと理解し，「社会正義」の実現のために弱者である労働者を保護していく考えを，彼は強く打ち出した[35]。

これに対して，それを修正する最高裁判所の判決が出された。それは労働契約に基づく論理を貫こうとするものである。つまり，ストライキは労働者が労

---

[35] Sharath Babu & Rashmi Shetty, *Social Justice and Labour Jurisprudence --- Justice V. R. Krishna Iyer's Contributions*, Eastern Book Corporation, 2007, pp. 158-160.

〔香川孝三〕　　　　　　　　*4*　アジアにおけるストライキ中の賃金問題

務提供を拒否する行為であり，労務の提供がなければ，その対価である賃金は支払われない。「ノーワーク・ノーペイの原則」を貫こうとする考えである。

　Bank of India v. T. S. Kelawala and Others（Labour Law Journal 1990-2, 39頁）事件において，銀行の従業員が賃金値上げを要求して4時間のストを実施した。銀行側は従業員にストに参加すればその日の賃金全額をカットするので，スト後出勤しなくていいと注意した。組合は予定通りストをして，仕事に復帰した。銀行は1日分の賃金カットをした。4時間のストに対して，1日分の賃金カットが認められるかどうかが争われた。この事件では，労働契約や就業規則，法律でどう処理するかについても明確な規定が存在しなかった。そこで解釈によって処理する必要があった。最高裁は以下のように判断した。

　「1947年労働争議法2条rr号の賃金についての定義によると，『明示または黙示の雇用条件が履行された場合，その労働者の雇用またはその雇用においてなされた作業に関して労働者に支払われるもの』と定義されており，労務提供がなされて，そのなされた労務に対して賃金が支払われることを前提としている。同法2条q号のストライキの定義によれば，『いかなる産業にも雇用される者の一団が共同しておこなう作業の停止，または一致した拒絶，または現に雇用されもしくは雇用されたことのある者の幾人かが共通の理解のもとに，作業の継続または雇用の承諾の拒絶』と定義されているが，ストライキは労務提供の拒否を意味し，労働契約そのものが消滅しているのでなく，停止しているにすぎないことを意味している。両者をあわせ読むと，労働契約に基づき労務提供をおこなって初めて賃金が支払われ，労務提供がなされない場合には賃金は支払われない。したがって割り当てられた労務を提供した範囲で賃金が支払われることになる。ストライキが合法であれば，その間の賃金控除を免れるというこれまでの考えは間違っている。ストライキの合法・不法は懲戒処分の正当性に関係しているが，賃金には関係がない。ストライキの合法性と賃金控除義務の問題とを混同すべきでない。」

　次に賃金が月単位で決められる場合であっても，時間や日単位に按分してカットすることができることを認めた上で，本件の場合，銀行側の実施した1日分の賃金カットは認められないと判断された。「従業員はスト後，仕事に復帰しても，やるべき仕事はなかった。銀行の建物内に滞留しているだけであったので，仕事に復帰しても労働契約上決められている労務を提供したことにな

らないので，1日分の賃金カットができるとして，銀行側は1日分の賃金カットをおこなった。しかし，従業員はストライキ後，労務提供を申し出，銀行側はそれを黙認しており，そのことは労務提供を受領していることを意味している。そこで銀行は4時間分の賃金カットができるだけである。」

次に S. U. Motors (P) Ltd. v. Their Workmen (Labou Law Journal 1999-2, 30頁) 事件を紹介しよう。これは1984年7月組合が賃金値上げを要求し，使用者に圧力をかけるために，怠業を実施し，生産効率を低下させた。組合員は出勤するけれど，通常通りの生産に従事しなかった。そこで会社はロックアウト宣言をおこない，翌月の8月に賃金支給日に7月分の賃金全額を支払わなかった。産業裁判所は，組合員は平均して1日1時間15分から20分以上は働いていなかった。それ以外はただ座っていただけと認定した。7月分の全額カットは正当ではなく，マハラシュトラ州組合承認および不当労働行為法に基づく不当労働行為に該当すると判断した。つまり，怠業の場合の賃金控除についての協約や協定も存在しない場合，労務提供されなかった部分に応じて賃金カットすべきなのに，それをしないで全額カットしたので，不当労働行為と判断された。会社は憲法136条に基づき最高裁判所に申し立てた。最高裁が以下の判断を示した。

「怠業は労働契約に対する陰湿かつ損害をもたらす違反行為であるので，重大な非行に該当する。したがって，使用者への圧力手段として正当な武器とは認められない。」「賃金の取り扱いであるが，怠業によって労働契約に違反した範囲でカットできる。つまり，労務提供しなかった割合に応じて賃金カットすることは不当労働行為には該当しない。」そこで通常の生産量と比べていくら生産量が低下したかを測定し，低下した割合に応じて賃金カットすべきであるという考えに基づき，本件の場合，組合員が1日1時間15分から20分は働いていなかったことについては争いがなく，そこで生産量が通常より7.09％から13.6％低下したものと認定した。そこで最高裁は7月分の賃金から5％以上をカットすることはできないという判決を出した。

5％となったのは，生産量の低下の認定はあくまでも平均であって，個人個人をみれば労務提供の割合は異なっている可能性は大きい。そこで少なめの5％という数字を出してきたものと思われる。この考えた方は平常の生産量と怠業時の生産量を比較してカットの割合を決めるという応量賃金カットと呼ば

れる方法を採用したことを意味する。

ところが，その後従前と同じ考えを示す最高裁の判決が登場した。それは State Bank of India and Others v. State Bank Staff Union（All India Reporter, 1995 Supreme Court 319頁）事件である。これは，1987年4月にインド銀行協会と全インド銀行従業員組合連合会との間の協定を上回る内容の協定を上告銀行と上告銀行組合との間で締結されたが，銀行側がそれを実行しないので，組合側がそれに抗議した。これが紛争となり，調停手続に付されたが，解決されなかった。10月16日にストライキに入ることを10月1日に予告した。銀行はストライキに入れば，賃金を控除する通知を出したが，組合は予定通りにストライキを実施した。組合の申請によって賃金控除しないように中間差止命令をマドラス高等裁判所の部法廷が出した。その根拠として，この協定実施には政府の許可は必要ないので，調停手続の前提となる労働争議は存在していないことになる。そこで労働争議法22条の公益事業のストライキ制限の規定は適用にならない。したがって，このストライキは合法であり，銀行の協定を実施しない結果おこなわれたストライキなので正当性が認められる。そこでこのストライキを理由として賃金カットはできないと判断された。

これに対して，最高裁は以下のように判断した。「たとえストライキが合法であっても，労働者はスト期間中の賃金を受けとる権利を有しない。しかし，ストライキが合法かつ正当な場合には，スト中の賃金カットはできない。ストが違法だが，正当な場合や合法だが不当な場合にはスト中の賃金を受ける権利は労働者には生じない。先に述べたインド銀行事件では，ストライキが合法・違法に関係なく賃金を受け取ることができないと判断しているが，ストが正当な場合に賃金を受け取ることができるかどうかについてはふれていない。したがって，インド銀行の判断と本件でストが合法かつ正当な場合に，スト中の賃金カットができないという判断とは矛盾しない。」

これは先のインド銀行事件では，ストライキが合法・違法に関係なくスト参加労働者は賃金を受け取れないことのみを示したものと理解されている。そのためにストライキが正当な場合については判断を示していないという立場に立っている。しかし，労働契約論の立場を貫けば，ストライキの正当・不当に関係なく，賃金カットできることになる。ところが最高裁はストライキが合法でかつ正当な場合には賃金支払いを受けることができるという伝統的な解釈を

119

労働法が目指すべきもの

採用している。

　以上のように，インドでは，ストライキ中であっても労働者が生活を維持していくことができるよう配慮することが社会正義であるという考えのもとで，ストライキ中の賃金支払いを一定の条件のストライキの場合に，肯定する立場が示されていたが，その一方，労働契約論の立場にたって，「ノーワーク・ノーペイの原則」によって処理する最高裁判決もだされたが，それが徹底せず，最高裁は両方の立場の間を揺れ動いている状況を示している[36]。しかし，「ノーワーク・ノーペイの原則」は否定され，社会正義に基づく処理方法が最高裁でも採用され続けているという位置付けもなされている[37]。

　インドに進出している日系企業でストライキがおきているが，そのスト中の賃金の取り扱いの事例がいくつかある。どれも「ノーワーク・ノーペイの原則」にのっとり，スト中の賃金カットをおこなっている。たとえば，インド・グルガオンにあるホンダのバイク工場で，組合設立を求める従業員らが2005年5月末からストライキを実施し，その中で生産ラインを停止させた4人の従業員を解雇し，50人を出勤停止にした。それに抗議する従業員が1か月近くのストライキをおこなった。その際にスト参加者と警察が衝突し，約70名が逮捕された。ハリヤナ州政府の調停で紛争が解決したが，スト中の賃金は支払われなかった[38]。これは一部の従業員が手続を踏まないでおこなったストライキなので違法であり，かつ暴力的行為を含むので正当性に欠けるとみなされて，ストライキ中の賃金カットをやむなしと判断されたのであろうか。それとも，インドでしだいに経済の自由化政策によって市場経済化が促進されてきており，ストライキ中の賃金問題を労働契約に基づく処理に抵抗感が薄れてきていることの表れであろうか。あるいはホンダが日系企業だから「ノーワーク・ノーペイの原則」の適用が認められたのであろうか。

---

[36] "Right to Strike, Has Supreme Court Moved Backward?" Economic and Political Weekly, July 21, 1990, p. 1564. http://www.jstor.org/pss/4396516

[37] Indian Law Institute ed., *Labour Law and Labour Relations- Cases and Materials*, 3rd Edition, The Indian Law Institute, 2007, p. 16.

[38] "Honda reaches agreement with workers", Economic Times, 7/31/2005, http://www.indiacar.net/news/n11675.htm

4　特別な事例としての中国

　先の2つの分類に入らない事例が中国である。中国では正式にストライキ権を認める規定は存在しない。1978年憲法にはストライキ権の規定があったが，社会主義体制では労使の対立が存在しないので，ストライキ権の保障は必要ないとして削除された。そこで中国ではストライキ権は存在しないとされている[39]。したがって，ストライキ中の賃金についての規定も当然どこにもない。さらに議論の対象ともなっていないが，これから議論すべき論点であるという指摘がある[40]。しかし，中国でストライキを認めようとする動きがみられるので，今後の変化に注目する必要がある[41]。

　しかし，現実にはストライキが多発している。2010年5-6月には中国に進出した日本の自動車部品工場や精密機械工場で賃金値上げを要求するストライキが実施され，それがきっかけとなって中国各地で賃金値上げを求めるストライキが頻発している。そこで，ストライキの手続を定めて無秩序に実施されないように規制を行う動きが，一部の地方政府で生まれてきている。ところが現在実施されているストライキの多くが工会（組合）の関与なしで，一部の組合員が日頃の不満を爆発させてストライキをおこなっている。つまり，山猫ストが実施されている。中国では25人以上従業員を雇用している企業では従業員の要請があれば，工会を設置する必要があるにもかかわらず，そもそも工会が結成されていない企業もあるし，工会が結成されていても，労働者の不満を解消する機能を果たしていないことに問題がある。以上の問題を抱えながらも，今後中国では，ストライキ，特に山猫ストが増加することが予想されている。この点では同じ社会主義国であるベトナムとよく似ている。

　スト中の賃金の処理問題であるが，ストライキを適法とする法律が存在しないので，ストライキ参加を無断欠勤として無給とするのが一般的が取り扱いのようである。結果的にノーワーク・ノーペイの原則と同じことになっている[42]。

---

(39)　山下昇・龔敏編『変容する中国の労働法―「世界の工場」のワークルール』（九州大学出版会，2010年）。

(40)　http://www.fuzhon.jp/archives/1617

(41)　「中国がストの合法化を検討―政策大転換の兆し」
　　　http://business.nikkeibp.co.jp/aricle/world/20100818/215826/

(42)　淵邊善彦・山田美好「ストライキ発生・賃上げ要求への対処法」ビジネス法務10巻

労働法が目指すべきもの

しかし，常凱論文「中国におけるストライキ権立法」によれば，北京市通県の中国とシンガポールとの合弁企業で，1997年3月にストライキが実施された。この合弁企業の労働者の要求を受けて工会が県総工会の支持を受けて，ストライキを実施した。そのスト中に県総工会，労働局の関与のもとで労使が団体交渉した。その結果，会社側が工会の提案する操業開始の条件を全部受け入れた。ストの原因が会社側にあることを認め，ストライキ中の賃金を支払うとともに，ストライキ参加者を解雇しないことを約束したという事例が述べられている[43]。このような工会自体がストに入ったというのは珍しいが，ストライキ中の賃金を支払うことになった理由として，このストライキの原因が使用者側にあることをあげている。これはベトナムで使用者側の責めに帰すべき原因でストライキがおきた場合に，使用者側の賃金支払い義務を認めるのと同じ発想が見られる。また無断欠勤として無給扱いにすると，そのことによって新たな紛争が起こる可能性があるので，企業側の判断で賃金を支払うという場合もある。つまり，企業側のケースバイケースによる取り扱い方によって賃金を支払う場合と支払わない場合がある。

中国では一般に工会がストライキに打って出るのは珍しい。組合員の一部が組合のスト決議もなく，いきなりストに入るケースが多い。その場合に，上海や広州ではNGOが労働者の不満をくみ上げて，企業との交渉を担うという事例が報告されている[44]。その際に一部の労働者が労務提供拒否というストライキをおこなった時に，その解決方法の1つとして，スト中の賃金の支払いを使用者側と合意する場合もありうる。その場合に，使用者側の契約違反や法律違反行為が原因でおきたときには，それが使用者側を説得する材料となり，使用者側が同意ぜざるをえない状況に追い込むことで妥協を成立させることになる。

5 まとめ

東南アジアや南アジアでも，発展途上国は第二次世界大戦後，独立を果たし，国造りの基本として，工業化（産業化）による経済発展を促進する政策を採用

10号（2010年10月）38頁。
[43] 常凱「中国におけるストライキ権立法」九大法政69号465-49頁。
[44] アレキサンドラ・ハーニー著（漆嶋稔訳）『中国貧困絶望工場—世界の工場のカラクリ』（日経BP社，2008年）201-208頁。

してきた。タイは植民地にはならなかったが、第二次世界大戦後の経済発展政策は、他のアジア諸国と同様な動きを示した。1960年代は輸入代替型の工業化、1970年代以降は輸出志向型の工業化に転換していった。どの場合であってもストライキが発生することは生産性を低下させる要因とみなされてきた。そこでストライキを抑制する手段が採用されてきた。一方、労働者側の立場に立つと、発展途上国は国民1人あたりの所得が低く、低い賃金で働かされており、苦しい生活をよぎなくされている。少しでも生活が楽になるためには、賃金を上げる必要がある。そこで賃上げを要求するが、使用者側は簡単にはそれを認めない。労働者側は要求を受け入れさせるために、圧力手段としてストライキを実施せざるをえない。

　そのストライキの期間中の賃金の処理はどうなったか。ストライキ中は労務の提供をしていないので、その対価である賃金を受け取る権利が労働者側には発生しない。したがって労働者側に賃金請求権が発生しない。この論理を貫くことができない状況がアジアの国々に見られる。それは、ストライキ中であってもストに参加する労働者は生活を維持しなければならないからである。日頃からの蓄えがなく、その日暮らしの場合は、収入が入らないとたちまち生活できないことになる。労働組合がストライキ基金を持っていて、ストライキ中の労働者の生活を保障できる資金があればいいが、労働組合自身財政が豊かではない。それならばストライキをしなければいいではないかという反論はありえよう。しかし、ストライキの決議を実施する場合に、そのストライキ中の生活を保障する力が組合にないことを訴えることもできよう。そうなると、ストライキを実施することがきわめて困難になる。そこをあえてストライキという戦術を採用して賃上げを目指そうとするのが、労働組合である。

　その主張を支えるために、使用者にストライキ中の賃金の支払い義務を認める論理が編み出されている。ストライキ中であっても労働者は生活をしなければならないので、その間の生活保障が必要である。そこでストライキ中の賃金の支払いを認めることによって、生活保障を図ろうという社会政策的配慮が生み出されている。しかし、これは使用者に負担をかけることになる。そこで一定のストライキの場合に限定して認める論理を編み出してきている。それはストライキが合法か違法か、正当か不当かという基準である。もう1つはストライキの原因がどちらにあるかという基準である。使用者側の責めに帰すべき理由

労働法が目指すべきもの

でストライキがおきている場合には，ストライキ中の賃金支払い義務を使用者に認めるという理屈である。

しかし，全体の傾向としては，「ノーワーク・ノーペイ」の原則を適用する方向へと向かっていると言えよう。韓国，インド，マレーシア，ベトナムは，その方向に変化したり，変化しつつある過程にあると思われる。しかし，まだそこに至っていない国も存在する。

もう1つの問題として，最近アジア発展途上国では市場経済化が図られている。中国，ベトナムでは社会主義市場経済化が進展してきているし，インドも社会主義型社会（Socialistic Pattern of Society）における統制経済から経済の自由化に向かっている。ストライキ中の賃金問題は，市場経済のもとでは労働契約にもとづく処理がふさわしい。ストライキ中は労務の提供がないので，その対価である賃金請求権は生じない。しかし，それを別の方法ですり抜けている場合もみられる。それはストライキ中の賃金とは言わないで，それに相当する額を別の名目（スト解決金）でストライキの解決時に使用者が支払うという方法がとられている。まだまだ労働契約論が徹底する社会にはなっていない。その背景には労働者の生活の貧しさがあると言えよう。

スト中の賃金支払いを認める国は，国民1人あたりの国内所得を見てみると，概して低い。世界銀行調査にもとづく2008年の世界ランキングをみると，インドネシア（1,918ドル）より低いベトナム（1,019ドル）では賃金支払いを否定する方向をしめしている。しかし，インドネシアでは賃金支払いを認める立場にたっている。日本（39,853ドル），韓国（19,421ドル），タイ（4,046ドル），フィリピン（2,063ドル）は支払い義務を否定する方向になっている。インド（1,054ドル）とマレーシア（7,921ドル）は，2つの考えの間を揺れ動いている状態にある。以上から，国民一人当たりの所得額だけが，スト中の賃金支払い義務を認めるかどうかの基準ではないが，額が上昇するにつれて，賃金支払い義務を否定する方向に変わってきている事だけは言えそうである。そのことは韓国，インド，マレーシアの動きが示している。

しかし，今後，ストライキといっても，一部スト，怠業，順法闘争などの戦術が採用された場合，どう処理されるかの問題が残されている。ピケを張った場合に，職場に入れなかった者の賃金をどう判断するかの問題も残されている。

〔香川 孝三〕　　　　　　　　**4**　アジアにおけるストライキ中の賃金問題

〔付　記〕

　本稿作成にあたり，吉田美喜夫教授（立命館大学），西澤希久男教授（関西大学），斉藤善久准教授（神戸大学），Patricia R. P. Salvador Daway 教授（フィリッピン大学），Nik Ahmad Kamal Nik Mahmod 教授（マレーシア・イスラム国際大学），マラヤ大学法学部図書館にお世話になった。記して感謝いたします。

5 労働委員会の再構成の試み

籾山錚吾

1 はじめに
2 「労委2審制」の理論的根拠と動揺
3 機関委任事務の自治事務化
4 都道府県労委規則
5 結語

1 はじめに

　労働委員会は，都道府県の労働委員会（以下労委，「労委」と表記するときは中労委も含む）と国の中央労働委員会（以下中労委）として存在している。労委及び中労委の関係と「労委」及び裁判所の関係をどのように構成したらよいか，「労委」は，審査，調整，個別紛争調整にどのように対応すべきなのか。

　活性化が，声だかに言われるようになっている。活性化というのは，労委の活性化なのか，「労委」の活性化なのか，中労委が活性化のために労委を指導するというのか，「労委」が共同して啓発しあうというのか，活性「化」という以上は現状を一言でいえばどのようにいうべきなのか，件数減少は好ましいことだが残念だというのか，「労委」認知度の低さは労使当事者や大先輩の公労使委員の尽力の結果として，大争議がなくなったのだから当たり前のことで嬉しいことではないのか，マスコットを制定するとかマスコミに報道をしてもらうだとかまで言いだすに及んでは，どうしてこんな児戯に等しいことまでいうのか等々，疑問と疑念がつぎつぎに浮かんでくる。公務員制度改革が予定のとおりに行われれば，「労委」特に中労委はこんな煩わしことに関わっている「暇」もなくなるだろう。

　当小論は，最近の「労委」において賑々しく論じたてられている活性化とは距離を置いた活性化論を論議とするものである。公務員制度改革は，ぜひとも

やり遂げられるべき課題である。「労委」制度も，改革論の俎にのせられて鋭意の検討の対象となされるべきであろう。戦後直後に作り上げられた諸制度，特に「労委」制度はその時代にふさわしいものであった。中労委が活性化などといっていること自体，「労委」制度が現時にふさわしいとばかりいっておれないことを表出している。以下において，私見を述べる。

2 「労委2審制」の理論的根拠と動揺

　「労委」と裁判所の関係に関する議論は，延々と繰り返され，決着の限りではない。しかし，両者の関係をキチンと整理しないままに「労委」と裁判所の関係を論じ続けることにどれだけの意味があるのか疑問である。中労委と裁判所は，国の組織でる。労委は，国の機関委任事務としての審査と調整をその任務としていたが，現在では自治事務としての審査と調整の任にあたっている。国の機関委任事務を結節点として，「労委」制度は全体として統一性を保持し，中労委の再審査機能を首肯することができた。

　これは，実は，「労委」制度に特有のことであった。「労委」制度の内部構造としての再審査制度は，労委と中労委の関係を端的に示すものであった。これは，余りにも常識化していた事柄であったから，労委が都道府県の自治事務を行う組織となったときにも，中労委による再審査に異を述べることも殆どなかったのであった。筆者にとって，これは驚くべきことであった。機関委任事務から自治事務への変更は，地方分権の一環としてのもので，途方もなく大きな出来事であったから，「労委」制度をどのように再構成すべきかを再検討すべきであった。

　労委事務の自治事務化は，審査，調整などの事務を国の事務として行う中労委と労委との牽連性を弱化し，あるいはもっと進んで将来的には切断する契機となり得るものといえよう。立法的に「労委」制度を，いかように設計したらよいか，または設計し直したらよいかという問題に考え及ばなかったことには，理由があったのであろう。それは，完全自治事務化への不安であったのではなかろうか。労組法と労調法の事務の地方分権化を考えるときに必要となる視点は，「上からの分権」，「下からの分権」，「分権の横への拡大」であろう。

　「上からの分権」の発想は，国の事務を都道府県の事務として構成する主体は，国であるとするものである。自治事務化以前の機関委任事務としての構成

も，自治事務化への馴化過程であったと評価できないではない。この制度の下において，地労委は委任された事務を処理する能力を存分に発揮することができたからである。このことに関しては，労委の各側委員と事務局員の真摯な努力と研鑽に負うところが大きいことを指摘せねばなるまい。中労委は，厚労省の外局として，労委の機関委任事務の処理の状況に意を配り，ときには一般的指示権を行使することもあった。この制度の下では，「労委」事務は国の事務であるから，労委事務の全国的な同質性の確保の要請が働かざるをえない。

　労委事務の全国的な同質性の要請は，委員任命権者としての知事は都道府県の知事ではなく国の機関としての知事であったことにもその片鱗が看取されえたが，何といっても中労委が労委の不当労働行為事件の救済命令などに関する再審査機関として位置付けられた点に最もよく表現されたのであった。中労委は，ここでは走路を外れて失格する競技者を監視する競技審判員と同様に，労組法，労調法，労組令，労調令，労委規則の国の監視者としての任務を担ってきたのであった。中労委の判断は，特に不当労働行為事件に関しては，同種事案の同種判断を全国に伝える機能を実践することであった。中労委は，この点では，多大な貢献をしてきたといえよう。

　機関委任事務制度は，平成11年7月8日に成立し，平成12年4月1日から施行された「地方分権の推進を図るための関係法律の整備等に関する法律」（いわゆる「地方分権一括法」）により廃止されたが，都道府県に国の事務を行わせる一方，他方国と都道府県の関係を対等なものとしては構成せずに，上下関係にあるものとして，国の指示・決定に従わせるという構造であった。中労委の再審査は，地労委の審査事務が機関委任事務だということによって根拠づけられることができたし，また合理化されることもできたのである。中労委の再審査は，労組法により規定されていたため，当然のこと，常識的な事柄であると理解された。そのように考えたとしても，別に不都合はなかったため，中労委の再審査の根拠について詮索されることもなかった。中労委の国の直接執行事務の処理と地労委の機関委任事務の処理は，「労委」制度の中核に中労委の再審査を措定することができる理論的な根拠であった。

　裁判所は全体として国の組織であって，司法三審制は，国のレヴェルでの司法判断の高度の専門性と緻密性とに裏打ちされた職業的裁判官による裁判を受ける国民の権利を保障する制度としての一貫性を表現している。専門性と緻密

労働法が目指すべきもの

性とに裏打ちされた司法的判断の正しさへの期待が、迅速とは言い難い司法制度での紛争解決を国民がなお受忍することができる理由であるということができる。国の事務を行う中労委と都道府県の自治事務を行う労委を「労委」制度として張り合わせる理論的根拠を見出すことは、地方分権一括法の施行とそれに伴って改正された地方自治法を精査しても、難しいことである。

　平成16年の労組法改正は、労委の不当労働行為事件の手続について物件提出命令及び証人出頭命令の規定を導入などしたが、労委手続の民訴手続への接近化を意図したものであった。労委事務の自治事務化がなされた後のこの出来事は、労委において企画したものではなかったから、唐突な不当介入であった。厚労省の政策統括官とその下にある政策チームの意図が奈辺にあったのか、いまだに訝しく思われるのである。このチームは、機関委任事務の時代にそうすべきだと考えていたことを行ったのかも知れないと、改正当時に思ったことであった。

　この労組法改正は、労委事務の自治事務化の観点からすれば、時期遅れの改正なのではないかと危惧したことであった。中労委がこの改正に深く関与したのだろうか、率先的に上記チームを動かしたのだろうかなどと、当時、思ったものだった。全国知事会議で異論続出かと思っていたら、そうとはならなかった。ここに至って、誰もが、地方分権、多極分散型国土の形成などは上下秩序の中で語られているものだと悟ったのだった。そう悟ってしまえば、平成16年の労組法改正には、不愉快ではあるが実態的には何の不思議もないということになろう。

　上からの分権は付与する分権であるから、平成16年のごときことが起こってしまうのである。物件提出命令、証人出頭命令なる立証過程に労委の積極的指揮を介在させることとなる新手の手続きは、それでも、一方では審査の迅速化と心証形成の容易化を齎すものとの期待を抱かせたが、他方では非常勤公益委員に過大な負担を強いることとなるのではないかとの危惧を抱かせた。その後、この制度は、労委にとって何とも使い勝手の良くない代物だということが明白となった。労委にとっては以前のようにやっていれば何の問題もないのだから不要なお節介であると、改正当時から労委内部で話してきたことであった。

　全くの私見に過ぎないが、この平成16年の改正は、「労委」の命令に対する取消訴訟に対応する目的にのみ視点を置いたものであった。中労委にとっては、

〔籾山錚吾〕　　　　　　　　　　　　　　**5　労働委員会の再構成の試み**

　再審査までして救済したのに，裁判所に簡単に取り消されてしまうという積年の無念さを，「労委」の審査手続を限りなく民事訴訟手続に接近させることによって，吹き払うのでなければならなかった。手続の民事訴訟手続化の最終手段として物件提出命令等が置かれたのだから，安易に使ってはならないが，場合によったらこれを使ってまで審査したのだからそう簡単には裁判所も取り消し得ないことになるはずだ。要は，このように言いたかったに相違ないのだ。

　救済命令が裁判所に取り消されない方策如何などという方向を誤った議論がなされるに及んで，「労委」と裁判所の関係は，いよいよ霞がかかった不可視的なものとなりつつある。

　「労委」の不当労働行為の成否に対する判断と命令は，準司法的判断だといわれてきたが，司法判断ではない。比喩的にそういわれたとしても，労委の委員は司法的判断を期待されてはいないだけでなく，これからは裁判所で取り消されないような司法的手続に従った判断をせよなどといわれても，ただただ面喰ってしまうのである。労委の公益委員の人選はこれによって難しいことになりつつある。労裁人事交流をできるようにして，裁判官に公益委員になってもらうことまで考えないといけなくなるのではないか。

　国の機関委任事務をして労組法および労調法の事務を労委が行っていた時代には，中労委が地労委の審査に目配りをしていたことには，理由があったというべきである。しかし，今や労委の事務は都道府県の自治事務であって，国の事務でも国の機関委任事務でもない。中労委の目配りは，中労委を国から都道府県の共同組織と改変することによってしか，正当化することができない。しかも，中労委は「労委」の手続の民訴手続化に貢献しているように見えるのであり，「労委」内の矛盾を深刻化させている。

　「労委」発足時には，「労委」不要論があった。不要論の根拠は，不当労働行為の制度に関して「労委」がすることは総て裁判所においてもすることができるということであった。しかし，少なくとも，公益委員は法律家である必要性はなく，職業的裁判官にように民訴手続きを踏み，厳密な証拠調べによる正確無比な判断をする公益委員などは，「労委」制度にとっては邪魔とまではいわないが，考えられないのである。「労委」不要論は，一方では，「労委」の素人による職業的裁判官の物まねを冷笑するものであったが，他方では，素人の判断が依拠するだろう健全な常識の優勝性に思いいたらなかったのである。

131

労働法が目指すべきもの

　「労委」制度は，決して不要なものではない。さりとて，現行制度のままで良いとも思われない。中労委を都道府県共同の組織とする改革案は，これまで聞いたことはないが，これくらいのことをしないと，「労委」制度の自治事務化は不徹底なものとなってしまう。「労委」制度全体の自治事務化は，中労委地方事務所の事務を現行のものとは異なる再審査事務に特化させることによって，より完璧なものに仕上げられることになろう。その際，中労委の任務は，分散している中労委地方事務所の現在の事務を取り込む形で拡大することとなる。

　「労委」制度を最終的にどのような形姿にするべきかという議論は，「労委」自身によってもっと真剣になされるのでなければいけない。というのも，「労委」制度に関する議論は，繰り返し，繰り返しなされてきたが，ごく僅かな変化を齎しただけであったからである。ここは，そのことを詳しく述べるべき場ではない。筆者にとっては，「労委」制度を組織的に同質化することが重要なことである。

　中労委を上にのべたように再構成しても差し支えないと考える理由は，幾つかある。いわゆる全国事件を中労委が引き受けてこそ中労委の存在意義があると思われるが，これから先，全国事件が発生しないとはいえない。そういうときに，中労委が洞ヶ峠を決め込んでいたら困るのである。国鉄民営化に関わる不当労働行為事件は，全国事件の最たるものであった。これを中労委が初審として率先して引き受けておれば，「労委」のかくも間延びした審査となかなか最終決着にまで到達しない命令に関係者をイリテイトさせることはなかっただろう。

　「労委」も裁判所も，国鉄民営化に伴って生じた主として国労組合員に対してなされた不当労働行為の審査と行政訴訟事件に大変ご苦労したことであった。しかし，紛争の迅速な解決という不動の価値から見るならば，解決困難事件であったとはいえ，あの延々たる手続きは，結果の当否を越えた滅多にない稀な失敗例に属する。特に「労委」の各側委員は，多忙な本務を別に抱えており，特別な苦労を強いられたことであったであろう。

　公益委員の一部常勤化や公益委員のチーム編成面での工夫をこらさないと，大事件の処理に困難をきたすこととなろう。具体的な事件限りの公益委員の任命ができるようにしないと，解決困難事件の解決には長時間を要することにな

ろう。労委が解決困難事件を抱えたときに，それを解決に導く有能な者がいないようなことがあってはならない。期間任用のみでは，問題があろう。

国労不当労働行為事件の教訓は，かねてから論じられ，解決策が見いだされなかった「労委」と裁判所の関係をどうしたら良いかという古典的な問題をより深刻に浮き上がらせることとなった。そうしたさ中の地労委事務の自治事務化であったから，「労委」制度の整理と「労委」と裁判所の関係を，現行法に縛られないで考える絶好の機会が到来したのである。中労委も自治事務を担う組織として編成し直されるべきだといっても，中労委はこれに賛成するとは思えない。中労委から見れば，自治事務化といっても，「半」自治事務化の実態の上に座している「労委」制度なのである。

3　機関委任事務の自治事務化

労組法26条は，「労委」の規則制定権についての定めである。地労委の行っていた機関委任事務が廃止されて，都道府県労委の行う自治事務となったことにより，最も問題視されねばならなかった，または早急に改正されるべきであった労組法の定めがこの26条であった。労組法26条は，次のように言う。

「中央労働委員会は，その行う手続及び都道府県労働委員会が行う手続に関する規則を定めることができる」（1項）が，「都道府県労働委員会は，前項の規定に違反しない限りにおいて，その会議の招集に関する事項その他政令で定める事項に関する規則を定めることができる」（2項）と。労組法26条がこのようにいう根拠は，行組法13条1項であり，労組法26条2項の「政令で定める事項」は，労組令26条の3にあるような事柄であるにすぎない。「地労委事務の機関委任事務」から「都道府県労委事務の自治事務」への大転換と現行法の状況の祖語を，どのように理解したらよいのか。機関委任事務についての若干の回顧も必要だろう。

機関委任事務の淵源は，機関委任事務という言語の使用という意味では，明治時代から存在していた。知事が国の地方長官たる性格を付与されていた明治憲法下の地方経営にあっては，知事は，国の地方官庁として国と府県の行政事務を処理することができ，市町村長に国の内務行政事務を行わせた。知事の殆どが官選の内務官僚であり，全国に国の権限を行き渡らせ，かつ地方政府の長たる市町村長に国の事務を行わせ，その実際を監視する役割を担っていた。国

労働法が目指すべきもの

の法令によって機関委任されたときに限って，市町村長に国の行政事務をおこなう権限が付与される仕組みであった。この仕組みは，国の地方に対する統制手段として機能した。

現行憲法は，地方自治を広義の統治システムを担うものとしている。戦後，GHQは地方自治の育成を重要な政策とし，その一環として知事公選制を導入し，官選知事を廃止した。当時の内務省は，国の事務を都道府県の長や市町村の長を介して行わせる機関委任事務方式を残すとともに，都道府県に対しても機関委任事務を行わせることが行政手法として有効であるとした。

国の事務ならば，本来は主務大臣の指揮下の国家公務員が行うべきである。機関委任事務方式は，都道府県知事や市町村長を機関委任した事務については主務大臣の地方機関たる地位に位置づけるものであった。また特に都道府県の各種の行政執行機関たる「労委」等の委員会をも知事部局外の国の組織と位置付けるというものであった。

機関委任事務方式の国の行政は，国にとっては極めて好都合であったから，拡大の一途をたどった。機関委任事務廃止前の都道府県事務は，その7割ないし8割が機関委任事務であり，市町村のそれも3割ないし4割が機関委任事務となっていたようである。この姿は何とも異様であり，地方自治を重視する現行憲法の意図とは異なって展開した国の行政の肥大化した姿であった。「労委」も，このような組織的な矛盾の最中にあって，厚労省の外局たる中労委と都道府県労委の関係は，下からの自治要求とその横への拡大（道州制への再編成）という視点を抜きにしては語ることができない深刻なものとなるであろう。

地方公共団体の長たる知事がその権限に属する事務に関して制定する規則は，地方議会が制定する条例と並んで，自治立法の形式であって，憲法94条が制度的に保障するものであると解される。この意味の規則は，いわゆる団体自治の要となる法形式の一個であって，法律，命令，条例とは別個の法範疇に属している。したがって，地方公共団体の長たる知事は，国の法律，命令や条例の授権がなくても，独自に規則を制定することができる。廃止された機関委任事務に関しても，地方公共団体の長はその管理と執行について権限を有するため，規則を制定することができた。しかし，他方，地方公共団体の長たる知事らの規則制定権は，その事務権限に属する事柄に関することに及び，法令に別段の定めがある事柄には及ばないこととされていたのである。都道府県が労委規則

を持っていない理由は，ここに認めることができる。

4　都道府県労委規則

　分権一括法による地労委の機関委任事務の廃止と都道府県労委の自治事務化は，「国─中労委─地労委」の関係から「知事─労委」の関係への変化を期待させるものであった。その期待は，言い換えれば，機関委任事務を前提した中労委の労委規則制定権から知事から委譲される都道府県労委の労委規則制定権を浮上させる期待であった。自治事務としての審査や調整にふさわしい労委規則を制定するためには，そのための案件を全国知事会へ付議するのが適切であった。今後も，この線での努力を都道府県労委は全国知事会に働きかけるひつようがあろう。

　労委規則制定権については，労組法26条1項により，中労委が都道府県労委の行う手続に関する規則を定める権限を有する。都道府県労委は，労組法26条および労組令26条の3により限定的な労委規則制定権限を有するに過ぎない。国の中労委も都道府県労委も，ともに独立してその事務を行う執行機関である。厚生労働大臣であっても，暴力的・破壊的な労働争議のような場合にしか，都道府県労委に指示することができない（地自法245条の3第6項）。地方自治，地方分権の観点からは，これは，当然のことではなかろうか。その対比から言っても，中労委の規則制定権は広範に過ぎており，自治事務化の要請に譲っていないのではなかろうか。労組法26条は，かくして，工夫して読まれるべきだということとなろう。当面考えることができるだろうものを，列挙しておきたい。

　第1は，労組法26条と現行の労委規則は知恵の結晶であり，また都道府県労委のほとんどが労組法26条と現行の労委規則に疑問を感じていないのであるから，自治事務化後もこれを維持すべきであるとする。確かにそのような面が「労委」にあるのかも知れないが，これは変化に対応できていないことの証左であるので，ほとんど意味はない。

　第2は，基本的には第1と同じであるが，自治事務化した事実をも考慮すべきであるから，都道府県労委が現行の労委規則を踏襲する都道府県労委規則を制定すればよいのではないかとする。これは，第1のものよりかは，少しはましという程度である。おおらかに踏襲してしまうと，自治事務化の意義を没却

労働法が目指すべきもの

しかねないであろう。

　第3は，中労委の事務と都道府県労委の事務を相互に調整することによって，自治事務と国の事務とを区分けることができる部分があるとする。これは，労委規則17条以下の定めについて言えることである。中労委の一方的な決定を，中労委と関係都道府県労委との協議事項へと変更すべきである。また，都道府県労委規則には，管轄協議規定を盛り込むべきであろう。中労委が「自ら取り扱う」「特定の事件」については，中労委自身が，その基準を明確に示すべきであろう。国家公務員法改正問題にも関わることであるから，特にこの点は重要である。「特定の事件」という場合の「特定性」の判断基準については，事件の態様，事件の規模，事件の発生領域などを考慮することとなるであろう。

　第4は，中労委の職員がある集会で労委間の職員の人事交流を是非してもらいたいと述べたことに関連することである。人事交流の有益性を否定するつもりはないが，かかる発言は，中労委の一般的指示・助言権とでもいうべきものを根拠としてなされたものなのか，明らかではなかった。しかし，自治事務化に伴って，中労委の一般的指示・助言権は，自治事務とは両立し難いものとして廃止されているのである。かく言えば，いやそれはお願いだったと弁解なさるのであろうか。都道府県労委の公益委員は，その独立権限の確立を願望しているから，無防備かつ誤解を招くような発言は，差し控えるべきであろう。ここで言いたいのは，中労委頼りの都道府県労委規則の制定は危険だということである。

　第5は，第3に述べたことに関連することであるが，都道府県労委が行わず，中労委のみが行う紛争を予め決めておくべきである。いやその点については，中労委が個別的に判断して決めるというのでは，説得力がないのではなかろうか。中労委会長の個人的な権威に寄りかかるようなことは，組織的に物事を詰める作業の際には，してはならないことであろう。

　第6は，中労委が定めた労委規則は，一読して不当労働行為審査手続き中心の規則である。争議調整に関しては，労調法および労調令の定めに従うとはいえ，あっせんなどの調整手続を不当労働行為審査手続と同様に詳しく規定するのは，困難であろう。あっせんなどの調整手続は，公労使委員のかなり複雑で，ときに個性的・人格的な当事者への働きかけに依存することが多く，法令の定めに依存しているのではない。したがって，都道府県労委は，あまり形式的な

ことを規定すべきではないのではなかろうか。緊急調整以外の中労委の管轄をもっと明確化するひつようはあろうし，都道府県労委の調整に関する創意工夫を労委規則に盛り込むひつようもあるだろう。

　第7は，中労委が定めた労委規則の生硬さが，都道府県労委の手続をも生硬にしている面があるということである。例えば，都道府県労委規則で「調査手続」，「争点整理手続」および「審問手続」を不可分一体手続として一本化する工夫を行ったとしても，目くじらを立てないでもらいたい。一本化しておけば，どの段階で救済命令を発することとしても，よろしいことになろう。明明白白の不当労働行為は，早急に救済されねばならない。救済の迅速性を担保できる手続の実現という観点からの都道府県労委規則の整備は，急がねばならないであろう。審問に入るまでもない明明白白な不当労働行為の場合に，審問抜きに救済命令を発することを可能にするためには，都道府県の労委規則に一本化を可とする定めを置くのが適当であろう。

　第8は，個別労働紛争の解決のためのあっせん手続に関しては，都道府県労委や労働部局が行っている労働相談会からあっせん手続に移行する場合があるということである。この手続には，個別労働紛争のあっせんをしていない中労委その他の労委も関心があるようであり，それに関する意見を聞く機会が少なからずある。しかし，これを実際に実践している労委が規則を定めることに不都合があるとは思えない。

　以上に述べた事柄は，自治事務としての労委事務を規則化しようというときには，最低限考慮すべきこととして指摘しておきたいことである。「労委」制度の在り方は，今後は従来とは異なるものとなる可能性がある。その際には，以上の第1ないし第8に指摘した事柄は，都道府県労委の規則制定権を具体化するために必要となる検討事項であると思う次第である。

5　結　語

　以上に述べた小論は，当然のことながら現行法に縛られないで私見のみを述べたものである。従って，特に脚注を付すこともしなかった。このスタイルは，山中康雄先生から借用した。渡辺章教授からは種々の薫陶を頂いたが，駆け出し教師時代に「君の書く論文には脚注が多すぎる」とのご忠告を頂いたことがある。ある意味，極端から極端へと振幅したのである。

労働法が目指すべきもの

　ここで特に言いたいことは，労委事務が国の機関委任事務から都道府県の自治事務へと転換したにもかかわらず，労組法の自治事務化対応の改正がなされなかった不徹底を出来るだけ速やかに立法的に解決して欲しいということである。この立法不作為は，想像の域を出ないが，機関委任事務の廃止に関する省庁ヒアリングの場での厚労省の激しい抵抗の結果ではなかったかと思う。「労委」制度の改革は，行政改革，財政改革，公務員制度改革，都道府県制改革と道州制の構想などの諸問題と無関係ではない。諸改革の進渉状況によって，これまでの不作為を改めねばならないことになるかもしれない。

　特に中労委に国家公務員制度改革による新たな課題が付加されるようになり，国家公務員の労使関係が不断の紛争によって特色づけられるような事態になれば，そして中労委が国の組織として活動し続けるのであれば，これまでの「労委制度」に根本的なメスが入れられなければならなくなる可能性もあろう。人事院が廃止されることとなるような改革時代であるから，中労委の位置づけを慎重に考究しておかねばならない。また，本稿ではふれなかったが，労働組合の代表性問題をハッキリさせるべきである。国家公務員労働組合に関しては，特に早急にこの点を法定すべきである。

　言いたい放題の文章ですが，渡辺章教授に献呈いたします。

6 「労働契約上の使用者性」論の現状と展望
―― 実質的同一性論と法人格否認法理の対比を中心に ――

野　田　　　進

1　はじめに
2　「労働契約上の使用者性」論の現状
3　権利の帰属主体としての企業・営業

1　はじめに

　労働関係の当事者である労働者・使用者性をめぐる事件とその判断が，判例や労委命令等で相次いでいる。このうち，「労組法上の労働者」性に関する議論は，平成23年4月12日付けの「最高裁2判決[1]」において，一つの解決の方向が示されるに至ったが，ほかに労基法及び労働契約上の労働者の問題についても，解明し尽くされない問題が多く残されている。一方，「使用者」の意義のとらえ方については，近年の雇用情勢の動向の中で，ますます混迷を深めていると考えざるを得ない。本稿では，このうち「労働契約上の使用者性」をめぐる問題について，最近の裁判例の動向を俯瞰して，あらためて整理し直すとともに，統合的な議論の方向性を示すことを目的とする。

　ところで，これらの問題群のうち，「労働者とは何か」，すなわち労働者性の問題の本質は，ある就業者に対して，労働法の各法令を適用すべきかを判断する問題ととらえることができ，具体的には，各法令における労働者の定義規定（労組法3条，労基法9条，労契法3条等）の解釈問題である。これに対して，「誰が使用者か」という使用者決定の問題は，労働法の各法令の定義に基づき，各法令で定める使用者としての責任の帰属方の問題である。すなわち，ある就業者

---

(1) 新国立劇場運営財団事件・最三小判平成 23・4・1 労旬 1745 号 76 頁，INAX メンテナンス事件・最三小判平成 23・4・1 労旬 1745 号 81 頁。

労働法が目指すべきもの

が労働者であると決定されるときには，労働者である以上，必ず彼・彼女を使用する当事者が存在しなければならない。その当事者を決定するのが，使用者性の問題である。

こうして，第1に，ある者の労働者性が決定されることで法適用が可能となり，第2に，その上で，ある者の使用者性が決定されることにより責任帰属が明らかになるのであり，これらの関係性の確定により，各法令の適用と責任帰属が可能となり，労働関係が十全な形で確立される。使用者のいない労働者は想定しうるが（失業中の労働者など），労働者を使用しない使用者は存在しない。言い換えると，誰が使用者という使用者性の問題は，労働者性と使用者性の間の「関係性」の中でとらえる必要がある。

こうした基本認識のもとで，本稿では，使用者性論の重要な一角である，「労働契約上の使用者」性を中心に，検討を進めることとする。

2 「労働契約上の使用者性」論の現状

(1) 使用者性論の現状の俯瞰

労働契約上の労働者を考える場合，ある就業者が労働者であると認められると，そこには同人の何らかの使用者が想定されている。労働者でない者に対して，使用者は観念できないしこれを決定する必要もないが，労働契約上の労働者には必ず使用者が存在しなければならず，通常は特定の使用者の存在が前提となっている[2]。ところが，何らかの事情が介在して，労働者と使用者の労働関係の実態が，法の予定する一対一の対抗的な関係性を逸脱するときに，使用者性の問題が表面化し，本来想定されていた者とは異なる者に対して使用者責任を追及すべき必要が生じる。これが使用者性についての紛争であり，そのような事情の生じる例として，これまで次のようなケースに整理されてきた。

---

[2] 労契法3条1項および労基法9条の定義する労働者は，使用者に「使用される」者であると定められている。ところが，労組法上の労働者のみは，法文上使用者との関係を前提としない，失業者を含む就業者として定義されている（労組法3条参照）。しかし，最高裁は，労基法3条の解釈としても，当該「被上告人［会社］との関係において労働組合法上の労働者にあたる」旨判断をしており，使用者との関係性を前提とする立場であり，労組法上の労働者の独自性を無視した解釈といわざるを得ない。この点については，野田進「労働者性に関する最高裁2判決—判決の連続性からの検証」労旬1745号36頁（2001年）。

140

〔野田　進〕　**6**　「労働契約上の使用者性」論の現状と展望

　第1に，出向，派遣および業務下請のように，労働者が労働契約関係とは異なる第三者の関与のもとで就業する場合（いわゆる社外労働者）であり，その関与の性質や程度のいかんにより，受け入れ会社の使用者性が問題となる。この場合には，当該労働者の本来の使用者性を否定してこれに代わる使用者責任を追及する場合（選択的使用者性）と，本来の使用者との関係を否定することなく，これに加えて，別個に使用者責任を追及する場合（重畳的使用者性）とがある。

　第2に，会社間に親子会社の関係がある場合に，子会社に雇用されたていた労働者が，親会社またはその別の子会社に，使用者責任を追及しうる場合がある。かかる場合に，判例法理で形成されたのが法人格否認の法理であるが，同法理は子会社の法人格を否認することで親会社または別の子会社の使用者責任を追及する趣旨であるから，上記の分類でいえば，選択的使用者性である。

　第3に，企業組織の変動の事案のうち，事業譲渡がなされた場合に，解雇され，または雇い入れされなかった労働者が，譲渡先会社の使用者に対して使用者責任（雇用責任）を追求する紛争が多数生じている。企業変動においても，合併，会社分割については，労働契約関係の帰趨について法的解決が図られているが，事業譲渡に関しては労働契約法にも定めが置かれず，統一的な解決法理が準備されていない。このため，裁判例は事案に応じて多様な解決方法を提示しており，はなはだ不安定で不統一な法状況となっている。なお，この場合にも，労働者は解雇または不採用とされて現に雇用を失っているときには，労働者は譲渡会社または譲渡先に対して，選択的に使用者性（＝雇用責任）を追及することになる。

　以下では，これらの3類型について，論点の整理のために最近の裁判例を中心に法理の到達点を確認することとする。

(2)　**社外労働者**

(a)　**「黙示の労働契約」の一般法理**

　社外労働者の採用は，多様な雇用形態により実施されるが，受け入れ先使用者と労働者との間に労働契約が存在するかの判断には，「黙示の労働契約」の成否を追求することにより決定する法理がほぼ定着している。この一般法理は，裁判例の蓄積の後に平成10年の安田病院事件最高裁判決で確立された。すなわち，最高裁（最3小判平成10・9・8労判745号7頁）は，同事件の高裁判決（大阪

労働法が目指すべきもの

高判平成10・2・18労判744号63頁）を引用して，形式上職業紹介所に雇用されている労働者の場合でも，契約の形式のみによることなく，①「当該労務供給形態の具体的実態を把握して，両者間に事実上の使用従属関係があるかどうか」，および，②「この使用従属関係から両者間に客観的に推認される黙示の意思の合致があるかどうか」により，労働契約の存否を判断すべきであるとした。すなわち，「事実上の使用従属関係」と「黙示の意思の合致」の存否を判断基準とするものである。安田病院事件は，付添婦紹介所が付添婦を形式上雇用して病院に派遣するという，やや特殊な事案であったが，その後，同法理は，請負，出向および派遣のケースにも用いられるようになり，労働契約の成否判断のために上記2要素を追求することが，社外労働者の場合の一般法理となった。

まず，労働者が会社間の業務請負契約に基づき勤務する場合に，受入企業との間の黙示の労働契約の成立を承認する裁判例がある。すなわち，ナブテスコ（ナブコ西神工場）事件（神戸地明石支判平成17・7・22労判901号21頁）では，鉄道車両用のブレーキ装置等の部品の製造販売等を営む被告Y会社の完全子会社であるA会社（保険代理業等を経営）に，有期のパートタイム労働者として雇用され，YとAの業務委託契約に基づき，Yのもとで勤務に従事していた労働者Xらが基本契約が終了したとして，Aに雇止めされたという事案で，「社外労働者と受入企業間に黙示の労働契約が成立すると認められるためには，社外労働者が受入企業の事業場において同企業から作業上の指揮命令を受けて労務に従事していること，実質的にみて派遣企業ではなく受入企業が社外労働者に賃金を支払い，社外労働者の労務提供の相手方が派遣企業ではなく受入企業であることが必要である」との一般論のもとで，本件では「XらとYとは，……実質的にみれば，受入企業であるYから作業上の指揮命令を受けて労務に従事しており，派遣企業のAではなく受入企業であるYが社外労働者である原告らに賃金を支払い，原告らの労務提供の相手方はYであったということができる」と判断した。

次に，出向についても，ウップスほか事件・札幌地判平成22・6・3労判1012号43頁は，同族経営におけるグループ企業内部で，A会社に雇用されて被告Y会社に出向のかたちでミキサー車オペレータ（MO）として勤務していた原告Xが，Y会社の社内ミーティング等で批判的発言をしたため，A会社より懲戒解雇され，裁判所で係争中に同社が解散したという事実経緯のもとで，Xが

142

〔野田　進〕　　　　　　　　　　　　6　「労働契約上の使用者性」論の現状と展望

出向先であるYに対して，雇用契約上の地位確認を請求したという事案で，Xの採用経緯や勤務実態「によれば，Xとの間の実質的な使用従属関係は，Yとの間で存在していたということができ，上記の客観的な事実関係から推認し得るXとYの実質的な合理的意思解釈としては，XとYとの間の黙示の労働契約の成立が認められるというべきであり，Xは，YのMOとして採用され，Yとの間で労働契約を締結したものと認めるのが相当」と判断している。

(b)　労働者派遣の場合の特殊法理

以上に対して，同じ社外労働者であっても，労働者派遣の場合には，労働者と派遣受け入れ企業との間に黙示の労働契約が成立するという立論は困難とならざるをえない。労働者派遣の場合は，その定義上，「当該他人に対し当該労働者を当該他人に雇用させることを約してするものを含まないものとする」（労働者派遣法2条1号）と定められており，「派遣労働者が派遣先の指揮命令下で労務給付をしていたからといって，派遣労働者と派遣先との間に黙示の雇用契約が成立したといえないことは，もともと派遣法が当然のこととして予定している法律関係だからである」（伊予銀行・いよぎんスタッフサービス事件・高松高判平成18·5·18労判991号14頁）。

そこで，労働者派遣の場合に派遣先との黙示の労働契約を認めるには，当該派遣が労働者派遣に合致しない違法なものであって，派遣元との労働契約が無効であることを前提にする必要がある。かかる立場から，社外労働者を「業務委託契約」の名目でありながら正規労働者と混在・共同して作業に従事させる実態にある場合には，労働者供給または違法な労働者派遣であり，派遣労働契約は公序違反により無効とし，派遣先事業主との黙示の労働契約の存在を認めたのが，松下プラズマディスプレイ事件（大阪高判平成20·4·25労判960号5頁）であった。しかし，同判断は，周知のように上告審において否定され（パナソニックプラズマディスプレイ事件・平成21·12·18労判993号5頁），最高裁は，「仮に労働者派遣法に違反する労働者派遣が行われた場合においても，特段の事情のない限り，そのことだけによっては派遣労働者と派遣元との間の雇用契約が無効になることはない」と判断し，したがって，「YとXとの間において雇用契約関係が黙示的に成立していたものと評価することはできない」と判断した。

その後は，「特段の事由のない限り」派遣先との黙示の労働契約の成立を否定する最高裁の判断枠組みに従った下級審の裁判例が相次いでいる。すなわち，

143

労働法が目指すべきもの

東レリサーチセンターほか事件（大津地判平成22・2・25労判1008号73頁）は，派遣会社Aと派遣労働者Xの間の「派遣労働契約について，Xが主張するような違法，無効な点があるとはいえないし，Aは，形式的・名目的な存在ではなく，独立した派遣元企業としての実体を有する存在であり，［派遣先事業主］YとXとの間に実質的な使用従属関係，労務提供関係及び賃金支払関係があったとはいえない」こと，また，「Xの認識としても，あくまで派遣労働者として，Aに雇用されている立場であることを十分に理解して，Yで就労していた」と認められることから，「XとYに黙示の労働契約が成立していた」とはいえないと判断している。同様に，積水ハウスほか事件（大阪地判平成23・1・26労判1025号24頁）でも，同事件の派遣労働者の業務が労働者派遣の指定業務（政令指定26業務）に当たらない旨の主張を否定した上で，上記パナソニックプラズマディスプレイ事件判決を引用しつつ，仮に違反の事実があったとしても，派遣労働者と派遣先との黙示の労働契約の成否を「判断するに当たっては，派遣元（……）に企業としての独自性があるかどうか，派遣労働者と派遣先との間の事実上の使用従属関係，労務提供関係，賃金支払関係があるかどうか等を総合的に判断して決するのが相当である」と判示している。

(3) 親子会社関係
(a) 法人格否認の法理

親子会社の場合の解決方法では，法人格否認の法理が中心的な役割を果たしている。2つの会社が親子会社の関係にある場合で，子会社の解散にともない労働者を解雇したときに，一定の条件下で子会社の法人格を理論上否認し，当該の被解雇労働者について，親会社または別の子会社について労働契約関係（すなわち使用者性）を認めようとするのが，法人格否認の法理である[3]。

すなわち，法人格否認の法理とは，親子会社の関係のもとで，子会社が法形式上は別個の法人格を有する場合でも，その法人格が全くの形骸に過ぎない場合（形骸化事案）またはそれが法の適用を回避するために濫用されるような場

---

[3] 法人格否認の法理は，雇用親会社との労働契約関係の存在だけでなく，労働者が解散した子会社に賃金請求権等を有するときに，これを親会社に対して請求することを認める場合にも用いられるが，「使用者性」を問題にする本稿では，労働契約関係の存否にかんするケースだけを取り上げる。

合（濫用事案）に，その法人格を否認して衡平な解決を図ろうとするものである。また，後者の法人格の濫用と判断するための要件としては，「背後の実体である親会社が，子会社を現実的・統一的に支配しうる地位にあり，子会社とその背後にある親会社とが実質的に同一であること」（支配の要件），「背後の実体である親会社が会社形態を利用するにつき違法または不当な目的を有していること」（目的の要件）を要するとされる[4]。

　この理論は，比較的最近では，第一交通産業事件の仮処分および本案事件の一連の裁判例[5]において採用された（判例集登載のもので，①（仮処分事件）大阪地岸和田支決平成15・9・10労判861号11頁，②（仮処分異議申立事件）大阪地岸和田支決平成16・3・16労判896号82頁，③（仮処分保全抗告審）大阪高決平成17・3・30労働判例896号64頁，④（本案第一審）大阪地方裁判所堺支判平成18・5・31判タ1252号223頁，労旬1689号15頁，⑤（同控訴審）大阪高判平成19・10・26労判975号50頁）。本件事案を単純化して紹介すると，次のとおりである。被告Y1社は，タクシー事業を営み全国に多数の完全子会社を擁する会社（本社北九州市）であり，原告Xらはその完全子会社で大阪の泉南地区でタクシー事業を営んでいた訴外A社の従業員であった者等である。Xらは，A社が解散したことにより解雇されたため，親会社であるY会社に対して労働契約上の権利の確認等を求めた（第1事件）。またXらは，同時に，Y1会社の別の子会社で，A社の解散後に同地でタクシー事業を開始していたY2社を被告として，労働契約関係存在確認等の請求をした（第2事件）。このA会社解散の背景には，A会社における新賃金体系の導入への反対行動に端を発して会社側が実施した，組合とは別の従業員組織への入会慫慂，退職金共済制度廃止，共済会制度の廃止，チェックオフ廃止，執行委員長らの解雇，一部組合員の配転命令，中央執行委員長の解雇など，多数の紛争とこれをめぐる多数の訴訟・救済申し立てがあった。その延長上で，Y2会社がA会社の事業地域で泉南営業所を設置してタクシー事業を開始するようにな

---

[4] かかる法理を確立したのは，周知のように，本文引用の徳島船井電機事件であり，その後多くの裁判例で繰り返し確認されている。

[5] 同事件には，このほかに，仮処分関係4件，本案関係3件の裁判例があるが，このうち，判例集に登載されたものが本文掲載の5裁判例である。このうち⑤の大阪高判に対する上告については不受理決定され，判決は確定した。同事件の一連の裁判例については，野田進「法人格否認の法理の適用における雇用責任の帰属方―第一交通産業（佐野第一交通）事件裁判例を総括する―」労旬1704号6頁（2009年）を参照。

労働法が目指すべきもの

り，A会社は解散決議をして上記解雇に及んだというものである。

本件事案について，上記裁判例①〜⑤のいずれも，法人格否認の法理を採用して，そのうちの「形骸化」事案ではなく「濫用」事案であること，Aの解散が偽装解散であることを認めており，それらの理論的前提のもとで，等しくAの法人格を否認する立場を示している。

このように，判例上，法人格否認の法理により，使用者性すなわち労働契約上の包括的地位に関する責任追及が認められたのは，前例では昭和50年代の3判決，すなわち，徳島船井電機事件（徳島地判昭和50・7・23労民集26巻4号580頁），中本商事事件（神戸地判昭和54・9・21労判328号47頁），および布施自動車教習所事件（大阪地判昭和57・7・30労判393号35頁）に限られる（ただし，布施自動車事件は，控訴審（大阪地判昭和59・3・30労判438号53頁）において，雇用契約上の責任が否定された）。その意味で，第一交通産業事件の一連の裁判例は，判例に現れた実に約25年ぶりの肯定事例であった。

(b) **法人格否認論と実質的同一性論の併用**

ところで，第一交通産業事件における上記一連の裁判例のうち，仮処分決定である①〜③と，本案第1審判決である④判決は，A社の法人格を否認した上で，原告らの労働契約関係（すなわち，使用者性）を，親会社であるY1社ではなく，A社の解散後に同地でタクシー事業を開始したY1社の別の子会社であるY2社との間に認めた。すでに持株会社となってみずからはタクシー事業を営んでいないY1社（本社北九州市）よりも，解散したA社と同じ場所でタクシー事業を継続しているY2社を使用者とする方が原告らの実質的救済となると考えられたからであろう。

この結論を導くために，①および②決定ならびに④判決は，A社とY2社とが実質的に同一であるという「実質的同一性」の理論を用いている。すなわち，「Aとの労働関係は，Aと実質的に同一の企業であるY2泉南営業所との間にそのまま存続している（この実体的関係に対して別法人であることを主張することは信義則上許されない）」（①決定）。「Aとの労働関係は，Aと実質的に同一の企業であるY2との間にそのまま存続するものと一応認められる」（②決定）。「Y2泉南営業所とAは，実質的に同一であると認めるのが相当である。」（④判決）

すなわち，Y1社ではなくY2社を使用者として労働契約の存在を承認するためには，A社の法人格を否認するだけでは不十分である。これに加えて，A社

の解散が「偽装解散」であり、A社とY4社とは「実質的に同一の企業である」ことを理論上明確にする必要があるからである。このように、法人格否認の法理を用いて、子会社の法人格を否認するとしても、親会社以外の会社との労働契約関係を追求するときには、いわば「合わせ技」として実質的同一性の理論が併用されている。このことを確認しておこう。

そして、この実質的同一性の法理が主として検討されるのが、次の事業譲渡の事案である。

(4) 事業譲渡事案
(a) 多様な事実

企業の組織変動事案のうち、上記のように事業譲渡にともなう雇用の帰趨の問題については、法的な手当がなされておらず問題解決の方法は、個別事案ごとに解決せざるをえない状況にある。事業譲渡の態様は多様であるが、その際の労働契約の取扱いについては、事業譲渡の当事会社間で、①転籍の方法によりこれに同意するすべての労働者の労働契約を承継する旨の合意か、または、②譲渡会社が労働者全員の労働契約を解約し、そのうちの希望者から譲り受け会社が選考の上採用する旨の合意がなされる。このうち、①の合意がなされた場合、労働者の雇用を承継するには、当該労働者の承諾が必要である（民法625条1項。黙示の承諾もあり得よう）が、それで足りる。

これに対して、②の合意がなされたときには、譲渡会社が解雇等により労働契約の解約を行い、譲り受け使用者は改めて採用行為を行い、労働者が「使用され」、および使用者が「賃金を支払うこと」につき、労使間に合意が成立することによって労働契約が成立する（労契法6条）。この場合には、生じる法的紛争の中心は、譲渡会社の行った労働契約の解約の効力、および、事業譲渡の譲り受け会社が労働契約上の権利の承継を拒絶し、または労働者との労働契約の締結を拒絶した場合の、労働者と譲り受け会社との間の労働契約関係の存否をめぐる問題である[6]。

(b) 法理上の原則

いうまでもなく、事業譲渡は、合併と異なり個別の契約関係が債権契約とし

---
(6) この場合に、労働者が採用拒否が組合加入や組合活動の故になされた不利益取扱いと主張するときには、不当労働行為法理による解決がなされる

労働法が目指すべきもの

ての事業譲渡契約により譲渡されるものであるから、当事会社が労働契約を承継する旨の特段の合意をしない限り、当然に承継することはない（東京日新学園事件・東京高判平成17・7・13労判労判899号19頁）。したがって、②の合意がなされた場合、労働契約の承継または締結を拒絶された労働者は、譲り受け会社に対して地位確認等請求により労働契約の存在を主張することはできない。これが法理上の原則であることは争えない。

しかし、事業譲渡の態様いかんでは、そうした原則を貫くことが、労使関係上の信義則（労契法2条4項）、あるいは労使関係の公序というべき雇用保障の理念に対する著しい背理となる場合がある。特に、譲渡会社がその営業の全部を譲渡して自らは「抜け殻」となり営業活動を行わない方式の場合に、譲り受け会社が一部労働者を採用しないときには、その社会的な不合理性は鮮明になる。そこで、これまで相当数の裁判例は、各事案の特性に応じて、多様な論拠から労働契約の承継を認め、労働者と譲受け会社との労働契約の成立という結論を導いている。裁判例の試みた法理は、3つの系列に分けることができる。

(c) **当事者意思準拠説**

第一に、事業譲渡の当事者である両会社、および労働者らが、事業譲渡に際して労働契約の承継についてどのような意向を持っていたかを、意思解釈を通じて決定する判断方法である。その基本型として、タジマヤ事件（大阪地判平成11・12・8労判777号25頁）は、原告らを含む一部労働者のみが譲渡会社により解雇され、残りの大部分の労働者が譲受け会社に承継されたという事実に注目し、①譲渡会社における原告らの解雇は、整理解雇の要件に照らして無効であり、さらに、②被告譲り受け会社が譲渡会社に在籍した従業員全員を雇用していることからすると、「譲渡の対象となる営業にはこれら従業員との雇用契約も含むものとして事業譲渡がなされたことを推認することができる」、③その結果、営業譲渡によって、雇用契約は被告である譲り受け会社に承継された、と判断した。

次に、こうした当事者意思の解釈による法理は、譲渡契約の当事会社間に、譲渡先会社が一部の労働者の労働契約を承継せず、または不採用とする旨の合意が存在するときには、それ自体では困難を伴う。そこで、通常の意思解釈に加えて、かかる合意の効力を打ち破るための論拠が必要となる。そのために、裁判例では、事案の状況に応じて、公序違反等の権利制限法理が援用される。

例えば、勝英自動車学校（大船自動車興業）事件（東京高判平成17・6・31労判898号16頁）は、当該事情のもとでは譲渡会社において退職届を提出すれば被告譲り受け会社が採用し、退職届を提出しない者は会社解散を理由とする解雇に処するとの合意があったと認められるところ、後者の合意は「民法90条に違反するものとして無効」であるから、前者の合意にしたがって労働契約の地位が承継されると判断した。

最後に、事実関係によっては、労働契約の承継という事実を問題にせず、端的に被解雇労働者と譲渡先会社との間に、契約締結の合意が成立したこと（労働法6条）を重視する裁判例もある。すなわち、ショウ・コーポレーション事件（東京高判平成20・12・25労判975号5頁）は、譲渡会社の代表者で譲り受け会社の取締役であった人物が、団交の場において「原則として全員……移ってもらう」との発言した事実をもって、これを労働契約の申込と解釈し、労働者が採用申入れによりこれを承諾したことで労働契約が成立したと判断している。

(d) 実質的同一性の法理

事業譲渡がなされて、形式的には事業主が代わることになっても、労働者の属する営業または事業に「高度の同一性」があるときには、原則として雇用も承継されると解する考え方がある。その根拠とは、営業財産は、有体・無体の財産（物的要素）と労働者（人的要素）とからなる有機的な統一体であり、法人格の変更があっても、営業組織に高度の同一性が維持していれば、労働契約は承継されると解するのである。

まず、譲渡される営業の一体性に注目して、労働契約上の権利の承継を導く議論も見受けられる。日進工機事件（奈良地決平成11・1・11労判668号48頁）では、譲渡される譲渡元会社Aが企業廃止により全員解雇したとしても、「実質的にはこれと一体となって……建設機械類の製造販売業を営むY会社にその営業は継承されるものと認められるのであって、その企業廃止という前提は廃止を仮装したものであると一応認められる」と判断し、「本件解雇は無効であるというほかない」と判断した。東京日新学園事件第1審判決（さいたま地判平成17・7・1労判888号13頁）も、学校法人A学園を解散して全員を解雇し、営業財産のすべてを被告Y法人に譲渡したところ、原告XがY法人に採用されなかったという事案で、実質的同一性の判断方法に依拠して、不採用労働者の譲受け会社との労働契約の存在を承認している。

労働法が目指すべきもの

この場合に，実質的同一性の議論は，ここでも法人格濫用の主張の前提として用いられることがある。すなわち，新関西通信システム事件（大阪地決平成6・8・5労判668号48頁）は，経営不振に陥った譲渡会社が債務者会社を設立し，同社に全資産および債権債務等を承継させる一方，自らは解散して従業員全員を解雇して債務者会社が採用する予定であったところ，従業員の大半は採用されたのに債権者のみが採用されなかったという事案で，「債権者としては，労働契約が債務者に承継されることに合理的な期待があり，実態としても［譲渡会社］と債務者会社との間に高度の実質的同一性が認められる」という前提のもとで，不採用は「実質的には解雇法理の適用を回避するための法人格の濫用であると評価せざるを得ない」と判断し，これを解雇に準ずるものとして整理解雇法理を適用して無効と判断した。

(e) **法人格否認の法理の援用**

上記のように，これまで法人格否認の法理は，親子会社関係の事案に援用されてきたが，近時の一判例は，親子会社関係ではなく，事業譲渡のケースにおいて，法人格否認の法理を適用した。すなわち，日本言語研究所事件（東京地判平成21・12・10労判1000号35頁）は，原告Xが，別訴訟において，訴外A研究所との間で解雇無効・未払賃金請求の確定判決を得ていたところ，Aが解散して，被告Y研究所らが設立されたという経緯のもとで，XがYらを相手に前訴判決で命じられた雇用契約上の地位の確認および未払賃金の請求をしたものである。同判決は，譲渡先会社の法人格を否認することにより，Yは譲渡元会社と別法人であることを主張することができず，譲渡先会社は譲渡元会社と並んで責任を負うとして，譲渡元会社に解雇された原告の譲渡先会社との雇用契約上の権利を確認した。次のように判示する。「法人格否認の法理により，Y研究所は，Xに対しては，信義則上，A研究所とは別異の法人格であることを主張することができず，Xに対してA研究所が前訴判決で命じられた内容について，A研究所と並んで責任を負わなければならない。」

(f) **法理の不安定性**

以上のように，裁判例では，事業譲渡における労働契約の帰趨について，①事業譲渡が債権契約にすぎないことを前提とする，譲渡先の使用者性の否定判断，②承継の当事会社における意思の承継推認という手法による譲渡先会社の使用者性の肯定判断，③実質的同一性の法理のみまたは同法理と法人格否認の

法理の「合わせ技」による肯定判断，④法人格否認の法理を援用して譲渡先会社の独自の法人格を否定することによる使用者性の肯定判断など，使用者性を肯定するための多様な理論構成が見られる。このように，営業譲渡における，雇用関係の帰趨と使用者性判断は不安定である。関係当事者は，どのような行為をすれば労働契約の承継が認められまたはそうでなくなるのか不明であり，法の規範的役割を期待しがたい状況にある。

3 権利の帰属主体としての企業・営業

(1) 労働契約上の使用者性に関する解決方法

2で示したところは，図表のように整理することができ，これが裁判例における使用者性に関する俯瞰図である。

使用者性の問題類型	解決すべき課題	課題類型の分類	裁判例で用いられている諸法理
社外労働者の受け入れ企業の使用者性	受け入れ事業主との「黙示の労働契約」の成否	派遣以外の場合	黙示の労働契約の成立
		労働者派遣の場合	派遣元における派遣法違反プラス「特段の事由」
親子会社関係における親会社等の使用者性	子会社解散・解雇の場合の親会社・別子会社との労働契約の存否	親会社の責任追及の場合	法人格否認の法理
		別子会社の責任追及の場合	法人格の否認プラス実質的同一性論
全員解雇型事業譲渡の場合の譲渡先事業主の使用者性	譲渡先事業主が採用拒否した場合の同事業主の使用者性	当事会社間に労働者の一部不採用の合意がない場合	当事者意思の解釈による解雇の無効
		選考による一部不採用の合意がある場合	権利制限法理，実質的同一性論，法人格否認論

このように，労働契約上の使用者性をめぐる判断法理は，各問題類型ごとに多様かつ複雑であり，この点は克服されるべき問題状況であることは疑いな

い。こうした状況，特に事業譲渡における解決方法の多様さと限界をとらえて，「立法による解決方法が図られるべきものといえよう」と結論づける見解がある(7)。また，親子会社における子会社解散・解雇の雪嶺で，法人格否認の法理等を採用しがたい場合をとらえて，やはり「親会社の行為規範」設定を志向する見解も見られる(8)。

たしかに，この問題について，わが国の法制は不十分で限界が多いことは明らかである。しかし，逆の面から見ると，こうした厳しい法理上の制約の中で，裁判例は，多彩な解釈手法で使用者性の拡張に挑戦し，労働者を保護しつつ現実的対応を図るための理論形成を努力してきたとみることができる。法理上の限界を強調するのではなく，こうした解釈努力を評価し，さらに今後の方向性を見定めるのが学理として適切な対応であると考える。

また，これらの法理のうち，事業譲渡の際に，当事者意思の解釈により労働契約の承継を推認する手法は，そもそも当事会社間で「譲渡先会社は労働者の一部のみ採用する」旨の明確な合意があるときには困難が大きい。さらには，当事者意思の解釈によるというだけでは，状況に左右されやすく，使用者決定のための安定した規範的法理とは言い難い。

むしろ注目すべき点は，図表から明らかなように，使用者性の肯定法理として，当事者意思の解釈といった伝統的な意思解釈法理では合理的な問題解決を期待しがたいときに，実質的同一性論や法人格否認の法理という限界的な解決法理が採用されていることである。ただ，これら二つの法理は，理論的な脈絡を考えることなく，事案に応じて適宜に用いられている観があり，そのことが理論的な混乱を生み出し，理論の発展を阻害しているように思われる。以下では，これらの法理について整理を試みることで，それらの援用のあり方について考えてみたい。

(2) 法人格否認論の限界
(a) 法人格否認の法理の意義と拘束

労働分野における法人格否認の法理のコンセプトについては判例において繰

---

(7) 有田謙司「企業再編と労働法」日本労働法学会誌113号23頁（2011年）。
(8) 本久洋一「企業組織・企業法制の変化と解雇法制—親子会社事案を中心に—」日本労働法学会誌113号23頁（2011年）7頁。

り返し確認されている。すなわち，上記2(3)(a)で確認したように，同法理は，親子会社の関係にあるふたつの会社で，子会社の解散にともない労働者を解雇した場合に，一定の条件下で子会社の法人格を否認して，当該の被解雇労働者について，親会社または別の子会社について労働契約関係（すなわち使用者性）を認めようとするのものである。子会社法人の形骸化事案と濫用事案とが想定されるものの，実際には濫用事案を基本に問題が処理されている。その成立要件として，現実的・統一的支配という客観的要件と，不当な目的という主観的要件とが必要とされる。

同法理は19世紀から20世紀初頭のアメリカ及びドイツで発達した判例法理を起源とすることが，つとに明らかにされている[9]。すなわち，同研究によれば，同法理は，19世紀末のアメリカの判例において，「法人格を利用する詐欺的な状況，いいかえると，法人格の意図的な濫用または公益侵害的利用の規制」から始まった。ついで，1910年代以降には，より客観的に「形骸化論」を中心に議論（支配力の行使による「道具理論」）が展開し，しかし1939年連邦最高裁判決以降には，道具理論が後退して新たな理論へ脱却している。また，ドイツ法では1920年頃から「一人会社」の評価問題をめぐる判決を契機に議論が発達しており，同判決は，一人会社の単独社員と会社の法人格の異別性を前提としながら，なお「法律構成以前に，生活の現実，事実の力を顧慮して，ある法律関係においては両者を同一視しうる」という判示を下した。かかる「透視理論」は，ドイツ民事法の体系の中に深く根を下ろすことになり，さらに1945年以降は，透視理論はさらに発展を遂げ，一部の実定法の内部にも定着した。このように，両国の判例法理の中で，固有の法的背景のもとで実際的な必要性の中から，形骸化論，道具理論，透視理論といった独特の法理論を媒介に発達してきた理論といえよう。

(b) 援用場面の限界

こうした背景からすれば，同法理の援用には慎重さが求められるのは，当然といえよう。すなわち，労働分野において法人格の法理は，法人格という権利主体論を前提にしながらも，組合つぶし，雇用責任回避，会社支配等のために，法人格を不当に利用する場合であり，他の方法による救済が不可能な場合

---

[9] 江頭憲治郎『会社法人格否認の法理』（東京大学出版会，1980年）13頁以下。

に，初めて援用しうる法理である。同法理により労働契約関係の存在を承認した，前掲の一連の第一交通産業事件の裁判例は，こういった限界事例に該当する稀有の例といえ，判例では上記のように約25年ぶりの肯定例であった。その判断は，同事件の異常な労使関係の経過からすれば妥当であったが，それだけに同法理の求める要件の高度さを思わせるものであった。他方，その後，上記のように平成22年の前掲・日本原語研究所事件は，事業譲渡事案の解決において同法理を援用しており，設立会社の法人格をそれほど厳密な検討をすることなく，やや簡易な判断で否認する結論を導いているように思われ，その意味で疑問の残るところであった。

要するに，法人格の権利行使について高度の要件の下で権利濫用の法理を適用するものであり，かつ，その効果として，親会社または別個の子会社との労働契約関係の存在を確認するという特殊の効果を導く法理である。その成立要件は高度のものとして設定され，これをクリアすることは容易でないが，かかる特殊の効果を承認するものである以上，そうした高度の要件も法理としての均衡上当然のものと解さざるを得ない。

(3) 実質的同一性の法理の由来と特質
(a) 法令上の根拠の不在

実質的同一性の法理においても，前掲・東京日新学園事件（東京高判平成17・7・13）が「営業譲渡において，原則的に従業員が営業の構成部分（有機的一体としての財産）として譲受人に移転されるべきことを根拠づけるような実定法上の根拠はない」と指摘するように，たしかに法令上の根拠は存在しない。同法理は，会社法人という法形式を貫くと，労使間の信義則や雇用保護の観点から社会的に不当な結果を導くことが明らかな場合に，その結果を回避して実情に即した解決を導くために，判例上考案された法理にすぎない。

しかしながら，わが国判例における同法理の形成と発展の背後には，二つの理論的系譜が存在するように思われる。判例における同法理の意義や射程を推し量るために，これらを概観しておこう。

(b) 由来その1＝比較法的示唆

事業譲渡については，フランスやドイツなど，ヨーロッパ各国においては立法的解決が図られており，さらにヨーロッパ共同体の域内諸国においては，E

C指令により法的解決がなされている[10]。

フランスを例にとると，この国では1928年という古い時期に制定された法律により，「企業譲渡（transfert d'entreprise）の問題として立法的解決が図られてきた（現行労働法典 L. 1224の1条）。この規定は，「使用者の法的地位に，相続，売却，合併，営業財産の譲渡，会社設立などによって変動が生じたとき，その変動の時点で効力を有するすべての労働契約は，その企業における新しい使用者と従業員の間で存続する。」と定める。また，1977年のEC指令においても，「……企業譲渡の日に効力を有していた労働契約または労働関係において，譲渡人が有していた権利及び義務は，その譲渡の事実により，譲受人に譲渡される。……」と定める。

このように，フランスやECの法制では，企業譲渡に際しても，当該企業に属する労働者の労働契約は包括的に承継され，反対の合意は認められない。この企業譲渡における「企業」の概念が重要である。右規定の「その企業における新しい使用者」という文言から窺いうるように，企業譲渡においては，会社は変わっても一つの経済的単位である「企業」は変わることなく存続するという基本的な考え方がある。企業そのものは不変であり，労働者はこの企業に属しているから，労働契約は当然にその譲渡に付き従うことになる。

なお，ここで詳細を述べることはできないが，同規定（EC指令でも同様）にいう「企業」の概念は広く，組織的な完備がなくても一つの「経済的同一性 unité économique」があればよい。また，「譲渡」の意義も広義であり，権利を承継する会社間に直接の「権利の結びつき」が存在しなくてもよいとされている。

このように，比較法的にみれば，企業を法的実体として捉えて，その同一性を捉えて労働契約上の権利義務の承継を容認する法理が存在する。このことが，わが国の法理形成の直接的な契機になったかは明らかでないが，その判例法理の淵源となり，かつ法解釈における一つの指針としての役割を果たしていることは否定できない。

(c) 由来その2＝不当労働行為の行政救済法理

実質的同一性の理論は，事業譲渡に関する民事裁判例で用いられる以前から，

---

[10] 野田進『労働条件の変更と解雇—フランスと日本—』（信山社，1998年）150頁以下。

労働法が目指すべきもの

労働委員会の命令例において多用されており，そのルーツの一つは不当労働行為の行政救済法理にあると解される。事業譲渡事案において，実質的同一性の理論は，不当労働行為の判断事案において，重要な確固たる役割を果たしており，今日に至るまで確固たる解決法理となっている。

最近の中労委の例として，A，B2社が両社の代表取締役Cの支配力，影響力のもとで維持されているという前提のもとで，A社を解散して全員解雇し，一部労働者をB社に雇用したという行為が争われた，吾妻自動車交通ほか1社事件（中労委平成21・9・16日中労委HP）がある。同命令は，「両社の関係は，両社の代表取締役であったC社長の支配力，影響力の下で，実質的には一つの経営体として一体的にかつ混同して運営されていたものといえる」とし，A社の解散とB社へ事業の「事実上の引継ぎは，両社の事業を実際上飯坂吾妻に集約する施策として行われた一連の行為とみることができる」と判断した。そして，同社長が組合嫌悪の念を有していたことから，B社が組合員のみを雇い入れなかったことは，組合排除を行った行為であり，A社の解雇とB社の採用拒否は労組法7条1号の不利益取扱いに当たると判断した。

ただ，労働委員会における同法理の考え方や援用については，必ずしも統一性を欠いているといわざるを得ない。一般的にいえば，労働委員会の実質的同一性の判断は，法人格否認の法理ほど高度の要件（支配の要件，目的の要件）が課されるわけではない。多くの命令例は，①設立会社の資本，役員関係，設立経緯，②業務内容の同一性，③従業員の採用経緯，④従業員の入社状況，⑤営業車両の移管状況，⑥取引先の同一性などの要素を慎重に判断し，「法人格を別にしながらも，業務，従業員，施設，車両及び取引先については，人的，物的にも主要なものがそれぞれ東西物流に意図的に移管され，引き継がれた」として，」実質的同一性を判断している（中労委平成17年10月19日決定・緑運送・東西物流事件中労委ホームページ）。

そして具体的判断では，一方では，ここで問題なのは労組法7条の使用者の決定であることから，不当労働行為救済の必要性と実効性の観点からなされるべきであり，「問題となっている労働条件等について現実的かつ具体的に支配，決定しているという事実がなくても，株式保有，役員派遣その他を通じて従属企業の経営全体を支配し，それにより，間接的とはいえ労働者の労働条件に実質的に影響力を及ぼしているかぎり，支配企業の使用者性を認めるべきで

あ」るとしてこれを緩やかに解する命令例がある（大阪府労委平成22・2・23日・中労委ホームページ）。これに対して，例えば，静岡フジカラー事件（静岡地労委平成16・8・24日決定中労委HP）では，①解散・別会社への事業譲渡という経営判断の合理性・必要性，②経営状況から見た自然さ，③，④労働条件や営業政策の独自性，⑤譲渡元会社による組合員への説明の事実，⑥譲渡元会社の従業員の半数雇用・面接は譲渡先会社の経営判断によるものであることから，営業譲渡，解散・解雇，半数雇用及び面接実施の行為が事業譲渡の当事会社間の共謀による不当労働行為であるとはいえないと判断している。

このように，労働委員会で発達した，不当労働行為の判断における実質的同一性の法理は，確立した法理であること確かであるが，その判断は当該事案の実情に即して援用される救済法理であって，法的な判断基準の定立にはなじまないといわざるをえない。むしろ，事業譲渡に関わる当事会社が，法人格は異なるものの一般的な社会常識や法感情からして「実質的に同じ」と判定する，行政ADR独自の判断によるものである。

のみならず，前掲・吾妻自動車事件中労委決定が「実質的には一つの経営体として一体的」と表現するように，同法理において実質的に同一とされるのは，経営体という事実的な組織体をいうのであり，決して法人格ではない。このことは，労働委員会による不当労働行為の救済が，権利義務の存否や帰属という法的判断を目的とするのではなく，紛争の解決と労使関係の安定のための事実的判断を目的とする行政救済であることによる。

(4) 実質的同一性論の課題
(a) 民事裁判法理における実質的同一性論

このように見ると，労働委員会で発達した実質的同一性の理論は，裁判所の法的判断には本来は必ずしも適合的ではなく，裁判所の法理として確立するには，多くの留保が必要である。

まず，同法理は，不当労働行為の救済命令に対する取消訴訟において用いられるのは，問題とするに足りない。取消訴訟では，労働委員会による救済命令の適法性を審査するものであるから，救済命令で用いられた実質的同一性の理論について判断する場合に，同理論に依拠することに問題はないからである。

例えば，中労委（青山会）事件（東京高判平成14・2・27労判824号17頁）において，

労働法が目指すべきもの

東京高裁が, 病院の事業引継について,「病院経営という事業目的のために組織化され, 有機的一体として機能するAの財産の譲渡を受け, これによってAが営んでいた偉業を受け継いだ」と評価し, その結果,「実質的には雇用者と被用者との雇用関係も承継したに等しいものになっている」と判断しているのは, その好例といえよう。

これに対して, 通常民事裁判においては, 実質的同一性の理論は, 民事法における一般的な法解釈の思考方法からは逸脱した独特の法理といわざるをえない。実質的同一性の理論は, これまで見たように, その基盤を「事業」,「営業」,「経営主体」といった, 企業経営における物的・人的要素の有機的な組織体の同一性に注目する。そこでは法人格という権利主体論は後景に退き, 企業や労働関係の現実の実態の同一性が前面に現れるからである。同法理は, 民事法の基盤となる, 法主体論や契約解釈の原則から離脱したところに展開しているといわざるをえない。

しかし, そうした法理上の独自性にもかかわらず, 同法理は, 紛争解決のための現実の必要性の中から, 諸外国の立法に示唆を受け, さらに不当労働行為の行政訴訟の法理を媒介にして流入してきたものである。それは, 民事裁判の労働契約法理における, 新たな法主体論や契約解釈の原則の構築の萌芽として, 評価され重視されるべきである。したがって, 同法理については, あいまいな要件で安易に援用すべきではないが, 事業譲渡事案において, 二つの法人が上記基準に従って, 明らかに「同一」と認められ, そのために法形式上の異別性を強調することが明らかに社会的に妥当でないと解されるときに限り, 法人格をベースにした民事裁判理論の限界を打ち破る解決法理として援用されるべきものといえよう。

(b) 「合わせ技」への疑問

以上述べたところから明らかなように, 法人格否認の法理と実質的同一性の理論とは, よく似た機能を有しながらも, 理論基盤の異なる, 相容れない法理というべきである。すなわち, 法人格否認の法理は, 権利主体としての法人格の存在を絶対的な所与としつつ, 一定の条件下でそれを否認することを許容する法理である。同法理は, 主として権利濫用理論に依拠して, 実態に即さない法人格を否認する効果を持つとしても, あるいはそうであるが故に, 会社という法人格を基礎にする法体系の枠を外れることはない。これに対して, 実質的

同一性の理論は、上記のように、法人格論の前提から逸脱して、事業という組織体を法的な実体として活用する立場である。両者は、着眼点と理論基盤を異にしており、共存することはないと考える。

ところで、本稿の3の(1)で概観したように、わが国の裁判例の中では、法人格否認の法理と実質的同一性の理論とを、「合わせ技」として用いる例が見られる。すなわち、第一交通産業事件における多数の裁判例にみられる理論であり[11]、上記事実関係のもとで、子会社である解散会社A社に雇用されていたXの雇用責任を、親会社Y1社ではなく、別の子会社であるB社に求めようとする場合である。こうした帰結を導くために、第1に、法人格否認の法理によって子会社A社の法人格を否認してその解雇を無効と判断し、第2に、A社の解散は偽装解散であって、A社とY2社とは実質的に同一であると判断する。すなわち、Y1社とA社の関係では、法人格否認の法理において法人格を基盤に据えた理論構成を用いながら、A社とY2社の関係では実質的同一性の理論で両者を一体としてみるという理論を採用するのは、上記の意味で議論の一貫性を疑わせるものである。

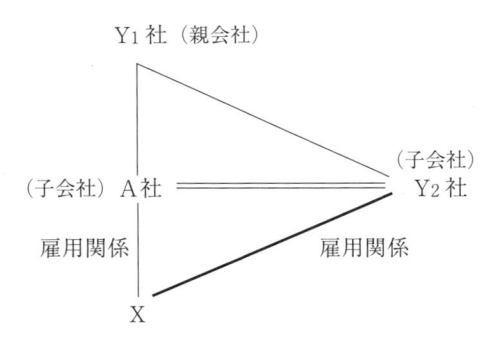

```
            Y1社（親会社）
           /            \
          /              \
         /                \
  （子会社）A社 ========= （子会社）
                          Y2社
   雇用関係         雇用関係
         \          /
          \        /
           \      /
             X
```

また、本件で、A社とY2社とが実質的に同一であるのであれば、そのことだけでY2社に雇用責任を追及することができるはずである。したがって、Y1社とA社との関係に注目するならば、Y1社の存在は、A社とY2社の関係の実

---

[11] 明確に、この両者を並べて論じているものは、第一交通産業事件・仮処分事件）大阪地岸和田支決平成15・9・10労判861号11頁、（仮処分異議申立事件）大阪地岸和田支決平成16・3・16労判896号82頁、本案第一審）大阪地方裁判所堺支判平成18・5・31判タ1252号223頁労旬1689号15頁である。

質的同一性を論証するための背景事実にすぎないものとなり，あえて法人格否認の法理を用いてＡ社の法人格を否定する必然性はないのである。

(c) **企業という法的実体**

以上のように，民事裁判例において，実質的同一性の理論をそれだけで用いがたいのは，上記(a)で述べたように，通常民事裁判において法理として同理論を用いることへのためらいがあるからではないだろうか。わが国の民事裁判法理は，本来，有機的な組織体としての経済的実体であるところの企業や事業の法的実体を，明確には認めようとしないようにみえる。

例えば，国鉄札幌駅事件で最高裁は，企業の懲戒権を根拠づけるに当たって，「企業は，その存立を維持し目的たる事業の円滑な運営を図るため，それを構成する人的要素及びその所有し管理する物的施設の両者を総合し合理的・合目的的に配備組織して企業秩序を定立し，……［規則］に違反する行為をする者がある場合には，企業秩序を乱すものとして，当該行為者に対し，その行為の中止，原状回復等必要な指示，命令を発し，又は規則に定めるところに従い制裁として懲戒処分を行うことができるもの，と解するのが相当である」と判示し，懲戒権を企業秩序の定立権から基礎づけた(12)。この判示で注目されるのは，秩序の定立権を有し，懲戒権を有するのは「企業」であって，法人や事業主とされていない点である。この判示では，「人的要素及びその所有し管理する物的施設の両者」が「構成する」ところの企業が想定されており，その企業が懲戒権を行使しうるという構成である(13)。ところが，最高裁は，その後，関西電力事件で，「使用者は，広く企業秩序を維持し，もって企業の円滑な運営を図るために，その雇用する労働者の企業秩序違反行為を理由として，当該労働者に対し，一種制裁罰である懲戒を課することができる」と判示し(14)，懲戒権の帰属主体を「企業」から「使用者」に差し替えたのである。最高裁が，このような操作をした理由は明らかにされていない。しかし，そこでは，国鉄札幌駅事件が権利主体としての企業概念を承認し，それにより企業を中心とする労働法理が走り出すことに，強い懸念がもたれるようになったことが推測され

---

(12) 国鉄札幌駅事件・最３小判昭和54・10・30民集33巻6号647頁。

(13) 企業秩序および懲戒権の帰属主体を「企業」と論じた最初の判例は，富士重工業事件・最三小判昭和54・12・13民集31巻7号1037頁である。

(14) 関西電力事件・最１小判昭和58・9・8労判415号29頁。

る。そこで，懲戒権の帰属主体を，労働契約の当事者たる「使用者」[15]に差し替えたのであろう。

実質的同一性の理論についても，同様のことを言いうる。すなわち，問題の核心は，法人格という伝統的な法主体論を超えて，企業，事業といった，「経済的一体性」を，わが国民事裁判法理とがどこまで権利の帰属主体として容認できるかという点にある。そして，法人格の外皮に隠れて責任を逃れようとする社会的実体があるときに，その実体に着眼して，法人格のらち外で責任追及の実質化を図りうるかである。

(d) 実質的同一性論の再構成へ

この問題について，以上の検討からすれば，当面のところ次のような結論を提示することができる。

第1に，議論の方向として，法人格否認の法理と実質的同一性の理論とのいずれに依拠すべきかの問題がある。法人格否認の法理は，濫用法理に淵源をもつものであるとはいえ，「支配の要件」，「目的の要件」といった高度の要件が課される。また，法人という権利主体を否認するかのような，激烈な効果をもたらす「伝家の宝刀」というべき法理である。したがって，同法理に依拠する限り，多くの親子会社事案や事業譲渡事案における権利救済法理としては，役割は限定的である。

第2に，他方で，そもそも国際化・流動化する現代社会においては，会社という法人格は，企業運営あるいは利益追求のための道具にすぎず，会社自体が取引の対象にさえなりうる[16]。その意味では，会社という法人格を権利主体として絶対視すべきではなく，むしろ会社の変動にかかわらず一貫して存続する経営主体を実質的な使用者と見る法理を確立する必要がある。このことから，上記実質的な経営主体に着目した法理が導かれるのは，社会法の原理から見て当然のことである。

第3に，実質的同一性の理論は，不当労働行為の行政救済の法理としてはす

---

[15] しかし，そのことにより，「契約」から「秩序罰」を引き出すというちぐはぐな理論となった。このことへの疑問については，野田進「懲戒権における『企業』と『契約』」菅野和夫・中嶋士元也・渡辺章編『友愛と法』山口浩一郎先生古稀記念（信山社，2007年）169頁。

[16] 河合塁「物言う株主時代の労働者保護法理」日本労働法学会誌113号（2009年）。

労働法が目指すべきもの

でに確立した法理といいうるが，上記のように，同法理のもとでも，使用者性の過剰な拡張を防ぐための制限的な理論が組み込まれており，常識に反するような運用はなされていない。かかる不当労働行為の法理を基盤に据えつつ，通常民事裁判において適用可能な実質的同一性の理論を確立することは，十分に可能であるし，またそのことが求められている。

第4に，実質的同一性の理論は，以上の検討から明らかなように，事業譲渡事案および親子会社事案の使用者決定の法理として利用できるが，さらには，事案によっては，本稿の2の(1)で検討した，社外労働者における受け入れ会社の使用者性の問題にも応用することができる。その意味で，使用者性決定の一般法理としての成り立ちが期待される。

民事裁判法理における実質的同一性の理論について，不当労働行為の行政救済との異同，および法人格否認の法理との異同を踏まえた，新たな理論構築が必要である。

7 労働法の解釈方法についての覚書
――労働者・使用者概念の解釈を素材として――

土 田 道 夫

1 本稿の目的
2 労働者・注文企業間の労働契約の成否――労働契約法の解釈
3 労働者・注文企業間の労働契約の成否――立法政策
4 労組法上の使用者・労働者――労組法の解釈
5 結　語

1　本稿の目的

　本稿のテーマは，いうまでもなく，労働法学にとって永遠のテーマともいうべき大きな課題である。もっとも，本稿では，このような大きなテーマを本格的に扱うことはできない。日頃敬愛する渡辺章先生の古稀記念論集に執筆の機会を与えられたことから，労働者概念・使用者概念に関する最近の裁判例を素材に，労働法の解釈について日頃考えているところを纏めてみたにすぎない。ラフなスケッチであり，文字どおりの「覚書」にとどまるが，謹んで渡辺先生に捧げたい。

　雇用形態・就業形態の多様化を背景に発生した労使紛争に関して，最近，裁判例に登場した重要なテーマが二つある。第一は，企業（注文企業）が他企業（請負企業）から業務処理請負契約によって労働者（社外労働者）を受け入れて就労させる過程で発生するいわゆる「偽装請負」問題であり，ここでは，労働者・注文企業間の黙示の労働契約の成否（注文企業の労働契約上の使用者性。労契6条，2条2項）が問題となる。第二に，業務委託契約等の契約形式で就業する自営業者が就労条件の切下げ等に直面し，労働組合に加入して相手方企業に団体交渉を申し入れたところ，企業がこれを拒否した場合に，それら自営業者が労組法上の労働者（3条）に該当するか否かという問題が登場している。

　これらの紛争は，日本の雇用社会・雇用システムの変化を体現する現象で

労働法が目指すべきもの

あるとともに，法的には，労働者概念・使用者概念という労働法の基本問題に関する理論的再検討を要請している。この点，一口に「労働者」「使用者」といっても，それぞれ労基法，労働契約法，労組法において定義規定が存在し（「労働者」については労基9条，労契2条1項，労組3条。「使用者」については労基10条，労契2条2項），特に，広義の労働契約法分野（労基法，労働契約法）と集団的労働法分野（労組法）とでは異なる規範内容を有している。したがって，労働者・使用者概念については，広義の労働契約法分野・集団的労働法分野のそれぞれの特質をどのように考慮して解釈すべきかが重要な課題となる。本稿では，主としてこの課題に即して問題にアプローチし，「労働法の解釈方法」を考える一歩としたい[1]。

2　労働者・注文企業間の労働契約の成否——労働契約法の解釈

(1)　パナソニックプラズマディスプレイ事件

労働者・注文企業間の労働契約の成否という問題については，パナソニックプラズマディスプレイ事件[2]が重要である。事案は，注文企業（Y）と業務委託契約を締結している請負企業（訴外P社）に雇用され，平成16年1月以降，注文企業（Y）の工場において「偽装請負」形態で就労していた労働者（X）が大阪労働局に是正申告後，Yに直接雇用された後に雇止めされたため，Yの従業員たる地位の確認を求めたというものである。本件の直接の争点は，Yが平成17年12月に行ったXの雇止めの適法性であるが，その前提として，Xが直接雇用以前，注文企業としてのYで就労していた時期に，X・Y間に雇用契約が成立しているか否かが争われた[3]。

---

(1)　したがって，本稿は，労働者・使用者概念について網羅的に検討するものではない。本稿で取り上げるのは，社外労働者受入れの事例における受入（注文）企業の使用者性（労契2条2項），労組法上の使用者性（労組7条2号の「使用者」）および労組法上の労働者性（3条）の各論点である。

(2)　最判平成21・12・18民集63巻10号2754頁。本件については，土田道夫「判批」私法判例リマークス43号（2011年）50頁参照。

(3)　本件では，労働者（X）・注文企業（Y）間の法律関係の評価にとって前提問題となるY・P社間の業務委託契約およびX・P社間の法律関係について，①偽装請負形態の就労が労働者派遣として違法と評価されるのか，それとも，②違法な労働者供給と評価されるのかも争われた。詳細は省略するが，原審（後掲5）大阪高判平成20・4・25）が②を採用し，本件業務委託契約およびX・P社間の労働契約は，違法な労働者供給契約お

〔土田道夫〕　　　　　　　　　　　　*7*　労働法の解釈方法についての覚書

　一審は，X・Y間の雇用契約の成立を否定し，Xの請求を棄却した[4]ため，Xが控訴したところ，原審は，一審を取り消し，労働契約の成立を認めた[5]。すなわち，労働契約の成否は，当事者間の事実上の使用従属関係，労務提供関係および賃金支払関係から客観的に推認される意思の合致によって判断すべきであるところ，X・Y間に事実上の指揮命令関係があることのほか，P社がYから受領する業務委託料からP社の利益を控除した額を基礎に労働者に賃金を支払っていることから，Yによる賃金の実質的決定を認めうるものと解し，黙示の労働契約を肯定した。

　これに対して，Yが上告したところ，最高裁は，原審を破棄し，黙示の雇用契約の成立を否定した。判旨は，「YはP社によるXの採用に関与していたとは認められないというのであり，XがP社から支給を受けていた給与等の額をYが事実上決定していたといえるような事情もうかがわれず，かえって，P社は，Xに本件工場のデバイス部門から他の部門に移るよう打診するなど，配置を含むXの具体的な就業態様を一定の限度で決定し得る地位にあったものと認められる」ので，直接雇用以前の時期に，「YとXとの間において雇用契約関係が黙示的に成立していたものと評価することはできない」と述べる。

(2) **検　　討**

　上記二つの判断の間では，最高裁の判断が適切と解される。

(a) **問題の所在**

　本件で問題となった偽装請負とは，実態は労働者派遣であるが，業務処理請負・業務委託を偽装して行われるものをいう。すなわち，労働者派遣においては，労働者は派遣元企業との間で労働契約を締結しつつ，派遣先企業の指揮命令の下で就労する（労派遣2条1号）のに対し，業務処理請負においては，労働

　　よびその目的を達成する契約であり，職安法44条および公序違反として無効と判断したのに対し，最高裁は①を採用し，偽装請負形態で実施された労働者派遣も，労働者派遣である以上，職安法4条6項にいう労働者供給に該当する余地はなく，また，仮に労働者派遣法に違反する労働者派遣が行われたとしても，特段の事情のない限り，そのことのみから派遣労働者・派遣元間の雇用契約が無効になることはないと判示した。詳細は，土田・前掲2) 判批52頁参照。

(4)　大阪地判平成19・4・26 労判941号5頁。
(5)　大阪高判平成20・4・25 労判960号5頁。

労働法が目指すべきもの

契約の締結主体である請負企業自身が労働者に対する指揮命令を行い，必要な使用者責任を負担するが，その代わり，労働者派遣法の適用を受けない。偽装請負は，この請負形態を偽装し，労働者派遣法の規制を免れつつ，注文企業の指揮命令の下で労働者を就労させることをいう。

ところで，労働契約法6条は，「労働契約」について，「労働者が使用者に使用されて労働し，使用者がこれに対して賃金を支払うことについて労働者及び使用者が合意することによって成立する」と規定し，同法2条2項は，同法上の「使用者」について，「その使用する労働者に対して賃金を支払う者をいう」と規定する。この「使用者」は，通常は労働者が明示的に労働契約を締結している相手方をいい，業務処理請負においては，請負企業が「使用者」に当たる。しかし，本件のような偽装請負事例では，この建前が崩れ，注文企業が作業上の指揮命令を行うことから，労働者と注文企業との間の黙示の労働契約の成否が問題となる。講学上，「使用者概念の拡張」として議論されている問題である。

(b) 黙示の労働契約の成立要件

この問題について，学説は分かれており，一方では，労働者・注文企業間に指揮命令関係（使用従属関係）が存在する場合に，当該関係を根拠に，注文企業との労働契約を認める見解がある。使用従属関係が認められれば，当事者の意思の合致を要することなく労働契約の成立が認められると説く見解[6]や，労働契約の成立には意思の合致を要するとしつつも，使用従属関係自体から労働契約締結の黙示の意思を客観的に推認できると説く見解[7]等が見られる。

しかし，労働契約も「契約」である以上，その成立には当事者間の合意（意思の合致）を要するのであり，事実上の使用従属関係を労働契約に直結させることには飛躍があると解される。その根拠は，労働契約法が基本趣旨とする合意原則にある。

すなわち，労働契約法6条は，労働契約の成立要件として，労働者・使用者が「合意すること」を規定している。周知のとおり，労働契約法は，労働者・使用者が労働契約を「対等の立場における合意に基づいて締結し，又は変更すべき」こと（合意原則）を基本趣旨としており（3条1項），6条は，この合意原

---

[6] 本多淳亮『雇用調整と人事問題』（ダイヤモンド社，1978年）204頁。
[7] 萬井隆令『労働契約締結の法理』（有斐閣，1997年）251頁。

則を労働契約の成立要件に適用したものである[8]。もっとも，6条は，労働契約の成立に際して書面や要式を求めておらず，労働契約は諾成・不要式の契約であるから，当事者間の明示の合意のみならず，黙示の合意によっても成立しうる[9]。しかし同時に，6条は，「労働者が使用者に使用されて労働し」，使用者が「賃金を支払うこと」についての合意を求めており，労働契約は，労働の提供と賃金支払の対価関係を内容とする契約であるから，そのような対価関係が整ったと認められることが成立要件（同時に，労働契約法上の使用者［労契2条2項］の要件）となる。すなわち，労働者・注文企業間の黙示の労働契約を認めるためには，労働者が注文企業に対して労働義務を負い，かつ，注文企業が労働者に対する賃金支払義務を負担していると評価するに足りるだけの事実関係の存在を要するのである。黙示の労働契約説と呼ばれる見解であり，裁判例も，労働契約法の制定以前から，この立場に立っている[10]。

具体的には，①注文企業が指揮命令権以外に人事管理や配置権限を有して労働者を管理していることと，②注文企業が請負企業に支払う業務委託料を事実上，一方的に決定し，かつ，同委託料が賃金と自動的に連動するなど，注文企業が賃金を実質的に決定していることが黙示の労働契約の成立要件となる。労務提供・賃金支払いの双方について注文企業が実質的に関与していることを求める点で，相当厳しい要件といえる。この結果，多くの裁判例は，注文企業・労働者間の指揮命令関係を認めつつも，請負企業が賃金を独自に決定していること[11]や，請負企業が独自に人事管理を行っていること[12]等から黙示の労働契

---

[8] 合意原則については，土田道夫『労働契約法』（有斐閣，2008年）38頁，同「労働契約法の解釈」季刊労働法221号（2008年）6頁，同「労働契約法の意義と課題——合意原則と労働契約規制のあり方を中心に」日本労働法学会誌115号（2010年）5頁参照。

[9] 土田道夫＝山川隆一＝島田陽一＝小畑史子『条文から学ぶ労働法』（有斐閣，2011年）182頁。

[10] 菅野和夫『労働法［第9版］』（弘文堂，2010年）104頁，土田・前掲注[8]書57頁。裁判例として，サガテレビ事件・福岡高判昭和58・6・7判時1084号126頁，大阪空港事業事件・大阪高判平成15・1・30労判845号5頁，マイスタッフ［一橋出版］事件・東京高判平成18・6・29労判921号5頁，積水ハウスほか事件・大阪地判平成23・1・26労経速2098号2頁など。裁判例については，中山慈夫「偽装請負と黙示の労働契約——松下プラズマディスプレー事件高裁判決を契機として」山口浩一郎ほか編『安西愈先生古稀記念論文集　経営と労働法務の理論と実務』（中央経済社，2009年）37頁参照。

[11] 前掲注[10]サガテレビ事件。

[12] 前掲注[10]大阪空港事業事件。

約を否定している[13]。

これに対して、本件原審は、X・Y間の黙示の労働契約を肯定し、社会的注目を集めた。原審も、一般論としては、従来の裁判例と同様、黙示の労働契約説を採用している。しかし、原審は、具体的判断において、XがP社から受領する賃金につき、YがP社に支払う業務委託料からP社の利益を控除した額を基礎としていることから、Yが実質的に賃金を決定していたと判断してX・Y間の賃金支払関係を認め、黙示の労働契約を肯定した。

(c) **本判決の意義・評価**

しかし、最高裁は、前記のように判示して原審を斥け、X・Y間の黙示の雇用契約の成立を否定した。この判断は、従来の裁判例（黙示の労働契約説）に即したオーソドックスな判断といいうる。すなわち、判旨は、黙示の雇用契約の成否について、原審のような一般論を展開しているわけではない。しかし、判旨が掲げる判断要素（Xの採用、賃金決定、就業態様の決定へのYの関与の有無・程度）から見て、黙示の労働契約説を継承し、黙示の雇用契約の成立要件として、指揮命令関係（使用従属関係）に加え、労働者（X）と注文企業（Y）との間に実質的な労務提供関係・賃金支払関係が存在することを求める立場といえよう。その上で、判旨は、本件では、そのような黙示の雇用契約は認められないと判断したものである。労働契約法が基本趣旨とする合意原則（労契3条1項、6条）からは、妥当な判断と評価できる[14]。

本件の具体的判断としては、賃金の支払関係に関する判断が注目される。この点、原審は、P社がYから受領する業務委託料からP社の利益を控除した額を基礎にXに賃金を支払っている事実から、直ちにYによる賃金の実質的決定を認めたが、これに対しては、請負労働者の賃金が業務委託料を基礎として（連動して）支給されるのは当然であり、Yによる賃金の実質的決定を認める理由づけとしては不十分であるとの批判がなされていた[15]。本判決は、Xの

---

[13] 他方、黙示の労働契約説を前提に、付添婦紹介所から派遣された病院付添婦と病院との間の労働契約の成立を肯定した裁判例もある（安田病院事件・最判平成10・9・8労判745号7頁）。本件では、付添婦が労働時間や配置の面で完全に病院の管理下に置かれ、患者数に関係なく病院が定額給与を決定し支払っていることが決め手とされた。土田道夫「判批」労旬1467号（1999年）36頁参照。

[14] パナソニックプラズマディスプレイ事件最判後の同旨裁判例として、日本化薬事件・神戸地姫路支判決平成23・1・19労経速2098号24頁など。

「給与等の額を Y が事実上決定していたといえるような事情もうかがわれ」ないと述べるのみで，特段理由を述べていないが，上記判示によって，原審の立場を明確に否定したものと解される。

(3) 規範的解釈論について

もっとも，このような合意原則重視の考え方に対しては，偽装請負が横行する実態を直視せず，偽装請負という脱法行為を意図的に行う企業に対する法規制のあり方として不十分であるとの批判が考えられる。

この点，学説では，黙示の労働契約の成否を判断するに際して，直接雇用原則（労働者とこれを利用する労務提供受領者との関係については，労働契約の成立を原則とすべしとの考え方）という規範的要素を組み入れて意思解釈を行い，労働契約の成立を肯定する見解が見られる（規範的解釈論）。たとえば，偽装請負のような労働者派遣法等の脱法的事案では，労働者が受入企業との労働契約を望む限り，受入企業に対する労務の提供と受入企業による業務委託料の支払いによって労務提供・賃金支払関係を認め，労働契約締結の黙示の合意を認めることが直接雇用原則に合致すると解し，規範的解釈の妥当性を説く見解がある[16]。また，直接雇用原則の例外である三者間労働関係によって第三者の労働力を受け入れる者（注文企業）は信義則上，その適正利用義務を労働者に対して負うと解した上，偽装請負のように，注文企業が上記義務に違反した場合は，注文企業は，請負の法形式において当然の前提となる請負企業による賃金支払いの事実を黙示の労働契約の成立を妨げる事実として主張することは許されないと説く見解も見られる[17]。

しかし，労働契約を含めて，およそ契約の成立にとっては当事者間の合意（意思の合致）が必須の要件となるのであり（合意原則［労契6条］），そこに直接雇用原則といった規範的要素を組み込むことは適切でない。もとより，労働契約に関する黙示の合意を問題とする以上，労務提供・賃金支払関係という当事者

---

[15] 島田陽一＝土田道夫「ディアローグ労働判例この1年の争点」日本労働研究雑誌580号（2008年）32頁。
[16] 豊川義明「違法な労働者供給関係における供給先と労働者との黙示の労働契約の成否—規範的解釈の妥当性—」甲南法学50巻4号（2010年）225頁。
[17] 毛塚勝利「偽装請負・違法派遣と受入企業の雇用責任」労働判例966号（2008年）5頁以下。

労働法が目指すべきもの

間の客観的関係を基礎に労働契約の成立を肯定する余地はあるが、これはあくまで当事者意思を推認する作業であり、かつ、当該労務提供の事実関係から導き出されるべきものである。規範的解釈論は、こうした関係（特に賃金支払関係）が存在しない本件において、これを補う要素として直接雇用原則という契約外在的要素（規範的要素）を主張するが、当事者の意思解釈のアプローチとしては問題がある。後者の見解が説く第三者労働力の適正利用義務についても、仮に注文企業にそうした義務を認める余地があるとしても、同義務違反の効果として、黙示の労働契約の成否に関する最も基本的な判断要素である賃金支払関係について、客観的事実と相反する法的評価を導き出す効果を認めることには飛躍があり、かつ、合意原則を軽視する解釈といわざるをえない[18]。

ここで私が強調したいのは、次の点である。すなわち、「偽装請負」自体は雇用のあり方として問題があることは明白であり、企業の顕著な法令違反行為に対しては、コンプライアンス（法令遵守）の観点から、何らかのサンクションがあって然るべきである。しかし、だからといって、労働契約成立の要素が整ったものと評価できないケースについて、無理に黙示の労働契約を肯定することは、契約の成立にとって必須の当事者間の合意要件（合意原則）をないがしろにする結果となる。要するに、派遣労働者の救済という結果の妥当性を追うあまり、労働契約の成立に関する合意の要件を軽視することは、労働契約法の解釈としては適切でない[19]。

---

[18] 注文企業の第三者労働力適正利用義務を認めるとしても、その効果は、同義務違反によって生じた労働者の精神的損害に対する賠償責任（慰謝料）にとどまると解される。そのような責任は、本文で後述するとおり（2(4)）、注文企業の不法行為責任（民709条）を認めることによっても肯定できる。中山・前掲注[10]論文43頁も参照。

[19] 島田陽一＝土田道夫「ディアローグ労働判例この1年の争点」日本労働研究雑誌604号（2010年）34頁参照。この点、規範的解釈論は、規範的解釈の例として、当事者の意思・合意と無関係に、信義則（民1条2項）等を根拠に権利義務が創造される場合があることを指摘する（豊川・前掲注[16]論文257頁）。確かに、労働契約が成立した後の権利義務の設定の場面では、安全配慮義務（現行法上は労契5条）をはじめとして、信義則等に基づく権利義務（契約規範）の設定が認められることが少なくない。しかし、黙示の労働契約の成否が問題となるのは、いうまでもなく、そもそも労働契約が成立するか否かという場面においてである。それは本来、契約締結の自由の原則が妥当し、当事者の意思の合致（合意）を最大限尊重すべき場面であり、契約成立後の権利義務設定の場面と同一に考えることはできない。黙示の労働契約の成立については、あくまで合意原則に従い、当事者間の合意を要件と解すべきである。

(4) 不法行為法の役割

では，偽装請負に対するサンクションが解釈論上，全く不可能かといえば，そうではなく，不法行為法（民709条）による対処が可能である。この点，本件では，一審から最高裁に至るまで，注文企業（Y）が労働者（X）の労働局への偽装請負申告後に直用後，Xにリペア作業を行わせたことにつき，その必要性に乏しく，直接雇用に備えて殊更に用意した作業という側面があるとして不法行為が肯定されてきたが，Xの雇止めについても，労働局への申告を理由とする報復ないし不利益取扱いという側面を有することは否定できず，不法行為を肯定する余地がある[20]。

この点，最高裁判決は，YがXにリペア作業を行わせたことに加え，Xの雇止めに至るYの行為も，上記労働局への申告以降の事態の推移を全体として見れば，上記申告に起因する不利益な取扱いと評価できるとして不法行為を認め，Yに損害賠償を命じている。これに対しては，リペア作業の点はともかく，雇止めについては，その有効性を認めながら不法行為と評価するのは整合しないとの批判がなされうる。しかし，本判決は，Xの労働局申告から雇止めに至るYの対応全体を見て違法性の強い行為と評価したものであり，その一環として，Xの雇止めにつき，労働局申告に起因する不利益取扱いと評価したものと解される[21]。偽装請負という法令違反行為に対するサンクションの必要性という前記の観点からも，妥当な判断と評価できる。

3 労働者・注文企業間の労働契約の成否——立法政策

(1) 労働契約申込みみなし規定

以上のように，偽装請負事例については，不法行為法による対処が可能であるが，他方，労働者・注文企業間の黙示の労働契約の成立を直ちに肯定することは難しい。これに対し，偽装請負事例について，両者間の労働契約の成立を立法によって認めることは，当然ながら可能である。注文企業が労働者を偽装請負形態で就労させた場合に，そのサンクションとして，注文企業に労働者との間の労働契約を強制する規範が立法として整備されれば，その政策的当否はともかく，労働契約の成立要件である合意要件との関係では問題はない。合意

---

[20] 島田＝土田・前掲注(15)ディアローグ32頁，同・前掲注(19)ディアローグ35頁参照。
[21] 岡田幸人「時の判例」ジュリスト1417号（2011年）147頁。

労働法が目指すべきもの

原則という基本的要件を破る例外が法規範として定立されるからである。

この点，2010年の民主党政権成立後に閣議決定され，国会への提出が予定されている労働者派遣法改正法案は，偽装請負を含む違法派遣の場合，派遣先企業が違法であることを知りながら派遣労働者を受け入れているときは，派遣先企業が派遣労働者に対して労働契約の申込みをしたものとみなす旨の規定を置いている（40条の6第1項）。

すなわち，改正法案40条の6第1項は，「労働者派遣の役務の提供を受ける者……が次のいずれかに該当する行為を行った場合には，その時点において，当該労働者派遣の役務の提供を受ける者から当該労働者派遣に係る派遣労働者に対し，その時点における当該派遣労働者に係る労働条件と同一の労働条件を内容とする労働契約の申込みをしたものとみなす。ただし，労働者派遣の役務の提供を受ける者が，その行った行為が次のいずれかの行為に該当することを知らず，かつ，知らなかったことにつき過失がなかったときは，この限りでない」と規定する。そして，違法派遣の類型（「次のいずれかの行為」）としては，①禁止業務への派遣受入れ（改正法案4条3項違反），②無許可・無届の派遣元からの派遣受け入れ（同24条の2違反）③期間制限を超えての派遣受入れ（同40条の2違反），④偽装請負（労働者派遣法等の適用を免れる目的で，請負その他労働者派遣以外の名目で契約を締結し，改正法案26条1項各号に掲げる事項を定めずに労働者派遣の役務の提供を受けること）の4点を掲げている。また，改正法案40条の8は，労働契約の申込みを派遣労働者が承諾したにもかかわらず，派遣先企業が労働者を就労させない場合について，厚生労働大臣が就労に関する助言，指導または勧告をなしうること等を規定する。

(2) 評　価

労働契約申込みみなし規定の立法政策に対しては，契約締結の自由（使用者から見れば「採用の自由」）を過度に制約するものとの批判がなされており[22]，私も，慎重な検討が必要と考える。しかし他方，①対象となる違法派遣を行為態様が悪質な場合に限定し，②派遣先企業の主観的要件を加重する等の工夫を凝らせば，違法派遣に対する実効的なサンクションとして機能するものと解され

---

[22]　たとえば，小嶌典明『労働市場改革のミッション』（東洋経済新報社，2011年）253頁以下。

る。①については，偽装請負を対象となる違法派遣の一つとして列挙することに問題はないであろう。一方，②については，改正法案は，派遣先企業が違法派遣であることを知らなかったことについての過失の存在を要件としているが，派遣先企業が違法派遣を偽装する意図を有していたことを主観的要件として加重する選択肢もあろう。

いずれにせよ，偽装請負という法令違反行為に対して，労働者・注文企業間の黙示の労働契約の成立を広く認めることが解釈論上は困難とすれば，労働契約申込みみなし規定の立法は，解釈論に内在する限界を補い，企業の法令違反行為を是正する機能を営むものと解される。

4　労組法上の使用者・労働者——労組法の解釈

(1)　労組法上の使用者
(a)　**労組法の趣旨・目的**

しかしながら，立法という作業には時間がかかる。現に，上記の労働者派遣法改正法案も，法案そのものは完成しているが，様々な政治状況から国会審議入りさえできない状況にある。では，立法以外に，偽装請負就労に直面した労働者を救済する方法はないであろうか。ここで重要となるのが労働組合の活動，特に団体交渉であり，それを法的にサポートする憲法28条および同条の保障を具体化した労働組合法（労組法）である。

労組法が労働契約の成立や権利義務を律する法（労契6条等）と全く異なるのは，労組法は，労働契約上の地位や権利義務を確定するための法ではなく，労使間の集団的交渉関係（団体交渉）を促進・助成することを目的とする法（交渉促進規範）だということである。したがって，労組法に関しては，同法の趣旨・目的（団体交渉の促進・助成）をふまえて柔軟に解釈する必要がある。

(b)　**「労組法上の使用者」の意義**

労組法は，労働者（3条）と異なり，使用者の定義規定を置いていない。しかし，労組法7条は，使用者の不当労働行為を禁止しており，この不当労働行為の主体としての「使用者」（労組法7条の「使用者」）か否かが労組法上の使用者性として問題となる。この点，労組法に関する以上の解釈方法によれば，パナソニックプラズマディスプレイ事件においても，注文企業は労働契約上の使用者性（労働者との間の黙示の労働契約の成立）を否定されるにせよ，労組法上の

労働法が目指すべきもの

使用者性を肯定されることがある。労組法上の使用者は，同法の趣旨・目的に伴い，労働契約法上の使用者（労契2条2号）より広く解されるからである。

たとえば，本件事案において，労働者（X）が注文企業（Y）に直接雇用後に雇止めされた後，労働者が加入する労働組合が注文企業に対して雇止めの撤回に関する団体交渉を申し入れたのに対し，注文企業がこれを拒否したとしよう。この場合，注文企業は，労組法上の使用者と解され，団交応諾義務を肯定される可能性が高い。

すなわち，労組法7条2号は，使用者が正当な理由なく団体交渉を拒むことを不当労働行為として禁止しているところ，不当労働行為制度は，使用者による団交拒否等の団結権侵害行為を排除・是正して正常な労使関係を回復することを目的とする制度である。したがって，「使用者」を契約当事者としての使用者に限定する必要はなく，上記の目的を達成するために必要な当事者性を備えた者を使用者と認めることが制度の趣旨に合致する[23]。具体的には，労組法上の使用者（労組7条2号の「使用者」）は，「労働契約関係ないしはそれに近似ないし隣接する関係を基盤として成立する団体的労使関係上の一方当事者」を意味するが，「労働契約に隣接する関係」の典型例として，近い過去において労働契約があった者との関係が挙げられる。たとえば，使用者が労働者を解雇した場合，労働契約上は使用者ではないが，その労働者が所属する労働組合との関係では労組法7条の使用者とされ，解雇の撤回や解雇条件に関する団体交渉を拒否することはできない[24]。同様に，上記雇止めのケースでも，注文企業は，「労働契約に隣接する関係」にある者として使用者と評価されるものと解される。また，注文企業が派遣労働者の直接雇用化を決定した後に，直接雇用後の労働条件に関する団体交渉を拒否したようなケースでは，近い将来において労働契約に立つ可能性がある者として使用者性を肯定されうる[25]。

---

[23] 朝日放送事件・最判平成7・2・28民集49巻2号559頁。土田道夫『労働法概説』（弘文堂，2008年）414頁参照。

[24] 菅野・前掲注[10]668頁。土田・前掲注[23]414頁も参照。

[25] クボタ事件・東京地判平成23・3・17労経速2105号13頁。同事件は，この判断を基礎に，派遣先会社が派遣労働者の直接雇用化を決定した後に団体交渉を拒否したという事実関係をふまえて，団体交渉申入れが行われた時点においては，派遣先会社・組合員間に，近い将来において労働契約関係が成立する現実的かつ具体的可能性が存在していたと解し，派遣先会社は労組法7条の「使用者」に該当すると判断している。

〔土田道夫〕　　　　　　　　　　　　　　7　労働法の解釈方法についての覚書

　さらに，パナソニックプラズマディスプレイ事件のような社外労働者受入れのケースにおいて，請負企業や派遣元企業の労働者（社外労働者）で組織する労働組合が，注文企業や派遣先企業における就労時の労働条件について団体交渉を申し入れた場合は，「労働契約に近似する関係」として，注文企業・派遣先企業の使用者性が肯定されうる。判例も，不当労働行為制度の上記趣旨をふまえれば，労働契約上の使用者（雇用主）以外の事業主であっても，「雇用主から労働者の派遣を受けて自己の業務に従事させ，その労働者の基本的な労働条件等について，雇用主と部分的とはいえ同視できる程度に現実的かつ具体的に支配，決定することができる地位にある場合には，その限りにおいて……同条の『使用者』に当たる」と判断している[26]。

　こうして，労組法上の使用者は，労働契約法上の使用者（労働契約の成否）とは全く異なる観点から判断される。ここでは，労働契約法上の使用者性について必須の要件となる当事者間の合意（意思の合致）は意味を失い，むしろ，誰との間で団体交渉を行わせることが労組法の趣旨・目的に合致するかという観点から使用者性が決定されるのである。この結果，労組法上の使用者概念は拡大されることになる[27]。

　前記のとおり，労働者派遣法の改正（立法）はさほど容易ではない。さればといって，偽装請負事例において，労働者・注文企業間の黙示の労働契約を安

---

[26]　前掲注(23)朝日放送事件。具体的には，受入（注文）会社が労働者の勤務時間や労務提供の態様を決定し，その社員であるディレクターの指揮監督の下で就労させている場合は，上記労働条件限りで労組法7条の「使用者」に当たり，団交応諾義務を負うと判断している。

[27]　もっとも，偽装請負事例において，注文企業が未だ労働者の直接雇用化を決定していない段階で，労働者やその加入する組合が注文企業に対して労働者の直接雇用化を要求したようなケースでは，注文企業の労組法上の使用者性を肯定できるかは微妙である。この段階では，派遣先企業は，「雇用主から労働者の派遣を受けて自己の業務に従事させ」（前掲朝日放送事件）ているとはいえても，未だ第三者であり，直接雇用化（採用＝労働契約の締結）という「基本的な労働条件等について，雇用主と部分的とはいえ同視できる程度に現実的かつ具体的に支配，決定することができる地位にある」（前掲(23)朝日放送事件）とはいい難い面があるからである（そもそも「採用＝労働契約の締結」が「労働条件」に該当するかという問題もある）。その意味では，労組法上の使用者概念の拡張にも一定の限界がある。2(3)で検討した規範的解釈論は，労組法に関するこうした解釈論上の限界を意識して主張されているものとも解され，その意図は理解できるが，法理論上は，本文に述べた点から賛成できない。

労働法が目指すべきもの

易に肯定することは，合意原則と抵触し，労働契約法の解釈としては問題がある (2)(2)(3))。そうだとすれば，偽装請負のような問題については，労組法によって労働者・使用者間の団体交渉を促進・助成し，問題を解決することが重要となる。裁判所は，労組法上の法律問題に関しては，労組法のこうした役割（趣旨・目的）を適切に考慮して解釈を行うべきである。

(2) 労組法上の労働者
(a) 学説・裁判例

ところが，近年，労組法のこうした役割（交渉促進規範）を適切に考慮しない裁判例が登場し，問題となった。労組法上の労働者（3条）に関する裁判例である。

従来，労組法上の労働者は，労基法・労働契約法上の労働者より広い概念と解されてきた。すなわち，労基法9条・労働契約法2条1項は，労働条件保護や契約保護のルールを及ぼすべき者を画定するための労働者の定義規定であり，労基法・労働契約法上の労働者は，両規定の文言（労契2条1項によれば，「使用者に使用されて労働し，賃金を支払われる者」）に即して，「使用従属性」および「報酬の労務対償性」を要件に判断される[28]。これに対し，労組法3条は，団体交渉助成のための労組法の保護を及ぼすべき者はいかなる者かという観点からの定義規定であり，「使用され」ることを要件としていないから，労務提供条件

---

[28] 具体的には，労働基準法研究会報告書「労働基準法の『労働者』の判断基準について」がより詳細な判断基準を示している。すなわち，報告書は，労働者性の判断基準を「使用従属性に関する判断基準」と，「労働者性の判断を補強する要素」に大別し，「使用従属性に関する判断基準」を，さらに①「指揮監督下の労働」に関する基準と，②報酬の労務対償性に関する判断基準に分けた上，①については，a 仕事の依頼，業務従事の指示に対する諾否の自由，b 業務遂行上の指揮監督，c 場所的・時間的拘束性，d 代替性を判断要素として掲げ，②については，報酬の算定方法や支払方法を判断要素として掲げている（労働省労働基準局編『労働基準法の問題点と対策の方向―労働基準法研究会報告書』（日本労働協会，1986年）53頁）。その後の裁判例も，おおむねこの判断基準を採用し，各判断要素を総合して労働者性を判断している（新宿労基署長事件・東京高判平成14・7・11労判832号13頁，ソクハイ事件・東京地判平成22・4・28労判1010号25頁等）。土田・前掲注(8)書48頁，土田道夫「『労働者』性判断基準の今後―労基法・労働契約法上の『労働者』性を中心に」ジュリスト1426号（2011年）50頁参照。

なお，労基法上の労働者と，労働契約法上の労働者の関係・異同については，土田・前掲ジュリスト論文50頁注5)およびそこに掲げた文献参照。

に関して団体交渉の保護を及ぼす必要性と適切性がある者を含むより広い概念である。換言すれば，労組法上の労働者は，労働契約の下で労働し，「使用従属性」を認められる者に加え，その者と同程度に団体交渉の保護を及ぼす必要性・適切性が認められる労務供給者を意味する，と(29)。団体交渉の促進・助成という労組法の趣旨・目的（交渉促進規範）を重視する立場といいうる。

判例は，一般論を明示しているわけではないが，独立性の強い事業者（放送局との間で自由出演契約を締結し，他社・他局への出演も自由とされているオーケストラ楽団員）について，①自由出演契約は，放送のつど演奏者と契約を締結することの困難さ・煩雑さを回避し，楽団員をあらかじめ事業組織に組み入れて演奏労働力を恒常的に確保しようとする契約であり，②契約の文言はともかく，当事者の認識によれば，楽団員は放送局の出演依頼に原則として応ずる義務があり，放送局が指揮命令権能を有していないとはいえず，③楽団員の報酬も，演奏という労務提供それ自体への対価と評価できる等として労組法上の労働者と判断していた(30)。労組法上の労働者を幅広く解釈する趣旨の判断と解される。

これに対して，近年，労組法上の労働者を労基法・労働契約法上の労働者と同一視し，その範囲を限定的に解釈して使用者の団交応諾義務を否定する高裁判決が続出した。こうした紛争の背景には，冒頭に述べた雇用・就業形態の多様化がある。すなわち，企業と業務委託契約等を締結して修理業務を行う個人業者や，契約制のオペラ合唱団員のように，労働者と事業者のグレーゾーンに位置する人々が就労条件の切下げ等の事態に直面して労働組合に加入し，労働組合が団体交渉を申し入れたところ，会社等がこれを拒否したことが団交拒否の不当労働行為（労組7条2号）に該当するか否かが争われている。そして，この問題の前提として，そもそもそれらの人々が労組法上の労働者に該当するか否かが争われたのである。

典型的裁判例として，INAXメンテナンス事件原審(31)は，企業と業務委託契約を締結して商品修理サービスを提供するカスタマーエンジニア（CE）の労働者性につき，労組法上の労働者を「他人（使用者）との間において，法的な使

---

(29) 菅野・前掲注(10)511頁。この結果，労組法上の労働者は，契約形式上は請負・委任形式で労務を提供する者を含む概念と解される。

(30) CBC管弦楽団事件・最判昭和51・5・6民集30巻4号437頁。

(31) 東京高判平成21・9・16労判989号12頁。

労働法が目指すべきもの

用従属の関係に立って，その指揮監督の下に労務に服し，その提供する労務の対価としての報酬を受ける者」と定義する。そして，具体的判断としては，CE は，自らが行う修理業務等を理由とする会社からの業務委託の拒絶を認められ，業務委託契約上も債務不履行事由とされていないこと，CE は，各種マニュアルに基づく業務遂行を求められるものの，具体的な修理方法は裁量に委ねられ，時間的・場所的拘束も受けていないこと，報酬についても，CE の裁量による増額を認めていること等を理由に労組法上の労働者性を否定した。労組法上の労働者について，労基法・労働契約法上の労働者と同様，使用従属性の有無を重視する判断といいうる。同旨の裁判例として，新国立劇場のオペラ合唱団員の労組法上の労働者性を否定した新国立劇場運営財団事件原審[32]や，企業と業務委託契約を締結して修理業務を行う個人代行店主の労働者性を否定したビクターサービスエンジニアリング事件[33]が挙げられる。

(b) **最高裁 2 判決**

これに対して，最高裁は，INAX メンテナンス事件および新国立劇場運営財団事件に関して，原審を破棄し，各事案における労務提供者の労組法上の労働者性を肯定する判断を示した（以下，「本件 2 判決」)[34]。そして，INAX メンテナンス事件については，破棄自判により不当労働行為の成立を認め，新国立劇場運営財団事件については，不当労働行為の成否に関して原審に差し戻した。

本件 2 判決の判断手法を見ると，労組法上の労働者に関する一般論を判示せず，各事件の事実関係を法的に評価した上，それら事情を総合考慮して労働者性を検討するという手法を採用している。すなわち，本件 2 判決は事例判断である。たとえば，INAX メンテナンス事件は，① CE は，ライセンス制度やランキング制度の下で管理されるなど，会社の事業の遂行に不可欠な労働力として，その恒常的な確保のために会社組織に組み入れられていたこと，② CE と会社間の業務委託契約については，会社がその内容を一方的に決定していたこと，③ CE の報酬は，労務の提供の対価としての性質を有するといえること，④ CE は，業務委託の承諾拒否を理由に債務不履行責任を追及されることがな

---

[32] 東京高判平成 21・3・25 労判 981 号 13 頁。
[33] 東京高判平成 22・8・26 労経速 2083 号 23 頁。
[34] INAX メンテナンス事件・最判平成 23・4・12 労判 1026 号 27 頁，新国立劇場運営財団事件・最判平成 23・4・12 労判 1026 号 6 頁。

178

かったものの，当事者の認識や契約の実際の運用においては，基本的に会社による業務依頼に応ずべき関係にあったこと，⑤CE は，会社が指定する担当地域内において，会社が指定する業務遂行方法に従い，その指揮監督の下に労務の提供を行うほか，場所的にも時間的にも一定の拘束を受けていたこと等を説示した上，「以上の諸事情を総合考慮すれば，CE は，……労働組合法上の労働者に当たると解するのが相当である」と判断している(35)。

このように，本件2判決は，労組法上の労働者性について，事業組織への組入れ（労務提供者が事業主の企業組織に組み入れられていること），契約内容の一方的決定（契約内容について相手方の一方的決定に服していること），報酬の労務対償性，業務従事への諾否の自由，使用従属性（業務遂行上の指揮監督，時間的・場所的拘束性）といった多様な要素を総合的に考慮している。したがって，最高裁が労組法上の労働者の一般的概念をどのように解し，また，上記諸要素のうちどの要素を重視したのかは明らかでない。

しかし一方，本件2判決が掲げる判断要素のうち，①事業組織への組入れの要素および②契約内容の一方的決定の要素は，従来，労基法・労働契約法上の労働者については考慮されてこなかった要素である(36)。したがって，本件2判決がこれら2要素を掲げたことは，労組法上の労働者について独自の判断要素を示したものということができる。すなわち，本件2判決は，労基法・労働契約法上の労働者と労組法上の労働者に共通する要素（報酬の労務対償性，業務従事

---

(35) また，新国立劇場運営財団事件は，①新国立劇場の契約メンバー（合唱団員）は，財団との間の出演基本契約締結によって，原則として年間シーズンのすべての公演に出演可能な契約メンバーとして確保され，各公演の実施に不可欠な歌唱労働力として財団の組織に組み入れられていたこと，②契約メンバーは，財団との間の契約条項の内容はともかく，当事者の認識や契約の実際の運用においては，基本的に財団からの個別公演出演の申込みに応ずべき関係にあったこと，③契約メンバー・財団間の出演基本契約の内容は，財団により一方的に決定されていたこと，④契約メンバーは，個別公演および稽古について，財団が指定する日時・場所において，財団の指揮監督下で歌唱の労務を提供し，歌唱の内容については合唱指揮者の指揮を受け，稽古参加については財団の監督を受けていたこと，⑤契約メンバーの報酬は，歌唱労務の提供それ自体の対価と見られること等の事情を総合考慮すれば，契約メンバーは，労組法上の労働者に当たると判断している。

(36) 前記のとおり（本項(2)(a)，前掲注(28)），労基法・労働契約法上の労働者の主要な判断要素は「使用従属性」および「報酬の労務対償性」に求められ，①事業組織への組入れの要素および②契約内容の一方的決定の要素は，同労働者の判断要素とはされていない。

労働法が目指すべきもの

への諾否の自由，使用従属性［業務遂行上の指揮監督，時間的・場所的拘束性］）によって労組法上の労働者性を判断しつつ，労組法上の労働者について，①事業組織への組入れおよび②契約内容の一方的決定の要素を提示したものと解される[37]。

(c) 学　説

学説は，本件2判決原審の登場後，ほぼ一致して原審批判の論陣を張り，労組法上の労働者を広く解する立場に立ってきた。その理論的根拠は，前述した労組法の趣旨・目的に求められているが，具体的判断方法は多岐に分かれている。

大別すると，(a)いわゆる経済的従属性（自ら労務を供給し，その対価としての報酬を支払われ，独立事業者でないという特質）を重視する見解[38]，(b)経済的従属性（契約内容について相手方の一方的決定に服していること［(a)説が説く経済的従属性とは必ずしも一致しない］）とともに，労基法・労働契約法上の労働者の要件である使用従属性（契約締結・仕事の依頼への諾否の自由，勤務時間・場所の拘束性，業務遂行上の指揮監督）を労組法上の労働者の要件としても重視しつつ，契約の実際の運用や当事者の認識に即してより実質的かつ柔軟に解釈すべきことを説く見解[39]，(c)①組織的従属性（労務提供者が事業主の企業組織に組み入れられていること），②経済的従属性（契約内容について相手方の一方的決定に服していること）および③報酬の労務対償性（労務提供者が受領する報酬がその額や性格に照らして労務提供への対価と評価できること）の3点を労組法上の労働者性の中心的な判断要素と解しつつ，使用従属性については補完的な要素であり，不可欠の要素と解する必要はないと説く見解[40]に分かれる。私見は(b)説を支持するが，本件2判決の登場以降は，同判決を先取りした観のある(c)説が有力となりつつある[41]。

---

[37] 本件2判決については，菅野和夫「業務委託契約者の労働者性」ジュリスト1426号（2011年）4頁，水町勇一郎「労働組合法上の労働者性」ジュリスト1426号10頁，岩村正彦＝荒木尚志＝村中孝史「鼎談　労働組合法上の労働者性をめぐって」ジュリスト1426号23頁，土田道夫「労組法上の労働者—二つの最高裁判決を受けて」労旬1745号（2011年）46頁，土田・前掲注(28)論文49頁参照。労旬1745号掲載の本件2判決に関する各論評も参照。

[38] 川口美貴「労働組合法上の労働者と理論的課題」労委労協642号（2009年）2頁。

[39] 土田道夫「『労働組合法上の労働者』は何のための概念か」季刊労働法228号（2010年）127頁。

[40] 山川隆一「労働者概念をめぐる覚書」労委労協651号（2010年）2頁。

[41] 学説については，竹内(奥野)寿「労働組合法上の労働者性について考える——なぜ

(d) 「労使関係法研究会報告書」

　また，本件 2 判決後に示された厚生労働省の「労使関係法研究会報告書（労働組合法上の労働者性の判断基準について）」(2011 年 7 月 25 日) は，労組法上の労働者に関する判断基準を次のように整序している。すなわち，「報告書」は，労組法上の労働者に関する基本的考え方として，労基法・労契法上の労働者と異なり，団体交渉の助成を中核とする労組法の趣旨に照らして，団体交渉法制による保護を与えるべき対象者という視点から検討すべき旨を説く。そして，労組法上の労働者の基本的判断要素として，①事業組織への組入れ（労務供給者が相手方の業務の遂行に不可欠ないし枢要な労働力として組織内に確保されているか），②契約内容の一方的・定型的決定（契約の締結の態様から，労働条件や提供する労務の内容を相手方が一方的・定型的に決定しているか）および③報酬の労務対価性（労務供給者の報酬が労務供給に対する対価又はそれに類するものとしての性格を有するか）を掲げ，また，補充的判断要素として，④業務の依頼に応ずべき関係（労務供給者が相手方からの個々の業務の依頼に対して，基本的に応ずべき関係にあるか）および⑤広い意味での指揮監督下の労務提供，一定の時間的場所的拘束（労務供給者が，相手方の指揮監督の下に労務の供給を行っていると広い意味で解することができるか，労務の提供にあたり日時や場所について一定の拘束を受けているか）を掲げている。①ないし③の要素を基本的判断要素と解する理由としては，労働力の利用をめぐって団体交渉によって問題を解決すべき関係があることを示す要素であること（①），労務供給者が会社等に対して団体交渉による法的保護を保障すべき交渉力格差があることを示す要素であること（②），労務供給者が自らの労働力を提供して報酬を得ていることを示す要素であること（③）を挙げる。

　このように，「労使関係法研究会報告書」は，本件 2 判決と同様，①事業組織への組入れおよび②契約内容の一方的決定の要素を重視している。しかし同時に，これら 2 要素を③報酬の労務対価性とともに基本的判断要素として位置づけを明確化しつつ，その理論的根拠を明示した点，また，その前提として，労組法上の労働者について，団体交渉法制による保護を与えるべき対象者と把握した点に重要な理論的意義を有するといえよう。

『労働契約基準アプローチ』なのか？」季刊労働法 229 号（2010 年）100 頁，水町・前掲注(37)論文 15 頁以下参照。

労働法が目指すべきもの

(e) 中労委命令

さらに，中労委は，本件2判決より以前に，会社と運送請負契約を締結して配送業務を行う配送員の労組法上の労働者性につき，①事業組織への組入れ，②契約内容の一方的決定および③報酬の労務対価性の要素を重視する判断を示した（ソクハイ事件）[42]。すなわち，①労務供給者が発注主の事業活動に不可欠な労働力として恒常的に労務供給を行うなど，発注主の事業組織に組み込まれているといえるか，②労務供給契約が実際上，対等な立場で個別的に合意されるのではなく，発注主により一方的・定型的・集団的に決定されているといえるか，③労務供給者への報酬が労務供給に対する対価ないし同対価に類似しているといえるかという判断要素に照らして，団体交渉の保護を及ぼすべき必要性と適切性が認められれば，労組法上の労働者と解すべきである，と。上記(c)説および「労使関係法研究会報告書」と符合する判断といいうる[43]。

(f) 検　　討

以上のとおり，最高裁は，労組法上の労働者を労基法・労働契約法上の労働者と同一視する下級審裁判例を斥け，労組法上の労働者について独自の判断要素（①事業組織への組入れの要素・②契約内容の一方的決定の要素）を提示した。もっとも，本件2判決は事例判断にとどまり，労組法上の労働者の一般的概念を明示せず，また，上記2要素の理論的根拠を提示していない。これらの点の探求は，学説の任務となるが，その内容は多岐に分かれ，通説と呼ぶべきものは形成されていない。とはいえ，「労使関係法研究会報告書」や(c)説によって，一定の方向性が提示されつつあることも事実である。私見は，使用従属性の要素を重視する前記(b)説に立つが，その点はここでは措く。

むしろここでは，本件2判決，ソクハイ事件中労委命令，諸学説および「労使関係法研究会報告書」を通して，労組法上の労働者について最大公約数的な共通点を抽出できることに注目したい。その共通点とは，a）労組法上の労働者は，①事業組織への組入れおよび②契約内容の一方的決定の要素を含めて，労基法・労働契約法上の労働者より広範な判断要素によって判断されるという

---

[42]　中労委決定平成22・7・7別冊中労時1395号11頁。

[43]　もっとも，ソクハイ事件中労委命令は，①の事業組織への組入れの具体的判断要素として，(b)説が重視する使用従属性の要素を掲げているため，(b)説との違いは相対的ともいえる。

ことである。また，本件2判決の射程外ではあるが，α)の結果，β)労組法上の労働者は，労基法・労働契約法上の労働者より広範囲に肯定され，よって，γ)労働法における「労働者」概念は統一的概念ではなく，相対的性格を肯定されるということも，学説，「労使関係法研究会報告書」および中労委命令が共有するコンセンサスに至っているといえよう[44]。

　私は，こうして抽出された労組法上の労働者性に関する基本的考え方は，労組法の解釈として妥当と考える。繰り返し述べるとおり，労組法の目的は，労使間の団体交渉関係を促進・助成すること（交渉促進規範）にある。したがって，労組法上の労働者については，労基法・労働契約法上の労働者より広く，団体交渉を中心とする労組法の法的保護を及ぼす必要性のある者と解すべきである。その概念把握を具体化する要素が，①事業組織への組入れおよび②契約内容の一方的決定の要素にほかならない。そのように解される理由は，「労使関係法研究会報告書」が説くとおり，これら2要素は，団体交渉による法的保護を提供すべき関係が当事者間に存在することを示す要素であるという点に求められる[45]。こうして，上記の基本的考え方は，労組法上の労働者に関して，労組法の特質（交渉促進規範）を適切に考慮したものと評価することができる。

　以上の点は，労基法・労働契約法上の労働者性の判断基準と比較することでより明確となる。前記のとおり（本項(2)(a)），労基法・労働契約法上の労働者は，「使用従属性」および「報酬の労務対償性」を要件に判断されるが，①事業組織への組入れおよび②契約内容の一方的決定の要素をどのように位置づけるべきかは十分検討されていない。しかし，少なくとも，労基法・労働契約法上の労働者の中心的判断要素は，「使用従属性」および「報酬の労務対償性」に求められ，①②の要素は，労働者性の判断を補強する要素にとどまるものと解される[46]。その理由は，再び，①②の要素が労組法上の労働者に関して有する

---

[44] この点は，労組法上の労働者について，労基法・労働契約法上の労働者と同様，使用従属性を重視する私見（前記(b)説）においても同様である。私見は，労組法上の労働者の判断要素としての使用従属性については，労組法の上記趣旨・目的に鑑み，契約の実際の運用や当事者の認識に即してより実質的かつ柔軟に解釈すべきことを主張しており，その結果，労組法上の労働者概念をより広く解する立場となるからである。土田・前掲注(39)論文139頁，同・前掲注(28)論文58頁参照。

[45] 土田・前掲注(28)論文55頁も参照。

[46] この点については，土田・前掲注(28)論文56頁参照。

労働法が目指すべきもの

独自の意義（団体交渉による法的保護を提供すべき関係が当事者間に存在することを示す要素）に求めることができよう。この結果，労組法上の労働者は，より広範な判断要素によって判断され，より広範な労務提供者をカバーする概念を意味することになる。

こうして，労組法上の労働者は，労基法・労働契約法上の労働者とは全く異なる観点（団体交渉の促進・助成）から解釈され，両法上の労働者とは別個の概念と把握される。改めて，本件2判決の意義を指摘すれば，事例判断にとどまるものの，労組法の趣旨・目的の独自性を見失う判断を示した下級審裁判例を是正し，労組法上の労働者に関して，同法の趣旨・目的に整合する判断を示した点にあるといえよう。

5　結　語

以上，労働者概念・使用者概念をめぐる最近の議論を素材に，労働法の解釈について，広義の労働契約法分野（労基法・労働契約法）と集団的労働法分野（労組法）のそれぞれの特質を考慮することの重要性を論ずるとともに，解釈論と立法の役割分担についても若干言及した。上記のとおり，労働契約法と労組法の趣旨・目的と役割は全く異なり，同じく労働者・使用者概念を検討する場合も，そのアプローチは大きく異なる。裁判所は，労働契約法分野において解釈論に設定される限界を認識し（本稿2），立法との役割分担を考慮する（同3）とともに，解釈論の場面でも，労基法・労働契約法と労組法の趣旨・目的に違いがあることを適切に考慮して判断すべきである（同4）。

8 労働組合法上の労働者と独占禁止法上の事業者
——労働法と経済法の交錯問題に関する一考察——

荒 木 尚 志

1 問題の所在
2 アメリカおよびEUにおける競争法と労働法の関係
3 日本における独禁法と労働法の関係
4 むすびに代えて

1 問題の所在

　独立事業者である旨の契約を取り交わして就労する労務供給者が，労働組合法（労組法）上の労働者に当たると判断された場合，彼らは労働組合を結成し，相手方たる使用者に対して団体交渉を要求し，団体交渉の結果，合意に達すれば労働協約を締結することができる。その労働協約は，組合員である当該労務供給者の賃金その他の労働条件を強行的に規律することとなり，協約と異なる条件で就労することは原則として許されなくなる。このような団体交渉・協約締結による労働条件の集団的設定は，労働法があるべき事態として想定していたものである[1]。

　ところで，この労組法上の労働者と解された労務供給者が，同時に独占禁止法（独禁法）上は事業者であるとすると，どういうことになるであろうか。独禁法は，「事業者が，契約，協定その他何らの名義をもってするかを問わず，

＊白石忠志東京大学教授からは，本稿執筆に当たり独禁法について貴重なご教示を頂いた。心より感謝申し上げる。もとより本稿に含まれるであろう多くの誤りは筆者自身によるものである。

(1) 国家が労働条件の最低基準を法定し，それを上回るレベルで労使対等の立場で労働条件を設定するために労働組合を法認し，団体交渉を通じた集団的労働条件設定を認めるのが，労働法のオーソドックスな手法であることについては，荒木尚志「労働条件決定・変更と法システム」講座21世紀の労働法『労働条件の決定と変更』2頁（2000年）。

労働法が目指すべきもの

他の事業者と共同して対価を決定し，維持し，若しくは引き上げ」「一定の取引分野における競争を実質的に制限すること」（独禁法2条6項）を，「不当な取引制限」として禁止している（独禁法3条）。独禁法上の事業者と解された労務供給者達が労働組合を結成し，労働協約を締結して，賃金その他の労働条件を規律することは，いわゆるカルテルとしてここで禁止されている不当な取引制限に該当する違法な行為とならないであろうか。

　ある労務供給者が労組法上の労働者であり，かつ，独禁法上の事業者でもある，という事態が生じ得なければ，上記の点は論ずる必要がない。しかし，契約上独立事業者であることが明記された契約を締結していた住宅機器の補修業務に従事するカスタマーエンジニアについて，近時の最高裁判決は労組法上の労働者であるとの判断を下した[2]。そうすると，独禁法上の事業者であって，かつ，労組法上の労働者である，ということは架空の設例ともいえなくなっているのではなかろうか。実際，以下に検討するように，独禁法上の事業者の概念は緩やかに解されてきており，労働者も事業者たり得るとする見解も有力である。また，労組法上の労働者概念も労基法上のそれより広義に，ある程度の事業者性を持つ者であってもよいと解されている。したがって，両者が交錯する事態は十分に想定できる。この場合に独禁法はカルテルたる労働協約の締結を禁止し，他方，労組法は，労働協約の締結を目指した団体交渉を命ずるという，矛盾した状況が生ずることにならないのであろうか。本稿が検討しようとするのはこうした問題である。

(1) 労組法上の労働者概念をめぐる議論の展開

　企業運営には労働力の投入が不可欠である。これらの労働力を提供する者が「労働者」であれば，当然ながら労働法の諸規制の適用を受ける。しかし，労働法の諸規制をコスト要因と見る企業は，労働法の適用を回避しつつ労働力を利用する契約形態を模索することがあり，近時，業務委託等の形態により，外見上，労働契約と区別された契約形式で労働力を利用する事例が増えてきていると報告されている[3]。

---

[2] 国・中労委（INAXメンテナンス）事件・最三小判平成23年4月12日労判1026号27頁。
[3] 独立行政法人労働政策研究・研修機構『プロジェクト研究シリーズNo. 4 多様な働き

〔荒木尚志〕　　**8　労働組合法上の労働者と独占禁止法上の事業者**

　現在の日本の労働法の通説的理解によると，労働法全体について統一的な労働者概念があるのではなく，個別的労働関係における労基法（および労契法）上の労働者概念（労基法9条，労契法2条）と，集団的労働関係における労組法上の労働者概念（労組法3条）という2つの概念があり，労組法上の労働者概念は労基法上のそれよりも広いと解されている[4]。しかし，労組法上の労働者概念が，労基法上のそれよりどの程度広いのか，その外延は必ずしも十分に明らかにされていなかった。こうした状況下で，独立した事業者であることを認識した上で契約を遂行する旨の覚書を取り交わしていた住宅設備機器の修理補修業務を行うカスタマーエンジニアの労組法上の労働者性が問題となった。具体的には，カスタマーエンジニアを組織した労働組合が契約の相手方に対し，労働条件等について団体交渉を申し入れたところ，相手方（使用者）は，これらの者の労働者性を否定して団体交渉を拒否した。そこで，労働組合は，団交拒否の不当労働行為にあたる（労組法7条2号）として，労働委員会に救済を申し立てた。労働委員会はこれらのカスタマーエンジニアは労組法上の労働者に当たるとして救済命令を発し[5]，東京地裁もこれを維持したが[6]，東京高裁は労働者性を否定し，労働委員会命令を取り消した[7]。

　この時期，同様に，労働委員会が労組法上の労働者に当たるとして発した救済命令を，下級審裁判所が労働者性を否定して労働委員会命令を取り消す事例が相次ぎ[8]，労組法上の労働者性判断についての労働委員会と下級審裁判所の

　方の実態と課題』135頁（2007年）の試算によると，2005年時点で，業務委託を受けて労務を提供する個人自営業者の数は125万人と推計されている。
(4) 菅野和夫『労働法（第9版）』95頁以下，511頁以下（2010年），水町勇一郎『労働法（第3版）』68頁以下（2010年），荒木尚志『労働法』50頁以下，474頁以下（2009年），西谷敏『労働法』53頁以下，458頁以下（2008年），土田道夫『労働法概説』25頁以下，337頁以下（2008年）等。
(5) INAXメンテナンス事件・大阪府労働委員会・平成18年7月21日別冊中労時報1351号25頁，同・中央労働委員会・平成19年10月3日別冊中労時報1360号21頁。
(6) 国・中労委（INAXメンテナンス）事件・東京地判平成21年4月22日労判982号17頁。
(7) 国・中労委（INAXメンテナンス）事件・東京高判平成21年9月16日労判989号12頁。
(8) 新国立劇場事件・東京都労働委員会命令・平成17年5月10日別冊中労時報1330号17頁，同・中央労働委員会命令・平成18年6月7日別冊中労時報1351号233頁，同1358号1頁は，国・中労委（新国立劇場運営財団）事件・東京地判平成20年7月31

労働法が目指すべきもの

深刻な対立が注目を集めていた。こうした中，最高裁は平成23年4月12日の新国立劇場運営財団事件判決およびINAXメンテナンス事件判決で，いずれも労働委員会の解釈を支持し，当該労務供給者の労組法上の労働者性を肯定して，実務上，一応の決着をつけた(9)。

もっとも，最高裁の2判決については理論上詰められるべき点も指摘されている(10)。そうした論点の中で，これまでのところ必ずしも十分な検討がなされていない課題として，独禁法と労組法の交錯問題がある(11)。

(2) 独占禁止法と労働法の規制の競合？

主要な問題は2つに整理できよう。第1は，独禁法と労働法が経済的弱者に

日労判967号5頁，同・東京高判平成21年3月25日労判981号13頁によって取り消された。また，ビクターサービスエンジニアリング事件・大阪府労働委員会・平成18年11月17日別冊中労時報1353号30頁，中央労働委員会・平成20年2月20日別冊中労時報1360号39頁は，東京地判平成21年8月6日労判986号5頁，東京高判平成22年8月26日労判1012号86頁で取り消された。

(9) 国・中労委（新国立劇場運営財団）事件・最三小判平成23年4月12日労判1026号6頁，国・中労委（INAXメンテナンス）事件・最三小判平成23年4月12日労判1026号27頁。

(10) 例えば，学説は，判断要素の相互関係や理論的根拠が明らかでないこと，判断の予測可能性にかけるという課題を指摘している。詳細は荒木尚志「労働組合法上の労働者―INAXメンテナンス事件・新国立劇場事件最高裁判決の検討」NBL964号18頁（2011年）参照。

(11) 労働法と独禁法ないし経済法の関係については，正田彬教授による両法の規制理念や法的性格に関する一連の著作（代表的なものとして正田彬「労働法と経済法の関係についての試論」労働法24巻92頁（1964年），同「経済法と労働法」沼田稲次郎先生還暦記念論文集発起人会『現代法と労働法学の課題（上巻）』183頁（1974年）等），そしてプロ野球選手会問題に関連して多くの議論が公表された（その中でも村山眞「プロ野球界の取引慣行と独禁法（上・中・下）」NBL513号13頁，514号32頁，515号29頁（1993年）は本格的な日米スポーツ法研究のパイオニア的業績である）。しかし，その後，労働法と経済法の関係についての議論はやや停滞していたように思われる。そうした中で数少ない本格的な検討として，大橋敏道「独占禁止法と労働法の交錯―Labor Exemptionの日米比較―」福岡大学法学論叢48巻1号1頁（2003年），川井圭司『プロスポーツ選手の法的地位』（2003年）があり，本稿の検討もこれらに多くを負っている。なお，川合弘造「独禁法実務を志す若手法律家の方に　第2回独禁法の適用範囲　個人の労働・事業・国営企業と独禁法」公正取引722号85頁（2010年），橋本陽子「個人請負・委託就業者と労組法上の労働者概念」日本労働法学会誌118号26頁（2011年）等，本稿と共通する問題意識からの検討が開始されつつある。

〔荒木尚志〕　　**8**　労働組合法上の労働者と独占禁止法上の事業者

対してそれぞれの法の目的に照らして同じ方向での規制を及ぼしている場合の両者の関係，第2は両法の規制が相互に矛盾する場合の整序問題である。集団的労働関係法（労組法）との関係は第2の問題として論ずることとし，まず，個別的労働関係法（特に労基法）との競合について取り上げよう。

(a)　**独占禁止法と労働基準法の規制の競合**

　独禁法の規制は一般に3本柱，すなわち，①私的独占の規制，②不当な取引制限の規制，③不公正な取引方法に関する規制からなるとされている。このうち，特に③では，取引の一方当事者による優越的地位の濫用（独禁法2条9項5号）などが規制対象となる。そして，独禁法の補完法として1956年に制定された下請代金支払遅延等防止法（下請法）は，親事業者が下請事業者に対する優越的地位を利用して，代金支払遅延等の不当な行為を行うことなどを規制している。これらは，経済的に従属的な地位にある契約の一方当事者に対する不公正な取引方法について規制するもので，機能的に見ると，労働法の規制と同じ方向を向いた規制といえる。

　不公正な取引方法を定義する独禁法2条9項では，相手方が事業者であることを要求する場合（1号）と，明示的に要求していない場合（5号）とがあり，事業者たり得ないものに対する不公正な取引方法も規制対象となるのかどうかについては議論がある[12]。仮に，事業者に限らないとした場合，あるいは事業者に限るとしても，労基法上の労働者が同時に独禁法上の事業者たり得ると解した場合には，独禁法の規制と労働基準法等の労働法上の規制との競合が生ずる。例えば，優越的地位に立つ事業者が相手方（下請事業者）に対して，報酬や代金を支払わない場合，独禁法上は不公正な取引方法（優越的地位の濫用）として独禁法2条9項5号ハの支払い遅延・減額の禁止，あるいは下請法4条1項2号・3号の支払い遅延・減額禁止の規制が適用されることとなる。同時に，この相手方が労基法上の労働者であれば，使用者に対して，労基法の賃金全額払い，一定期日払い（労基法24条）等の規制が適用される。

　この第1の問題については，労働法規と独禁法や下請法の規制が競合するとしても，それはいずれも取引において交渉力に劣る一方当事者の利益を擁護する効果を持つ規制を，それぞれの法目的の観点から行うものである。したがっ

---

[12]　白石忠志『独占禁止法（第2版）』87頁，264頁（2009年）参照。

労働法が目指すべきもの

て，両者が重畳的に適用されても，規制間で矛盾が生ずるわけではない。また，実際には，労基法上の労働者が同時に独禁法上の事業者と解される例は，（今後の労基法上の労働者概念の拡大によっては問題となりうるものの）現時点ではあまり想定されない[13]。

(b)　独占禁止法と労働組合法の規制の競合

これに対して，より深刻なのは独禁法の規制と労組法の規制の競合に関わる第2の問題である。すなわち，INAXメンテナンス事件におけるカスタマーエンジニアのような労務供給者が，労組法上の労働者と認められる場合，労働組合を結成し団体交渉を要求し，団体交渉の結果，妥結に至れば労働協約を締結するということになろう。そして，労働組合員である各カスタマーエンジニアは，当該労働協約の規範的効力の適用を受け（労組法16条），例えば協約で定める賃金以下で労務供給を行う旨を個別に相手方事業者（INAXメンテナンス）との間で合意（契約）しても，当該合意は労組法16条によって無効となり，相手方事業者は協約に反する報酬で契約することができなくなる[14]。

しかしもし，カスタマーエンジニアが独禁法上の事業者にも該当すると解される場合，このような協約はまさにカルテルそのものとして，すなわち「事業者が，契約，協定その他何らの名義をもってするかを問わず，他の事業者と共同して対価を決定し，維持し，若しくは引き上げ」「一定の取引分野における競争を実質的に制限すること」に該当する「不当な取引制限」（独禁法2条6項）として，独禁法上禁止される（独禁法3条）ことになりそうである[15]。

---

[13]　現在の判例は，トラックを所有し，自己の危険と計算の下に運送業務に従事していた傭車運転手（横浜南労基署長(旭紙業)事件・最一小判平成8年11月28日労判714号14頁）や，工務店の指揮命令を受けず，仕事の完成について報酬を支払われ，自己使用の道具を持ち込んでいた大工（藤沢労基署長事件・最一小判平成19年6月28日労判940号11頁）等について，ある程度の使用従属的要素も見られたにもかかわらず，労基法上の労働者性を否定している。

[14]　労組法16条にいう「労働契約」が労基法上の労働者たり得ない労組法上の労働者の締結する労務供給契約（労基法上は労働契約とはみなされない契約）をも含みうることについては，荒木・前掲注(4)476頁，菅野・前掲注(4)597頁。

[15]　競争関係にある事業者間の取決めに関するいわゆる水平的規制には，当然違法型と個別に違法性が判断される合理の原則型があるとされるが，価格協定などは当然違法型に属し，いわゆるハードコアのカルテルと呼ばれる（村上政博『独占禁止法（第3版）』4-5頁（2010年））。事業者たるカスタマーエンジニアの報酬（賃金）について定める協約は，形式的にはこれに該当すると言いうる。

〔荒木尚志〕　　　*8*　労働組合法上の労働者と独占禁止法上の事業者

　例えば，INAX メンテナンス事件のカスタマーエンジニアは，契約上は事業者と明記されており，独禁法上は事業者と解される可能性がありえよう。しかし平成 23 年最高裁判決で確認されたように，彼らは労組法上は労働者に該当するとされ，労働者ではないという理由で団体交渉を拒むことはできないとされた。そうすると，労組法は協約締結を目指した団体交渉をせよと命じ，他方，独禁法は取引制限行為となるような協約締結を禁止する，という矛盾した事態が生じかねない。

　こうした問題は，早くから競争法規制を発展させたアメリカでは，労働法，とりわけ労働組合が集団的に労働条件規制を行うことを法認する集団的労働関係法が誕生する過程で問題となった。これに対して，第二次大戦前は競争法の本格的展開が見られなかった欧州では，アメリカと異なり，カルテルについても当然に違法とはせずに，その濫用防止の視点から規制するのが一般であった(16)。しかし，第二次大戦後になるとカルテルは原則禁止とされるようになり，特に近時の EU 法の展開の下で競争制限効果を持つ協約法制と競争法の関係が議論されるようになってきた。今日では，アメリカ・EU いずれにおいても労働協約には競争法の適用を除外するとの明文ないし解釈を確立してこの問題に対処している。

　これに対して，日本の独禁法は，当初は，労働者であれば事業者たり得ないという解釈によって，この問題を処理できると解して，あえて労働関係についての適用除外規定を設けなかった。しかし，現在では労働者は事業者たり得ないという解釈でこの問題を処理することは困難な理論状況になってきている。そうすると，こうした矛盾が生じないようにするためには，①抵触が生じないように，適用除外を正面から（立法ないし解釈で）認める，②いずれの規制を優先すべきかを考えて，労働者概念ないし事業者概念の解釈で調整する，③労働者概念と事業者概念が競合することを認めつつ，規制レベルで調整を図る（労働協約は独禁法の禁止する不当な取引制限に該当しないと解釈する等），といった解決策が考えられるが，いずれにしても，こうした問題について，これまで十分な検討がなされてはいないようである。本稿はかかる課題について，米欧の状況を瞥見し，若干の検討を試みるものである。

---

(16)　田中誠二他『コンメンタール独占禁止法』36 頁以下（1981 年），金井貴嗣・川濱昇・泉水文雄編『独占禁止法（第 3 版）』2 頁（2010 年）等参照。

労働法が目指すべきもの

2 アメリカおよびEUにおける競争法と労働法の関係

自由競争を擁護する独禁法や反トラスト法などの競争法と，労働者が団結して労働条件について集団的にコントロールを及ぼそうとする集団的労働法制とは，衝突の契機を内包している。そこでアメリカおよびEUでは，種々議論はあったものの，現在では集団的労働関係については競争法の規制を適用除外とするという整理がなされている。

(1) アメリカにおける反トラスト法と労働法

世界で最も早く競争法が発展したアメリカでは，労働法と反トラスト法[17]の交錯について種々議論があったが，労働関係について反トラスト法を適用しない旨の法律上の規定によって適用除外とする「法定適用除外（Statutory labor exemption）」と，解釈によって反トラスト法を適用除外する「法定外適用除外（Non-statutory labor exemption）」によって整序されるに至っている[18]。以下，アメリカ法の展開を概観する[19]。

(a) シャーマン法による労働組合活動禁圧からクレイトン法による適用除外へ

アメリカで1890年に制定されたシャーマン法（Sherman Act）は，世界最初の競争法であった[20]。シャーマン法は1条で，取引を制限するすべての契約，トラスト等の形態による結合，または共謀（every contract, combination in the form of a trust or otherwise, or conspiracy）を違法としていたが，労働組合の諸活動が同

---

[17] 反トラスト法とは，具体的にはシャーマン法（Sherman Act），クレイトン法（Clayton Act）および連邦取引委員会法（Federal Trade Commission Act）とその関連法規から構成される競争法規制をさす。

[18] Robert Gorman & Matthew Finkin, Basic Text on Labor Law, 886ff.（2nd. ed., 2004）；川井・前掲注(11) 19頁以下，75頁以下（2003年）。

[19] アメリカにおける労働法と競争法の関係については，Michael LeRoy, "The Narcotic Effect of Antitrust Law in Professional Sports: How the Sherman Act Subverts Collective Bargaining" 89 Tulane L. Rev. (forthcoming, 2012) [http://papers.ssrn.com/sol3/papers.cfm?abstract_id=1933917##]; Gorman & Finkin, supra note 18, 873; 中窪裕也『アメリカ労働法（第2版）』9頁以下（2010年），水町勇一郎『集団の再生』67頁以下（2005年）等参照。

[20] 村上政博「独占禁止法の歴史法的考察」判タ1325号32頁（2010年）。

〔荒木尚志〕　　**8**　労働組合法上の労働者と独占禁止法上の事業者

条の取引制限行為として違法視され，労働組合にとっては大きな脅威となった。当初，労働組合に対してはシャーマン法の適用を除外する規定が予定されていたが，制定過程で削除された。しかしそのことが，労働組合をも適用対象に含める趣旨なのか，適用除外の可能性を裁判所の解釈に委ねる趣旨かは不明確なままであったが[21]，裁判所は，シャーマン法を，本来の適用対象であったはずの製造業や流通業より，むしろ労働組合に対して積極的に適用し，その行為を違法とした。そして，連邦最高裁も，こうした下級審裁判所の判断を支持し，1908年のダンベリー帽子工組合事件[22]において，労働組合の二次的ボイコットをシャーマン法1条違反とし，3倍賠償を個々の組合員に対して命じた。労働組合の諸活動が，シャーマン法違反を構成するとすると，同法の予定する刑事罰の適用，さらには連邦政府によるインジャンクション[23]請求等も可能となる。結果として，シャーマン法は，労働組合禁圧法の様相を呈することとなった[24]。

　このような状況への反省から制定されたのが，1914年のクレイトン法（Clayton Act）である。同法6条はその冒頭の「人間の労働は商品ではない（[T]he labor of a human being is not a commodity or article of commerce.）」というフレーズとともに[25]，労働組合の活動について反トラスト法の適用を排除した。また，同法20条は，連邦裁判所は労使紛争について事後的に回復し得ないような損害が発生する場合でない限り，インジャンクションを発してはならないと定め

---

[21]　Gorman & Finkin, supra note 18, 874.
[22]　Loewe v. Lawlor, 208 U. S. 274（1908）.
[23]　インジャンクションとは，元来エクイティ上の救済で，一定の行為の差止め・禁止を裁判所が命ずるものであるが，アメリカでは労働組合の行為に対して1890年代から1920年代にかけて使用者によって盛んに利用された（いわゆるレイバー・インジャンクション）。裁判所がインジャンクション請求を認め，労働者がこれに違反した場合は，裁判所侮辱（contempt of court）として，これを命じた裁判官により直ちに制裁が科される。禁止の範囲が不明確だったこともあり，労働組合運動に大きな制約となった（中窪・前掲注[19] 11頁参照）。
[24]　1890年から1897年までの反トラスト訴訟で有罪判決の下された13件のうち，実に12件が労働組合に対するものという状況であった（Hovenkamp, Federal Antitrust Policy, 65（4th ed., 2011））。
[25]　1919年のヴェルサイユ条約第13編427条にも受け継がれることとなるこのフレーズがアメリカ労働総同盟（AFL）会長ゴンパースの発案によるものであることについては，サミュエル・ゴンパーズ『サミュエル・ゴンパーズ自伝（下巻）』374頁以下，384頁（1969年），石田眞「『労働は商品ではない』とは何か―労働力の商品化と労働法―」渡辺洋三先生追悼論集『日本社会と法律学　歴史・現状・展望』648頁以下（2009年）参照。

労働法が目指すべきもの

た。さらに，ストライキや平和的なピケッティング，ボイコット，集会などの行為は連邦法上違法ではないとし，これらの差止めを命ずることを禁止した。

(b) 適用除外の限定解釈から広範な「法定適用除外」論へ

かくしてクレイトン法は「労働のマグナカルタ[26]」として労働組合からは歓迎された。ところが，連邦最高裁はその後，Duplex事件判決[27]によってクレイトン法6条や20条を極めて限定的に解し，二次的ボイコットにつき使用者によるインジャンクション請求を認めた。その結果，シャーマン法は依然として，刑事訴追，インジャンクション，3倍賠償という制裁によって，労働組合運動を抑圧する存在であり続けた[28]。かかる状況が改められ，労働組合の団体行動が保障されるようになるには，1932年のノリス・ラガーディア法（Norris-LaGuardia Act）が，労働事件に関するインジャンクションについて連邦裁判所の管轄権を制限し，さらに1935年の全国労働関係法（National Labor Relations Act, NLRA いわゆるワグナー法）が被用者の団結権，団交権，団体行動権を法律上明確に規定し，不当労働行為制度を創設するのを待たねばならなかった。

ノリス・ラガーディア法によってレイバー・インジャンクションの脅威は取り除かれたが，労働組合の団体行動がシャーマン法違反とされれば，なおシャーマン法の刑事罰や3倍賠償の対象となりうる状態であった。しかし，社会労働立法について態度変更[29]を行った後の連邦最高裁は，一連の判例によって，シャーマン法の労働事件への適用を基本的に排除する法理を形成している[30]。

中でも重要なのが，いわゆる「労働事案に関する適用除外（labor exemption）」

---

[26] コンパーズ・前掲注(25) 386頁。
[27] Duplex Printing Co. v. Deering, 253 U. S. 443 (1921).
[28] 川井・前掲注(11) 84頁以下。1920年代，企業結合に対する反トラスト法の適用は甘く，持株会社を通じた支配や寡占が著しく進行したため，労働組合に対するシャーマン法の厳しい適用は大きな不公平感を生んだと指摘されている（中窪・前掲注(19) 11頁）。
[29] 1936年の選挙で大勝し再選されたルーズベルト大統領によるいわゆる連邦最高裁改革案（いわゆるCourt-packing plan）の提示後，連邦最高裁は女性労働者に対する最低賃金を定めるワシントン州法の合憲性が争われたParrish事件判決（West Coast Hotel v. Parrish, 300 U. S. 379 (1937)）以降，デュー・プロセス条項によって労働立法を違憲とする解釈を放棄し，各種の労働立法が合憲とされることとなった（中窪・前掲注(19) 19頁参照）。
[30] 中窪・前掲注(19) 23頁以下。

を確立したHutcheson事件[31]である。この判決は，Duplex事件判決の立場を覆し，労働組合活動に関する反トラスト法の適用除外を広範に認めた。すなわち，組合が自己の利益のために行動し，かつ，非労働者集団（non-labor groups）と結合するのでない限り，労働組合の諸活動を広くシャーマン法における違法性評価から免責した。こうしてクレイトン法6条，20条，ノリス・ラガーディア法，そしてHutcheson判決による，いわゆる労働事案に関する「法定適用除外（statutory exemption）」が確立する。この労働事案に関する法定適用除外に該当するか否かは，当該行為が，労働組合自身の利益のためのものか，それとも非労働者集団（典型的には事業者）と結びついたものか[32]が判断基準とされた。

(c) 「法定外適用除外」論

労働組合が非労働者集団と結びついた場合，法定適用除外の対象とはならない。しかし，労働組合が団体交渉によって労働条件を設定するという場合，交渉の相手方は使用者・使用者集団であり，非労働者集団である。この場合に，反トラスト法の適用除外が認められないのかが問題となる。判例は，この場合，労働者間の賃金や労働条件についての競争を排斥するために労働者が団結することを奨励するという労働政策の目的に鑑み，法律上明定されてはいないが，解釈により「法定外適用除外（non-statutory exemption）」として，反トラスト法の適用除外を認めている[33]。

その具体的基準としてしばしば引用されるのが，Mackey事件[34]の3基準である。すなわち適用除外が認められる合意とは，①取引制限が主として団体交渉当事者にのみ影響すること，②当該合意が，義務的団交事項にかかわるものであること，③当該合意が誠実な団体交渉の結果締結されたものであること，

---

[31] United States v. Hutcheson, 312 U. S. 219 (1941).

[32] したがって，単に労働組合との協約に基づく行為というだけで反トラスト法の適用除外となるわけではなく，他の事業者等の非労働者集団と結合した行為ではないことが必要である。例えば，Allen Bradley Co. v. Local 3, IBEW, 325 U. S. 797 (1945) では，ニューヨーク市の電気機器製造業者と建設現場の電気機器設置会社とが，両社の従業員を組織する組合（Local 3）の働きかけで，電気機器設置会社は，Local 3を承認する製造業者からしか購入せず，また，製造業者はLocal 3を承認する設置業者にしか販売しないという協定を締結したが，労働組合が競争を排斥する力を持った事業者と結合して関与している場合，適用除外は認められないとされた。

[33] 例えば，Richard v. Neilsen Freight Lines, 810 F. 2d 898 (9th Cir. 1987).

[34] Mackey v. National Football League, 543 F. 2d 606 (8th Cir. 1976).

労働法が目指すべきもの

である。

(d) 労働側からの反トラスト法適用の主張

以上述べてきたのは，シャーマン法に始まった労働組合活動を抑止する反トラスト法の適用除外論の展開であった。そこでは労働側が反トラスト法の適用除外を主張してきた。ところが，労働側が反トラスト法の適用を主張し，使用者側が適用除外を主張することも少なくない。特にそれが顕著なのがプロスポーツの事案である。

アメリカのプロスポーツでは，プロスポーツ選手の契約相手方たる事業者（使用者）が，例えば，選手の移籍を制限する等の行為を行う場合，そうした使用者側の労働市場制限を排除し，選手の利益を擁護するために反トラスト法の適用が主張されることがある。この場面について，アメリカのプロ野球については，1922 年の Federal Baseball Club 事件判決[35]が，野球は「事業」や「州際通商」に該当しないという解釈をとり，反トラスト法の適用を否定した。しかし，その他のプロスポーツについては，州際通商に該当し，反トラスト法も適用されることが判例上も認められていく[36]。

その後，連邦最高裁は，プロ野球についても，適用除外とする論拠はもはや支持し得ないことを認めつつも，先例拘束性を根拠に，長年にわたりプロ野球を適用除外としてきた確立した法理を失効させるには連邦最高裁ではなく連邦議会の判断によるべきであるとして，シャーマン法を適用除外とする解釈を維持した[37]。そこで，プロ野球選手側は，自らの利益擁護のためには労働法の枠組みを利用するしかないこととなる。こうした判例の展開を受けて，議会では Baseball exemption と呼ばれることとなるプロ野球に特殊な反トラスト法適用除外を立法で修正する動きが盛んとなり，1998 年 Curt Flood Act 制定により，Baseball exemption は部分的に制限されることとなった。

---

[35] Federal Baseball Club v. National League of Professional Baseball Club, 259 U. S. 200 (1922).

[36] プロボクシングについて United States v. International Boxing Club, 348 U. S. 236 (1955)，プロフットボールについて，Radovich v. National Football League, 352 U. S. 445 (1957)。両事件については川井・前掲注(11) 11 頁以下に紹介がある。

[37] Flood v. Kuhn, 407 U. S. 258 (1972)。プロ野球に対して反トラスト法を適用除外とする判例の展開については村山眞「プロ野球界の取引慣行と独禁法（下）」NBL515 号 30 頁（1993 年），川井・前掲注(11) 10 頁以下参照。

このように，アメリカでは，一方において反トラスト法が労働組合活動の抑圧に活用された反省に立ち，集団的労働関係について反トラスト法を適用除外とする法規制および解釈が確立する。

他方で，特にスポーツ事案において，プロスポーツ選手の移籍の自由を制限する球団やクラブ側の取決め等に対して，反トラスト法違反の主張を認め，選手側の利益擁護を図る立場が採られている。この場面では，労働市場は他の商品市場とは異なるが故に反トラスト法の適用はない，との使用者側の主張は退けられている。もっとも，選手側が反トラスト訴訟による裁判所を介した救済を求めうることが，真剣な実のある団体交渉を通じた当事者による解決を阻害しているとの批判がある[38]。

(2) EUにおける競争法と労働法

欧州諸国における競争法の発展はアメリカよりも遅く，第二次大戦前は萌芽的展開が見られるに留まった。欧州諸国の中でもっとも早く競争法を発展させたのはドイツで，第一次大戦後のインフレ危機に対応して制定されたワイマール・ドイツの1923年カルテル令がヨーロッパにおける最初の競争法とされる。しかし当時，カルテルは，禁止されるべきものとは捉えられていなかった。むしろ「協調という社会的価値をもたらすものとみられ，競争者間の抵触を回避し弱者を搾取から保護するもの」として肯定的に捉えられ，他者を不当に侵害する濫用的なカルテルのみが規制されるべきと解されていた[39]。こうした状況の中では，労働法の発展過程において，カルテル効果を持つ労働協約が問題視されることはあまりなく，競争法との関係で活発に議論されるようになったのは，第二次大戦後に競争秩序維持型の競争法が採用され，特にEU法が発展を見た最近になってからである。EUでは現在，集団的労使関係法，とりわけ団体交渉制度に競争法を適用すると，集団的労働法制によって達成しようとしている社会政策目的が阻害されるとして，これらの領域を競争法の適用除外とす

---

[38] LeRoy, supra noto 19.
[39] 以上につき，田中裕明「ヨーロッパ競争法の歩みとドイツ法の役割」神戸学院法学34巻号55-59頁（2005年）。根岸哲・舟田正之『独占禁止法概説（第4版）』3頁（2010年）も，第二次大戦前のドイツおよび日本は，積極的に独占やカルテルの組織形成を助長し，それらの組織体を全体主義的な統制機構に組み込んで利用するという経済統制法が経済法秩序の基本的位置を占めていたとする。

労働法が目指すべきもの

る考え方が定着しつつあるようである[40]。

EUにおいては，一方で，EU運営条約（The Treaty on the Functioning of the European Union，従前のEC条約（ローマ条約））が競争ルールとして加盟国間の取引に影響を与えるおそれがあり，かつ，共同体市場における競争を妨害，制限，または歪曲する目的・効果をもたらす事業者[41]間の協定，事業者団体の決定および協調行為を禁止しており，これに反する合意を無効としている（EU運営条約101条［旧EC条約81条，アムステルダム条約以前は85条］1項，2項）。そうすると，労働協約によって賃金が規律される場合，その賃金額以下での就労は不可能となり，競争の制限そして加盟国間の取引に影響をあたえ，EUの競争法規制との抵触が生じうる。

他方，基本権（fundamental rights）はEU法の一部をなすものとしてEUおよび加盟国の尊重義務が肯定されている。そこで，集団的労働関係における諸権利（団結権や団体交渉，争議権等）が基本権の一部とみなされ，EU法の一部をなすものとして尊重されることとなるかが問題となる。EU法において尊重すべき基本権とすると，競争法との調整が必要となるからである。

まず，団結権については，欧州司法裁判所が，Bosman事件[42]で基本的権利としてEU法の一部をなすことを確認している。また，争議行為等の団体行動権についても，Viking Line事件[43]で，やはりEU法の一般原則を構成することを確認した。

しかし，団体交渉の権利についてはEU法の一部を構成するような基本権といいうるかどうかで議論があった。これが問題となったのがAlbany事件[44]である。この事件では，強行的効力を持った年金基金を設立する産業別レベルの

---

[40] 以下については，Catherine Barnard, EC Employment Law, 747ff. (3rd ed., 2006); Simon Deakin & Gillian Morris, Labour Law, 683ff. (5th ed., 2009) 参照。

[41] EU法では規制の名宛人は「事業者（undertaking）」であるが，この概念は非常に広範に「何らかの経済活動に従事している限り，その法的地位及び財源を問わず，あらゆる主体が事業者の概念に包含される」と解されている（Case C-41/90 Höfner and Elser v. Macrotron, [1991] ECR-I 1979，川井・前掲注(11)302頁参照）。

[42] Case C-415/93 Union Royale Belge des Sociétés de Football Association ASBL v. Jean-Marc Bosman [1995] ECR I-4921 paras 79-80.

[43] Case C-438/05 ITWF v. Viking Line [2007] ECR I-10779 para 44.

[44] Case C-67/96 Albany International BV v. Stichting Bedrijfspensioenfonds Textielindustrie, [1999] ECR I-5751.

〔荒木尚志〕　　**8**　労働組合法上の労働者と独占禁止法上の事業者

労働協約が，［現 EU 運営条約 101 条］の競争ルールに反しないかが争われた。法務官（Advocate General）である Jacobs は，団体交渉権に関連する欧州社会憲章（European Social Charter）6 条，ILO98 号条約（団結権及び団体交渉権についての原則の適用に関する条約），欧州人権条約（European Convention on Human Rights）11 条を検討した後，これらから団体交渉権が基本的権利として保障されているということはできないとした[45]。もっとも，Jacobs は，EC 条約および当時の社会政策協定（Agreement on Social Policy）には，団体交渉を奨励する規定があり，そのことは労働協約が原則として適法であることを前提としているとし，厳格な 3 つの条件（①団体交渉の正式の枠組み内で締結され，②誠実に締結され，③賃金や労働条件などの団体交渉の中核的事項を対象とし，第三者や他の市場に直接に影響しないこと）を満たす場合に，労働協約は競争法による司法審査を免れるべきであるとした。

しかし，欧州司法裁判所は，Jacobs 法務官の見解を採用せず，EC 設立条約の社会政策の目的を強調して，「使用者と労働者を代表する団体間の労働協約には，一定の競争制限効が本来的に含まれていることは疑いない。しかし，労働条件改善のために労使が採用した措置が，［現 EU 運営条約 101 条］に服するとした場合，労働協約によって追求しようとした社会政策目的は深刻に害されることとなる。条約全体として，そうした目的を追求して労使間の団体交渉において締結された協約は，その性格と目的ゆえに，［現 EC 運営条約 101 条］の適用範囲外とみなされなければならない[46]。」とした。労働協約を限定的にしか競争法の適用対象外としない Jacobs の枠組みと比較すると，欧州司法裁判所は，適用除外をより広く認める立場を採用したといえる。

このように，競争法と労働法，とくに労働協約が競争法上禁止されるカルテルに該当しかねないという問題状況について，欧州司法裁判所は，競争法の適用を後退させ，団体交渉法制を優先する解釈を採っている。学説では，こうした解釈による適用除外ではなく，社会政策上の措置については，競争法ルールを適用除外とすることを条約上明定すべきとする見解も主張されている[47]。

---

[45]　Case C-67/96 Albany International BV v. Stichting Bedrijfspensioenfonds Textielindustrie, Opinion of Advocate General Jacobs of 28 January 1999, [1999] ECR I-5751, paras 141ff.

[46]　Case C-67/96 supra note 44, paras 59-60.

[47]　Deakin & Morris, supra note 40, 685.

199

労働法が目指すべきもの

3　日本における独禁法と労働法の関係

　アメリカとEUにおける競争法と労働法の関係の分析を踏まえると，日本における独禁法と労働法の関係については次の点を指摘できる。第1に，独禁法にはアメリカ法と異なり，法定の適用除外が定められていない。そこで解釈で対処することとなるが，EUのように，競争法規制と労働法（社会法）規制を正面から検討した上で，労働法の規制目的を尊重して，競争法規制に優越させるというアプローチではなく，以下に見るように，「事業者」概念に依拠した適用除外の解釈を採用してきたといえる。しかし，そのような処理が妥当かどうかが，本稿の問題意識であった。以下検討してみよう。

(1)　事業者概念による適用除外アプローチ
　独禁法は3条で「事業者は，私的独占又は不当な取引制限をしてはならない。」と規定し，同法にいう事業者概念については，2条1項で「この法律において『事業者』とは，商業，工業，金融業その他の事業を行う者をいう。」と規定している。したがって，独禁法規制の対象となるのは事業者である[48]。そして，立法当初から労働者は事業者たり得ないとする見解（労働者・事業者峻別説と呼んでおく）が一般に支持され，それによって独禁法と労働法の適用関係は整序されると解されてきた。しかし，最近では，この峻別説に与せず労働者であっても事業者に該当しうるとする見解が有力化しているようである。まず，この点を確認しておこう。

(a)　労働者・事業者峻別説
　独禁法は占領下の1947年にGHQのイニシャティブで制定されたものであるが，2条1項の事業者概念に関する規定は日本側の意向で盛り込まれたとされている[49]。GHQ側は，アメリカにおけるシャーマン法からクレイトン法そしてノリス・ラガーディア法に至る労働組合に対する反トラスト法の法定適用除外の経験を踏まえて，労働組合に対しては独禁法を適用除外とする規定を置くことを想定していた。しかし，日本側は，当初，労働組合に関しては法文解釈上当然に適用されないから特に規定する必要はないとの立場であったようで

---
[48]　なお，事業者団体についても2条2項に定義規定があり，8条で規制を行っている。
[49]　大橋・前掲注(11)3頁。

あるが，その後，事業者概念を明記し，禁止行為の名宛人を事業者とすることとし，「事業」そして「事業者」に該当するか否かが独禁法の適用の有無を画する機能を持つものとされた。

そこで，労働者に対する独禁法の適用の有無についても，独禁法の立法関係者は，労働者および労働組合は事業者にあたらず，独禁法の適用はない[50]，また，独禁法が労働組合活動について何ら規定していないのは，同法が専ら事業者の事業活動を規整の対象としているためである[51]としていた。こうして，独禁法と労働法の適用範囲も「事業者」に該当するか否かによることとなり，労働者であれば事業者たり得ず，独禁法も適用がないとの解釈が一般的に支持されていた[52]。

アメリカでは，法律上，労働組合に対する適用除外を規定して対処した問題について，日本の独禁法は，「事業者」概念を導入して，労働者は事業者に該当せず，労働関係への独禁法の規制は及ばないとする事業者概念による適用除外アプローチを採用したことになる[53]。その後，労働者であれば事業者たり得ず，独禁法の適用はあり得ないとの立場が通説と解されてきた[54]。

(b) 事業および事業者概念の拡大

しかし，事業者とは事業を行う者であるので，「事業」の概念の確定が前提となる。そしてこの「事業」の解釈は，時代を追うにつれて拡張されていった[55]。その結果，事業者の範囲も当初想定されていたより，はるかに拡張されていくこととなる。

まず，1947年の原始独禁法の2条1項では「事業を営む者」という文言が

---

[50] 石井良三『独占禁止法』64頁（1947年）。

[51] 石井・前掲注[50] 293頁。

[52] 1978年公正取引委員会は，参議院法務委員会で，プロ野球選手は労働者であるからプロ野球の取引慣行に対する独占禁止法の適用はない，としていた（川井・前掲注[11] 434頁）。

[53] 大橋・前掲注[11] 11頁は「日本法上の事業者概念は立法関係者達によって米法の「Statutory labor exemption」の代替品として安易に導入され」たとする。

[54] 今日でも，例えば，根岸哲編『注釈独占禁止法』9頁［根岸哲］（2009年），金井貴嗣・川濱昇・泉水文雄『独占禁止法（第3版）』23頁（2010年）は基本的にこのような立場を維持している。

[55] 江口公典「独禁法の基礎概念」経済法講座2『独禁法の理論と展開(1)』24頁以下（2002年），大橋・前掲注[11] 7頁，白石・前掲注[12] 117頁，村上・前掲注[15] 40頁以下等参照。

労働法が目指すべきもの

使用されていたが，営利事業に限定され，非営利事業が事業に含まれないと誤解されかねないとの考慮から1953年に改正され，現在の「事業を行う者」という定義規定になる[56]。

また，医師・弁護士等の自由業者は当初「事業者」に該当しないと解されていたが，公正取引委員会は1979年以降，日本建築家協会，医師会，歯科医師会等について事業者性を肯定して摘発を開始した。今日ではこれらの自由業者が事業者たり得ることについてはほぼ異論がない。

さらに，国や地方公共団体については，立法関係者・公正取引委員会も事業者に該当すると解していたが，1989年以降，判例でも確認されている[57]。そして，事業の概念についての現在の判例の立場を示すものと解されている1989年の都営芝浦屠場事件判決[58]によると，独禁法2条1項にいう事業とは「なんらかの経済的利益の供給に対応し反対給付を反復継続して受ける経済活動を指し，その主体の法的性格は問うところではない」とされている。

こうした解釈の展開は，事業ないし事業者という概念を演繹的に解釈するという態度から，独禁法の適用の必要性から帰納的に事業該当性を論ずるという態度へ移行したもので，現在ではこうした解釈が主流，あるいは主流となりつつあると評されている[59]。

(2) 実質的適用除外アプローチ？

独禁法による規制の必要性（競争の実質的制限）から帰納的に事業者概念を把握しようとする立場に立つと，労働者であればカテゴリカルに独禁法2条1項にいう事業者にあたらない，ということにはならない。実際，近時の有力学説は，労働者であっても事業者に該当する可能性を否定しない[60]。

---

[56] もともと，原始独禁法の立法関係者の間でも，教育事業や医療事業，意思・弁護士等の自由業は事業に含まれないとする見解（橋本龍伍『独占禁止法と我が国民経済』117頁（1947年））と，医者，弁護士等の自由業，宗教・学術・技芸も事業に含まれるとする見解（石井・前掲注(50)64頁）に分かれるなど，必ずしも統一的な整理がされていなかったようである。

[57] 都営芝浦屠場事件・最判平成元年12月14日民集43巻12号2078頁（地方公共団体の事業者性肯定），お年玉付年賀葉書事件・大阪高判平成6年10月14日判時1548号63頁（国の事業者性肯定）。

[58] 前掲注(57)。

[59] 大橋・前掲注(11)8頁，白石・前掲注(12)117頁。

〔荒木尚志〕　　**8**　労働組合法上の労働者と独占禁止法上の事業者

　この立場に立つと，労働者に対する独禁法の適用の可否は，事業者該当性という入口の場面においてではなく，独禁法を適用すべき競争の実質的制限（独禁法2条5項の私的独占，2条6項の不当な取引制限，8条の事業者団体規制）や公正競争阻害性（独禁法2条9項の不公正な取引方法）を判断して決すべきこととなる。そして，この独禁法を適用すべき必要性に関する実質的判断の場面で，白石教授は「労働者が労働組合などにおいて団結しても独禁法に違反しないのは，労働者や労働組合が事業者にあたらないからではなく労働関係法令に準拠した行為であるために正当化されるからだ」と説明すべきとされている[61]。

　従来の学説は，「公共の利益に反して」という要件（独禁法2条5項，6項）について，自由競争を阻害する事態は直ちに公共の利益に反すると解し，当該行為が具体的に公共の利益に反するか否かの判断を不要としていた[62]。しかし近時の有力説は，このような立論を是とせずに，これらの要件の成否を，正当化理由の存否によって判断しようとしている[63]。そして，こうした解釈は独禁法2条5項，6項のように「競争を実質的に制限する」と「公共の利益に反して」の双方が規定されている場合は，その解釈として正当化理由を勘案すればよいが，行為主体が事業者ではなく事業者団体に変わっただけの8条1号には「公共の利益に反して」という文言がなく「競争を実質的に制限すること」と規定するのみであるので，解釈論上やや苦慮することとなる。しかし，現在の審決実務および裁判例は「競争の実質的制限」の概念の枠内に正当化理由を取り込んで同様の判断を行っているとされる[64]。

　結局，近時の有力説は，独禁法違反の成否についてのこのような考え方を前提に，労働者に対する独禁法の適用問題について，これまでのような事業者概念による入口における適用除外アプローチを採らず，独禁法違反の成否の段階における「不当な取引制限」「公共の利益に反して」等の要件を満たすか否か

---

[60]　白石・前掲注(12) 120頁は「一律に労働者を事業者から除外することは，整合性の観点からも基準作りの観点からも容易ではない。」とする。

[61]　白石・前掲注(12) 120頁。

[62]　例えば，1990年代の議論状況を示すものとして実方謙二『独占禁止法（第3版）』195頁（1995年）。

[63]　白石・前掲注(12) 88頁以下参照。この見解は，独禁法違反の成立には，反競争性があるだけでは足りず，正当化理由のないことが必要との前提に立っている。

[64]　白石・前掲注(12) 94頁，根岸・舟田・前掲注(39) 58頁。

労働法が目指すべきもの

の判断において，労働関係法令に準拠した行為であることを重視して正当化される，と考えているものと解される。

(3) 検　　討

労働法の立場から若干の検討を行う。まず，従来の一般的見解であった労働者は独禁法にいう事業者たり得ず，独禁法は適用されないという「事業者概念による適用除外アプローチ」については，この立場に立つ論者自身も指摘するように[65]，現在，「事業」「事業者」概念のメルクマールとされている「なんらかの経済的利益の供給に対応し反対給付を反復継続して受ける経済活動」を当てはめた場合，労働者が事業者に該当しうることを否定するのは困難であろう。そうした状況を踏まえつつ，なお，「事業者概念による適用除外アプローチ」を維持する立場からは，憲法28条の労働三権の保障への考慮と，独禁法の目的・性格を根拠に，事業者は独占問題について社会的責任を負うべき経済主体に限定され，事業に使用される者である労働者はこのような経済主体には属さないとする見解[66]が主張されている。

この見解は，「事業」「事業者」概念の展開によって，立法当初のような労働者・事業者峻別説の維持が困難となったことから，事業者性判断に規範的解釈を加えて労働者の事業者該当性を否定し，独禁法の適用の入口段階で労働者への適用を排除しようと試みるものということができよう。

これに対して，近時有力になってきている「実質的適用除外アプローチ」は，現在の「事業」「事業者」概念によると労働者も事業者に該当しうることをそのまま肯定し，その上で，独禁法違反の成否の判断を検討する立場のようである。もっとも，独禁法違反の成否の検討に立ち入るとしても，(a) 労働関係法令に準拠した行為であることも勘案しつつ，競争の実質的制限や公正競争阻

---

[65]　江口・前掲注(55) 26頁。
[66]　江口・前掲注(55) 26頁。同「事業者(2)〔観音寺市三豊郡医師会事件〕」舟田正之他編『経済法判例・審決百選』7頁（2010年）も参照。「事業に使用される者である労働者」という表現からは，労基法上の労働者に限定した立論のようにも見えるが，これはあくまで「（労働基準法の定義に則していえば）」と断った上での叙述である。憲法28条を根拠とした立論であることに鑑みると，「事業に使用される者」という要件が要求されない労組法上の労働者（労組法3条）についても妥当するものとして主張されている可能性もありそうである。

害性について，具体的・実質的に判断した上で決するものなのか，あるいは，(b)労働関係法令に準拠した行為であるとして，競争の実質的制限や公正競争阻害性について実質的判断はせずに，事実上の適用除外を認めるに等しいものなのか，により，その意味は異なってくる。

もっとも(a)(b)いずれの立場についても，さらに検討すべき課題がありそうである。まず，(a)の立場のように，競争の実質的制限・公正競争阻害性の実質的判断を労働関係法令に準拠した行為であることを踏まえつつ行うことを，公正取引委員会がよくなし得るか，労働組合の行為の正当性判断はむしろ労働委員会に委ねるべきではないのか（そうだとすれば，公正取引委員会が判断する以前に，事実上の適用除外として，労働委員会に判定させるべきではないか）という問題が指摘できる。他方(b)の立場においては，労働関係法令に準拠した行為であれば，実質判断を行うことなく事実上の適用除外扱いとすると，アメリカで経験されたような，労働組合の行為が，労働組合外の者と結びついて，本来独禁法の規制を適用すべき状態をもたらす場合の処理が問題となる。

こうしたことを考慮すると，労働組合の活動については，原則，独禁法の適用除外を認めつつ，しかし，独禁法の不適用が独禁法政策上，看過し得ないような例外的場合には，実質的に労働法上の団体交渉促進政策と独禁法政策の調和的解釈を認めるという枠組みが望ましいと言えそうである。

4 むすびに代えて

日本では，事業者概念が労働者や労働組合の活動に対する独禁法の適用除外の機能を担ってきた。しかし，現在，事業者概念はそうした適用除外の機能を薄め，他方で，労組法上の労働者の概念が労基法上のそれより広い概念と理解されるようになっている。したがって，概念上は独禁法上の事業者が，同時に，労組法上の労働者であるという事態が生じうる。独禁法は価格設定等による競争制限行為を禁止し，労働法は団体交渉促進，労働協約による賃金・労働条件の設定を奨励する。ここでは両法の相容れない規制が衝突することとなる[67]。こうした事態が実際に生ずるとすれば，独禁法と労働法の適用関係を整序しておく必要がある。同様の状況に直面したEUでは，競争法と社会政策の要請す

---

[67] Douglas Leslie, Principles of Labor Antitrust, 66 Va. L. Rev. 1183, 1184 (1980) も，両法の衝突は根源的なものであることを指摘する。

労働法が目指すべきもの

る団体交渉促進の衝突について，社会政策の要請を競争法に優越させて整序していた。競争法上違法とされかねない労働組合の諸活動について，適用除外を設けていない場合には，こうした解釈による整序が必要となる[68]。

これまで，日本の労働組合は企業別組合が主体であったため，その協約の効果も特定企業に限定されていた。その結果，アメリカやEUのような競争制限効果について注目されることは少なかった。今般，労働者とされた労務供給者が一定の事業者的要素をも備えていたことから，ようやく問題が顕在化してきたともいえよう。

この数年，労組法上の労働者性をめぐって労働委員会と裁判所の見解の対立の中で顕在化した問題の核心を，渡辺章教授は見事に捉えて次のように摘示された。すなわち，これらの事件で労務供給者達が求めたのは，「職種別組合が伝統的に求めてきた同職仲間の間の競争制限の法理を団体交渉の場に持ち込み，協約法理として実現しようという要求，労働運動史からみればまったく古典的な要求」であり，同職仲間同士の「仕事の条件から適当競争を除き，条件を合理化して『地位の向上』を図る」ということであった。こうした活動はまさしく「労働組合法の目的にかなったこと」であると[69]。

本稿は，渡辺章教授の指摘されたこの「競争制限の法理」という団体交渉制度・協約制度の核心部分と競争法・独禁法との抵触問題について，ささやかな序論的検討を行ったにすぎない。労働法と経済法とが，同じ方向を向いた規制を行う場面も含め，両法の関係については解明すべき多くの課題がありそうである。さらに検討を続けていきたい。

---

[68] 村上政博「適用除外」判例タイムズ1302号79頁（2009年）は，解釈により黙示の適用除外認めるべきとし，アメリカの反トラスト法上の判例法理を参考に，その一つの要素として，④独占禁止法からの適用除外を認められないと当該事業者が矛盾した基準や規則に直面することになることを挙げている。

[69] 以上につき渡辺章「労組法上の『労働者性』を団体交渉事項の性質から考える」労委労協650号18頁（2010年）。

9　戦前の労働組合法案に関する史料覚書

中　窪　裕　也

1　はじめに
2　プロローグ（大正7年〜8年）
3　臨時産業調査会での検討とその後（大正9年〜13年）
4　行政調査会，政府案の作成，議会提出と審議（大正14年〜昭和2年）
5　社会政策審議会，新政府案の作成，議会提出と審議（昭和4年〜昭和6年）
6　その後の議会での動き（昭和11年〜12年）
7　おわりに

1　はじめに

　本稿は，大正から昭和初期における労働組合法制定の動きを，当時の資料から跡づけてみようとするものである。戦前の様々な労働組合法案に関しては，すでに多くの研究がなされており，20年以上も前に，「事実の評価と論点はすでに出つくした観がある」と言われていたほどである[1]。これについて，筆者に特段の問題提起があるわけではない。

---

(1)　西成田豊『近代日本労資関係史の研究』（東京大学出版会，1988年）239頁。
　　なお，従来の研究については，同書240-241頁や，林博史『近代日本国家の労働者統合』（青木書店，1986年）16-18頁に詳しく記されている。いくつかの代表的なものをあげれば，山中篤太郎『日本労働組合法案研究』（岩波書店，1926年），手塚和彰「戦前の労働組合法問題と旧労働組合法の形成と展開(1)」社会科学研究22巻2号151頁（1970年），深山喜一郎「第一次大戦後のわが国における労働組合法案の展開」高橋幸八郎編『日本近代化の研究・下』（東京大学出版会，1972年）89頁，三和良一「労働組合法制定問題の歴史的位置」安藤良雄編『両大戦間の日本資本主義』（東京大学出版会，1979年）237頁，向山寛夫「戦前における労働組合法案(1)(2完)」国学院法学17巻1号91頁，2号33頁（1979年），土穴文人『戦前期労働法制論』（創成社，1983年），田村譲『日本労働法史論』（御茶の水書房，1984年）219頁以下。
　　また，より最近のものとして，崔鐘吉「内務省社会局の『中間派』対策と労働組合法案の不成立」年報日本史叢2003年75頁（2003年）。

労働法が目指すべきもの

　ただ，近年におけるインターネットの発達のおかげで，大正9 (1920) 年の農商務省案，内務省案[2]をはじめ，国立公文書館に収蔵されている多くの歴史的資料を，同館のデジタルアーカイブを通じて，居ながらにしてコンピューター画面で閲覧することが可能となった。また，官報に掲載された帝国議会の会議録も，国立国会図書館が提供するオンラインサービス「帝国議会会議録」から，簡単に入手することができる。さらに，神戸大学附属図書館のデジタルアーカイブ「新聞記事文庫」を利用すれば，当時の新聞の切り抜きまで見ることができる。それらの資料を，旧労働省の『労働行政史』第1巻[3]などを参考にしながら，あれこれと引き出して眺めているうちに，各資料の位置づけや相互関係について，自分なりのイメージができあがってきた。ほとんどが専門の研究者にとっては常識というべき情報であるが，いくつか細かな点で気づいたこともあり，これを一通り整理しておけば，それなりに有用ではないかと考えた次第である。能力と紙幅の制約から内容的な分析には踏み込んでいないことを，最初にお断りしておきたい。

　取り上げる対象は，基本的に，政府の審議機関における検討の過程と，帝国議会に提出された法案およびそこでの議論に限っている。周知のように，戦前の労働組合法案については，時期的に3つのピークがある。第1は，上記の大正9 (1920) 年であり，「臨時産業調査会」に，農商務省案と内務省案という対照的な内容を持つ2つの法案が提出され，議論が行われたが，結論が出ないまま立ち消えになってしまった。第2は，大正14 (1925) 年およびその翌年であり，内務省社会局案が作成されて「行政調査会」に付議されたが，同会での審議にもとづき，より後退した内容の政府案がまとめられ，議会に提出されたものの，審議未了で不成立に終わった。ほぼ同内容の法案は，昭和2 (1927) 年にも議会に提出されたが，やはり審議未了により不成立となっている。第3は，昭和4 (1929) 年から昭和6 (1931) 年であり，「社会政策審議会」がまとめた要綱にもとづき内務省社会局が法案を作成したが，使用者側が強く反対したため，大幅に修正した政府案が議会に提出され，衆議院で可決されたものの，貴族院で審議未了により不成立に終わった。

---

[2] 後に見るように，国立公文書館の資料中の内務省案は，いわゆる内務省案の前身にあたる未定稿である。
[3] 労働省編著『労働行政史』第1巻（労働法令協会，1961年）。

〔中窪裕也〕　　　　　　　　　　*9*　戦前の労働組合法案に関する史料覚書

以下でも，これら3つの時期を中心に，その前後や間を補充するような形で見ていく。自分にとっての読みやすさを優先して，原資料が片仮名書きであっても平仮名を用い，数字も算用数字化することをお許しいただきたい。なお，条文化された法案についてはゴシック書きで番号と名前をつけてあるが，これら以外にも議会に提出されなかった各種団体や個人の法案があることに，注意が必要である。

2　プロローグ（大正7年〜8年）

(1)　救済事業調査会の報告

わが国における労働組合法制定の動きは，前史ともいえる治安警察法と密接に関連している。明治33(1900)年に制定された同法は，日清戦争後に活発化した労働運動の取締りを目的とする立法であるが，大正期になると，健全な労働運動の育成のために政策の見直しを求める声が強くなる。特に，一定目的のために暴行・脅迫・公然誹損を行うことに加えて，同盟罷業のために労務を停廃させる目的で「他人を誘惑若は煽動すること」を禁じる17条（違反に対しては30条に刑罰あり）が，議論の焦点となった。

そのような中，大正7(1918)年6月24日の勅令263号により，内務大臣の諮問機関として「救済事業調査会」が設置され（会長・内務次官小橋一太），大正8(1919)年3月3日に，「失業保護に関する施設要綱」および「資本と労働との調和に関する施設要綱」の答申を行った。後者は5項目から成るが，「1　労働組合は其自然の発達に委すること」，および，「5　治安警察法第17条第2号の誘惑扇動に関する規定を削除すること」との文言が含まれていた[4]。第1項は，いわゆる放任主義であり，労働組合法の制定に消極的な姿勢を示す。他方，第5項は，組合活動への規制を緩和するものであり，特別委員会が作成した原案にはなかったが，3月2日の総会において最後に一委員から追加提案が出され，賛成多数により可決された[5]。

---

(4)　第5項の「第17条第2号」は，正確には「第17条第1項第2号」というべきところである。ちなみに，『労働行政史』第1巻127頁における答申の引用では，その部分が補正されており，両項とも，文言が原文とは少し異なっている。

(5)　3月4日付の東京朝日新聞，中外商業新報など。大原社会問題研究所編著『日本労働年鑑』第1巻（1920年）227頁もその旨を述べるが，日付を2月2日と誤記している。また，新聞各紙と同様に，要綱としては原案の4項目のみを掲げた上で追加があった旨

209

労働法が目指すべきもの

この調査会に関しては，国立公文書館の資料では官制しか見当たらないが，後に内務省社会局名で『救済事業調査会報告』という冊子が作成され[6]，官制，議事規則，委員名簿，開会日数，各議案とそれに対する決議などが収録されている。

(2) 帝国議会での動き

上記答申に先立つ大正8(1919)年1月31日，第41回帝国議会の衆議院で，小山松壽議員が，労働政策は国際的に重大な意義を為しているとして，これに関する政府の所見を問う質問を行った。これに対して3月1日，床次内務大臣名で回答書が提出され，その中で，治安警察法17条は「穏健なる労働団体の成立等は之を阻害するものに非すと認む」と述べている。

小山議員は，3月6日に，労働政策に関する再質問書を提出し，国際労働条約加盟の条件として労働組合が求められているところ，治安警察法17条に関する救済事業調査会の答申について政府の所見を問う旨の質問書を提出したが，3月25日に床次内務大臣と内田外務大臣の連名で示された回答書は，国際労働の問題は未だ具体的に確定していないとして答弁を回避した。

これら2つの回答書は，それぞれの質問主意書とともに，国立公文書館の資料のうち，内閣関連「公文雑纂」の同年第15巻に収められている。なお，この年の10月29日よりワシントンで国際労働機関（ILO）の第1回総会が開催されたが，日本の労働者代表の選出をめぐって重大な問題が生じ，労働組合法制定の機運が高まる契機となったことは，周知の通りである。

小山議員らは，さらに3月13日，治安警察法17条の改正案（誘惑・煽動の部分を削除）を衆議院に提出した。同案は同日の本会議で「刑事訴訟法中改正法律案外二件委員会」に付託され，同月19日と24日に審議が行われたが，不成立に終わった。これに関しては，官報から法案を含む議録を閲覧することがで

を記しているが，後述する内務省社会局の『救済事業調査会報告』では，追加分も第5項として明記されている。

ちなみに，この追加提案を行った委員は，高野岩三郎博士のようである。西岡孝男「労働組合法案と資本家団体」日本労働協会雑誌109号19，21頁（1968年）。

(6) 発行年月日が記載されていないのが残念であるが，内務省の内局として社会局が発足したのは大正9(1920)年8月であり，それ以後の遅くない時期に出されたのではないかと思われる。なお，社会局は大正11(1922)年11月より，内務省の外局となった。

きる。なお，治安警察法に関しては，以後も何度か議員から改正法案が提出されることになるが，以下では，大正15(1926)年の政府案以外は触れないこととする。

(3) 内務省の労働委員会法案

大正8(1919)年10月13日の新聞各紙に，内務省が議会提出に向けて労働組合法の具体的草案を得たとして，その骨子が掲載された[7]。3項目から成る骨子は『日本労働年鑑』第1巻（221頁）にも収録されているが，各工場における小職工組合を公認し社団法人として登記させる，資本主と労働者の間に協調機関を設置する等の内容であり，当時の言葉によれば，縦断的労働組合の公認案とされる。

これに対して労働者側から，工場を超えた横断的労働組合を認めよとの批判が浴びせられたが，内務省は同年12月5日，「労働委員会法案」という名称で，法案要綱と全42条の法案を公表した（⓪内務省労働委員会法案。非公式の案であり，議会提出等はされていない）。常時50人以上を使用する事業では，企業組織内に労働委員会を設置することができ，労働者から選出された委員が，企業者により指名された委員と共に，賃銀，休業時間をはじめとする一定事項について調査審議し，企業者に提議をなす等の内容を定めている。内務省では，これは労資協調の一案であって組合法ではないと説明したようである[8]。今の目から見れば，労使協議ないし従業員代表制であろう。

この法案は，新聞に全文が掲載され[9]，また『日本労働年鑑』第1巻（222頁）にも採録されている。他方，要綱は当時の資料では見当たらないが，『労働行政史』第1巻（142頁）に収められている。

---

(7) 『日本労働年鑑』第1巻221頁。なお，「新聞記事文庫」では，大阪で発行されるためであろうか，各紙とも10月15日付となっている。

(8) その意味で，以下の諸法案とはやや性格が異なるため，本案には⓪という番号を付すこととした。なお，この法案の発表後，かなりの数の企業で委員会制度が設けられたといわれる。『労働行政史』第1巻143頁以下を参照。

(9) 12月8日付大阪朝日新聞。

3　臨時産業調査会での検討とその後（大正9年～13年）

(1)　農商務省の職業組合法案

　大正9 (1920) 年に入ると、政府も労働組合法案の検討に本腰を入れ、2月には臨時産業調査会が設置されることとなるが、これに先立つ1月下旬、農商務省から「職業組合法案」が発表された（①農商務省職業組合法案）。全21条[10]から成るこの法案は、『日本労働年鑑』第2巻に掲載されている[11]。次に見る農商務省案の基礎となるものであり、設立に関する許可制、同一または類似の職業および道府県内という組織範囲の限定、法人化の強制など、規制的な性格が強いが、当時の新聞報道では、内務省の労働委員会法案よりも進歩的と評されているのが興味深い。

(2)　臨時産業調査会の設置と農商務省案

　政府は同年2月21日、勅令32号により、内閣直属の諮問機関として「臨時産業調査会」を設置した（会長・内閣総理大臣原敬）。官制によれば、同会は「産業に関する重要事項を調査審議す」ることが使命とされ[12]、労働組合法案の検討は、その主要な内容をなしていた。

　3月13日に開催された第1回総会の議事録は、国立公文書館の臨時産業調査会関係の資料に収められているが（別に速記録もある）、原首相演説要旨、議事規則、官制、名簿と並んで、「労働組合法案要綱」が含まれている。要綱とはいっても、中身は全25条の具体的な法案であり（末尾に「労働組合法制定の理由」を含む）、これが、農商務省が作成した、いわゆる農商務省案である（②農商務省案）。よく知られているように、その内容は、認可制、同種または密接の関係ある職業および道府県内という限定、法人化の強制、組合解散命令など、

---

[10]　附則には条文番号が付されていないのでカウントしていない。以下の諸法案についても、特に言及しない限り同様とする。

[11]　大原社会問題研究所編著『日本労働年鑑』第2巻 (1921年) 482頁。なお、同所では2月に新聞各紙により発表されたと書かれているが、1月22日の中外商業新報に記事が掲載されており、「別面記載の如き職業組合法案」と書かれているので、全文が掲載されたのではないかと思われる。2月の記事は「新聞記事文庫」には見当たらない。

[12]　国立公文書館資料による官制の原本では、上記部分は当初「産業に関する資本労働の協調、組織機関の改造其の他の重要事項を調査審議す」となっていたのを修正したようである。

〔中窪裕也〕　　　　　　　　　　　　***9*** 　戦前の労働組合法案に関する史料覚書

取締的な性格が濃厚であった。

　この法案は，同日，臨時産業調査会の幹事会に付託され，同月19日の第2回幹事会で，農商務省から内容について説明がなされた。幹事会についても，国立公文書館の資料に，議事録とその元になる議事録原稿が収められている。

(3)　内務省案とその前身案

　臨時産業調査会では，内務省も幹事会に法案を提出した。国立公文書館の臨時産業調査会関係の資料のうち，「労働組合法に関する書類」と題された綴りの中に，内務省による「労働組合法草案（未定稿）」が収められている。全23条で，うち21条から23条までは附則であるが，よく見ると，本文は19条で終わって20条が欠けている。内容はいわゆる内務省案と基本的に同じであるが，一部条文で若干の内容や順番が異なっている。また，残念なことに，14条から18条の間が，原本からの写真撮影時のミスではないかと思われる形で欠落している[13]。いずれにしても，内務省案の前身というべき草案である（③**内務省前案**）。

　かつての研究では，内務省は当初，前年の労働委員会法案を提出したとの推測がなされ，いわゆる内務省案は，その後，5月になって提出されたとするものが多いが，幹事会の議事録によれば，内務省からの草案は3月26日の第3回幹事会で提出されている。他に内務省による草案は見当たらないので，その時点で，この内務省前案が提出されたと考えられよう[14]。

　他方，いわゆる内務省案（全22条，附則を除けば19条）のほうは，臨時産業調査会の資料には見当たらないが，『日本労働年鑑』第2巻（483頁）に収録されている（④**内務省案**）。同書によれば，この案は，同年5月7日に公表されたよ

---

[13] 2011年7月に筆者は国立公文書館を訪問し，原本に当該部分が存在することを確認した。それによれば，14条と15条は内務省案と同じであるが，16条は対象となる行為が少し違っており，制裁も過料ではなく500円以下の罰金となっている。17条も，9条違反への制裁という点は同じであるが，やはり過料ではなく1,000円以下の罰金であった。18条は11条違反への制裁であるが，内務省案では元の11条が削除されて12条が繰り上がったため，同条も削除されて19条が繰り上がっている。なお，デジタルアーカイブの欠落については，同館の窓口で指摘して補正の要望を行った。

[14] 池田信「日本的労働組合法構想の模索」日本労働協会雑誌267号22, 31-32頁（1981年）を参照。南原繁氏を中心とする内務省内の調査室で起草していた法案が，省議や局議を経ないまま，急拠，提出されたといわれる。

213

労働法が目指すべきもの

うである⁽¹⁵⁾。届出制，組織範囲の無限定（労働者15人以上という要件はある），法人化も任意，組合員への差別的解雇と黄犬契約の禁止（制裁付）など，農商務省案よりも規制が緩やかで，組合に対する保護をも定めていた。

なお，前記「労働組合法に関する書類」の綴りの中には，内務省による「農商務省案労働組合法に対する意見」，四條幹事（農商務省）による「内務省の批評に対する意見」，松村幹事（同）による「労働組合法に関する意見」等の文書も収められている。

（4）幹事会における草案

幹事会は，同年6月までの間に計9回開かれたが（3月13日，19日，26日，31日，5月19日，24日，6月3日，7日，14日），5月中に原会長の意向にもとづき農商務省案を基本とすることが決定され，具体的な草案による逐条審議が行われた。6月3日の第7回幹事会の議事録原稿の中に，1条から12条までの部分が⁽¹⁶⁾，同月7日の第8回幹事会の議事録原稿の中に，それに加筆修正を行い，さらに後半部分を加えた，全23条の「労働組合法」の草案（多数の手書き修正の跡あり）が，それぞれ綴じ込まれている（⑤**臨時産業調査会幹事会案**）。

しかし，幹事会は6月14日の第9回を最後に1年以上も開かれず，労働組合法案の検討は，この段階で事実上，打ち切られてしまった。その後，幹事会は翌年6月と7月に他の議題で2回開催されたのみであり，大正11（1922）年9月16日の勅令408号により，臨時産業調査会そのものの官制が廃止された。設立時の勅令およびこの廃止勅令は，いずれも国立公文書館の資料に収められている。

ちなみに，大正9（1920）年7月10日，衆議院の鮎川盛定議員から原総理大臣宛に，労働立法に関する政府の方針（法案提出の有無とその立案内容）について質

⑴5 「新聞記事文庫」では，5月9日付大阪朝日新聞に，「要旨」としてほぼ全文が掲載されており，同紙には5月10日および12日付で，法案への批評記事も書かれている。もっとも，5月25日付東京日日新聞は，依然として内務省の労働委員会法案を取り上げており，混乱が感じられる。また，5月8日付国民新聞は，「内務省案と採否何れぞ」との見出しを付けた上で，農商務省案の全文を掲載していが，そこでいう内務省案も，労働委員会法案を意味しているようである。

⑴6 これは当日の議論をまとめて清書したもののようである。同日の議事録および議事録原稿の中に，その前のバージョンからの変更点が記されている。

問がなされたが，同月26日付で床次内務大臣と山本農商務大臣の連名で出された回答書は，目下成案中なので未だ言明の時機に至らない，なお同法成案の上は速やかに議会に提出する，との趣旨を述べている。この質問主意書および回答書も，国立公文書館の内閣関連「公文雑纂」の同年第11の下巻の中に収められている。

(5) **臨時産業調査会におけるその他の資料**

臨時産業調査会の資料のうち，前記の「労働組合法に関する書類」では，国際労働会議に関するものが相当部分を占めており，外務省による「華盛頓国際労働総会経過概説・附時間制特殊国委員会に関する内議の顛末」および「第2回国際労働会議報告書」，「国際労働刊行第4輯」，「第1回国際労働総会報告書」（英語），「国際労働刊行第5輯」，「第1回労働総会に採択せられたる国際条約案及勧告」と，大部の資料が収められている。

また，別の翻訳書類の綴りには，いくつかの英米文献を翻訳した，かなり膨大な手書きの資料がある。翻訳タイトルのみを記せば，「労働者に依る階級闘争」，「戦後の労資問題」，「労働党の一政策」，「労働争議と其防止策」，「新労働不安と其対策」，「労働者の生活実情」である。さらに，「The Labor Laws of Soviet Russia」という資料は，1920年にソビエト連邦政府がニューヨークで発行した書物を，手書きで英文のまま書き写したもののようである。

(6) **帝国議会での動き**（諸政党の法案）

その後，大正10(1921)年から13(1923)年にかけて，衆議院で，いくつかの法案や建議案が提出される動きがあった。ここでは，そのリストだけを掲げておこう。いずれも不成立に終わったが，官報の議事速記録で，それらの内容と議論を辿ることができる。なお，各委員会についても官報に議録があるが，実際に当該事項について審議が行われたのは，〔2〕のみのようである。

〔1〕 労働組合法の制定並労働局設置に関する建議案（近藤達児），第44回帝国議会，衆議院，大正10年3月23日本会議。「植民地設置に関する建議案委員会」に付託。3月25日に開催（他の議題）。

〔2〕 労働組合法案（箕浦勝人ほか，全26条，⑥憲政会案），第44回帝国議会，衆議院，大正10年3月25日本会議。「治安警察法中改正法律案外一件委

労働法が目指すべきもの

員会」に付託。3月26日に開催。

〔3〕 労働組合法案（星島二郎，全21条，⑦国民党案），第45回帝国議会，衆議院，大正11年3月2日本会議。「治安警察法中改正法律案外三件委員会」に付託。3月24日に開催（他の議題）。

〔4〕 労働組合法案（安達謙蔵ほか，全26条，⑥憲政会案の再提出），第45回帝国議会，衆議院，大正11年3月7日本会議。「治安警察法中改正法律案外三件委員会」に付託。3月24日に開催（他の議題）。

〔5〕 労働組合法案（安達謙蔵ほか，全26条，⑥憲政会案の再々提出），第46回帝国議会，衆議院，大正12年2月1日本会議。「職業紹介法中改正法律案外二件委員会」に付託。3月3日に開催（他の議題）。

〔6〕 労働組合法案（板野友造，全21条，⑧革新倶楽部案），第46回帝国議会，衆議院，大正12年2月22日本会議。内容は，8条と16条を除き，〔3〕の国民党案と同じ。「職業紹介法中改正法律案外二件委員会」に付託。3月3日に開催（他の議題）。

〔7〕 社会政策に関する建議案（山本芳治），第49回帝国議会，衆議院，大正13年7月18日本会議。「社会政策に関する建議案委員会」に付託。会期満了により不開催。

4　行政調査会，政府案の作成，議会提出と審議
（大正14年〜昭和2年）

(1)　内務省社会局案

政府が労働組合法案の作成に向けて動きを再開したのは，大正14(1925)年の夏である。同年7月14日，若槻内務大臣から加藤(高明)総理大臣に対し，内務省社会局がまとめた労働組合法案を，前年5月1日の閣議決定で内閣に設けられていた「行政調査会」に付議したい旨の請議があり，了承された。全26条（附則を除けば22条）から成る同案は，以前の内務省案を基礎とするものであるが，労働協約の規範的効力の規定（12条）も含んでいた（⑨**大正14年内務省社会局案**）。この法案は，8月5日に行政調査会の幹事会に提出されるとともに，8月8日に新聞各紙を通じて公表された[17]。

---

[17]　8月8日付中外商業新報は，幹事会では同案が急進的すぎるとして司法省や逓信省から痛烈な反対的質問が出たと報じ，12条と21条（差別的解雇・黄犬契約に対する過料）

〔中窪裕也〕　　　　　　　　　　　　***9***　戦前の労働組合法案に関する史料覚書

　国立公文書館の資料では，内閣関連「公文雑纂」の同年第1巻中に上記の請議に関する文書があり，その後ろに，上記法案の全文（手書きのガリ版刷り）が添付されている。また，「行政調査会書類」の「幹事会会議録第2号」（労働立法関係）の冒頭にある，第15回幹事会（8月5日）会議録の資料にも，同じものが添付されている。

　なお，このときの行政調査会には，労働組合法案のほか，労働争議調停法案，治安警察法中改正法律案（17条・30条の削除），および，工場法施行令中改正案も付議された。これらの法令案も，上記の請議資料と，第15回幹事会会議録に，それぞれ添付されている。

(2)　**行政調査会における議論と労働組合法要綱**

　行政調査会は，8月5日を含めて5回の幹事会（8月5日，12日，19日，26日，9月1日）で労働組合法案について検討した後，この問題に関する小幹事会を2回開催し（9月2日，12日），9月24日の幹事会で，案を整理して委員会（総会）に提出することが了承された。10月9日に開催された第5回委員会では，17項目から成る幹事会報告書の説明がなされた後，この件を特別委員会に付託することが決定され，同月15日から11月27日までの間に6回の労働組合法特別委員会が開催された（10月15日，24日，30日，11月6日，13日，27日）。この特別委員会の審議にもとづいて，12月1日の第10回委員会で，16項目の「労働組合法要綱」を内容とする決議書が可決された。

　この間の議論の概要は，国立公文書館の同会資料のうち，「幹事会会議録第2号」および「議事録（総会）第1号」に採録されており[18]，さらに委員会に関しては，逐語的な速記録も残されている。また，会議の日程は「幹事会議事経過」および「委員会議事経過」にも記されている。

　10月9日に委員会に提出された幹事会報告書は，同日の議事録に添付されているほか，「議案」の綴りの中の「労働組合法案に関する件」にも収められている。また，特別委員会の議事録は，上記「議事録（総会）第1号」の中に

　　を他よりも大きな活字で印刷している。
[18]　これらについては，矢野達雄教授が，解題を付けた上で，全文を再現されている。矢野達雄「労働法案をめぐる行政調査会議事録(1)(2完)」阪大法学105号137頁，106号171頁（1978年）。

217

労働法が目指すべきもの

収録されており，11月27日の特別委員会議事録の末尾には，同日に最終的な要綱をまとめる際のたたき台となった17項目の文書が添付されている。

特別委員会が委員会に提出し，そこで可決された労働組合法要綱は，12月1日の委員会議事録の末尾に添付されているほか，「議決報告書原議」の綴りの中で，12月3日に行政調査会が内閣総理大臣宛に提出した報告案の決裁願にも添付されている。また，これにもとづき12月8日になされた閣議決定の正式文書は，国立公文書館の内閣関係「公文雑纂」の同年第1巻中に収められている。

そのほか，行政調査会書類の「諸陳情書意見書等」の綴りには，日本工業倶楽部，大阪工業会，電気協会，九州鉄工協会，大阪染色同業組合，名古屋市商業会議所，日本鉱業会，造船懇話会，鉄道同志会などの使用者団体が提出した，労働組合法案に対する意見書や陳情書が収められている。

(3) 議会提出法案の作成

内務省社会局は，行政調査会がまとめた労働組合法要綱に従い，新たな法案を作成することとなった。国立公文書館の資料では，大正15(1926)年1月11日付で「労働組合法案議会提案に関し意見申出方の件」という文書が，内閣関係「公文雑纂」の同年第13巻の中にある。これは，内務省の長岡社会局長から塚本内閣書記官長に対し，議会に提出する労働組合法案に関して意見があれば法制局へ申し出るよう求めるものであり，全34条（附則を除けば32条）の手書きガリ版刷りの「労働組合法案」が添付されている。議会提出法案を作成する過程の姿を示すものといえよう[19]（⑩大正15年社会局原案）。

その後，最終的な政府の労働組合法案（全36条，3項目の附則は別）が，同年2月8日に若槻総理大臣の裁可を受けて閣議決定され，翌日，第51回帝国議会に提出された（⑪大正15年議会提出政府案）。この法案は，届出制ではあるものの，同一または類似の職業・産業という限定，法人化の強制など，取締的色彩を強め，その一方で，労働協約の規範的効力や差別的解雇・黄犬契約の制裁の規定を削除していた。労働者側は，前年の社会局案の進歩性が失われたと強く批判し，他方で使用者側は，なお不適当な条項が残っているとして反対した。

---

[19] 1月27日付時事新報は，本案と思われる全34条の法案を掲載した上で，「きょう最後の関係各省会議」と報じている。

〔中窪裕也〕　　　　　　　　　　　*9*　戦前の労働組合法案に関する史料覚書

　国立公文書館の資料では，内閣関係「公文雑纂」の同年第27巻中に，「労働組合法案帝国議会へ提出の件（議決に至らざるもの）」という名前で，閣議の公式書類が収められている。その後ろに，手書きガリ版刷りの法案が，法案の提案理由書とともに添付されているが，そこには，様々な修正の跡が生々しく残っている。また，上記の社会局原案と思われる全34条の法案（「原案（廃棄）」の文字あり）と，行政調査会の要綱も添付され，さらに，陸軍省，海軍省，司法省，商工省からの意見と，社会局の文書，2月4日付けの内閣法制局長官による審査書類があり，最後に，タイプで清書された議会提出政府案と提案理由書が付されている。

(4) 衆議院での審議

　政府提出の労働組合法案については，同年2月16日と18日に衆議院本会議で第1読会が開かれ，既に1月中に議会に提出されていた労働争議調停法案および治安警察法中改正法律案を担当する「労働争議調停法案（政府提出）外一件委員会」に付託することとされた。以後，2月25日，26日，27日，3月1日，2日，3日，17日，19日，22日と，計9回の委員会（第2回委員会～第10回委員会）が開催された。

　しかし，3月17日の第8回委員会で，労働組合法案は切り離して慎重に審議する必要があるとして，労働争議調停法案と治安警察法中改正法律案だけを討論・採決する旨の動議が出され，これら2法案のみが議決された。そのため，労働組合法案は取り残される形になり，その後19日と22日の委員会でも議論されないまま，審議未了となってしまった[20]。

　ともあれ，これらの審議の模様については，官報で，上記各日の本会議議事速記録および委員会議録を入手することができる。また，2月16日の本会議議事速記録には，政府提出法案の全文も掲載されている。

　なお，労働争議調停法案および治安警察法中改正法律案は，2月9日の本会議で第1読会が開かれており，そこでの議事速記録に，やはり法案の全文が掲載されている。労働争議調停法案は委員会で若干の修正を受けたが，これら2つの法案は，衆議院本会議さらには貴族院でも可決されて3月25日に成立し，

---

[20]　この経緯および背景について，矢野達雄『近代日本の労働法と国家』（成文堂，1993年）134頁。

労働法が目指すべきもの

同年7月1日より施行された。

　ちなみに、内務省社会局では、同年5月に『労働法案に関する資料』という内部向けの冊子を作成しており、3つの労働法案の沿革概要を付した上で、それまでに作られた法案や行政調査会の決議を収録し、さらに労働法案に対する労使団体や学者研究者等の意見、新聞社説なども収録している。

(5) 昭和2年の再提出と審議

　政府は、昭和2(1927)年の2月にも若槻総理大臣の下で、第52回帝国議会に、前年とほぼ同内容の労働組合法案を提出した。国立公文書館の資料では、内閣関係「公文雑纂」の同年第33巻「未決並否決法律案」という綴りの中に、2月28日における法案の閣議決定に関する公式書類が収められ、その末尾にタイプ印刷の法案（全36条）が付されている。ただ、その内容は前年の議会提出政府案と全く同じであり、附則の施行期日に関する項には手書きで修正があるものの、本文には修正が加えられていない。

　しかし、3月10日に衆議院本会議の第1読会で提示された政府の法案では、さらに15条但書に微細な修正が加わっており、そちらを正式な政府提出法案と考えるべきであろう（⑫昭和2年議会提出政府案）。法案の全文は、官報の同日の議事速記録に収録されている[21]。

　その後、この法案は「労働組合法案委員会」に付託され、3月11日と16日に同委員会が開催されたが、実質的な審議は16日に行われたのみで、そのまま審議未了となってしまった。両日の委員会の模様は、官報の同委員会議録に収録されている。

5　社会政策審議会、新政府案の作成、議会提出と審議
　（昭和4年～昭和6年）

(1) 社会民衆党の法案

　2度の法案提出が失敗に終わった後、政府の動きは不活発となるが、労働団体からの労働組合法制定要求はむしろ高まった。そのような中で、昭和4

---

[21] 『労働行政史』第1巻429頁は、25条2項にも修正が加えられたとしているが、官報では確認できなかった。後述する社会政策審議会の資料中にある第52回帝国議会提出政府法案でも、同項は修正されていない。

(1929) 年3月，第56回帝国議会に，社会民衆党による労働組合法案が提出された（鈴木文治，全15条，⑬社会民衆党案）。3月18日の衆議院本会議で第1読会が開かれ，同月22日の第4回「産業委員会法案委員会」で議論が行われたが，審議未了に終わった。法案を含む本会議の模様と委員会での議論は，官報の議事速記録および委員会議録に収録されている。

(2) 社会政策審議会における議論と答申

同年7月に社会政策の確立を掲げる浜口内閣が成立すると，同月19日の勅令239号により内閣直属の諮問機関として「社会政策審議会」が設置され（会長・内閣総理大臣浜口雄幸），8月9日に，失業者救済施設および小作問題に関する諮問（諮問第1号，第3号）と並んで，労働組合法制定に関する意見の諮問がなされた（諮問第2号）。

社会政策審議会は，同日に開催された第1回総会で，諮問第2号を第1号と同じ特別委員会（諮問第1号特別委員会）に付託することを決定した。以後，この特別委員会は，8月19日から12月16日までの間に計17回の会合を開いたが，労働組合法に関しては，10月31日，11月6日，13日，22日，29日の5回（第10回～第14回）で検討が行われた。また，この間，社会政策審議会の幹事会でも，10月25日，11月19日，27日の3回（第2回～第4回），労働組合法に関して議論を行っている。その結果，諮問第2号に関しては，11月29日の特別委員会において7項目から成る答申案が承認され，12月7日の第4回総会で，原案どおり可決された。

以上の経過については，国立公文書館の社会政策審議会関係の資料により，かなり詳細に辿ることができる[22]。審議会の官制，議事規則，名簿から始まって，諮問，議事経過，答申の正式文書や，総会の議事録と逐語的な速記録，幹事会議事録，特別委員会議事録等が収められ，12月7日の総会議事録には答申案が，11月29日の特別委員会議事録には総会への報告案が，11月27日の

---

[22] 西成田豊・森武麿編『社会政策審議会資料集』（全6巻）（柏書房，1988年）にも，全資料が写真製版で収められている。なお，同書第1巻の冒頭にある編者解説によれば，労働組合法案に関する審議経過については，大原社会問題研究所が所蔵する『社会政策審議会ニ於ケル労働組合法案審議経過』（社会局の部内資料と推定される）に，より詳しく記されているようである。

221

労働法が目指すべきもの

幹事会議事録にはその報告案の原案（手書き修正あり）が，それぞれ添付されている。また，10月25日の幹事会議事録には，「労働組合法に関し考慮すべき主なる諸点」として7項目を記した文書が添付されている（答申はこれらに対応したものとなる）。10月31日の特別委員会議事録には，この文書のほか，「比較対照労働組合法案要綱」，「労働組合法案に関する大阪商工会議所の建議書」，「労働組合法案に関する大阪工業界の意見書」が添付されている。さらに，8月22日に開催された第2回特別委員会の議事録には，添田敬一郎委員による「労働組合法案要綱」という5項目の文書（昭和4年4月付）が添付されている。

そのほか，「労働組合法に関する参考資料」と題された綴りには，労働組合に関する各国法令，労働協約（団体交渉）に関する各国法令，主要労働組合規約集など，全部で10点の資料が収められ，それらの中に，第51回，第52回の帝国議会に提出された2つの政府法案も含まれている。

(3) 社会局による立案作業

社会政策審議会の答申は，同年12月10日の閣議で承認され，これにもとづき労働組合法の制定実施を期することが決定された。この閣議の資料は，国立公文書館の内閣関係「公文雑纂」の同年第1の2巻中に収められている。

内務省社会局では，翌11日に，全30条から成る労働組合法案を発表した[23]（⑭昭和4年社会局第1次案）。その後，内務省内の法令審査委員会の審議にもとづき修正を行って，やはり全30条から成る法案を作成し，同月20日の社会局参与会議で承認した（⑮昭和4年社会局第2次案）。政府は第57回帝国議会にこの法案を提出する方針であったが，昭和5 (1930)年1月に議会が解散されたため，提出には至らなかった。

これら2つの社会局案は，労働協約の効力や差別的解雇・黄犬契約の制裁に関する規定を欠いていたものの，組織範囲の限定がなく法人格も任意で，さらに争議に対する賠償の免責を定める（13条）など，以前の議会提出政府案よりも進歩的な内容を有していた。両案は，社会局労働部が同年3月に作成した『労働組合法案に関する資料』の中に，印刷した形で収められている。この冊子には，法案に対する労使団体等の意見や新聞社説も収録されている。

---

[23] 12月12日付大阪朝日新聞は，「労働組合法の社会局草案成る」，「近く法制局へ廻す」として，この法案（一部略）を掲載している。

また，国立公文書館の資料では，財務省関係の「昭和財務史資料第3号第55冊」という綴りの中に，日時不明の「労働組合法」という文書があり，農商務省案以来の様々な労働組合法案が集められているが，その第1番目に社会局第1次案が，第4番目に社会局第2次案が，それぞれ入っている（いずれも手書きガリ版刷り。後者には，「昭和4年12月23日官房文書課より送付」という説明書きあり）。

(4) 3党共同提出案

社会局案が発表されると，使用者側は直ちに強力な反対運動を展開した。これに対して労働団体の態度は分かれていたが，この間，いくつかの政党が独自の労働組合法案を作成する動きがあった[24]。そのような中で，昭和5（1930）年5月には，社会民衆党，日本大衆党，労農党の3党が共同で，第58回帝国議会に労働組合法案を提出した（片山哲，全16条，⑯3党共同提出案）。

この法案は，5月8日に衆議院本会議で第1読会が行われた後，「労働組合法案外一件委員会」に付託され，9日，10日，12日に同委員会が開催されたが，審議未了に終わった。法案を含む本会議の模様と委員会での議論は，官報の議事速記録および委員会議録に収録されている。

他方，政府は同議会ではなく次の議会に法案を提出する方針を示したが，使用者側の反対運動は激しさを増すばかりであった[25]。安達内務大臣は，労使の融和協調を図るために，労使中立の三者代表による労働立法懇談会の開催を呼びかけ，同年12月22日と昭和6（1931）年1月17日に開催されたが，進展はなく失敗に終わった[26]。

(5) 新政府案の作成・提出と審議

政府はついに社会局案に大幅な修正を加えることとし，同一もしくは類似の職業・産業への限定，選挙運動への費用支出の禁止，争議免責規定の削除など，

---

[24] 『労働行政史』第1巻434-436頁を参照。
[25] 同年10月に日本工業倶楽部の労働問題調査委員会が発行した『我国情に適せざる労働組合法案』という冊子は，これを代表するものといえる。
[26] 12月22日の第1回労働立法懇談会については，国立国会図書館所蔵の「大野緑一郎関係文書」の中に，速記録が収められている。

労働法が目指すべきもの

『労働行政史』第1巻（441-442頁）の言葉によれば，「社会政策審議会の答申より著しく後退した，第51，52議会提出案に近い法案」を作成した。全30条から成るこの法案は，同年2月13日の閣議で了承を受けて発表され[27]，同月22日に第59回帝国議会に提出された（⑰昭和6年議会提出政府案）。議会提出にあたっての公式文書は，国立公文書館の内閣関係「公文雑纂」の同年41巻「未決法律案」の中に収められているが，その中に，タイプによる清書版とは別に，墨書の地の文に手書きで修正を加えた版がある。また，同案に対する司法省の意見書（2月18日付，2点の修正を求める）も添付されている。

衆議院では，2月25日本会議の第1読会で，同時に提出された労働争議調停法中改正法律案とともに，「労働組合法案外一件委員会」に付託することが決定された。以後，同委員会で計16回の審議が行われ（2月25日，26日，27日，28日，3月2日，3日，4日，5日，6日，7日，9日，10日，11日，12日，13日，14日），その撤回を求める少数意見もあったものの，原案どおり可決された。これを受けて，3月17日の本会議で審議が行われ，撤回動議を否決した上で，労働争議調停法中改正法律案ともども，原案どおり可決となった。

法案の送付を受けた貴族院では，3月18日と19日の本会議で第1読会が開かれ，労働争議調停法中改正法律案と併せて，「労働組合法案特別委員会」に付託することとされた。同委員会は同月23日と24日に開催されたが（実質的な審議は23日のみ），25日に議会が閉会したため，両案とも審議未了に終わった。

以上の審議内容については，すべて官報から入手が可能であり，特に衆議院の委員会の議録はかなり膨大である。また，法案そのものも，両院の第1読会の議事速記録中にそれぞれ収録されている。

6 その後の議会での動き（昭和11年〜12年）

(1) 社会大衆党案

第59回帝国議会における失敗の後，政府の労働組合法案が作られることはなかったが，昭和11(1936)年5月，第69回帝国議会に，社会大衆党の労働組合法案が提出された（塚本重蔵，全16条，⑱社会大衆党案）。内容は⑯の三党共同

---

[27] 同案について，神戸新聞（2月14日）は「欺瞞政治の本質曝露」，大阪朝日新聞（2月15日）は「全く骨抜となる」と批判するのに対し，東京日日新聞（2月22日）は「修正は妥当，机上論を排す」としている。

提出案とほとんど同じであるが，労働組合の定義（1条）に「被傭者10名以上の団体」という限定が加わっている。5月23日の本会議で第1読会が開かれ，他の諸法案とともに「不穏文書等取締法案委員会」に付託された。同委員会は3回開かれたが，労働組合法案について審議が行われた形跡はない。本会議の議事速記録には，法案と提案者による趣旨説明が掲載されている。

(2) 社会大衆党再提出案

社会大衆党は，昭和12(1937)年3月の第70回帝国議会にも労働組合法案を提出した（鈴木文治ほか，⑲社会大衆党再提出案）。この法案については，3月30日の衆議院本会議で第1読会が予定されていたが，官報の議事速記録によれば，時間切れで審議に入らないまま散会となり，翌日で会期が終わってしまった。したがって，この法案の内容は官報に掲載されておらず，確認することができない。

(3) 社会大衆党再々提出案

社会大衆党は，同年8月の第71回帝国議会にも，全16条の労働組合法案を提出した（鈴木文治ほか，⑳社会大衆党再々提出案）。内容は⑱の社会大衆党案とほとんど同じであるが，労働組合の定義（1条）では「被傭者50名以上の団体」と要件が厳しくなり，かつ，労働組合の目的に「素質の向上」という言葉が加わっている。この法案については，8月4日の本会議で第1読会が開かれ，小作法案とともに「小作法案委員会」に付託された。同委員会は3回開催されたが，労働組合法案が審議されることはなかったようである。本会議の議事速記録には，法案と提案者による趣旨説明が掲載されている。

これを最後に，以後，終戦に至るまでの時期は，国立公文書館，帝国議会のいずれについても，「労働組合法」という言葉で検索して得られる資料は見当たらない。

7 おわりに

以上，戦前の様々な労働組合法案について，筆者が到達できた限りで歴史的資料による確認を行ってみた。各資料の中身の検証は今後の課題であり，また，これらの背景となった政治・経済・社会の状況についても全く触れていないが，

労働法が目指すべきもの

その分，本稿が資料を辿る上での目次のような役割を果たすことができれば幸いである。

　国立公文書館のデジタルアーカイブを使って筆者が最初に見たのは，②の農商務省案である。黒々とした骨太な文字は，まるで昨日書かれたかのようであり，同案の悪名の高さとは別に，迫ってくるものがあった。専門の歴史学者から見れば児戯に等しい資料散策であるが，デジタル時代の恩恵を実感するところであり，未体験の方には，ぜひ一度，お勧めしたい[28]。

---

[28]　本稿は，数年前から手塚和彰教授と共同で信山社の出版企画の検討を行う中で生まれたものである。渡辺左近氏をはじめとする信山社編集部の方々から，様々な形で有益な援助をいただいた。

10 障害を持ちながら働く労働者の能力開発

小 畑 史 子

1 はじめに
2 障害者雇用促進法の現状と課題
3 障害者権利条約批准をめぐる議論のもたらすもの
4 望ましいあり方と法的枠組み

1 はじめに

「今,労働法が目指すべきものは何か」と問われれば,筆者は,そのうちの一つは,障害を持ちながら働く人にとってその持てる力を職場で存分に発揮できる環境作りであると答える[1]。

わが国は障害者雇用促進法(障害者の雇用の促進等に関する法律［昭和35年7月25日法律第123号］)を制定し,その履行確保の努力を重ね,障害者を「雇うこと」自体については,相当の成果をあげてきたといえる。しかし,雇われた後に職場で障害者が受容され,各々の障害の性質や程度に合わせて発展的な職務のメニューが組まれ,経験を積み重ねながら職場の仲間と共に充実した職業生活を営むことができているかと言えば,必ずしもそうであるとは考えられない。障

---

[1] 障害者雇用に関する近年の主な論文として,季刊労働法225号の特集「障害者雇用の方向性を探る」に掲載された小西啓文「日本における障害者雇用にかかる裁判例の検討」,田口晶子「障害者雇用の現状と法制度」,松井亮輔「障害者雇用の今後のあり方をめぐって—福祉と雇用の分立から融合へ」,山田省三「障害者雇用の法理—その基礎理論的課題」および季刊労働法229号の「労働法の立法学22」の濱田桂一郎「障がい者雇用就労の法政策」,労働法律旬報1696号の特集「障害者の権利条約と障害者雇用」に掲載された清水建夫「裁判に見る日本の障害者雇用の現状」,長谷川珠子「障害者雇用法制の新展開」労働法学研究会報60巻1号,竹中康之「障害者雇用保障法制の現状について—障害者雇用保障法制の新局面についての分析・検討の準備作業として」修道法学31巻1号等がある。

227

労働法が目指すべきもの

害者を職場で受容することに慣れていない企業や障害者の教育訓練・能力開発に熱心でない企業の中に，雇用した時点で遂行することのできた単純な仕事を，一人で，または同様の障害を持つ労働者数人のみで，何年も行わせ，ほぼ同額の賃金を支払い続けているところも少なくない。そのような企業は法に違反しているわけではない。法定雇用率を守り，安全な職場環境を提供し，所定の賃金を支払っている。

しかし，「労働法が目指すべきもの」は，その先にある。意欲と能力は障害者一人一人によって様々であり，一概には言えないが，雇われた後に合理的配慮[2]を受け職場で受容され，その障害の性質や程度に合わせて発展的な職務のメニューを組んでもらい，経験を積み重ねながら職場の仲間と共に充実した職業生活を営みたいと切望している障害者は多い。それが実現する雇用社会になるとすれば，わが国の社会はどれほど活力を得て，かつ安心や信頼を育み，生きるに値する輝きを放つか計り知れない。

それを実現するために，労働法はいかなる形で環境作りをしていくべきであろうか。それを明らかにすることが本稿の目的である。

2 障害者雇用促進法の現状と課題

(1) 障害者雇用促進法の目的

障害者雇用促進法は，身体障害者又は知的障害者の雇用義務等に基づく雇用の促進等のための措置，職業リハビリテーションの措置その他障害者がその能力に適合する職業に就くこと等を通じてその職業生活において自立することを促進するための措置を総合的に講じ，もつて障害者の職業の安定を図ることを目的とする（1条）。この規定からは，主に障害者が雇用される時点で有している能力に適合する職業につくことを通じて職業の安定を図ろうとしていることが知られる。雇用された後に職場において更に能力開発を行っていくことには必ずしも力点がおかれていない。

(2) 同法における労働者，事業主，国および地方公共団体の役割

同法は，障害者である労働者が経済社会を構成する労働者の一員として，職

---

[2] 後述のように障害者権利条約においてはこれをしない事業主は差別をしているとみなされる。

業生活においてその能力を発揮する機会を与えられることを基本的理念とする（3条）。労働者，事業主，国および地方公共団体の役割については，次のように規定されている。すなわち，障害者である労働者は，職業に従事する者としての自覚を持ち，「自ら進んでその能力の開発および向上を図り」，有為な職業人として自立するように努めなければならない（4条）。事業主は，社会連帯の理念に基づき，障害者である労働者が有為な職業人として自立しようとする努力に対して「協力する責務」を有するものであって，その有する能力を正当に評価し，適当な雇用の場を与えるとともに，適正な雇用管理を行うことによりその雇用の安定を図るように努めなければならない（5条）。国および地方公共団体は，障害者の雇用について事業主その他国民一般の理解を高めるとともに，事業主，障害者その他の関係者に対する援助の措置および障害者の特性に配慮した職業リハビリテーションの措置を講ずる等，障害者の雇用の促進および職業の安定を図るために「必要な施策を，総合的・効果的に推進」するよう努めなければならない（6条）。

　これらの条文から知られるのは，労働者が自立に努め，国や地方公共団体が必要な施策を推進するよう努め，事業主は労働者の自立の努力に対し協力するという役割分担である。事業主のなすべきことは，5条によれば，能力の正当な評価と適当な雇用の場への配置，適正な雇用管理であり，労働者の能力の開発という文言はみられない。

(3)　国・地方公共団体の雇用促進の施策とその成果

　同法は，国および地方公共団体の施策については，次の三種を定める。

　第一に，厚生労働大臣による障害者の雇用の促進およびその職業の安定に関する施策の基本となるべき方針の策定（7条）である。

　第二に，職業リハビリテーションの推進である。同法は，障害者各人の障害・希望・適性・職業経験等の条件に応じた職業リハビリテーションの総合的・効果的実施の原則をうたい（8条），公共職業安定所による障害者のための求人の開発（9条），職業指導（11条），就職後の助言・指導（17条），都道府県による作業環境への適応訓練等の実施（13条），障害者職業センターによる障害者のための雇用情報の収集や職業リハビリテーションの調査研究および助言・指導等（19条以下），都道府県知事による障害者雇用支援センター，障害者

労働法が目指すべきもの

就業・生活支援センターの指定等（27条以下）を定める。

　第三に，身体障害者または知的障害者の雇用義務等に基づく雇用の促進等の措置である。同法はまず，すべて事業主は社会連帯の理念に基づき進んで身体障害者または知的障害者の「雇い入れ」に努めなければならないと謳った上（37条），国，地方公共団体および事業主に対し，政令で定める雇用率を達する人数の身体障害者または知的障害者を「雇用」すべき義務を課す（38条以下）[3]。国・地方公共団体は，雇用率を達成するために身体障害者または知的障害者の採用に関する計画を作成しなければならず（38条），一般事業主も身体障害者または知的障害者である労働者の雇用状況を毎年一回厚生労働大臣に報告しなければならない（43条5項）。厚生労働大臣は，雇用率未達成の事業主に対して身体障害者または知的障害者の雇入れ計画の作成を命ずることができ，この計画が著しく不適当であれば計画の変更を，また計画が実施されない場合にはその適正な実施を，勧告することができる（46条）。同法は，障害者雇用納付金制度を設け，これにより身体障害者，知的障害者の雇用の促進を図っている。すなわち政府は，身体障害者等を雇い入れる事業主や身体障害者等の雇用促進のための事業を行う事業主の団体に対し必要な設備の設置，雇用管理，教育訓練等のために諸種の助成金を支給することとし，この費用に充てるため事業主（常時300人をこえる労働者を雇用するもの。附則4条）から障害者雇用納付金を徴収する。事業主はこの納付義務を負う（53条）。しかしこの納付金は，実際に身体障害者または知的障害者を雇用している事業主については雇用している数に応じて減額され，基準雇用率（100分の1.8，同施行令18条）を達成している場合はゼロとされる。また雇用率を超えて身体障害者または知的障害者を雇用している事業主（常時300人をこえる労働者を雇用するもの）に対しては，そのこえる人数に応じて障害者雇用調整金が支給される（49条，50条）。また，常時300人以下の労働者を雇用する事業主であっても，常用労働者の4％相当数または6人をこえる身体障害者または知的障害者を雇用している場合に報奨金が支給される（附則4条）。

　障害者雇用促進法は，このように，障害者の法定雇用率を定め，それを事業

---

[3]　重度障害者および重度知的障害者については，フルタイムで一人を雇用すれば二人と換算され（43条3項，施行令10条），短時間雇用している場合は一人と換算される（71条）。

主や国，自治体等に遵守させることにより，多くの障害者の雇用を生み出してきた。事業主からは障害者雇用納付金を徴収し，基準雇用率を達成している事業主にはそれをゼロとし，雇用率をこえて雇用している事業主には障害者雇用調整金を支給してきた。障害者雇用納付金は，身体障害者等を雇い入れる事業主等に対し，設備設置，雇用管理，教育訓練等のための助成に用いられてきた。

厚生労働省職業安定局高齢・障害者雇用対策部障害者雇用対策課の平成22年10月29日の発表[4]によれば，同年6月1日現在の障害者雇用状況は，民間企業（法定雇用率1.8％）については，雇用障害者数34万2,973.5人，実雇用率1.68％と，いずれも過去最高であり，法定雇用率達成企業の割合は47.0％である。公的機関（同2.1％，都道府県などの教育委員会は2.0％）については，国の雇用障害者数6,552.5人，実雇用率2.29％，都道府県の雇用障害者数7,598.5人，実雇用率2.50％，市町村の雇用障害者数2万2,547.5人，実雇用率2.40％，教育委員会の雇用障害者数1万1,212.0人，実雇用率1.78％であり，実雇用率はいずれも前年を上回った。独立行政法人など（同2.1％）については，雇用障害者数6,639.0人，実雇用率2.24％であった。

また，同法では，前記のように，事業主に対し，法定雇用率（1.8％）以上の障害者の雇用を義務づけており，厚生労働大臣は，その履行を図るため，障害者雇入れ計画作成命令の発出（46条1項）及び雇入れ計画の適正実施勧告の発出（46条6項）を行うほか，当該勧告に従わないときは，その旨を公表することができることとされている（47条）。たとえば平成19年6月に企業名の公表を行った企業が，公表時に実施中の雇入れ計画終期の平成21年12月31日現在においても，適正実施勧告にもかかわらず障害者雇用状況の改善がみられなかったため，47条の規定に基づき企業名を再公表するなど履行確保に向けた措置が講じられている[5]。

(4) 雇い入れた後の能力開発に関する事業主の責務

このように障害者雇用促進法は，障害者が「雇われること」については，大きな成果を上げてきた。

しかし，雇用した後，事業者がその労働者となった障害者に対していかなる

---

(4) http://www.mhlw.go.jp/stf/houdou/2r9852000000v2v6.html
(5) http://www.mhlw.go.jp/stf/houdou/2r9852000000v2v6-img/2r9852000000v2wn.pdf

労働法が目指すべきもの

義務を負うかについての法律上の明文規定は乏しい。障害を持ちながら働く労働者自身は能力開発を重要なものと考えている[6]が、それに関しては同法では公的機関の役割についての規定ばかりが多く、事業者の責務も

> 「第五条 すべて事業主は、障害者の雇用に関し、社会連帯の理念に基づき、障害者である労働者が有為な職業人として自立しようとする努力に対して協力する責務を有するものであつて、その有する能力を正当に評価し、適当な雇用の場を与えるとともに適正な雇用管理を行うことによりその雇用の安定を図るように努めなければならない。」

と、障害者である労働者の努力に対して協力する責務、適正に管理し雇用の安定を図るように努める義務のみとされている。これはたとえば高齢者雇用安定法（高年齢者等の雇用の安定等に関する法律［昭和46年5月25日法律第68号］）の規定

> 「第四条 事業主は、その雇用する高年齢者について職業能力の開発及び向上並びに作業施設の改善その他の諸条件の整備を行い、並びにその雇用する高年齢者等について再就職の援助等を行うことにより、その意欲及び能力に応じてその者のための雇用の機会の確保等が図られるよう努めるものとする。
> 2 事業主は、その雇用する労働者が高齢期においてその意欲及び能力に応じて就業することにより職業生活の充実を図ることができるようにするため、その高齢期における職業生活の設計について必要な援助を行うよう努めるものとする。」

と比較すると違いが一目瞭然である。確かに高齢者雇用と障害者雇用とは、前者が主に通常の労働者と同様に労働の提供を行ってきて、その延長線上に体力等の衰えにも配慮しつつ雇用を継続するという問題であるのに対し、後者が出発点において既に障害を持ちながら働く存在でスタートからサポートを必要としているという違いがある。しかし、「職業能力の開発及び向上並びに作業施設の改善その他の諸条件の整備を行い……努めるものとする」という理念は、障害者雇用においても同様に目指されるべきではないだろうか。

前述のように、身体障害者等を雇い入れる事業主や身体障害者等の雇用促進のための事業を行う事業主の団体に対し必要な設備の設置、雇用管理、教育訓

---

[6] 聴覚障害者につきこのことを示すものに小畑修一『聴覚障害者の教育、福祉、雇用の現状』（1992年、筑波技術短期大学）63頁。

練等のために諸種の助成金を支給することとし，この費用に充てるため事業主（常時300人をこえる労働者を雇用するもの。附則4条）から障害者雇用納付金を徴収しているが，この制度に基づき行われた教育訓練・能力開発に関する情報を知る手段は少ない。

後述する2009年7月8日第38回雇用分科会の障害者雇用対策課長の発言[7]によれば

「現行の助成制度でも，一番典型的には機械設備について，障害者の方のためにアジャストする，あるいは，新たな機械器具を購入するような場合について，最高450万円を出すような助成制度がございます。この金額をどのように評価するのかということは，議論としてはあるのかなと思っておりますけれども，諸外国の例を見ても，その合理的配慮の考え方が，相当高い水準ではないような国もあるようでございます。このような助成制度をどういう形で再構築するのかという議論は必要だと思っておりますけれども，その上で，企業に過重な負担のないような形での障害者雇用が進むような形での合理的配慮，あるいは，差別禁止の法制というものが必要ではないかと思っております。

また，企業に対する一般的な支援につきましては，多数障害者を雇用していただいているような企業につきましては，障害者雇用納付金制度に基づく調整金を月に1人につき27,000円支払っているというようなものもございます。このあたりの経費というものは，障害者を雇用するための，普通の方よりは経費がかかるということで，経済的な負担の調整という観点から導入されている制度でありますけれども，合理的配慮というものが今後新たに出てくるというものではなくて，現在の企業の中でも，ある程度雇用管理の一環としていろんな配慮をしていただいています。そういう観点からすれば，そういう調整金の経費というものは，まさにそういうものとして使われているものだろうと思っております。そういう意味で，今後，企業にご負担がかかることはないというつもりはございませんけれども，現状でも，その企業が障害者の雇用に当たって，様々に雇用管理をしていただき，それについて，費用を一定程度支出しているという状況のものをきちんと再構築していくというものが，今回の条約を考えていく上で非常に重要な議論ではないかなと考えているところでございます。以上でございます。」

との説明がなされている。ここからは，助成のメインが機械設備であることが知られ，助成金が各企業で教育訓練に使われているかは不明である。

---

(7) http://www.mhlw.go.jp/stf/shingi/2r98520000008f5z.html#shingi17

(5) 職場における能力開発の重要性

筆者が，職場における障害者の能力開発に着目すべきと考える理由は他にもある。公的機関で企業外の能力開発を受けることも意味があるが，雇用先の企業でその労働者とのコミュニケーションの中でまさにそこで今役立つスキルを身につけていくことが最も重要であることは疑う余地がない。また，現場には今何についての需要があるかの的確な解答が転がっており，公的機関がニーズを把握してそれについての職業訓練プランを立てて実施するより早く，現場でのOJTが即応することが期待できる。

以上のことから，筆者は，障害者雇用に関する法律においても，少なくともたとえば高齢者雇用安定法にあるような「事業主は……職業能力の開発及び向上並びに作業施設の改善その他の諸条件の整備を行い，……その意欲及び能力に応じて就業することにより職業生活の充実を図ることができるようにするため……職業生活の設計について必要な援助を行うよう努めるものとする。」という規定に類する規定を明記するなど，障害者の「雇用」の実質化を目指すべきであると考える。

3　障害者権利条約批准をめぐる議論のもたらすもの

折しも，障害者権利条約にどのように向き合うかの選択を迫られた[8]わが国では，現在，障害者権利条約を批准するとした場合にいかなる国内法の整備が必要かの議論が行われている（障害者雇用分科会2009年7月8日第38回議事録，10月14日第39回議事録，10月23日第40回議事録，11月11日第41回議事録，12月2日第42回議事録，12月25日第43回議事録参照[9]）。

同条約は，障害者の権利及び尊厳を保護・促進するための包括的・総合的な国際条約であり，① 一般的義務として，障害を理由とするいかなる差別（合理的配慮の否定を含む）もなしに，すべての障害者のあらゆる人権・基本的自由を完全に実現することを確保・促進すべきことを定め，② 身体の自由，拷問禁止等の"自由権的権利"及び教育，労働等の"社会権的権利"について，締約国が取るべき措置を定め，③ 条約の実施を促進・保護・監視するための枠組み

---

[8] 日本労働法学会第121回大会ミニシンポジウム「障害者差別禁止法の理論的課題―合理的配慮，障害の概念，規制システム」における長谷川珠子発表参照。

[9] http://www.mhlw.go.jp/stf/shingi/2r98520000008f5z.html#shingi17

を維持，強化，指定又は設置すること等を定めている。雇用分野については，公共・民間部門での雇用促進等のほか，① あらゆる形態の雇用に係るすべての事項（募集，採用及び雇用の条件，雇用の継続，昇進並びに安全・健康的な作業条件を含む）に関する差別の禁止（1(a)），② 公正・良好な労働条件，安全・健康的な作業条件及び苦情に対する救済についての権利保護（1(b)）③ 職場において合理的配慮が提供されることの確保（1(i)）等のための適当な措置をとることにより障害者の権利の実現を保障・促進することとされている。雇用分野を含め，経済的，社会的及び文化的権利に関しては，締結国は，その完全な実現を漸進的に達成するため，自国における利用可能な手段を最大限に用いること等により，措置をとることとされており，必ずしも条約で規定されたとおりの措置を即時に講ずることまで義務付けているものではないが，国内法制の整備の可否又は是非について整理した上で，現時点で対応可能な事項については速やかに法的整備を図る必要がある。（第38回資料）[10]

この条約批准とそのための国内法の整備に関しては，同分科会において，合理的配慮をしていなければ差別と見なすといった従来のわが国の法にはない差別禁止アプローチの導入についての合意形成がうまくいかないのではないかとの懸念が表明されている。アプローチを変えることで，従来折角実績を築き上げてきた法定雇用率を通じての障害者雇用率の向上の方法を否定することになり，かえって障害者雇用を悪化させるのではないかとの発言もなされている[11]。

2010年4月27日第45回労働政策審議会障害者雇用分科会の議事録の中の，「労働・雇用分野における障害者権利条約への対応の在り方に関する中間的な取りまとめ」[12]においても，「労働・雇用分野における障害を理由とする差別の禁止及び合理的配慮の提供については，実効性を担保する仕組みを含めて国内法制に位置づけることが必要……。……障害者権利条約においては積極的差別是正措置をとるべきだということが盛り込まれており，また，わが国における障害者雇用率制度は成果を上げてきていることから，引き続き残すべき……。」，「差別禁止を実効性を担保するためには，企業における啓発的な活動を合理的配慮の内容に位置づけるべきではないかとの意見が出された。」，教育訓練も禁

---

(10) http://www.mhlw.go.jp/stf/shingi/2r98520000008f5z.html#shingi17
(11) http://www.mhlw.go.jp/stf/shingi/2r98520000008f5z.html#shingi17
(12) http://www.mhlw.go.jp/stf/shingi/2r98520000008f5z.html#shingi17

労働法が目指すべきもの

止される差別の対象であるとの指摘，法律では合理的配慮の概念を定め，具体的配慮の内容については指針としてやるべきであり，最初から固定的なものとするべきでないとの指摘，合理的配慮の枠組みとしては，例えば施設・設備の整備，人的支援，職場のマネジメント及び医療に関する配慮といった枠組みで考えていくべきではないかとの意見が出されたことの指摘，「合理的配慮の実効性を担保するためにはあまり確定的に権利義務関係で考えるのではなく，指針等により好事例を示しつつ，当事者間の話し合いや第三者が入ってのアドバイスの中で，必要なものを個別に考えていくことが適切であるとの意見が出され，異論はなかった。」，「事業主にとって配慮が過度の負担となる場合には，事業主が合理的配慮の提供義務を負わないということについて異論はなかった。」等の項目が列挙されている。

以上の議論からは，雇用した障害を持ちながら働く労働者に対し，能力開発を行うことが事業主の義務であると単純には言い切れないとの見方がとりまとめの結果であることが知られる。

この議論を前にして懸念されるのは，現に職場で行われている一人一人の障害者に合った教育訓練・能力開発を行っていく営みが，「合理的配慮の観点からは現時点ではそこまでやる必要はない」として中止されたり，そもそもこの障害を持つ労働者個人にとって望ましい職業生活はどのように発展させていって作り上げるか，といった個別具体的な検討の姿勢が軽視され，「どこまでのことを実現すれば合理的配慮を尽くしたことになるのか」といった機械的あてはめが行われるステレオタイプの部分に事業主の関心が集中する事態である。

4　望ましいあり方と法的枠組み

(1)　進むべき方向

まず確認すべきは，条約の崇高な理念，差別禁止の内容である。合理的配慮を欠くことが差別であるとは，いかなる意味であろうか。例えばメーカーにおける新技術習得のための講師によるレクチャーが一日五時間ずつ五日間行われたとする。会社は，平等に取り扱おうと，耳の聞こえる労働者と耳の聞こえない労働者を同じ机の隣同士に座らせ，同じ二十五時間の教育を施した。しかし耳の聞こえない労働者は，口話法を駆使しても十分に講師の伝達内容をキャッチすることができず，訓練後の理解度テストでも低い点にとどまり，低い評価

を受けた。これは平等取扱いの結果であり差別はないと言えるであろうか。手話通訳や筆記係がいれば，格段によい点数がとれるとしても，理解度が低いとされてよいのであろうか。それは誤りであり，合理的配慮を尽くして手話通訳等をつけて教育訓練を受けさせなければ差別になるというのが差別禁止アプローチである[13]。

このように合理的配慮を求めるアプローチを取れば，障害者が能力を発揮できる可能性は格段に広がる。そうした配慮をして労働者としての成長の機会を与えることこそが，差別のない雇用であると言うのである。

合理的配慮は，具体的には何を指すのか皆目見当がつかない事業主もいるであろう。そうした配慮にかかるコストを捻出できないという事業主もいるであろう。しかし，人として尊重され，雇用において平等を保障されるとは，そのような理念の実現を指すと考えるべきである。そうした差別禁止アプローチこそ目指すべきゴールである。

それでは現実はこの理念とどれほどかけ離れているのであろうか。

障害者の雇用後の職場における能力開発に関する規定の乏しい現行法の下においても，企業の中には，CSRの観点から，または雇用した以上は戦力化しようとの意欲を持って，障害者の能力開発に熱心に取り組んでいるところがある[14]。まずはそのような活動に光を当て，好事例から学ぶ環境を醸成すること

---

[13] 障害を持つアメリカ人法（Americans with Disabilities Act[ADA]）101条(9)は，合理的配慮（reasonable accommodation）の具体的な内容につき「(A)従業員が使用する既存の施設を障害者が容易に利用もしくは使用できるようにすること」，「(B)職務の再編成，労働時間の短縮，勤務割の変更，空席の職位への配置転換，機器や装置の購入・改良，試験・訓練材料・方針の適切な調整・変更，資格をもつ朗読者もしくは通訳の提供，および障害者への他の類似の配慮」としている。102条(b)(5)は「(A)応募者又は従業員であるその他の点では適格性をもつ障害者の既知の身体的又は精神的機能障害に合理的配慮を提供しないこと。ただし，その配慮を提供することが，使用者の事業の運営にとって過度の負担を課すことを使用者が証明できる場合にはこの限りではない。」「(B)従業員又は応募者の身体的又は精神的機能障害に合理的配慮を提供する必要があることによって，適格性をもつ障害者である応募者又は従業員の雇用機会を否定すること。」を雇用差別としている。これにつき長谷川・前掲注(8)発表参照。

[14] CSRにつき，拙稿「我が国におけるCSRと労働法」季刊労働法208号（2005年）2-8頁，拙稿「環境CSRと労働CSR―法規制とCSRの果たす役割」稲上毅・連合総合生活開発研究所編『労働CSR』（2007年，NTT出版）105-126頁，拙稿「企業と持続可能社会―CSRの役割」松下和夫編『環境ガバナンス論』（2007年，京大出版会）113-128頁参照。わが国の企業のホームページは，CSRの一環としての障害者雇用につ

労働法が目指すべきもの

が法に求められる。

　情報のない企業においては，障害者の安全管理や仕事の割り振りとの関係で，ともすると，障害者を一般の労働者と離れた場所で孤立した状態で労働に従事させることが生じてしまう。何年たっても同じ仕事のみを割り当て，スキル向上のための教育訓練を施したり，ステップアップした課題に取り組ませたりする発想を持たずに，雇用の確保のみに注意を払うことも生じる。

　たとえば，「聴覚障害者の希望業務と指導者の見た適性業務」という調査結果を見ると[15]，聴覚障害者の希望する業務の順位が，1位：技術を必要とする仕事，2位：正確さを必要とする仕事，3位：チームを組んでする仕事，4位：判断を必要とする仕事であるのに対し，指導者から見た適性業務は，1位：単純な仕事，2位：判断の不要な仕事，3位：補助的な仕事，4位：現場的な仕事という結果になっており，既に20年前から，指導者から見た適性業務が能力開発を必要としないものであったのに対し，聴覚障害者が希望する業務が能力開発を必要とするものであり，両者に大きなギャップがあったことが知られる。

　たしかに同じ単純作業を継続することをこそ望む障害者もおり，また安全面やコスト面から障害者への教育訓練に消極的になる企業があるのも理解できないではない。

　しかし，障害者の能力開発の好事例が社会的に脚光を浴び，法的にもそうした努力を促す仕組みが整えられれば，障害者の立ち位置から見て望ましい能力開発の例が多数生まれることが期待できる。

　障害者雇用においては，毎日働きに行く場所があり収入が得られることも重要であるが，障害者が希望すれば，受容された職場においてできることを増やし，役に立っているという充実感を持ち，さらにスキルを発展させ，それぞれのレベルで更にスキルを磨くことでキャリアを発展させることができるようになればそれほど望ましいことはない。

　法律の規定が未だに前記のようなものにとどまっており，障害者の能力開発は公的機関の役目であり，事業主には前記のような抽象度の高い責務に関する規定しか置かれていない現状は，変革されるべきである。

　　き言及している例が多い。
[15]　小畑修一・前掲注(6) 63頁参照。

(2) 具体的方策

今後，障害者権利条約との関係も視野に入れながら，具体的にはいかなる方向へと進むのが妥当であろうか。

望ましいのは，究極的には条約の理念の完全な実現であるが，具体的には一人一人の障害を持つ労働者につき，その意欲と能力（潜在的能力を含め）とに着目した個別の真剣な検討がなされ，当該労働者の立ち位置からみていかなる職場環境が整えば最大限の力を発揮できるかの追求がされ，その職場環境を実現するために事業主がいかなる工夫をして道筋をつけることができるかの模索である。模索の過程で，早急に実現するのはコスト的に不可能である，という結論が出たとしても，そのような手順を踏み工夫を凝らせば，中長期的にどの時点で実現できるかを同時に模索することで，発展的な能力開発の道筋を付けることができる。この望ましい方法を実現するためには，いかなる法的枠組みが最適であろうか。

まず，3との関係で重要であるのは，審議会の議論においても指摘されていたように，差別禁止アプローチをとるにしても，従来とは発想を変えることであろう。合理的配慮の具体的内容については固定的なものとするのではなく（抽象的形式的なものになりがち），権利義務関係の実質につき具体的指針を出していくべきである。障害があるのにない人と同様に扱うことが合理的配慮を欠く差別であることの具体的事例を積み上げ，明確化することが必要である。合理的配慮の枠組みの中においては，能力開発の視点が組み込まれるべきである。「合理的配慮の実効性を担保するためにはあまり確定的に権利義務関係で考えるのではなく，指針等により好事例を示しつつ，当事者間の話し合いや第三者が入ってのアドバイスの中で，必要なものを個別に考えていくことが適切であるとの意見」[16]等は重要である。

次に，差別禁止アプローチの採用に困難が伴い，時間がかかる場合には，法定雇用率の制度における「雇用」の概念を，「雇い入れ，しかも状況に応じた発展的能力開発を行うこと」を指すと捉え直すことが目指すべき方向である。「雇い入れ」たのみでは法定雇用率を満たしたことにはならず，「状況に応じた発展的能力開発のプランの提示」をして初めて法定雇用率を満たしたと認める

---

[16] http://www.mhlw.go.jp/stf/shingi/2r98520000008f5z.html#shingi17

労働法が目指すべきもの

という方法で，一刻も早く障害者の職場における能力開発を促進することを提案したい。そのプラン通りに能力開発が進められていない場合に，不利益を課すことも選択肢として考えられる。

　集積されるそれらのプランの中から好事例をリストアップして公表し，全国の事業主や管理職の参照資料とすることは，現実に障害者の職場における能力開発を促進することにつながり，またそれらのプロセスを経れば，いかなるものを障害者雇用における差別と見るべきかの判断材料も蓄積されると考える。既にCSRの一環として熱心に障害者雇用に取り組んでいる企業の中には，すぐれた能力開発プランを掲げているところもあり，CSR活動と重ねてこうした模索を法的にも位置づけることで，障害を持ちながら働く労働者の教育訓練・能力開発は大きく発展するものと期待できる。

11 不当労働行為救済申立事件の審査手続及び救済命令等取消訴訟を巡る問題[1]

池 田　稔

1　本稿の目的
2　不当労働行為救済申立事件における審査の対象
3　再審査手続の法的性格及び再審査の対象
4　再審査手続と救済命令等取消訴訟の関係
5　結　語

1　本稿の目的

　本稿は，不当労働行為救済申立事件おける審査の対象，再審査手続の法的性格・対象及び救済命令等[2]取消訴訟（以下，取消訴訟）の訴訟物など不当労働行為事件の審査に関する基本的な諸問題について検討することを目的としている。本稿の立場は，初審及び再審査の対象及び取消訴訟の訴訟物の内容ないし範囲は，いずれも救済申立書に記載されるべき「不当労働行為を構成する具体的事実」（労委規則32条2項3号）を基礎として捉えるべきであると考えるものであるが，このように捉えるときに事件処理においてどのような問題が生じるのか，また初審命令に対し再審査申立てと当該初審命令に対する取消訴訟の二つの手

---
(1)　本稿は，渡辺章筑波大学名誉教授の古稀祝い論稿集に掲載のため執筆したもので，先生に事前にご意見をいただくべきものではないが，常々ご指導を賜り，また，先生が労働委員会関係業務に長年にわたりご尽力され同業務に精通されていることから，先生に本稿の草案をお読みいただき，大変貴重なご意見とご指導を賜った。また，同様に，菅野和夫東京大学名誉教授，赤塚信雄元東京高等裁判所部総括判事及び内野淳子前中央労働委員会事務局次長にも草稿をお読みいただき，大変貴重なご意見とご指導を賜り，本稿に反映させていただいた。しかし，本稿はあくまでも筆者個人による一見解であることをお断りしておきたい。
(2)　労組法27条の12では，「申立人の請求に係る救済の全部又は一部を認容し，又は申立てを棄却する命令」を「救済命令等」と称している。本稿でもこれと同様の意味で，「救済命令等」の用語を使用する。

241

労働法が目指すべきもの

続[3]が併行して行われる場合にどのような問題が生じるのかについても，派生的な問題として併せて検討する。

2 不当労働行為救済申立事件における審査の対象

ア 不当労働行為の救済申立てに当たっては，申立書に「不当労働行為を構成する具体的事実」及び「請求する救済の内容」を記載しなければならない（労委規則32条2項3号・4号）。そして，労組法27条の12第1項は，「労働委員会は，事件が命令を発するのに熟したときは，事実の認定をし，この認定に基づいて，申立人の請求に係る救済の全部若しくは一部を認容し，又は申立てを棄却する命令……を発しなければならない。」としており，この規定の文言からすると，労働委員会の審査は，「請求する救済の内容」の当否を判定する手続であることを窺わせる。

イ 他方，最高裁（日産自動車（残業差別）事件・最三小判昭和60年4月23日 民集第39巻3号730頁）は，「不当労働行為救済申立制度は，……申立人が不当労働行為を構成するとして主張した具体的事実の存否及びその事実が不当労働行為に該当するか否かを審理判断し，それが肯定される場合には，その裁量により，当該具体的事案に即して，当該不当労働行為による侵害状態の除去，是正のために必要と認めた作為，不作為の措置を命ずることによつて，労働者の団結権を保護し，正常な集団的労使関係秩序の回復，確保を図ろうとするものである。」と判示し，申立人が申立書に記載すべきものとされる「請求する救済の内容」（労委規則32条2項4号）は，「労働委員会が不当労働行為の成立を認めたうえで，しかるのちこれに対する救済を命ずる場合に，その命ずべき救済の内容に関する労働委員会の裁量の範囲を画する意味を持つことがあるにとどまり，不当労働行為救済申立事件における労働委員会の審理が右『請求する救済の内容』の当否についての判断を直接の目的として行われるというものではない。」（傍点筆者）としている。

ウ 上記判例の判示するように，「請求する救済の内容」は，不当労働行為が成立すると判断されたときに労働委員会がその裁量に基づき救済の内容（救済方法）を決定する際の目安ないし上限を画するものということができ，この

---

[3] 再審査申立てについては労組法27条の15，取消訴訟については同法27条の19参照。

ことについての異論はみられない。そして，労働委員会が救済の内容（救済方法）を命じることの前提となる不当労働行為の成否は，申立人が示した申立事実の存否（事実認定）と当該事実の労組法7条該当性の有無（認定した事実の評価）により行われるものであるから，不当労働行為事件における審査の対象は，申立書記載の「不当労働行為を構成する具体的事実」（労委規則32条2項3号。以下，申立事実）であるといえる。

3 再審査手続の法的性格及び再審査の対象

(1) 再審査の法的性格

ア　それでは，再審査の対象は，どのように捉えるべきであろうか。上記のとおり，初審における審査の対象は申立事実であるが，再審査の対象も同様に不服のあった申立事実とみてよいのであろうか。そこで，初審における審査の対象と再審査の対象の関連性をみるため，再審査の法的性格について検討しておくこととする。

再審査の法的性格に関しては，基本的に，事後審とみるもの[4]，覆審とみるもの[5]，続審とみるもの[6]，事後審と続審との複合的な性格とみるもの[7]等が

---

(4) 宮里邦雄『労働委員会』（労働教育センター，1990年）74頁。「再審査の基本的性格は初審命令に検討を加え，その当否を判断する事後審査手続であるといえよう。もっとも，事後審査は原則として原審に現れた証拠に限って審査の資料とすることが許されるが，中労委の再審査においては当事者が立証のため新たな証拠を提出することを禁じておらず，初審，再審査を通じてのいっさいの資料にもとづいて初審の当否を判断するものであるから，続審的性格を併せ有している」。

(5) 「労使関係法運用の実情及び問題点4」・労使関係法研究会報告書（労働省，1967年）日本労働協会94頁。「現行法のもとにおける再審査の性格は，覆審に近い立前をとりうることを前提としながら，初審審理を基礎とする続審的なものになっているといわれる。」

(6) 菅野和夫『労働法〔第9版〕』（弘文堂，2010年）763頁。「再審査は，初審の審査資料を継承しつつ，再審査で新たに収集された資料を加えて，再審査申立の当否（不当労働行為の成否と救済命令の当否）を審査するものであり，その性格は基本的に民事訴訟の控訴と同様の続審（覆審，事後審ではなく）である」。

(7) 『注釈労働組合法・下巻』（有斐閣，1982年）1032頁。「再審査の性質 ①再審査は，初審にあらわれた全資料を洗いなおして，初審命令の再検討をする手続である（事後審査的性質）と同時に，当事者に新たな証拠の提出を許容し，独自の立場から調査・審問を行ない，再審査終結の時点における一切の資料に基づいて判断をする手続である（続審的性質）。」

労働法が目指すべきもの

あり，見解が分かれている。

　イ　労組法25条2項は，中労委は「……都道府県労働委員会の処分を取り消し，承認し，若しくは変更する完全な権限をもつて再審査し，又はその処分に対する再審査の申立てを却下する」権限を持つと規定している。この「都道府県労働委員会の処分」の一つである救済命令等の再審査手続においては，中労委は，都道府県労委に対し，再審査申立のあった事件の記録の提出を求め（労委規則53条），また，再審査は「その性質に反しない限り」初審の手続を準用する（同規則56条1項）こととなっている。このように再審査では，初審手続で提出・収集された資料（証拠）及び再審査手続で提出・収集された資料（証拠）に基づき審査が行われる構造となっており，規定上も実際上も，再審査は，初審命令・決定を事後的にその瑕疵を審査するもの（事後審的手続）でも，初審手続とは無関係に新たに審理をやり直すもの（覆審的手続）ともなっていない。したがって，その性格は民事訴訟における控訴審と同様に続審と解するのが相当である。

　ウ　再審査がこのような法的な性格のものであるとして，そのことが実際の再審査手続，命令の内容にどのような違いや影響を及ぼすかについては，これまで具体的問題が生じたことはなく，深く検討されることもなかった。しかし，近年発出された福岡大和倉庫・日本ミルクコミュニティ事件[8]において，中労委は，事件処理の必要から，再審査手続の性格及び同手続と初審命令の効力との関係を明らかにした。同事件では，使用者が初審のした一部救済命令（会社に対し組合に文書交付を命じたもの）を履行した後の再審査手続の段階で，救済申立てを却下すべき事情（会社の破産手続終了）が生じた。中労委は，この事実に対し，「再審査手続は初審命令後の事情をも含め審理し，その処分時（再審査命令交付時）における事情を基礎に判断を行うものである」（傍点筆者）から，初審命令発出後再審査手続中に破産を申し立て破産手続が終了した会社は「破産手続廃止により既に存在しなくなっている」以上，「同命令を取り消さざるを得

---

(8)　中労委決定平成20・7・2別冊中央労働時報1365号25頁。同事件は，初審の福岡大和倉庫事件及び日本ミルクコミュニティ事件が併合審理され，一つの命令として発出されたものであるが，本文で紹介したのは，福岡大和倉庫事件に係る説示の部分である。なお，日本ミルクコミュニティ事件に係る部分では，再審査の対象・範囲と一般には不利益変更禁止を規定していると理解されている労委規則55条1項の適用の有無について説示しているが，このことについては，後に取り上げる。

ない」との判断を示した。上記傍点部分は、再審査手続が「続審」の性格を持つことを明らかにしたものである[9]。

　これまでの実務は、再審査の性格を特段意識せずに（すなわち、上記諸説と実際の再審査手続、命令の内容の限界等の関わりを特段意識せずに）、事件処理を行ってきたが、同事件では被申立人に破産手続終了という事情があったことから、中労委は、再審査の性格を明らかにしつつ、上記の処理を行ったものと思われる。

(2) 再審査の対象・範囲

　ア　以上のことを前提として、再審査の対象・範囲について検討する。

　労委規則54条1項は、「再審査は、申し立てられた不服の範囲において行う。ただし、不服の申立ては、初審において請求した範囲を超えてはならない。」と規定している。そこで、同項で定める「申し立てられた不服の範囲」の基準が問題となる。同項のただし書は、再審査は、初審において「請求」した範囲を超えてはならないとしていることから、これまでの実務は、再審査の対象・範囲を「請求する救済の内容」（救済方法）を基礎として捉えてきたように思われる[10]。しかし、(ｱ)前記2で検討したとおり、不当労働行為事件審査は申立事実を基礎として行われるべきであること、(ｲ)再審査手続は続審の性格を有し、その対象について初審手続と異なる取扱いをする特段の理由はないこと、(ｳ)以下で検討するとおり、不当労働行為救済手続及び再審査手続[11]全般について、申立事実を基礎として手続を進めることによって合理的かつ相当な結果が得られること、加えて、(ｴ)再審査の対象・範囲を申立事実を基礎として捉えるべきであるとする見解（以下、仮に「申立事実説」という）[12]も有力に唱えられており、

---

[9] 実際の再審査手続では、効率の観点から、初審審査の補充あるいは初審命令に対する当事者の不服を中心に主張・立証が行われており、同手続の法的性格は続審ではあるが、事後審査的な運用が行われているといえる。

[10] 大和哲夫・佐藤香『労委規則』（第一法規出版、1974年）360頁では、労委規則54条1項の解釈上の問題点を示しているが、そこに示された問題点は、再審査の範囲を「請求する救済の内容」を基礎に捉えることから生じたものであるといえる。

[11] 本稿では、便宜的に、不当労働行為事件審査手続のうち、初審の手続を「不当労働行為救済手続」と、再審査における手続を「再審査手続」と称することとする。

[12] 菅野・前掲注(6)762頁では、「『申し立てられた不服の範囲』とは、初審で不当労働行為の成否が判断された救済申立事実に即して見るべきであり、この規定（引用者注：労委規則54条1項）は、そのような事実が複数ある初審事件につき、当事者がその一

労働法が目指すべきもの

再審査手続にあっても申立事実を基礎として審査・判断が行われるべきである。

イ　再審査の対象・範囲を申立事実を基礎として捉える申立事実説による場合と「請求する救済の内容」(救済方法)を基礎にして捉える場合(以下,仮に「救済方法説」という)の,再審査申立てと再審査における審査・判断の内容との関係は,次のようになる[13]。

(ア)　ある申立事実に対する初審一部救済命令について,使用者は救済命令の取消しを求め,労働組合・労働者は救済の拡張を求めて双方が再審査を申し立てる場合[14],及び使用者のみが再審査を申し立てる場合は,当該申立事実につき不当労働行為の成否及び救済の内容(救済方法)の相当性ともに審査(審理)・判断の対象になる。この点は,申立事実説・救済方法説のいずれの見解でも相違はない(もっとも,不当労働行為の成立が否定された場合は救済の内容の相当性を判断する必要はなくなることはいうまでもない)。

(イ)　使用者が不当労働行為の成否を争わず,初審命令の救済の内容(救済方法)の相当性のみを不服として再審査を申し立てる場合,及び労働組合・労働者から救済の内容(救済方法)を不服として再審査が申し立てられた場合は,申立事実説によれば,申立人が請求した救済の内容(救済方法)に関する申立事実が再審査の対象となるから,不当労働行為の成否についても当然審査の対象となり,不当労働行為の成立が認められる場合には初審命令の命じた救済の内容(救済方法)の相当性が判断されることになる。他方,救済方法説によれば,当該不当労働行為が成立することを前提として救済の内容(救済方法)の相当性のみについて審査・判断されることとなる。

部についてのみ初審の不当労働行為の成否の判断を争って再審査を申し立てた場合には,再審査の範囲は再審査が申し立てられた事実に限られるという,初審と同様の申立主義を言い表したものといえる。」とし,同条1項ただし書の「『請求した範囲』とは『請求した救済の内容の範囲』と解すべきではなく,『救済を請求した(申し立てた)事実の範囲』」と解すべきである。すなわち,上記の規定は,再審査申立てにおいては初審で救済を求めなかった事実につき救済を求めえない,との当然の事理を規定したにすぎない。」(同761頁)としている。塚本重頼『不当労働行為の認定基準』(総合労働研究所1989年)446頁も同旨。

[13]　以下は一つの申立事実ついて,その関係を述べるものである。一つの命令書において複数の申立事実につき判断が示されることが多いが,その場合は,それぞれの申立事実を区別して,当該申立事実ごとに問題を検討する必要がある。

[14]　この場合,双方の申立ての審査が併合されるのが通常である(労委規則41条)。

〔池田　稔〕　**11**　不当労働行為救済申立事件の審査手続及び救済命令等取消訴訟を巡る問題

以上，(ア)の場合は，申立事実説・救済方法説のいずれの見解によっても，当事者の意向に反しない内容の審査・判断となるが，(イ)の場合は，申立事実説をとると，中労委は当事者が求めていない審査・判断を行うことになるのではないかとの疑問が生じる。

　ウ　上述のとおり，労組法25条2項は，中労委は，初審の「処分を取り消し，承認し，若しくは変更する完全な権限をもつて再審査」（傍点筆者）することができるとしている。この規定を前提とすれば，中労委は，初審命令には拘束されず，当事者が不当労働行為の成否について不服を申し立てているか否かにかかわらず，まずは不当労働行為の成否について審査・判断することが必要となり，その結果，不当労働行為が成立すると判断した場合は，当該審査の結果（不当労働行為認定の内容等）に基づき，中労委が相当と考える救済の内容（救済方法）を決定（初審命令の維持又は変更）し命令することとなる。

　不当労働行為事件は，労働組合・労働者の申立てを契機に審査・判断がされるものであるが，不当労働行為は，労働者に保障された団結権等を侵害し，労使関係上の公序に反する行為である⒂。また，当該団結権侵害に対し救済を命じる救済命令は，使用者に対する公的な義務を課すものであると位置付けられている⒃。そして，不当労働行為事件審査手続は，使用者に対し救済を命ずる行政処分の要否を判定する手続であり，救済命令を発することは，不当労働行為により攪乱された労使関係上の公序の回復を図るものであって，単なる私的紛争の解決を目的とした手続ではない。したがって，その手続に紛争当事者の自由な意思を認める民事訴訟における当事者主義（処分権主義）（民訴法246条）をそのまま全面的に適用することは適当ではない⒄。客観的には労組法7条違反が認められない場合に，当事者が不当労働行為の成立を争っていがないか

⒂　菅野・前掲注⑹664頁，19頁以下。労組法7条の不当労働行為救済制度は，憲法28条の団結権等の権利を実効的にするために設けられたものであるとされるが，同条が保障する団結権等の法的効果の一つとして「公序設定の効果」があるとする。

⒃　救済命令に違反する場合は，行政罰である過料（労組法32条）又は刑罰（同法28条）による制裁が予定されている。

⒄　労組法27条の7に「職権」による証拠調べを想定した規定が置かれているのも，不当労働行為審査手続が公権力の行使である行政処分（救済命令等）を導くための手続であり，民事訴訟における当事者主義（処分権主義）がそのまま適用とならないことを示すものである。ただし，同審査手続につき，当事者の処分権に委ねている部分があることについては，後記⑸ア参照。

労働法が目指すべきもの

らといって，当該当事者の意向に従って労働委員会が救済命令を発することは相当ではない。また，再審査手続において，不当労働行為の成立を認めた初審判断に誤りがあると考える場合に，使用者から不服申立てがないことをもって，初審判断に縛られ初審命令どおりに救済を与えることも相当ではない。実際上の観点からみても，不当労働行為が認定される場合の救済に当たっては，使用者の如何なる行為が不当労働行為と認定でき，その行為の不当性の程度が明らかにされなければ，労働委員会は適切・妥当な命令を発し得ない[18]。

以上からすると，中労委の再審査の対象を申立事実説によって捉え，再審査の内容については，労組法25条2項を文字どおり運用することには理由がある[19]。これに反し再審査の対象を「請求する救済の内容」（救済方法）に限ることは，中労委の権限の範囲を著しく狭め，再審査機能を著しく縮減するものとして適当ではない。

エ 審査・再審査の対象に関連して，中労委，裁判所とも，先例的な意義をもつ重要な判断をした事案に藤田運輸事件（千葉地労委決定平9・8・9命令集108集495頁，中労委決定平13・12・5別冊中時1269号81頁，東京地判平14・10・24労働委員会関係裁判例集37集786頁，東京高判平15・4・23判例時報1830号146頁，最一小決定 平17・6・16裁判例集未登載）がある。以下詳しくみていくこととする。

同事件は，組合員の懲戒解雇について，使用者が初審の一部救済命令の取消しを求めて地方裁判所に取消訴訟を提起し，他方，労働組合は解雇期間中の

---

[18] たとえば，組合員の懲戒解雇が不当労働行為であるとして救済申立てが行われ，それが不当労働行為とされる場合でも，組合員に非が認められない場合と，組合員の側にも非違行為が認められる場合がある。後者の場合にも組合員でなければ懲戒解雇までの処分は受けなかったときは不当労働行為は成立すると解して妨げないが，救済の内容（救済方法）は前者の場合とは異なるものとなろう。また，賃金差別事件において，組合は標準ランクより2ランク下の賃金査定を不当労働行為であるとして救済を申し立てたが，労委は2ランク下までの査定の差別までは認められないが，1ランク下に査定したことは不当労働行為であるとして是正を命じるときがある。このように，救済内容を決定するためには，不当労働行為の成否の有無・成立する範囲，不当労働行為とされる使用者の行為の態様，事件当時の労使事情等を認定し総合的に判断しなければ，不当労働行為救済制度が目的とする「正常な集団的労使関係秩序の迅速な回復，確保を図る」（第二鳩タクシー事件・最大判昭和52年2月23日民集第31巻1号93頁）ための適切・妥当な救済はできないこととなる。

[19] ただし，労組法25条2項が労働委員会規則54条1項ただし書との関係で，中労委の権限が制限されているとする見解がある。このことについては，後記(4)参照。

〔池田　稔〕　*11*　不当労働行為救済申立事件の審査手続及び救済命令等取消訴訟を巡る問題

バックペイの一部を命じなかった初審命令の救済の内容（救済方法）の拡張を求めて再審査を申し立てた。その後，取消訴訟において，使用者の敗訴が確定（一部救済命令の確定）[20]した。しかし，上記救済の拡張を求める組合の再審査申立事件は未だ中労委に係属していたため，同再審査申立てにつき，労組法27条10項（当時。現行労組法27条の16に相当。「中央労働委員会は，……訴えに基づく確定判決によって都道府県労働委員会の救済命令等の全部又は一部が支持されたときは，当該救済命令等について，再審査することができない。」とする規定）を適用し，同再審査申立てを不適法として却下することができるかが問題となった。中労委は，旧労組法27条10項の規定の趣旨は，「地労委の命令が確定判決によって支持された場合にまで，当委員会が命令の再審査をなし，これを取り消し又は変更するようなことがあったのでは不都合であるということにあり，同規定により再審査ができないとされる命令の範囲は，使用者が取消訴訟を提起して争った当該不当労働行為事実に関する命令全体と解するのが相当である。言いかえれば，ある不当労働行為事実に関する地労委の救済命令が，使用者の提起した取消訴訟の確定判決によって支持された場合には，当該不当労働行為事実に関する救済命令の救済の内容限度について労働組合ないし労働者が再審査を申し立てている場合であっても，当委員会は，同項によって再審査をなし得なくなるものと解するのが相当である。」（傍点筆者）として，組合の再審査申立てを却下した。

　これを不服とする組合の取消訴訟において，東京地裁は，「救済命令は，不当労働行為と主張される事実ごとに1個の行政処分として存在し，救済内容によって別個のものとなるものではない」，「本件行政訴訟と本件再審査申立てとは，その審理の対象となる範囲が，前者においては初審命令が申立てを認容した部分，後者においては申立てを棄却した部分と異なるものの，Aに対する懲戒解雇という同一の行為に対する救済命令が審理の対象となっていることは明白である。」（傍点筆者）とし，また，東京高裁は，「ある不当労働行為についてある救済命令が発せられた場合，それが一個又は複数の救済方法又はそれらの一部であったとしても，その救済命令は，全体として……一個の行政処分であるというべきである」とし，当該取消訴訟が確定したことにより，初審命令は，同条同項により再審査をなし得なくなったとして，中労委命令を支持した。組

---

[20]　一審＝千葉地判平11・2・8労判769号76頁。二審＝東京高判平11・8・19労判773号16頁。上告審＝最二小判平11・12・17労判773号15頁。

労働法が目指すべきもの

合は上告・上告受理申立てを行ったが，最高裁はこれを斥けた。

　これら中労委，東京地裁及び東京高裁の判断からすると，不当労働行為審査にあって，「請求する救済の内容」は独立した意義を持つものではなく，申立事実を基礎として審査（審理）・判断が行われるべきことを前提として労組法27条の16（旧労組法27条10項）の意義（法的安定性の要請）を捉えて，判断したものと思われる。なお，東京高判は，「初審命令が，労働組合又は労働者の申し立てた一つの不当労働行為についての複数の救済方法のうち一部を認め，その余の部分を棄却する判断をした場合，労働組合又は労働者は中労委に再審査の申立てをし，使用者は裁判所に救済命令の取消しの行政訴訟を提起することができるが，この再審査及び行政訴訟のいずれにおいても，当該不当労働行為の存否及び救済命令の適否について審理され，初審命令の適法性，相当性について判断されるものである」と判示していることが注目される。

　オ　中労委は，前出の福岡大和倉庫・日本ミルクコミュニティ事件（本項に関係するのは日本ミルクコミュニティ事件）[21]では，再審査の対象・範囲に関し「請求する救済の内容」（救済方法）を基礎に捉えるのではなく，当該救済申立事実を基礎として捉えるべきものであることを明確に示している。すなわち，同命令では，初審が親会社（日本ミルクコミュニティ（メグミルク））を組合員の労組法上の「使用者」と解して，同社の団交拒否を労組法7条2号違反の不当労働行為と判断して文書交付を命じたが，組合は「文書交付の救済方法としての不十分さを主張」し，同救済に加えて団交応諾命令を求めて再審査を申し立てた。中労委は，この部分の争点を「メグミルクが分会員らの使用者として雇用確保等に関する組合の……団体交渉に応じなかったことは，労働組合法第7条第2号の不当労働行為に該当するか。該当するとすれば，上記不当労働行為の救済方法として，労働委員会は，文書手交のみならず，団体交渉応諾を命じるべきか。」という問題として捉え，救済方法の拡張を求める再審査申立ての場合でも，申立事実に対する不当労働行為該当性の審査（団交拒否の不当労働行為該当性の判断）が必要であることを明示した[22]。これは上記ウの東京高判の判示に沿った事件処理である。

---

[21]　前掲注(8)参照。
[22]　初審で自らの主張が通らなかった部分（使用者にあっては救済の部分，労働組合・労働者にあっては請求どおりの救済が得られなかった部分）があるのに不服を申し立てず

〔池田　稔〕 **11**　不当労働行為救済申立事件の審査手続及び救済命令等取消訴訟を巡る問題

　カ　従来，中労委はこうした一部救済命令に対する労働組合・労働者のみの再審査申立ての場合は，不当労働行為の成否については審査の対象とはせず，救済の内容（救済方法）の相当性について，初審労委が裁量の範囲を逸脱して命じていないかどうかの観点から判断してきたように思われる。しかし，中労委は藤田運輸事件命令及び日本ミルクコミュニティ事件命令において上記のように判断したのであり，このことは，救済の内容（救済方法）のみを不服として申し立てられる再審査事件の再審査の対象・範囲及び手続のあり方を整理し，今後の同種の事件の審査のあり方の方向付けを行ったものとして注目される[23]。

　キ　以上述べた点をまとめると次のように言うことができる。すなわち，再審査は申立事実説にしたがって行われるべきであり，その対象・範囲は初審審

　　不服申立期間が経過した場合，相手方当事者は，当該部分は確定したものと理解して，再審査手続において，当該部分の主張・立証を真剣に行わないことが考えられる。しかし，申立事実説によれば，ある申立事実につき何らかの再審査申立てが行われている限り，その申立事実に係る申立てについては確定しないことになるから，このことを当事者に認識させておかないと，初審命令より不利益な処分（命令）を受ける可能性があり，当事者に予期せぬ結果を生じさせるおそれがある。そうした不意打ちを防止する観点から，中労委は，手続を進めるに当たって，不当労働行為の成否を含め再審査の対象とされる申立事実すべてが見直しの対象になることを当事者に注意喚起し，十分な主張立証を行うよう促すことが適当である。

[23]　同様に救済方法の適否について争われた小川調教師会事件（ストに参加した馬丁からその担当馬を取り上げたことにつき申し立てられた事件）では，東京地裁（東京地判昭45・3・30労民集21巻2号413頁）は，当該担当馬の「取上げの行為は原告組合に対する支配介入行為に該当すると認定した初審判断には誤りはない」として，不当労働行為該当性について判断した上で，京都地労委（京都地労委決定昭35・11・18 命令集22・23集180頁）・中労委（中労委決定昭36・12・6 命令集24・25集417頁）が誓約文の手交ではなく，掲示を命じなかったことは「客観的妥当な裁量の範囲を逸脱し違法性を具有する」として取り消している（なお，使用者は，京都地裁に取消訴訟を提起したところ，同地裁（京都地判昭37・5・2労民集13巻3号569頁）は，当該担当馬の取り上げは不当労働行為に当たらないとして救済を取り消したが，大阪高裁（大阪高判昭41・1・27労民集17巻1号36頁）は，一審判決を取り消し，京都地労委の命令を支持した）。他方，南労会事件では，大阪地労委（大阪地労委決定昭14・5・28 命令集123集145頁）の救済の内容（救済方法）は違法であるとする組合の取消訴訟に対し，大阪地裁（大阪地判平15・7・9労働委員会関係裁判例集38集453頁）及び大阪高裁（大阪高判16・5・28同裁判例集39集445頁）は，命令を決定するに当たって考慮すべき事実の認定に誤りがあるとする労働組合の主張に即して判断し，地労委が発した命令以上の救済を与えなかったことを適法であると判断している。南労会事件の判断手法は，不当労働行為の成否判断を行わずして救済の内容（救済方法）の当否を判断したものといえ，適切なものとは言い難い。

労働法が目指すべきもの

査と同様に申立事実について行われるべきものである。そして、再審査申立てに係る申立事実について、仮に使用者が不当労働行為の成立を争わない場合でも、法律上の観点のみならず、実際上の必要からも、改めて不当労働行為の成否を判断することが是非とも必要である[24]。その結果、初審の救済の内容（救済方法）が適切を欠き、あるいは相当ではないと思料されるときは、中労委が有する裁量によって相当な救済（救済方法）を命じることとなる[25]。

(3) 再審査の対象を申立事実を基礎として捉える場合に生じる問題

再審査の対象を救済申立事実を基礎として捉える場合には次のような問題が生じる。

上記のとおり、労働組合・労働者が救済範囲の拡張を求めて再審査を申し立ててきた場合でも、再審査手続の対象は申立事実を基礎として決定されるから、具体的な審査対象は、初審命令の救済の内容（救済方法）の相当性に限定されず、不当労働行為の成否に及ぶが、再審査の結果、不当労働行為の成立が否定されるとき及び初審命令の救済の内容（救済方法）が相当でないと判断されるときの取扱いが問題となる。すなわち、まず、再審査の結果、不当労働行為の成立を否定すべきものとした場合、救済命令は使用者に義務を課す行政処分であるから、再審査で当該初審命令が違法な処分であることを確認しながら、初審命令を維持することは相当ではないとして初審救済命令を取り消すべきであるのか、あるいは当該命令の取消しは、再審査を申し立てた労働組合・労働者の意図に反し、かえって労働組合・労働者に不利益を被らせることになるため取り消すことはできないのか、という問題である。また、不当労働行為の成立は認められるものの、初審命令の救済の内容（救済方法）が相当でないと判断される場合には、当該初審命令を労働組合・労働者に不利益[26]な内容に変更することはできるのかという問題も生じる。

これは、労組法 25 条 2 項が中労委の再審査について「完全な権限」を与え

---

[24] 菅野・前掲注(6) 762 頁
[25] 前掲最三小判昭 60・4・23 民集第 39 巻 3 号 730 頁参照。
[26] 不利益となるかどうかは簡単には決せられないものもある（たとえば、支配介入の救済措置として、文書掲示命令と同種の支配介入の禁止命令のいずれが不利益かは簡単には決せられない）が、ここでは明らかに不利益となる変更（たとえば、バックペイの内容を 6 か月分の賃金相当額から 3 か月分の賃金相当額に変更）を想定し考察する。

ていることと，労委規則55条1項ただし書が「初審の救済命令等の変更は不服申立ての限度においてのみ行うことができる。」としていることとの関係をどのようにみるかの問題であるが，一見すると，両規定は相反することを定めるもの，あるいは労委規則55条1項ただし書は労組法25条2項の内容を限定する規定であるとみることができるようにも思われる。以下，この点について検討する。

(4) 労組法25条2項と労委規則55条1項の各規定の意義と両規定の関係

ア 労委規則は，中労委が労組法26条に基づき，中労委の行う「手続及び都道府県労働委員会が行う手続」に関して定めるものである[27]から，労組法本則の趣旨・目的に適うように定められるべきであり，同規則を解釈する場合にもこのことを十分踏まえる必要がある[28]。再審査の範囲を規定する労委規則54条1項ただし書は，労組法25条2項に定める中労委の権限を限定するものであると捉える見解があるが[29]，同見解は再審査の範囲の限定と同時に，同規則55条1項ただし書が規定する再審査命令による変更の範囲の限定の定めをも意識して述べられたものと思われる[30]。しかし，繰り返し述べるように，労組法25条2項は，中労委は初審命令を「完全な権限をもつて再審査」できると規定しており，敢えて「完全」と強調することによって中労委に対し初審命令の判断・内容に囚われることなく当該紛争の解決のための相当な措置をとる権限を特に付与したものということができる。したがって，労委規則55条1項ただし書が労組法25条2項の内容を限定する規定であったとしても，その範囲は上記同項の趣旨が損なわれることのないように解釈されるべきである[31]。

---

[27] 労委規則1条は，「この規則は，労働組合法……の規定に基づく労働委員会の権限職務を迅速かつ公正に遂行できるよう，法の運用に当たつてとるべき諸手続を定めるものである。」としている。

[28] 行政手続法38条1項（命令等を定める場合の一般原則）は，「命令等を定める機関……は，命令等を定めるに当たっては，当該命令等がこれを定める根拠となる法令の趣旨に適合するものとなるようにしなければならない。」としている。

[29] 大和・佐藤・前掲注(10) 360頁。

[30] 大和・佐藤・前掲注(10) 363頁。

[31] 法によって与えられた規則制定権に基づき行政規則を定める場合に，行政庁の権限を自ら制限する規定を設けることが違法とまではいえない。したがって，労働委員会規則55条1項ただし書が労組法25条2項で定める中労委の権限を制限したものとみ

労働法が目指すべきもの

　イ　労委規則55条1項ただし書は，一般に不利益変更禁止の原則を規定したものと理解されている。また，行政処分等に係る不服申立てについての一般法である行政不服審査法40条5項ただし書は，審査庁の裁決については，「審査請求人の不利益に当該処分を変更し，又は当該事実行為を変更すべきことを命ずることはできない。」としており，不利益変更禁止の原則は，行政処分等の不服申立制度における一般原則とみることができる。

　ところで，救済申立て及び再審査の対象について，申立事実を基礎として捉えるべきであることは，上記2及び3の(2)でみたとおりである。そうすると，再審査の対象を決定することとなる労委規則55条1項ただし書の「不服申立て」も，規則54条1項の「不服」と同様，これが「救済の内容」に対するものではなく，ある「申立事実」に対する不服申立てを指すと解するのが相当である（上記(2)ア参照）。したがって，労委規則55条1項ただし書は，労組法25条2項に定める中労委の権限を限定するものではなく，当然の事理を示したもので，同ただし書きで定められた不利益変更禁止の原則は，初審不当労働行為救済手続では審査の対象とされたが，再審査手続ではその対象とはされない申立事実に係る不利益変更の禁止が定められたものであり，再審査の対象となった申立事実に係る初審命令の救済の内容（救済方法）の不利益変更の禁止にまで及ぶものではない，と解するのが相当である[32]。後記(5)のイでみるように，

　てもこれを違法とまではいえないが，以下で検討するように，これが再審査の対象とされる申立事実に係る初審命令の救済の内容（救済方法）に及ぶとなると，再審査制度の意義を著しく損なうおそれがあると考えられる。このことは行政手続法38条（前掲注(29)）の趣旨に反することにもなるから，法の趣旨に適う解釈が可能であればそれによるべきである。なお，石川吉右衛門「不当労働行為事件不可分の原則」『大和哲夫教授還暦記念・労働委員会と労働法』（第一法規出版，1979年）7頁参照。

(32)　初審命令のうち，再審査の申立てがなく，提訴期限内に取消訴訟も提起されない申立事実に係る部分は確定する（民事裁判では，控訴不可分の原則から一部の請求について確定することは考えられないが，再審査手続においては附帯控訴に相応する手続は予定されておらず，また，行政処分にあっては，処分ごとにその帰趨が捉えられるべきであることからすると，複数の申立事実に係る救済申立てにあっては，申立事実ごとに部分的な確定があり得ると考えられる）。この点については，後記4の(3)アも参照。これに対し，ある（一個の）申立事実つき，一方当事者から不服申立てが行われている限り，当該申立事実に係る初審命令のすべてが確定しないと解すべきである。後述のとおり，労働組合・労働者のみが初審一部救済命令につき，命令の拡張を求めて再審査がなされている場合でも，中労委は，「完全なる権限」をもって初審命令を見直し，初審の救済の内容（救済方法）を変更することができると解されるからである。

このように解することで，中労委の再審査機関としての役割が発揮され，再審査手続を設けた趣旨が生かされることにもなる。

(5) **再審査の対象を申立事実を基礎として捉える場合に生じる問題についての検討**

労組法25条2項と労委規則55条1項の各規定の意義と両規定の関係に関する以上の考察に基づき，上記(3)において指摘した再審査の対象を申立事実を基礎として捉える場合に生じるいくつかの問題について検討する。

ア　初審の一部救済命令の取消しの可否について

上記(4)で指摘したように，労委規則55条1項の「不服申立て」は「申立事実に対する不服申立て」と解すべきであり，労組法25条2項によって中労委は「完全な権限をもって再審査」することができることとなっているから，不当労働行為の成立を否定すべきものとした場合も，また初審命令の救済の内容（救済方法）が相当でないと判断される場合（上記(3)参照）も，中労委は初審一部救済命令を取り消し，又は救済の内容を見直すことができると解することができそうである。しかし，他方で，(ア)救済手続の開始も終了も，申立人の申立て[33]及び取下げ[34]によることができ，取下げには被申立人の同意は要せず一方的確定的に行えることとなっている。また，当事者間で和解が成立し，当事者双方の申立てに基づいて労働委員会がこれを適当と認めるときは審査手続は終了する（和解認定）とされている[35]。このように，不当労働行為救済手続の開始と終了は申立人に処分権が委ねられていること，(イ)このことは再審査手続においても同様である[36]。なお，(ウ)労組法は職権再審査を認めている[37]が，その

---

[33] 不当労働行為救済申立ては，申立人（労働組合・労働者）の申立てにより開始することとされている（労組法27条1項，労委規則32条1項）。なお，労委規則32条2項には，労働組合・労働者のほか「権限ある団体」が申立人となることを前提とした文言があるが，これまで，労働組合・労働者以外の者が申立人として申し立てられたものはない。

[34] 労委規則34条1項は，「申立人は，命令書の写しが交付されるまでは，いつでも，申立ての全部又は一部を取り下げることができる。」し，同条4項は「取り下げられた部分については，申立ては，初めから係属しなかつたものとみなす。」としている。

[35] 労組法27条の14第2項参照。

[36] 労組法27条の15，同法27条の17，労委規則27条1項，同規則51条1項参照。

[37] 労組法25条2項二文「再審査は，都道府県労働委員会の処分の当事者のいずれか一

労働法が目指すべきもの

実例は存在せず，特別の事情がある場合に，例外的に認められた制度に過ぎない。したがって，再審査手続を終了させて初審命令の効力を確定させるか，初審命令に対し不服を申し立てて別異の処分を求めるかどうかは，原則的に当事者に処分権が委ねられているとみることができる[38]。また，不当労働行為救済命令は，使用者に公的な義務を命じるものではあるが，その内容は当事者以外の者に広く影響を与えるような強度の公益的性格を持つものではない。そうすると，上記のとおり，労組法自体が，中労委に対する完全な権限をもって再審査できるとする一方で，一部手続については処分権を当事者に委ねていることにかんがみると，再審査において不当労働行為の成立が否定されても，使用者が救済命令の取消しを申し立てていない場合にまで，初審命令の効力を否定する必要性はないであろう。したがって，労働組合・労働者が救済の拡張を求めて再審査を申し立てたが，中労委が不当労働行為の成立自体を認めない場合でも，初審救済命令は取り消さず，当該労働組合・労働者の再審査申立てを棄却するに止めるのが相当である[39]。

　イ　次に，初審命令の救済の内容（救済方法）の不利益変更の可否については次のように解するのが相当である。

　上記(2)で詳述したとおり，不当労働行為事件審査の目的は，申立事実につ

　　　方の申立てに基づいて，又は職権で，行うものとする。」
(38)　我が国の不当労働行為救済制度はアメリカの不当労働行為救済制度を承継したものであるが，アメリカの労働委員会（NLRB）は，タフトハートレー法による改正で訴追部門と判定部門とに分かれ，不当労働行為救済申立ては誰からでも行われ得るが，申立てに理由があり当事者が任意解決に応じない場合に当該申立てを取り上げる（救済請求状の発布によりなされる）のは，当該訴追部門（事務総長の代理人たる地方支局長）であり，審査を進める主体は局委員会（第一次的には行政法審判官）となっている（中窪裕也『アメリカ労働法（第2版）』（弘文堂，2010年）39-44頁参照）。そして，「任意解決の勧告から，救済請求状の発布，審問における立証，命令の執行力付与訴訟，裁判所侮辱手続の開始申請まで，NLRB（事務総長）の行政的イニシアティブで手続が進められ……その反面で，救済請求状の発布拒否を争うことができないことに見られるように，申立人の地位は制限を受ける」（同書44頁）こととなっており，この点で，我が国の不当労働行為事件における当事者の地位・権限とは明らかに異なる。
(39)　この結論は，菅野和夫「不当労働行為事件の再審査における不利益変更禁止の原則について」（明治大学法科大学院論集6号181頁）と同一であるが，菅野教授が労委規則55条1項の規定との調和的な解釈を重視して救済命令を取り消さないこととしているのに対し，本稿は労組法が一定の範囲で当事者に委ねている処分権を根拠とするものである。

〔池田　稔〕　**11**　不当労働行為救済申立事件の審査手続及び救済命令等取消訴訟を巡る問題

いて，団結権等（狭義の団結権，団体交渉権，団体行動権）の侵害に当たるかどうかを審査し，侵害が認められるときは，その侵害が行われないときと同様の状況に回復させ，もって労使関係上の公序の維持を図ることにある。同手続は救済命令（行政処分）の当否とその必要性を見極めるために行われる行政手続であり，不当労働行為が認められる場合に発せられる救済命令は，罰則（過料，刑罰）を背景として使用者に公的義務を課すものであるから，初審命令に対する再審査にあっては，不当労働行為の成否のみならず救済の内容（救済方法）についても，改めて精査の上，判断が求められている。

　また，上記アのとおり，不当労働行為審査手続においては当事者主義（処分権主義）は申立手続のうち事件の申立てと終結という入り口と出口に限って認められているにすぎない。そして，再審査が申し立てられ，未だ確定していない初審命令に相当性を欠く内容があると判断される場合に，それをそのまま存続させ，使用者に当該処分の履行を求めることは妥当とはいえない。

　さらに，使用者の行った不当労働行為の内容，態様等からみて，中労委が初審の救済内容が不適切でそのまま履行させることが当該労使関係の再構築にとっても好ましくないと判断する場合や，初審命令発出後の労使事情に変化がある場合に救済内容を変更できないとなると，中労委の有する裁量権（効果裁量）の範囲は不合理に制限されることとなり，中労委が再審査機関として「完全な権限をもつて再審査」するとした労組法の趣旨が生かされないこととなる。したがって，中労委は，救済の内容（救済方法）にあっては，何らの制約を受けることなく（当事者の申立て如何にかかわらず），その有する裁量権に基づき初審命令の内容を自由に変更（拡張，縮減，追加）することができると解すべきである。これに反し，初審が裁量の範囲を逸脱して発した命令をそのまま維持した再審査命令は，違法な行政処分として取消しの対象となる。こう解すると，労働組合・労働者が初審命令の内容の拡張を求めて再審査を申し立てた場合でも，当該労働組合らの再審査申立ての意図に反し，救済内容が初審命令の内容より縮減する場合も考えられるが，この点については，労働組合・労働者は，そのような場合もあり得ることも踏まえた上で再審査申立てを行うことが求められているといわざるを得ない。このことは，使用者が救済命令の取消し，又は初審命令の救済の内容（救済方法）の変更を求めて再審査を申し立てた場合にも，中労委が当該初審命令よりさらに拡張・付加した救済が必要であると判断した

257

労働法が目指すべきもの

ときにも生じ得ることであるが，労組法25条2項で規定された再審査手続の趣旨からすれば，このようなことが生じてもやむを得ないものといえる[40]。

(6) ま と め

以上，再審査手続の性格及び再審査の対象についてまとめると，次のとおりである。

ア　再審査手続は続審の性格を有している。

イ　不当労働行為審査手続は再審査の手続を含めて申立事実（労委規則32条2項3号により救済申立書に記載される「不当労働行為を構成する具体的事実」）を対象として審査・判断が行われる。

ウ　労委規則54条1項は，「再審査は，申し立てられた不服の範囲において行う。」としているが，この「不服」は一定の「申立事実に対する不服」と解すべきである。

　なお，命令書には，複数の申立事実（たとえば，雇止めと団交拒否，賃金差別と不誠実団交等）に対する判断が記載される場合が多いが，救済命令の確定，再審査の対象は申立事実ごとについて検討される必要がある。

エ　労委規則55条1項ただし書は，「初審の救済命令等の変更は不服申立ての限度においてのみ行うことができる。」としているが，ここにいう「不服申立て」も，一定の「申立事実に対する不服申立て」と解すべきである。したがって，使用者から再審査申立てはなく，労働組合・労働者から，初審命令の救済の内容（救済方法）が不十分であるとして不服が申し立てられた場合も，再審査の対象はその救済の内容に関する申立事実となるから，中労委は，当該申立事実について，まずは，不当労働行為の成否を判断することが求められる。この場合，不当労働行為自体が成立しないと判断されるときは，中労委は，初審救済命令を取り消すことはせず，当該労働組合・労働者の再審査

---

[40] このように，本項(5)アでは，再審査において，不当労働行為の成否判断で否定的な結論を得ても，中労委は初審救済命令につき手をつけ得ないとするのに対し，同イでは，初審命令の救済の内容（救済方法）に不相当な点があるときは，中労委は積極的な介入をなし得ることとなり，その間に論理的一貫性を欠くとの批判が生じ得よう。しかし，我が国の不当労働行為制度は，アメリカの不当労働行為制度のように国家が不当労働行為を訴追するような構造を採るものではなく，その手続の一部に当事者の処分権を認めているのであるから，こうした結論の相違は許容されるべきものと思われる。

申立てを棄却するに止めるのが相当である。それは，労組法及び労委規則が初審命令を受け容れて事件を終結させるか，初審命令を拒否し不服を申し立てさらに争うかの処分権を当事者に委ねていること，救済命令は当該行政処分に関係する当事者以外の者に広く影響を与えるものではなく，このように解することに格別問題はないこと，かえって事件当事者から取消しを求められていないのに取り消すことは当事者の意思に沿わないものとなるからである。他方，労組法25条2項は，中労委に初審命令に対し「完全な権限をもつて再審査」することを認めており，中労委は初審の救済内容が相当でないと判断する場合は，全面的に見直すこと（拡張，縮減，追加）ができ，また見直す義務を負っていると解される。労委規則55条1項ただし書は，初審不当労働行為救済手続では審査の対象とされたが，再審査の範囲とはされない申立事実について，不利益変更の禁止を定めたものと解するのが相当であり，再審査の対象となった申立事実に係る初審命令の救済の内容（救済方法）の不利益変更の禁止にまで及ぶものではないから，同規定が上記解釈を否定するものとはならない[41]。

4　再審査手続と救済命令等取消訴訟の関係

(1)　検討の視点

前記2及び3で検討した不当労働行為事件の審査の対象及び再審査手続の法的性格，再審査の対象・範囲及び再審査手続における中労委の行使し得る権限に関する問題は，当然初審命令に対する今ひとつの不服申立て手段である取消訴訟の審理の対象・範囲とも関係する。以下では，取消訴訟における審理の対象及び再審査申立と取消訴訟との相互の関係について検討する。

具体的には次の点について検討する。

初審命令に対し労使のいずれもが不服の場合，労使双方が再審査を申し立てるのではなく，①使用者が取消訴訟を提起し，労働組合・労働者が再審査を申

---

[41]　以上，本稿の立場からすれば，①現行の労働委員会規則の規定では不当労働行為審査の対象が不明確であるから，不当労働行為審査手続は申立人が申し立てた申立事実を対象に審査・判断されることを同規則に明示すべきであり，また，②労委規則55条1項ただし書の不利益変更の禁止は，再審査の対象とされた申立事実に関する救済の内容（救済方法）についてまで及ぶものではないことが明らかとなる文言に改めるべきこととなる。

労働法が目指すべきもの

し立てる場合，逆に②使用者が再審査を申し立て，労働組合・労働者が取消訴訟を提起する場合がある[42]。とりわけ，労働組合・労働者は，取消訴訟の提起と再審査の申立てを並行して申し立てることが許されているため[43]，使用者の不服申立て（取消訴訟又は再審査申立て）と労働組合・労働者の不服申立て（取消訴訟及び再審査申立て）が，裁判所と中労委において同時に進行することが考えられる。そこで，こうした場合に，双方の不服申立ての手続等が他の不服申立ての手続等にどのような影響を与えるかが問題となる。以下，両手続の相互の関係をみる。

(2) 住友重機械工業（昇格差別）事件

ア 初審命令に対し労使双方が不服の場合は，通常は労使とも中労委へ再審査を申し立てる。労使が中労委と裁判所に別々に不服を申し立てる場合でも，その審査・審理の対象となる申立事実はそれぞれ異なることが多く（たとえば，労働組合は，組合員の雇止めに係る救済申立てが棄却されたことに対し再審査を申し立て，使用者は，団交拒否について救済命令が発せられたことに対し取消訴訟を提起する等），格別混乱が生じるようなことはなかった。なかには，同一の申立事実に対し，使用者が取消訴訟を提起し，労働組合が救済不十分として再審査申立てをする例もみられたが，この場合でも複数の申立事実が交錯して，審査・審理の対象が不明確になるようなことはなかった[44]。ここで取り上げる住友重機械工業（昇

---

[42] 使用者が，初審一部救済命令に対して，不当労働行為の成立を争って裁判所に取消訴訟を提起し，他方，労働組合・労働者が救済の拡張（請求する救済の内容どおりの救済）を求めて中労委に再審査を申し立てるとき等である。本項ではこのような一の申立事実に対する不服申立ての場合についてのみならず，複数の申立事実に対する不服申立ての場合についても検討の対象とする。

[43] 労組法27条の19第1項は「使用者が都道府県労働委員会の救済命令等について中央労働委員会に再審査の申立てをしないとき，……使用者は，……救済命令等の取消しの訴えを提起することができる。……」としており，使用者は取消訴訟と再審査申立てのいずれか一方の方法でしか不服申立てはできないが，この規定は，労働組合・労働者については準用されていないので，労働組合・労働者は取消訴訟の提起と再審査の申立ての双方をすることができるとされている。

[44] 前記3の(2)エで検討の素材とした藤田運輸事件は，この類型の事件であり，上記のとおり，組合の再審査申立てに対して不当労働行為の成否について，審査（審理）が必要であるかの問題はあったが，申立事実は組合員に対する懲戒解雇に係るもののみであり，その審査・審理の対象は明らかであった。

〔池田　稔〕*11* 不当労働行為救済申立事件の審査手続及び救済命令等取消訴訟を巡る問題

格差別）事件には，次のような事情があった。

(ア)　同事件は組合員12名について，複数年度にわたる職能資格の昇格について差別的取扱いの有無が争われた事件で，同事件における申立事実は年度ごと・組合員ごとに複数存在すると考えられた[45]。

(イ)　東京都労委命令（以下，都労委命令）は，3名の組合員に係る請求の一部を救済し，その余の請求及びその余の組合員に係る申立てを却下し（申立期間徒過），又は棄却した。すなわち，救済部分は3名の組合員に限られ，その救済の内容も組合らの請求内容どおりではなく，その一部についてのみ救済を命じるものであった（具体的には，(a)救済された3名の組合員の中に，昇格決定の是正年度が請求どおりではない者がおり，(b)是正により生じる賃金の差額相当額に付加金（利息相当額）が命じられておらず，(c)謝罪文掲示の請求に対して文書交付が命じられた）。

(ウ)　会社は，救済部分の取消しを求めて東京地裁に取消訴訟を提起し，組合は，請求する救済の内容どおりの救済を求めて再審査の申立て及び初審命令の棄却部分の取消しを求めて取消訴訟を提起（労使による都労委命令に対する取消訴訟を以下，先行取消訴訟事件）した（したがって，不当労働行為の成否についての東京地裁の審理の対象と中労委の審査の対象は同一であった）。

(エ)　先行取消訴訟事件について，一審東京地裁が都労委の救済命令を正当として維持した後に，中労委から再審査命令が発出されたが，再審査命令は，初審の3名の組合員に対する昇格是正の救済をそのまま認容し，加えて，初審で救済されなかった2名の組合員についても昇格したものとして取り扱うよう会社に是正を命じた。

(オ)　上記再審査命令に対し，会社及び組合らは，先行取消訴訟事件とは別に取消訴訟を提起（以下，後続取消訴訟事件）し，(a)会社は都労委命令の棄却部分を一部取り消して2名の組合員につき救済した再審査命令の部分について取消しを請求し，さらに，都労委命令中の救済部分の取消し及び当該部分の履行義務がないことの確認の追加的請求を行い，(b)組合らは救済申立て及び組合ら

---

[45]　同事件東京高裁判決（平19・10・4労判949号20頁）は，「本件都労委命令は，複数の当事者について発せられたものであって，法的には，当事者ごとに発せられた命令が1通の命令書に記載されていると解するのが相当であるから，救済命令等が取り消され，又は変更されたか否かも，当事者ごとに判断すべきである。」としているが，同事件では，当事者ごとに加え年度ごとの職能等級格付け決定についても，それぞれ別個の申立てと捉える（不当労働行為の個数として別個に数える）べきである。

労働法が目指すべきもの

の再審査申立てを棄却した部分の取消しを請求した。

　このような複雑な一連の事情の下で、再審査及び取消訴訟の対象・範囲、再審査命令発出後の取消訴訟の対象（訴訟物），その際係属していた先行取消訴訟事件への影響といったこれまで検討されなかった多くのかつ重要な問題への解決が求められた。

　イ　以上の救済命令，取消訴訟判決の経緯・結果を整理すると次のとおりである。

① 都労委命令（東京地労委平成13・10・16決定別冊中時1270号4頁）── 救済申立対象者12名の組合員のうち3名の昇格につき救済

② 都労委命令に対する先行取消訴訟1審判決（東京地判平成18・7・27労判949号32頁）── 双方の請求棄却

③ 中労委命令（中労委決定平成18・8・2別冊中時1352号583頁，労判924号175頁）── 初審命令で救済した3名の組合員に加え，他の組合員2名の昇格につき救済

④ 都労委命令に対する先行取消訴訟事件控訴審判決（東京高判平成19・10・4労判949号20頁）── 組合らの訴え却下・会社の控訴棄却）

⑤ 都労委命令に対する先行取消訴訟事件最高裁決定（平成20・4・18判例集未登載）── 会社の上告棄却・上告受理申立て不受理

⑥ 中労委命令に対する後続取消訴訟事件1審判決（東京地判平成20・11・13労判974号5頁）── 救済部分取消し・その余の会社の請求却下，組合らの請求棄却

⑦ 中労委命令に対する後続取消訴訟事件　組合らの控訴取下げにより終結（平成21・6・15）

　ウ　以下，上記事件を題材として，同事件で問題とされた以下の点について検討していくこととする。

　(ｱ)　取消訴訟及び上訴審における審理の対象・範囲（取消訴訟の訴訟物等）

　(ｲ)　初審命令に対する取消訴訟係属中に再審査命令が発出されたときの当該取消訴訟への影響，再審査命令発出後における不服申立て（取消訴訟）のあり方，労組法27条の19第2項の意義（再審査命令発出後の取消訴訟の訴訟物等）

〔池田　稔〕　**11**　不当労働行為救済申立事件の審査手続及び救済命令等取消訴訟を巡る問題

(3)　救済命令等取消訴訟の訴訟物

　ア　初審命令書に複数の申立事実に対する判断が記載されている場合の取消訴訟の訴訟物は，当該初審命令のうち，不当労働行為事件の申立人又は被申立人[46]が不服を申し立てた（訴えを提起した）申立事実に係る救済申立ての内容であり，命令全体が訴訟物となるわけではない。複数の申立事実につき同時に（一通の申立書で）申立てがなされる場合は，原則として，命令書は一通の書面に作成され交付されることとなるが，これは煩瑣を避け便宜上の都合からこのような方法がとられるのであって，その内容は各申立事実に対する行政処分の結果が併せて表示されたものである[47]。したがって，不服の申立て（訴えの提起）は，申立事実に係る行政処分（救済命令等）[48]ごとになし得ると解されるので[49]，不服申立てがなされない他の申立事実に係る行政処分（救済命令等）は，同一の命令書で処分が行われていても，確定したものとして扱われる。

　イ　前記3の(2)「再審査の対象・範囲」において，藤田運輸事件東京高裁判決を参照し検討したとおり，初審命令に対する取消訴訟における審理の対象は，その請求内容の如何にかかわらず（不当労働行為の成否の争いでも，救済の内容の相当性のみの争いでも），不当労働行為の成否及び不当労働行為が成立する場合の救済の内容（救済方法）の双方である。

　ウ　複数の申立事実について審査・判断され，そのうちの一部の申立事実につき救済が命じられ，その余の申立事実については棄却された救済命令等に対し，労使双方が取消訴訟を提起し，一審でいずれの請求も棄却された場合で，片側の当事者のみが自らの敗訴部分について控訴を提起したときは，控訴が提起されない部分は当然控訴審での審理の対象とはならない。しかし，この場合

---

[46]　取消訴訟において，救済申立人又は被救済申立人以外の者が，訴訟を提起し又は被告労委の訴訟に参加できるかどうかは，司法研修所編『救済命令等の取消訴訟の処理に関する研究（改訂版）』（法曹会，2009年）42頁以下参照。

[47]　前掲注[45]参照。

[48]　ある申立事実に関する救済が複数の方法で行われることがあるが（たとえば，雇止めの申立事実に関し，雇止めがなかったものとしての取扱い及び文書交付の救済），これを別個の処分と捉えることは妥当ではなく，ある申立事実に関して複数の救済の内容（救済方法）が提示されていても申立事実ごとに一個の行政処分として捉えるべきである。同旨・山川隆一「労働組合法における要件事実」（『経営と労働法務の理論と実務』中央経済社，2010年）596，597頁。司法研修所編・前掲注[46]18頁以下参照。

[49]　司法研修所編・前掲注[46]17頁参照。

労働法が目指すべきもの

には，控訴不可分の原則により，控訴の提起のない部分についても一審判決は確定しない（取消訴訟においても附帯控訴の提起はなし得る[50]と考えられるから，判決全体が確定しない限り，当該敗訴部分も確定しないと解される。附帯控訴がなされれば，その部分も控訴審での審理の対象となる）。

　エ　住友重機械工業（昇格差別）事件の先行取消訴訟事件は，上記のとおり，申立事実の一部（組合員3名の昇格）につき救済を命じ，その余の請求及び申立てを棄却した初審命令に対し，労使双方から取消訴訟の提起があり，一審判決はいずれの請求も棄却し，これに対して労使双方から控訴の提起があった事件であるから，当然に初審命令の全ての部分が控訴審でも審理の対象となった。

(4)　再審査命令発出後の救済命令等取消訴訟の訴訟物

　ア　既にみたとおり，初審命令に対し不服のある使用者は，不服申立てにつき取消訴訟か再審査申立てのいずれかを選択する必要がある（労組法27条の19第2項）。他方，労働組合・労働者は，取消訴訟の提起も再審査の申立てもなし得るが，双方の不服申立てを行った場合で判決前に再審査命令が発出されると，初審命令に対する訴えの提起は不適法となり訴えは却下される（同27条の19第3項，第2項）。したがって，当該再審査命令に不服がある労働組合・労働者は，再度，再審査命令に対して取消訴訟を提起する必要がある。たとえば，初審命令において救済申立てが棄却され，再審査命令でも当該初審命令を支持し労働組合・労働者の再審査申立てを棄却した場合でも，再審査命令が発出されると初審命令に対する取消訴訟は不適法となるから，労働組合・労働者が救済を得ようとするときは，再度再審査命令に対して，取消訴訟を提起しなければならなくなる。

　イ　他方，初審命令に対し労働組合・労働者が再審査を申し立て，使用者が取消訴訟を提起したが，当該取消訴訟の係属中に労働組合・労働者がした再審査申立てに基づき再審査命令が発せられた場合に，当該再審査命令は使用者の提起した取消訴訟に影響を及ぼすことになるのであろうか。労組法27条の19第2項及び第3項は，使用者が再審査申立てをした場合及び労働組合・労働者が取消訴訟を提起した場合について，再審査命令の発出後は再審査命令に対し

---

[50]　最近の附帯控訴の例として，ショウ・コーポレーション（旧魚沼自動車学校）事件（東京高判平成23・3・10判例集未登載）がある。

てのみ取消訴訟を提起することを求めている。したがって，使用者が再審査申立てをしないで初審命令に対して取消訴訟を提起した場合において，労働者・労働組合のした再審査申立てにより再審査命令が発出されても，同条2項は適用されないから，当該再審査命令の発出自体をもって使用者の当該取消訴訟が不適法となることはない。しかし，再審査命令の内容によっては，使用者の初審命令に対する取消訴訟が訴えの利益がないとされることはある。すなわち，再審査命令が初審命令を支持するものであるときは，初審命令の効力は失われない[51]から，使用者の初審命令に対する取消訴訟は適法として維持されることになるが，初審命令のうち使用者が取消しを求めた同一の申立事実につき，再審査命令が不当労働行為の成否又は救済の内容（救済方法）において，初審命令の判断とは異なる判断をし，当該申立事実に関する初審命令を取消し又は変更した場合は，当該初審命令の効力は失われることになるから，使用者は当該再審査命令により取消し又は変更された初審命令の取消しを求める法的利益を欠き，使用者の訴えは不適法となる[52]。ただし，当該再審査命令が初審命令を変更し使用者に改めて義務を課している場合は，使用者は，当該再審査命令に対して取消訴訟を提起することが可能となる。また，以上みた同一の申立事実に対する競合した不服申立ての例とは異なり，初審命令のAの申立事実に関する救済命令等に対し取消訴訟が提起されていたが，再審査において，A以外の申立事実Bに対して初審命令とは異なる判断がなされた場合は，この部分（申立事実Bに関する救済命令等）に係る初審命令の効力は失われ，当該再審査命令によって同部分について新たな効力が生じるから，これに対し訴えの利益のある者（再審査命令で不利益な命令を発出された当事者）は，この点につき取消訴訟を提起できることとなる。

ウ このことを住友重機械工業（昇格差別）事件についてみると，同事件で

---

(51) 労組法27条の15第1項ただし書は，「この申立て（注：再審査申立て）は，救済命令等の効力を停止せず，救済命令等は，中央労働委員会が第25条第2項の規定による再審査の結果，これを取り消し，又は変更したときは，その効力を失う。」として，このことを確認している。なお，この場合の初審命令と再審査命令の関係については，原山喜久男・池田稔「労働委員会命令取消訴訟事件の判決確定後の措置について」（中央労働時報941号31頁，1998年8月労委協会）。

(52) 先行取消訴訟事件において，東京高裁は，「使用者が初審命令に対し取消訴訟を提起した場合も，その後中労委の命令により初審命令の一部が変更された場合には，同変更された部分についての上記取消訴訟は不適法になる」と説示している。

労働法が目指すべきもの

は，初審命令は，申立事実の一部（組合員3名の昇格）につき救済を命じ，再審査命令はこの部分については初審命令を維持した。したがって，当該部分に係る初審命令の効力は再審査命令によっても失われず，会社の初審命令の同部分の取消しを求める訴えは，再審査命令が発出されたからといって不適法とはならない。東京高裁（平成19・10・4）は，会社の先行取消訴訟事件について，「本件都労委命令のうち控訴人Aら3名に係る部分の効力が失われたと解することはできない」，「控訴人会社の第1事件（注：会社の先行取消訴訟事件）に係る訴えは，適法であ（る）」と正当に判断している[53]。また，上記のとおり，再審査命

---

[53] その理由として，東京高裁は，「控訴人会社は，本件都労委命令に対し，再審査の申立てをしないで，取消しの訴えを提起したのであるから，労組法27条の19第1項により同取消しの訴えを提起することができるのは当然である。……同規定（注：労組法27条の19第2項）は，使用者が初審命令に対し取消訴訟を提起せずに再審査申立てをした場合に，中労委の命令に対してのみ取消訴訟を提起することができることを定めた規定であるから，再審査申立てをしないで行った控訴人会社の取消訴訟を不適法とするものではない。」，「被控訴人（注：東京都労委）は，本件都労委命令を取り消す法的利益がない旨の主張もする（が），本件都労委命令の主文第1ないし第3項は，……控訴人会社に不利益を与える内容のものである上，同部分に対して再審査申立てはされていないのであるから，控訴人会社には，本件都労委命令のうちの同主文に係る部分の取消しを求める法的利益がある」とした。なお，被控訴人である東京都労委は，本件都労委命令の効力が失われる根拠の一つとして，「一つの不当労働行為に対する救済命令に係る行政訴訟は，1回で解決を図るというのが法の趣旨であり，控訴人Aら3名の申立てについても，これを認めた部分に対する取消訴訟と棄却した部分に対する取消訴訟とが並立することになるような扱いは相当でないこと」を挙げたが，同高裁は，「確かに，控訴人会社の第1事件に係る訴えを適法と解すると，これと本件再審査命令に対する控訴人組合及び控訴人Aら3名の取消訴訟とが別個に係属することを認めることになるが，労組法はかかる事態の発生を許容しているというべきである。」として斥けた。労組法27条の16には，再審査と取消訴訟との関係を調整する規定が置かれているが，これは初審命令が確定判決により支持されたときに，それと同一の申立事実に係る再審査手続が不適法となることを定めているものにすぎず，本件のように，係争中の初審命令に対する取消訴訟と，既に再審査手続は終えて同一の申立事実について判断した再審査命令に対する取消訴訟を調整するものではない。上記の他同一の申立事実に係る二つの取消訴訟を調整する規定は置かれていないから，上記判決のように解さざるを得ない。しかし，このような二つの訴訟の並立は訴訟経済上の観点からも法的安定性の観点からも，決して好ましい状態とはいえず，「労組法はかかる事態を許容している」というより，立法の不備とみるべきである。このような事態を回避するには，まず，使用者と労働組合・労働者との不服申立てに係る扱いを同一にすべきであり（労働組合・労働者のみに再審査申立てと取消訴訟の双方を許容していることに合理性はないように思われる），加えて，初審命令に対し，同一の申立事実について不服を申し立てる場合は，再審査手

〔池田　稔〕 **11**　不当労働行為救済申立事件の審査手続及び救済命令等取消訴訟を巡る問題

令に対する後続取消訴訟事件において，会社は，初審命令中の救済命令の部分（組合員３名の昇格に関する救済部分）の取消し及び当該部分の履行義務がないことの確認を求めたが，東京地裁（平成20・11・13）は，「原告（注：会社）は，本件初審命令によって課せられたＡら３名に対する救済命令に関しては，中労委による再審査ではなく，司法審査に委ねるという選択をし，その取消訴訟の第１審判決言渡後に本件命令（注：再審査命令）が出た後も，上記取消訴訟の控訴審において，上記救済命令の審判は，本件初審命令に対する取消訴訟において行われるべきであるという見解を主張し……，控訴審において，その主張が容れられて実体判断（請求棄却の判決）を受け，その判決が確定している。してみると，本件訴訟において，上記Ａら３名に関する救済命令の取消訴訟を維持することは，紛争の蒸し返しにほかならず，不適法な訴えである」として，上記初審命令の救済部分の取消し及び当該部分の履行義務がないことの確認に係る訴えは不適法とした。

　組合らが提起した先行取消訴訟事件は，一審判決後に再審査命令が発出されたため，上記アのとおり，不適法になる。このため，組合らは訴えの取下げを申し出たが，会社が異議を唱えたため，結局，先行取消訴訟事件の控訴審において組合の訴えが却下された。

　他方，同事件の再審査命令では，初審命令がした３名の組合員の昇格の救済に加え，新たに組合員２名の昇格につき救済を命じたが，この再審査命令の追加救済部分は，初審命令の棄却部分が一部取り消され，会社に新たな義務を課す意味を持つものであるから，このことに係る会社による後続取消訴訟事件は当然適法となり，本案審理が行われた（同救済部分は東京地裁で取消し）。

(5)　まとめ

　従来，取消訴訟の訴訟物や審理の範囲について，深く論じられたことはなかった[54]が，以上のとおり，不当労働行為の個数，行政処分の個数，訴訟物の

　　続によるか取消訴訟によるか，いずれかの手続に統一する立法措置（たとえば，救済命令等の取消訴訟は再審査手続を経た上で再審査命令のみに対し提起することとする，あるいは，いずれかの当事者が先に不服申立てをした手続に労使双方の不服申立てを集約するなど）を採る必要があると思われる。

(54)　この点につき論じたものに，山川・前掲注(48)論文，石川・前掲注(31)及び道幸哲也『不当労働行為の行政救済法理』（信山社，1998年）291頁以下がある。石川教授は，訴

労働法が目指すべきもの

個数についても，申立事実を基礎として捉えられ，これにより訴訟物の範囲が決定されることが明らかとなった。

5 結　語

以上，不当労働行為審査事件の審査の対象，再審査手続の性格，再審査の対象・範囲及び再審査申立てと取消訴訟との関係を詳しくみてきたが，これらの内容や関係を決定する際に，「不当労働行為を構成する具体的事実」（労委規則32条2項3号，「申立事実」）が重要な基礎となることが明らかとなった。しかし，これまでの不当労働行為審査手続における実務の取扱いは，民事訴訟に倣い，救済申立人が申し立てた「請求する救済の内容」を基礎として，審査手続上の問題が捉えられ，このことを前提として事件処理が行われてきたように思われる。すなわち，救済申立人が申立書において記載する「請求する救済の内容」（労委規則32条2項4号）が不当労働行為審査の対象とされ，これを認容するかどうかが事件処理の本質であると捉えられ，再審査の範囲や再審査における初審命令の変更の限界についても当該請求の内容を基礎として，その対象・限界を考えてきたように思われる。ところが，「請求する救済の内容」は，労働委員会が救済命令を発するときの一応の目安ないし上限を画するもので，労働委員会はこの内容に拘束されるものではないはずであった。こうした食違いは，本来は法令中で，「不当労働行為を構成する具体的事実」（申立事実）が不当労働行為事件の審査・審理の対象であることを明らかにするべきであるのに，不当労働行為審査手続に関する労組法，労委規則の規定のなかには，「請求」の文言を用いたところがあり[55]，これを「請求する救済の内容」と捉えて不当労働行為事件の審査・審理の対象として運用したことに原因があったのではな

　　訟物は命令書の内容全体とすることが妥当であるとし，道幸教授は，基本的には，命令主文ごとに行政処分があるとみているように思われる。両説については，司法研修所編・前掲注(46)18頁及び21，22頁の批評が妥当し，相当ではないと思われる。

(55)　不当労働行為審査手続に関する規定で，「請求」の文言が用いられている法令・条項は次のとおりである。

労組法
第27条の12（救済命令等）
　　1項　労働委員会は，事件が命令を発するのに熟したときは，事実の認定をし，この認定に基づいて，申立人の請求に係る救済の全部若しくは一部を認容し，又は申立てを棄却する命令（以下「救済命令等」という。）を発しなければならない。

〔池田　稔〕　*11*　不当労働行為救済申立事件の審査手続及び救済命令等取消訴訟を巡る問題

いかと思われる。また，再審査申立てと取消訴訟との関係では，再審査申立ての制限が労使間で異なる取扱いを許容する規定が存在したり，労組法 27 条の 16[56]を除き再審査申立てと取消訴訟の関係を調整する規定がないことから，訴訟経済上あるいは法的安定性の観点から不適切な事態を生じさせる可能性が明らかとなっている[57]。

これら規定の整備，新たな調整規定の創設が求められるように思われる[58]。

労委規則
第 32 条（申立て）
　2 項　申立書には，次の各号に掲げる事項を記載し，……
　　　4 号　請求する救済の内容
第 33 条（申立ての却下）
　1 項　申立てが次の各号の一に該当するときは，委員会は，公益委員会議の決定により，その申立てを却下することができる。
　　　6 号　請求する救済の内容が，法令上又は事実上実現することが不可能であることが明らかなとき。
第 43 条（救済命令等）
　1 項　委員会は，合議により，申立人の請求に係る救済を理由があると判定したときは救済の全部又は一部を認容する命令を，理由がないと判定したときは申立てを棄却する命令を，遅滞なく，書面によつて発しなければならない。
　2 項　前項の命令書には，次の各号に掲げる事項を記載し，……
　　　3 号　主文（請求に係る救済の全部若しくは一部を認容する旨及びその履行方法の具体的内容又は申立てを棄却する旨）
第 54 条（再審査の範囲）
　1 項　再審査は，申し立てられた不服の範囲において行う。ただし，不服の申立ては，初審において請求した範囲を超えてはならない。

[56]　同条が適用された事案には前掲藤田運輸事件以外にない。中労委が初審命令に対する取消訴訟の確定前に事件を処理すれば，同条の適用はないことになり，最近の中労委の事件処理の状況からすれば，今後この規定が用いられるようなことはないと思われる。また，同条を規定した趣旨は，命令を早期確定させることにより，労使関係の早期正常化を図ることにあったと思われるが，再審査事件について命令が発出され，同命令に対して取消訴訟が提起されれば，同条の適用はなくなるから，その効果は限定的であるといわざるを得ない。

[57]　この問題を指摘したものに，直井春夫「一部救済命令に対する再審査申立てと取消訴訟の輻輳を整理するための考察」日本法学 76 巻 2 号 83 頁（2010 年）。

[58]　前掲注(41)も参照。

12 中労委命令と行政訴訟

菅 野 和 夫

1　は じ め に
2　行政訴訟を意識すべきか
3　どの程度取り消されているか
4　組織的対応
5　労働委員会らしい判断
6　中労委の役割
7　終 わ り に

1　は じ め に

　労働組合（ないしは労働者）の不当労働行為救済申立てに対して，労働委員会は，申立ての却下，認容（救済）または棄却の判断を命令（救済または棄却の場合）ないし決定（却下の場合）の形式で行うが，これらの命令・決定に対しては，不服の当事者は，管轄の地方裁判所にその取消しを求める行政訴訟を提起することができる（労組法27条の19，行訴法8条）。もっとも，都道府県労働委員会（以下，都道府県労委）が初審として下す命令・決定に不服の当事者は，中央労働委員会（以下，中労委）に再審査申立てを行うこともできる（労組法27条の15）[1]。これに対し，中労委の命令・決定への不服申立ての手続は，行政訴訟に限られる。

　初審の命令・決定を争う当事者は，多くの場合に取消しの訴えではなく再審査申立てを選択するので，都道府県労委のうち行政訴訟を抱える労委はそれほど多くはなく，抱える労委があっても件数はごく少ない[2]。これに対して，中

---

[1]　不服を申し立てる当事者が使用者である場合には，再審査申立てと取消の訴えのいずれかを選択しなければならないが，それが労働組合（ないし労働者）である場合には，再審査申立てと取消の訴えの双方をなすことができる。より正確には，菅野『労働法〔第9版〕』765頁以下参照。

[2]　平成17年～21年の5年間においては，都道府県労委によって合計590件（命令書数では492件）の命令・決定が出されているが，上記492件のうち154件（31.3％）が

労働法が目指すべきもの

　労委の命令・決定に不服のある当事者は，唯一の不服申立手続として，取消しの訴えを提起するので，その上訴審も入れると，中労委が当事者となった行政訴訟が，裁判所に毎年100件を超えて係属することとなる[3]。

　要するに，中労委ほどに命令・決定に対する行政訴訟（取消しの訴え）の負担があり，中労委ほどにその重要性を意識している労働委員会は存しないのであって，労働委員会命令の行政訴訟は，主としては中労委の問題ということとなる。

　労働委員会命令の行政訴訟については，実務的には，次のような論点が考えられる。

(1)　そもそも労働委員会は，不当労働行為事件の判断において，行政訴訟ではどのように判断されるかを意識すべきか，

(2)　労働委員会（中労委）の命令はどの程度取り消されているか。取り消されるのはどのような場合か，

(3)　労働委員会（中労委）は，行政訴訟に対し戦略的にいかなる対応をすべきか，

(4)　労働委員会は，労働委員会らしい判断をいかに発揮すべきか，

(5)　行政訴訟との関係で，中労委は，労働委員会全体のなかで，どのような役割を果たすべきか，

以下，これらの点について，私の認識と考えを述べておきたい。

　　そのまま確定し，294件（59.7％）が中労委に再審査が申し立てられ，57件（11.6％）が地方裁判所に取消しの訴えが提起された（双方の不服申立が13件あるため合計は100％にならない）。いいかえれば，都道府県労委の命令・決定に不服申立てがなされる場合の約85％は中労委への再審査申立てであり，行政訴訟は約15％にとどまる。都道府県労委の命令・決定に対して提起された行政訴訟57件を47都道府県労委に平均化すれば，5年間で各労委に1件強であり，命令・決定の件数が比較的多い都労委，大阪府労委でも，行政訴訟の提起は年間3，4件程度である。

(3)　これに対して，中労委は，上記の5年間に297件の命令・決定を出しているが，そのうち160件（53.9％）がそのまま確定している一方，137件（46.1％）については行政訴訟が提起されている（1年平均では27件）。中労委から行政訴訟に行く事件は，都道府県労委（初審）においても，中労委（再審査）においても，和解による解決ができなかった対立性が強い事件であり，行政訴訟において第一審の判断が出されても，控訴，上告受理申立てがなされて，審級を重ねることが多い。これら行政訴訟の控訴審，上告（受理申立）審の事件を入れると，中労委が当事者となった行政訴訟の係属件数は，上記の5年間において1年平均で約116件を数えている。

2　行政訴訟を意識すべきか

　そもそも労働委員会は，不当労働行為事件の判断において，当該事件が取消しの訴えではどのように判断されるかを意識すべきであろうか。この論点については，古くから，労働委員会内外の関係者の間に，労働委員会は団結権擁護の行政機関であり，労使関係の専門的行政機関であるので，独自の専門的判断をすればよく，裁判所であればどう判断するかなどは意識しなくてよいし，むしろ意識すべきではない，という考え方が存在してきた。

　労働委員会が労働関係調整法に基づき行う労働争議の調整は，労働委員会が裁判所を意識することなく独自に行えばよい。労働争議の調整は，当該争議（紛争）における当事者間の要求や主張の対立を調整して合意の達成（またはそれに代わる裁定）を目指す作業であって，あっせん員，調停委員会，仲裁委員会があっせん案，調停案，仲裁裁定等によって主体的な判断を示す場合であっても，労組法7条のような法規範を判断の規準とするわけではなく，当事者間の主張の違いを公平に調整して妥当と考えられる解決策を提示するものだからである。

　しかしながら，不当労働行為の審査手続において労働委員会が出す命令・決定は，労組法7条という法規範を適用しての法的判断であって，使用者に対し同条の要件に該当するとして作為ないし不作為を命じ（救済命令の場合），あるいは労働組合（労働者）の救済申立てを同要件に該当せずとして退ける（却下決定ないし棄却命令の場合）ものである。そこで，それら命令・決定は，行政処分ないし裁決として司法審査に服し（労組法27条の19，行訴法8条），命令・決定が司法審査で取り消された場合には，労働委員会は裁判所の判断に拘束される（行訴法33条）。そして，労働委員会の命令・決定がこのように行政訴訟において司法審査を受けることは，三権分立・法律に基づく行政（憲法41条，73条），裁判を受ける権利（同32条），「行政機関は，終審として裁判を行ふことができない」（同76条2項）などの憲法原則が要請するものである。

　要するに，不当労働行為事件において労働委員会が行う命令・決定は，当事者の権利義務に関わる法的作用として，法治国家（法に基づく行政）の憲法体制の下，裁判所によって適法性の審査を受けるのであって，決して労働委員会が自己完結的な判断を可能とされているわけではない。

労働法が目指すべきもの

　そこで，労働委員会の判断が頻繁に行政訴訟で取り消されることとなれば，同判断は当事者の信頼を得られず，行政訴訟を誘発し，紛争を終結させる機能も発揮し難くなる。逆に，労働委員会の命令・決定が司法審査で支持されるのが通例となれば，当事者も命令・決定を時間とコストをかけて行政訴訟で争うことを再考し，命令の確定率（紛争の終結率）が増えることとなろう。

　なお，平成11年7月の司法制度改革審議会の設置に始まる司法制度改革の過程では，労働委員会による不当労働行為審査のあり方について，手続の著しい遅延と並んで，その命令・決定の行政訴訟における取消率の高さが問題とされ，不当労働行為審査の迅速化と的確化を目的とした平成16年の労組法改正をもたらしたことも，考慮する必要がある。

　以上のように，労働委員会が，自己の判断が司法審査で支持されうるかどうかを意識することは，憲法体制上そして紛争解決の任務上，当然のことである。

3　どの程度取り消されているか

　次に，労働委員会の命令・決定は行政訴訟においてどれほど，そしてどのような場合に，取り消されているのであろうか。

　まず，労働委員会の命令・決定は，行政訴訟においてそれほどは取り消されていない。平成17年～21年の5年間においては，都道府県労委の命令・決定につき39件の行政訴訟第一審判決が下されたが，そのうち全部取消しが8件，一部取消しが2件であって，取消率[4]は23.1％であった。また，同期間には，中労委の命令・決定につき92件の行政訴訟第一審判決が下されたが，そのうち全部取消しは6件，一部取消しは11件であって，取消率は12.5％であった。前記の司法制度改革の過程で労委命令の取消率の高さが問題となっていた頃には，中労委命令は行政訴訟第一審において30％台の取消し率（平成2年～6年には32％，平成7年～11年には36％）を示していたのであって，これに比べると格段の改善がなされたといえよう[5]。

---

(4)　「一部取消し」とは，ある一つの事件において複数の不当労働行為に関する労委の判断が行われ，そのうち一部の不当労働行為に関する判断が実体判断の誤りないしは救済手段の裁量権逸脱を理由に取り消されたというような場合である。中労委の統計では，これを0.5件の取消しとみなして取消率を算定している。

(5)　これらの期間において取消率が高かったのは，主としては，国鉄改革法に基づく国鉄の各JR会社への民営化の過程において，民営化に反対した労働組合の組合員に対する

しかも，中労委の命令・決定についていえば，第一審で取り消された場合でも，その後の訴訟活動によって控訴審ないしは上告審で逆転となる場合が相当多く，平成17年～21年の5年間の期間で見れば，第一審で全部または一部が取り消された14件の命令・決定のうち8件については控訴審で逆転勝訴の判断を獲得している[6]。

それでは，労委命令はどのような場合に行政訴訟において取り消されているであろうか。これについては，平成17年～21年の期間の控訴審判決を対象とする網羅的で精緻な検討を施した労作が既に存在するので[7]，詳細はそれに委ね，ここでは，中労委の命令決定に対する行政訴訟の判断に関する断片的印象を記述するにとどめたい。

まず，前述の平成16年改正労組法が施行された同17年以降は，中労委の命令・決定に関する限り，それらが事実認定の間違いの故に取り消されることは殆どなくなったと思われる[8]。これは，①労組法の同改正に伴う全国労働委員会連絡協議会における審査手続改善の取組みのなかで，命令中の事実認定については証拠を摘示する方針が決められ，実行されていること，②これに伴い重要な事実認定については，審問速記録や書証との丹念な照合が心がけられるようになったこと，③不当労働行為の主要事実（例えば，組合脱退勧奨発言）や重要な間接事実（例えば，社長の組合敵対視発言）について有力証拠が対立して存在す

採用差別や配属差別が不当労働行為として争われ，同法の諸規定の解釈として，国鉄が設立委員のために行った採用候補者名簿登載上の差別につきJR新会社に責任を負わせることができるかどうかが問題となって，これを肯定したいくつもの中労委命令が，裁判所の否定的判断によって次々に取り消されたことによる。平成12年～16年の5年間には，これら国鉄改革法の解釈問題は行政訴訟第一審レベルではほぼ終了したこともあって，取消率は16.4％に改善している。

(6) 後掲注15参照。
(7) 平成17年～21年の期間に労働委員会の命令・決定に対し出された行政訴訟控訴審判決を概観したうえ，その中の取消判決について取消しの理由と労働委員会にとっての教訓を精緻に分析した論文として，小松秀大「救済命令等の取消しの訴えに関する控訴審判決の概観及び若干の考察（その1～3）」中央労働時報2010年12月号12頁，2011年1月号10頁，2月号21頁がある。
(8) 前注の小松論文（その2）20頁においては，脱退勧奨発言の事実を認定できないとした平成17年9月の初審判断を，同発言は認定できるとして取り消した高裁判決が紹介されている。また，脱退勧奨事実を認定した平成13年12月の中労委の判断を誤りとした東京地裁の判断も紹介されている。

労働法が目指すべきもの

る場合には，証拠の信憑性に関する評価を判断したうえで事実認定を行うようになったこと，④平成16年改正による審査計画の作成や物件提出命令の制度化によって，争点に即した事実審理がしやすくなり，かつ当事者に対して求釈明や証拠提出の要請をしやすくなったこと，などが寄与していると考えられる。不当労働行為の的確な判断のためには，まずは証拠に基づく的確な事実認定が必要であることは，今後とも，労働委員会の最も心すべき基本事項である。

実際には，労働委員会の命令・決定が取り消される多くの場合は，不当労働行為の意思，組合活動の正当性，団体交渉の誠実性や拒否理由の正当性，支配介入の成否，等々の規範的要件に関する事実の評価の違いに由来すると思われる。そして，その評価の違いは，①経営側の権利・利益との関係で組合活動として保護すべきか否かの価値判断の違い（例えば，組合掲示板に掲示されたビラの表現・内容を行き過ぎと見るか），②労使関係のあるべき姿に関する考え方の違い（例えば，団体交渉の誠実性），③不当労働行為意思の認定において労使関係の経験則を用いるか，等に由来するのが典型的場合といえよう。

これに対して，法解釈（判断枠組み）の違いによる取消しは，少数の特定の問題についてのみ生じてきた。以前は，①企業施設利用の組合活動に対する施設管理権による制約[9]や，②組合バッジ着用と職務専念義務による制約[10]，③国鉄からJR新会社への移行過程での国鉄による新会社職員への採用候補者名簿登載上の差別とJR新会社の不当労働行為責任の有無[11]，などが，裁判所の法解釈と労委の法解釈が対立する典型的問題であったといえよう。このように労働委員会の判断とは異なる裁判所の法解釈が確定した場合には，労働委員会は裁判所の法解釈に適応しつつ適正な個別判断を追求するのが通例であるが，裁判所の方も当該解釈の枠組みの中で実際的な修正（柔軟化）を行うこともある[12]。その他，労働委員会と裁判所の法解釈の違いは，④人事評価における組合員差別の有無に関する立証責任の枠組みの違いとして生じることもある[13]。最近で

---

(9) 典型的には，済生会中央病院事件・最二小判平元12・11民集43巻12号1786頁。
(10) 典型的には，JR東海（新幹線支部）事件・最二小判平10・7・17労判744号15頁。
(11) JR東日本・日本貨物鉄道・JR東海（国労本州不採用）事件・最一小判平15・12・22労判864号5頁。
(12) 施設管理権と組合活動の関係に関する前掲の小松論文（その3）23頁参照。
(13) 昭和シェル石油事件では，行政訴訟第一審が中労委の「大量観察方法」の判断枠組みとは異なる差別の判断枠組みを提示し，差別ありとの判断を覆したが（東京地判平20・

は，労委と裁判所の下級審との間において「労組法上の労働者性」に関する判断基準・方法の違いが生じたが，新国立劇場事件とINAXメンテナンス事件における最高裁判決によって労働委員会の解釈・判断が逆転で支持された[14]。

いずれにせよ，労働委員会と裁判所の法解釈は，後述するように，労組法と労使関係を専門とする三者構成の行政機関である労働委員会と，法的紛争全般を取り扱い，労働法を法体系全般のなかで解釈適用する裁判所との，立脚点の違いがある以上，今後とも生じるであろう。

4 組織的対応

行政訴訟の負担が大きい中労委では，命令・決定は，各部会ないしは公益委員会議全体が労使参与委員の意見を聴いて参考にしたうえで[15]，合議によって議論を重ねた結果下すものであるから，行政訴訟において支持されるように全力を挙げることとなる。

このため，中労委では，命令・決定につき行政訴訟を提起された場合には，指定代理人に，事件を担当した公益委員と職員を指名すると共に，法律家である公益委員と法曹資格者の職員とを入れるなど，訴訟活動体制を十分なものにするよう心がけている。そのうえで，原告の主張に対する充実した反論書面の提出，補助参加人の協力を得ての必要な証拠の補充，裁判所の求釈明への十分な対応，裁判所の心証を忖度しての必要な対応など，訴訟活動の強化を図っている。これらの訴訟活動に対する会長・部会長の助言・指導も行われる。

以上のような対応にもかかわらず行政訴訟の第一審や第二審で取り消された場合には，各部会において上訴するか否かが審議され，上訴の方針となった場合には中労委（公益委員）全体にわたるプロジェクトとして控訴理由書や上告受理申立理由書を鋭意作成する等の努力を行っている。中労委のこのような努力と，補助参加人（ないし訴訟参加人）の努力とが相まって，控訴審や上告審

3・19労判947号58頁），第二審（東京高判平22・5・13労判1007号5頁）は中労委の判断枠組みを支持する判断を行い，中労委の判断を回復させた。
[14] 最二小判平23・4・2別冊中労時報（重要命令判例）2011年5月号4頁・38頁。
[15] 中労委では，事件を担当した審査委員と労使参与委員は，審理終結後それほど間をおかずに事務局を交えて率直な意見交換を行っている。そのうえで，命令原案を審議する合議に先立って参与委員が合議体に対する意見開陳を行っている。このようにして，人事管理や労使関係に関する知見に基づく参与委員の洞察力の活用が図られている。

277

労働法が目指すべきもの

においては，第一審ないし控訴審の判断を覆して中労委の考え方を復活させる判断を得ることができるようになった[16]。

また，行政訴訟に対して上記のような意識的な取組みをしていくと，命令・決定を作成する段階から，行政訴訟を明確に意識した取組みが必要であることに思い至る。すなわち，労委命令が行政訴訟の一審（ないし控訴審）で取り消された場合には，控訴審（ないし上告審）で逆転させるには，多大の精力を傾注する必要があるのであって，命令・決定において行政訴訟に耐えうるしっかりした事実認定と判断（事実の評価，理由づけ）を行うことの重要性を認識する。このためには，不当労働行為の審査の段階から，争点整理や求釈明などによる的確な審理を心がけることの重要性を思い知るのである。また，労働委員会独自の法解釈をする（判断基準を建てる）場合でも，判例との整合性を意識するなど，行政訴訟で裁判官の理解が得られるように論旨を展開することを心がけるべきこととなる。

5 労働委員会らしい判断

行政訴訟に対処するうえでの以上のような考え方に対しては，行政訴訟を意識しすぎると労働委員会の判断の仕方が裁判所と同じになっていかないかという懸念が当然に生じうる。労働委員会は労働組合法の団体交渉助成政策を担う労使関係の専門機関であって，民事上の権利義務の判定機関である裁判所とは任務と性格が異なるはずなのに，行政訴訟での帰趨を強く意識することによって，専門機関としての労働委員会らしい判断が妨げられないかという懸念である。

---

[16] 平成17年以降に控訴審ないし上告審において逆転勝訴の判断を得た事件としては，神奈川県厚生農業協同組合連合会事件・東京高判平18・3・22労判914号98頁，東海旅客鉄道（東京運転所脱退勧奨）事件・最判平18・12・8労判929号5頁，東日本旅客鉄道（千葉動労褒賞金）事件・東京高判平19・5・17労判948号2頁，東日本旅客鉄道（豊田電車区）事件・東京高判平19・6・18別冊中労時報（重要命令判例）2009年3月号45頁，東海旅客鉄道（掲示物撤去）事件・東京高判平19・8・28労判949号35頁，根岸病院事件（初任給）・東京高判平19・7・31労判946号58頁，ネスレジャパンホールディング（団交）事件・東京高判平20・11・12労判971号15頁，ネスレジャパンホールディング（茨城）事件・東京高判・平21・5・21労判988号46頁，昭和シェル石油事件・東京高判平22・5・13労判1007号5頁，注14掲記の新国立劇場事件・最二小判平23・4・12，INAXメンテナンス事件・最二小判平23・4・12。

278

12 中労委命令と行政訴訟

　そこで，労働委員会らしい判断とは何かである。

　裁判所は，刑事裁判による法秩序確保の作用を別にしても，民事事件，商事事件，行政事件，家事事件等々の法的紛争全般を取り扱う機関であって，その判断を担う裁判官は司法試験に合格し司法修習を受けた後，諸種の事件を担当し法律全般の解釈適用を積み重ねていく職業法律家である。そのような裁判官が，労働関係の民事事件や労働委員会命令の取消訴訟事件を担当する場合には，それら事件を他の法的事件と同様の眼で見て事実関係を把握し，労働法を法体系全般の見地から解釈適用して判断を行うこととなろう。また，裁判所の基本的任務のひとつは，民事上の権利関係を判定し，権利の実現（義務の履行）を図ることにあるので，労働事件に対しても，ある一時点において権利義務の要件事実が具備されているかどうかを判断することとなると考えられる。

　これに対して，労働委員会は，専ら労使関係から生じる紛争を取り扱う機関として，公労使三者委員と事務局職員という職業や立場を異にする多様な人々から構成されており，それぞれの労働法・労使関係に関する知識・経験・考え方を出し合い，それらを総合することによって，各労使紛争の問題や状況をより良く理解し，バランスのとれた解決を目指す機関である。また，集団的労使紛争を専門的に取り扱うなかで，労働関係や労使関係についての知識と経験則を蓄積し，集団的労使紛争に対する洞察力を身につけうる組織でもある。これらの特性が，労働委員会らしい判断の組織的淵源といえよう。

　次に，労働委員会は，不当労働行為事件の形をとった集団的労使紛争に対して，労働組合法7条の法規範に照らした評価・判断を行いつつも，労使関係を将来に向けて円滑化する方策を考え，その見地からできる限り当該紛争を和解によって解決することを目指す。もちろん，裁判所も，労働委員会命令の取消訴訟において和解による解決を試みるが，労働委員会では，裁判所よりもはるかに懇ろな和解の努力が行われるといってよかろう。すなわち，多くの不当労働行為事件の審査手続のなかでは，担当の三者委員が当事者の建前的主張を聴くなかで和解解決の適切性と可能性ありと判断した場合には，三者委員で密接に協議しつつ，当事者から本音を引き出し，説得し，提案させ，譲歩させ，和解案にこぎつけ，さらに説得するというプロセスを根気よく重ねる。この過程では，調査の場において三者委員（および担当職員）が当事者の双方や各側ずっと面談したり，労使各参与委員が各側の控室に赴いて各側当事者と面談したり，

労働法が目指すべきもの

　各参与委員が各側当事者と和解期日外で当事者の社屋・事務所において面談したり電話で会話するなど，多様な場と方法を駆使したコミュニケーションが行われる。このようにして一般的に対立性が強い不当労働行為事件においても，初審では概ね6割，再審査でも概ね4割の事件について和解が成就される。初審の都道府県労委でも再審査の中労委でも，紛争の実質的な解決と労使関係の改善のためには，命令・決定よりも，和解の方がはるかに望ましいとの考え方がとられているのである。

　労働委員会の不当労働行為事件処理における「和解中心主義」と呼ばれる上記のような考え方のもとでは，命令・決定は，事件の性質や当事者の意向の故に和解になじまない事件や，和解の努力が成就しなかった事件についてのみ，出されることとなる。これらの命令・決定は公益委員の専権とされ，公益委員会議（ないしその部会）の合議によって出されるが，合議に先立っては労使参与委員の意見が求められ参考とされる[17]。そして，命令・決定となる事件においても，担当の三者委員が和解解決の可能性・適切性を協議したり，和解の努力を重ねたりしているので，三者委員の間で当該労使関係のあり方（あるべき姿）についての評価や見解が共有されていることが多い。このようにして，命令・決定の判断は，労組法7条という法規範の要件に照らして行われつつも，労使関係に対する労働委員会の評価や見解を盛り込んだものとなりがちとなる。このような意味で，労働委員会による不当労働行為の判断は，優れて労使関係的なものとなるといえる[18]。

　要するに，労働委員会は，裁判所に比較すれば，労使関係の専門機関としての組織的特性を有しており，不当労働行為事件についても，労働法を労使関係に関する専門的法分野として解釈適用し，労使関係的な判断を行うといえる。このような労働委員会らしさは，労働委員会制度の本質ともいえるものであって，行政訴訟を意識しても無くなるものではないし，無くすべきものでもない[19]。

---

(17)　注(15)参照。

(18)　例えば，不当労働行為事件においては，石川元中労委会長によって喝破されたとおり（石川吉右衛門『労働組合法』有斐閣，1978年の［しおり］参照），当該労使紛争をもたらした当事者（組合と使用者）の行為や態度において，双方に非があり，その割合がいわば55対45のように「どっちもどっちである」という事件にしばしば遭遇する。このような事件においては，命令書の理由中の付言によって他方当事者の非を指摘して将来を戒めることが行われたりする。

6 中労委の役割

　最後に，中労委は，行政訴訟との関係で，労働委員会のなかでどのような役割を果たすべきであろうか。再審査における労働委員会らしさとは何か，ないしは行政訴訟との関係での再審査の意義いかんという論点である。

　これに関連して，労働委員会は「将来志向的行政救済的判断」を行うのに対し，裁判所は「過去志向的懐古的判断」を行うとの指摘が，ある労働委員会の公益委員を務める民事訴訟法学者によってなされている[20]。私の東京都労委における約8年間の公益委員の経験に照らすと，都道府県労委における不当労働行為事件の初審と行政訴訟における労委命令の司法審査とを対比した性格づけとしては，共感を覚える。この性格づけに照らせば，中労委による再審査は，一般的には，初審の「将来志向的行政救済的判断」と裁判所の「過去志向的懐古的判断」との中間に位置するように思われる。

---

[19] 労働委員会の専門性を考えるうえでは，不当労働行為事件は，労働法をめぐる紛争のなかでも専門性が高い紛争であることにも，思いを致す必要があろう。個別労働紛争は労働契約関係における権利義務の問題であって，契約法の法理を基礎としつつ，それを労働法の立法や判例法理がどのように修正しているかという見地から判断することができる。民法の契約法を習得した法律家には比較的理解しやすい論理が展開されるのである。これに対して，不当労働行為は，団体交渉を助成するために使用者に課された集団的労使関係の基本ルールの違反行為であって，権利義務では割り切れない労使交渉・労使関係特有の論理や考え方を多々含んでいる。実際，ケースメソッドで労働法の教育を行う法科大学院においては，解雇，配転，懲戒，労働時間規制，等々の労働契約法や労働基準法の諸問題については，学生達が，民法（契約法）の論理を労働保護の見地からどのように修正しているかという見地から，なんとか判例の事案と法理を理解して議論するのに対して，集団的労使関係法（特に不当労働行為）の分野に移行すると，労働組合の統制力，誠実交渉義務，団体行動の正当性と限界，労使自治，等々の未知の団体的な現象と論理にとまどい，立ち往生しがちとなる。1960年までの労使対決の大争議や1970年代までの春闘ストの時代を経て，1980年代からは企業別の協力的労使関係が定着し，集団的労使紛争が社会の耳目を惹かなくなったために，集団的労使関係の知識とセンスが社会的に普及しなくなったことも，集団的労使関係の事象に対する法律家の理解を妨げているといえよう。要するに，労使関係の歴史，枠組み，ダイナミズムについての法律家の知見が少なくなったことも，集団的労使紛争（その一種としての不当労働行為事件）に対する法律家の理解を困難ならしめているのである。労働委員会は，集団的労使関係とその法理に関する専門的な知識・経験を蓄積・継承している機関であって，その点からも労働委員会らしい専門的判断を行いやすいということになる。

[20] 川嶋四郎「日本における労働関係紛争解決手続のあり方への基本的視座」月刊労委労協651号（2010年7月号）18頁。

労働法が目指すべきもの

　初審では、不当労働行為事件の審査は申立人によって提出された数枚の救済申立書から始まり、何回かの調査期日をはさんで答弁書、準備書面、書証等が提出され、証人申請、審問と進んで、事件の姿・形が形成されていく。この間、労使紛争は現場においてダイナミックに展開中であり、そのなかで和解の可能性も検討された後、和解が困難となると命令・決定に至る。こうして、初審の和解や命令・決定には、紛争のダイナミズムと現場感覚が反映されるといえる。これに対して、再審査では、既に初審の判断が出され、その審査記録も提出されている一方で、労使紛争のダイナミズムは弱まっており、また現場からある程度距離を置いたレビューとなるという意味で、現場感覚も相当に弱まる。再審査では、他方、初審以後の労使関係の変化があり、それをも視野に入れての判断となる。次いで、再審査命令が行政訴訟に行けば、労使関係のダイナミズムと現場感覚はさらに弱まり、過去の労使対立を法規範に則して純法律的に判断することとなると思われる。

　不当労働行為事件の上記のような審理経過に照らしていえば、中労委による不当労働行為事件の再審査の意義は、紛争のダイナミズムと現場感覚を反映した初審の判断を行政訴訟の「過去志向的」な法的吟味に耐えうるように精錬することではないかと考えられる。初審と行政訴訟との中間段階にあるという再審査の位置が、中労委にこのような役割を自然に発揮させるのであるが、労働法学者と裁判官退官者・弁護士を初審よりも多く公益委員に含み、職員にプロパー職員と法曹資格者を相当数含むという中労委の審査体制も、上記のような役割を可能ならしめる重要な要素であると考えている。要は、中労委が上記のような役割を果たすことによって、初審命令が直接行政訴訟に行くよりも、司法審査での支持を受けやすくなるはずだということである。また、再審査では、三者委員による懇ろな和解達成の努力をもう一度享受できるが故に、初審から直接行政訴訟に行った場合よりも和解解決の可能性が高いはずであって、そのことも初審から行政訴訟にではなく再審査に来ることの重要な意義であると思われる。

7 終わりに

　本稿で明らかにしたとおり，行政訴訟の負担は中労委に独特のものであり，かつ重いものである。そこで，中労委は，行政訴訟への対応を法務省の訟務検事に任せてしまうべきではないかとの助言を受けることがある[21]。行政訴訟対応の負担をなくすことによって，審査手続に人材と精力を集中すべきではないかという御意見である。

　しかしながら，中労委が再審査の命令・決定につき行政訴訟において司法審査を受けるということは，憲法上・国法上の要請であるのみならず，再審査の手続と判断に良い意味の緊張感を与えるものであって，再審査手続（判断）の質の維持・向上のために積極的に活用すべきものである。つまり，中労委としては，不当労働行為事件の審査と行政訴訟は一体的に対応すべきものであって，両者を切り離して別途の対応をすべきではない。再審査の判断過程には行政訴訟の判断過程を熟知した者が当たるべきであり，行政訴訟の判断過程には再審査の判断過程を熟知した者が関与すべきである。行政訴訟を意識しつつ労使関係の専門機関らしい判断を行い，これを行政訴訟において裁判所が理解するように説得するということが，中労委の重要な任務の一つであると思われる。

---

[21]　中労委は，国家行政組織法3条に規定された独立性をもった行政委員会（いわゆる三条委員会）であるが故に，それが当事者となった行政訴訟についても，法務省に所属する訟務検事の関与を受けないこととなっている。

13 変更解約告知法理の構造と展開

野川　忍

1　序——本稿の課題
2　日本における変更解約告知法理の推移
3　変更解約告知法理の展望

1　序——本稿の課題

　継続的契約関係である労働契約関係においては，当該契約をめぐるさまざまな事情により，労働条件の変更を余儀なくされることがある。労働者側の事情によって変更される場合には（労働者の申し出により職務や勤務地を変更する場合など），使用者側との合意により，あるいは使用者が労働者の申し出を受けるかたちで人事権の発動により，労働条件の変更がなされることが一般的であって，労働者による労働条件の「一方的変更」という事態は通常考えられない。労働条件の変更をめぐって生じる法的紛争のほとんどは使用者による一方的変更である。

　労働条件のうち，労働契約上もともと使用者に変更権限が付与されていると認められるものについては，権利濫用などを除けば一方的変更について特に法的問題は生じない。これまで中心的な問題とされてきたのは，本来合意によって変更されるべき労働条件が使用者によって一方的に変更された時，それが労働者を法的に拘束する結果をもたらすか否かである。合意がないことが前提であるから，変更後の労働条件が労働者を法的に拘束するためには，改めて法的な根拠が必要となる。

　このうち，当該事業所等に就労する労働者に統一的ないし画一的に適用される集団的労働条件については，就業規則の改定により，労働契約法10条の要件をみたせば一方的変更が可能となる[1]が，個別的労働条件については，あら

285

労働法が目指すべきもの

かじめ一定範囲内での一方的変更が合意されているとみなされているような特別の場合を除いて，日本の実定法には法的根拠が存在しない。

期間の定めのない労働契約により雇用され，業務の種類や内容・態様，及び勤務場所等について使用者に包括的な決定権限（人事権）があるとみなされるような就労形態によって働く労働者が中心的であり，かつ労働組合の組織率も高く，労働協約の機能がそれなりに果たされていた高度成長期及びそれに続く時代には，労働条件の変更は人事権の行使と労働組合との合意を中心として実現されてきた。集団的労働条件の変更が，労働条件を変更する場合の中心的手法であったことも労働組合の役割を大きくしていた要因であろう。

しかし，雇用形態も労働契約も多様化し，労働組合が組織率を低下させ，またその集団的労働条件の形成機能が弱まったこと等によって，「個別的労働条件の変更はどのように法的に根拠づけられ，また限界づけられるのか」という課題が現実味を帯びて議論されるようになってきた。そして，そのつどの合意による変更や変更合意の存在がない場合の一方的変更につき，法的根拠となりうる有力な概念として変更解約告知という構想がクローズアップされるようになったのである。

そこで本稿では，変更解約告知についてその意義をとらえなおし，今後の労働契約法制にどのようにこれを生かし，あるいは位置づけることが妥当かについて，一定の検討を試みることとする。周知のように変更解約告知についてはすでに多くの先行業績が存在し，後に見るようにそれぞれ優れた成果をあげている。その成果を土台として，今後の新しい雇用社会に対して，変更解約告知法理が有する意味を検討する契機を提供することが本稿の目的である。

2　日本における変更解約告知法理の推移

(1)　変更解約告知法理の出自

変更解約告知という概念は，後述(3)のようにドイツで定着している制度であることを踏まえて，すでに90年代半ばから，日本での法理としての有効性に関する議論が始まっていた[2]が，本格的な議論の対象となったのは，いうまでもなく1995年にスカンジナビア航空事件東京地裁決定（東地決平7・4・13労判

---

(1)　ただし，ドイツなどのように集団的変更解約告知の手法を認めている国もある。
(2)　高島良一『企業体質の改善と出向・労働条件』（1995年）332頁以下。

675号13頁）が出されてからである。同決定は，変更解約告知という概念を正面から提示し，これを「新契約締結の申し込みをともなった従来の雇用契約の解約」と定義した。事案としては，航空会社がコスト削減の一環として従業員の一部に新しいポジションと労働条件を示して早期退職と再雇用を申し入れ，かつ同日付で解雇したために被解雇労働者が地位確認等の仮処分を申請したものである。

東京地裁は，上記の定義による変更解約告知の理解に基づいてその具体的判断基準をも示し，「労働条件の変更が会社業務の運営にとって必要不可欠であり，その必要性が労働条件の変更によって労働者が受ける不利益を上回っていて，労働条件の変更をともなう新契約締結の申し込みがそれに応じない場合の解雇を正当化するに足りるやむを得ないものと認められ，かつ，解雇を回避するための努力が十分に尽くされているときは，〔会社〕は新契約締結の申し込みに応じない労働者を解雇することができる」と述べた。

この事件自体はその後和解により終了したため本案判決に至ることはなかったが，上記のように変更解約告知法理ともいうべき具体的内容を提示していたことから非常に強い関心を呼び，多くの研究者がこれを契機として変更解約告知法理の意義や機能につき検討を重ねた[3]。それらの検討において共通の課題となっていたのは，第一に日本において変更解約告知の意義をどうとらえるか，である。労働契約の解約と労働条件の変更申し入れがセットになっていることについては共通理解があるものの，その前後関係や条件関係については，日本型の変更解約告知とはどうあるべきかについてのスタンスごとに理解の相違がある。第二に，変更解約告知法理を日本に導入するべきか否か，また導入するとしてそれがどのように可能かが，変更解約告知をめぐる最大の論点と認識されるようになっていった。両者は当然ながら密接に関連した論点であってもと

---

(3) 本件評釈として荒釈 塚原英治他・労旬1359号10-18頁，荒木尚志・ジュリ1072号127-130頁，上条貞夫・労旬1365号11-22頁，毛塚勝利・労判680号6-20頁，米津孝司・法時68巻1号84-87頁，野田進・ジュリ1084号112-115頁，木下潮音・経営法曹112号18-38頁，藤原稔弘・季労178号186-189頁，藤川久昭・平成7年度重判〔ジュリスト臨時増刊1091〕190-192頁，文献として土田道夫「変更解約告知法理と労働者の自己決定(上)(下)」法律時報68巻2号39頁以下，同3号55頁以下，大内伸哉「変更解約告知」講座21世紀の労働法第三巻『労働条件の決定と変更』62頁以下，米津孝司「変更解約告知」『労働法の争点〔第三版〕』173頁以下。

労働法が目指すべきもの

より切り離して理解することはできない。第三に，変更解約告知法理は他の労働条件変更法理とどのような関係に立つのか，とりわけ従来のように労働協約や就業規則を用いた集団的労働条件変更法理が圧倒的な機能を果たしていた時代が終わってから，労働関係の個別化にともなって増大している個別労働条件の変更問題に対する手法としての変更解約告知を，労働条件変更法理全体の中でどのように位置づけるかは非常に大きな課題である。これは具体的には，集団的変更解約告知のような手法も認められるべきか，あるいはこれまで権利そのものとしては広範に認められ，その制約は権利濫用のレベルで調整されてきた配転命令権や休職命令権などにつき，限定的権利として再構成したうえでそれをはみ出す異動については変更解約告知を想定するような方向を考えるべきか，といった問題として現れることとなる。

(2) ドイツの変更解約告知法理について[4]

(a) 序

日本において変更解約告知という耳慣れない法理が提唱されたのは，もともとドイツに Änderungskündigung という概念があり，これが現在の解約告知保護法（Kündigungsgesetz，以下「KSG」なお，KSG は一般に解雇制限法と訳されているが，法のタイトルは明らかに解約告知をされた労働者を保護するための法律，という趣旨を示しており，忠実に訳すことで特に支障はきたさないはずである）2条に規定されていることに出自している。ドイツでなぜ変更解約告知という法理が一般化し，制定法に規定されるに至ったかについての詳細は他に譲る[5]が，現行法の下で変更解約告知がどのような法制度として認識され，どのように機能しているのかについて簡単に述べておく。

(b) ドイツ変更解約告知制の基本構造

当然ながらドイツにおいても，労働条件の変更は特別な事態ではない。一般に労働条件の変更は，ドイツでは，労務指揮権の範囲内であれば使用者の一方

---

[4] 野川「ドイツ変更解約告知制の構造—制度を有する国の処理」（学会誌労働法88号166頁以下），根本到「ドイツにおける変更解約告知の構造(1)(2)」（季労185号128頁以下，187号181頁以下），及び最近の労作として金井幸子「ドイツにおける変更解約告知の法理(一)〜(四)」（法政論集209号41頁以下，同214号205頁以下，同215号343頁以下，同219号183頁以下））。

[5] 詳細は金井・前掲注(4)(一)60頁以下。

的な権利行使によって，変更契約が締結されていればその範囲内で，労働協約や労働契約により労務指揮権の拡張が認められいればその範囲内で，また労働条件の変更権限を留保する撤回留保（Widerrufsvorbehalt）を労働契約において合意した場合にはその留保された権限の行使によって，それぞれ実現が可能である。しかし，企業経営をめぐる外的・内的状況の変化に応じて，当初想定できなかった労働条件の変更を余儀なくされることはドイツにおいても珍しくない。そこで，日本とは異なり労働契約において職種や業務内容，勤務場所，賃金格付けなどを締結時に明記することが通常であるドイツでは，あらためて労働者と使用者とが合意しなければ労働条件を変更することができず，その結果労働契約内容の維持自体が困難になると考えられる場合が少なくない。そのような場合に利用されるのが変更解約告知という制度である。労働契約自体の解約を伴うことから，ドイツではこの制度は解雇に関する一般法としての性格を有するKSGにおいて規定されている。

　ドイツKSGは，解約告知（解雇）[6]に関する実体的及び手続き的な規制を定めた法律である。1951年に制定され，解雇については，原則として社会的正当性を欠く場合には無効であるとして，具体的には，労働者自身の肉体的・精神的事情，非違行為など行動に関する事情，経営上の事情（日本の整理解雇の場合に類似する）が明記されている。また，経営上の事情による場合は解雇対象労働者の選択に社会的考慮が必要とされ，年齢や勤続年数，家計負担者か否か，などが考慮要素としてあげられている[7]。

　変更解約告知は，当初のKSGには規定されていなかったが，判例・学説の蓄積を経て1969年に導入された。変更解約告知について規定した同法2条は，「使用者が労働関係の解約を告知し，かつ，当該解約告知に併せて新たな労働条件による労働関係の継続を申し込むこと」との定義を置き，同法の適用となる変更解約告知とは，労働契約の解約という意思表示と，新たな労働条件による労働関係の継続の申し出という二つの意思表示がセットになっているものと

---

[6] ドイツでは，解雇という単語が二つあり，組織からの放逐を意味するEntlassungのほうが日本でイメージされる解雇に近いニュアンスを有する。Kundigungという場合は契約の解約，という趣旨が前面に出る。

[7] この社会的考慮の判断要素については，2008年の改正により使用者側の負担を緩和する改正が行われている。

労働法が目指すべきもの

いうことを明示している。この二つの意思表示の先後関係により変更解約告知のタイプも二分される。一つは，解雇の意思表示を行ったうえで，新たな労働条件による労働関係の継続を申し入れることであり，もう一つは，労働条件の変更申し入れを労働者が拒絶することを停止条件として解雇が行われることである[8]。

このような変更解約告知の意思表示について KSG は，労働者は「労働条件の変更が社会的に正当性を欠くとの留保を付したうえで申し入れを受諾することができる」と規定する。この定めがあることによって，変更解約告知の意思表示に対する労働者の対応には三つの種類があることとなる。第一に，労働条件の変更申し入れを受諾することで，これにより解雇の意思表示は停止され，あるいは解雇後新たな労働条件のもとでの労働関係がただちに成立する。第二に，労働条件の変更申し入れを拒否することで，これにより解雇が成立する。第三に，労働条件の変更申し入れを留保付きで受諾することであり，この場合には，労働者は，新たな労働条件のもとで労働関係を継続しつつ変更労働条件の社会的正当性を争うこととなる。この手続きは実定法上厳格に規定されており，労働者は，解約告知到達後3週間以内に留保付き承諾の意思表示を行ったうえで，「変更保護訴訟（Änderungsschutzklage）」を提起しなければならない。

この留保付き承諾の制度があるために，労働者は解雇から最終的に保護された上で労働条件の変更のみを争うことができることとなる。ドイツの変更解約告知制度が，労働関係の終了ではなく労働条件の変更に重点が置かれており，直接解雇から労働者を保護するよりは労働条件の変更から労働者を守ることに主眼がある，とされているのは，この留保付き受諾の制度が法定されているためである[9]。

以上において重要なポイントとなるのは，ドイツの変更解約告知においては，労働条件変更の申し出をそのまま受諾しない選択肢が二つあり，それに応

---

[8] なお，このほか変更解約告知の概念として想定しうる「労働条件へこう申し入れを受諾することを解除条件とする解雇の意思表示」という類型は，ドイツではもともと留保付受諾の制度が設けられているため検討の実益がない。

[9] これが端的に表れている一つの指標は，ドイツでは判例の変遷ののち，期間の定めのない労働契約を有期労働契約に変更する旨の申し出を内容とする変更解約告知についても，留保付き承諾の制度があることを最大の理由として KSG 2条に定める変更解約告知であるとしていることである。詳細は金井・前掲注(4)(一)66頁以下。

じて労働者がなしうる訴訟形態も異なることである。まず労働条件の変更申し出を端的に拒否した場合には解雇の意思表示の効力が発生するので、労働者がこれを争う場合には解雇無効を理由として労働契約関係の存続を主張することになる。この場合の訴訟は「存続保護訴訟（Bestandsschutzklage）」と称され、KSG に定められた通常の解雇（終局的解雇）を争う訴訟形態と基本的に動揺となる。他方でもう一つの選択肢である留保付き受諾においては、労働条件の変更を受諾しないことが留保の内容であるから、労働者は、いったん変更労働条件のもとで就労を継続しつつ、当該労働条件の変更に社会的相当性がないことを理由に従来の労働条件で就労する権利があることを主張することになる。この場合の訴訟は「変更保護訴訟（Änderungsschutzklage）」と称される。すなわち、両者は変更解約告知において労働者がこれをそのまま受諾しない場合に労働者に生じる不利益の性格が異なるので、その不利益を争う訴訟形態も相違することとなる。そして、労働条件の申し出を端的に拒否して解雇となった場合には、KSG に定められた通常の解雇を争う訴訟と同様の訴訟形態となるが、留保付き受諾の場合には労働条件の変更そのものの適法性を争う訴訟となることから、変更解約告知の核心は訴訟法の観点からも、受け入れられない労働条件の変更から労働者を守ることが主眼となるとの理解が正当化されるのである。そしてこの点は、労働条件変更申し出を端的に拒否して解雇された場合の訴訟において検討される内容にも影響することとなる。

　この留保付き承諾の場合における変更保護訴訟は、日本には見られない独特の訴訟形態である。日本では、後述のように契約変更の申し込みに対する条件付き承諾は、新たな契約の申し込みとみなされる（民法 528 条）ため、そもそも留保付き承諾は不可能ではないか、という問題が提示され、精力的な議論が展開されてきたが、ドイツにおいても、立法による解決が示されるまでは、民法 1502 条 2 項が条件付き承諾を申し込みの拒絶とともに新たな契約の申し込みをすることとしていたため、同様の議論があった[10]。

　留保付き承諾を選択する労働者は、留保の意思表示を、解約告知期間内もしくは遅くとも解約告知の到達後 3 週間以内に明示しなければならない（KSG 4 条。

---

[10]　1969 年に留保付き承諾が立法により導入された後も、KSG による留保付き承諾制度と民法の右規定との整合性には疑問を呈する見解があった（K. Adomeit, Änderungskündigung –neu gelegte, DB1969 2180）。

労働法が目指すべきもの

変更された労働条件のもとで黙示に就労するだけでは留保付き承諾とはみなされない)。三週間の期間は労働協約によって短縮することが可能である。留保付き承諾の意思表示を行った労働者は，変更保護訴訟において当該変更解約告知が無効であるとの判決が確定するまで，暫定的に変更労働条件のもとで就労する義務があり，従来の労働条件における継続就労を求めることはできない。同時に，留保付き承諾が適法になされた時点で解雇の意思表示は効力を失う。留保付き意思表示が使用者に到達した後は，労働者はこれを一方的に撤回することはできず，また使用者の同意がなければ変更保護訴訟を解雇訴訟に移行させることもできない。

留保付き承諾をした労働者が提起する変更保護訴訟の具体的中身は，労働条件変更が社会的正当性に欠けることの確認を求める訴訟である（KSG4条）。この訴訟に労働者が勝訴すれば，労働条件の変更は無効とみなされ，従来の労働条件が遡及的に適用される。使用者が勝訴すれば労働者の留保は効力を失い，新たな労働条件での就労義務が確定する。

この訴訟で争われる社会的相当性の具体的内容は，解雇という手段によって労働条件を変更することを正当化するだけの利益が使用者にあるか否か，及びそれを労働者に受忍させることが不当とみなされないと判断されるか否かが中心となる[11]。要するに，まず当該変更解約告知が，KSG1条に定められた解雇事由（労働者の心身上の自由，行動上の事由，緊急の経営上の事由）に照らして避けることができないと認められなければ無効となり，また不可避であるとされても，労働者に与える不利益が受忍すべき程度を超えていればやはり無効となる。特に注目すべきは，この労働者の受忍可能性の判断においては，使用者が目的とする労働条件変更の必要性と労働者の受忍の程度が比較衡量されるとともに，当該労働条件の変更に至らない程度の対応が可能であったか否かが重視される点である。たとえば経営上の理由によって賃金が著しく下がる他の職種への転換を内容とする変更解約告知がなされたような場合においては，当該労働条件の変更をしなければ経営危機に陥る可能性が顕著であるとか，労働者にとって受け入れ可能な他の職種がないなどの事情がなければ社会的相当性を否定されることが通常である[12]。

---

[11] BAG Besch. v. 6. 3. 1986 (BAGE Bd. 51., S200), BAGUrt. v. 18. 1. 1990 (AP Nr. 27 zu §2 KSchG 1969).

以上に加えて，変更解約告知については法定の従業員代表機関である事業所委員会（Betriebsrat）の関与が入念に規定されている。すなわち，まず解雇一般について使用者は，BRから意見を聴取するために当該解雇についてその事由を通知しなければならず，これを欠く解雇は無効とされる（事業所組織法（Betriebsverfassunngusgesetz 以下「BetrVG」）102条1項）が，本規定は変更解約告知にも適用される。変更解約告知の場合は，変更労働条件も通知内容に含まれるとされている[13]。ただ，ここに定める意見聴取の結果，事業所委員会が当該解雇に明確に反対の意を表明しても解雇自体の有効性には影響しない。次に，BetrVG 99条1項によれば，20名以上の選挙権を有する労働者を雇用している事業所においては，使用者は，雇入れ，格付け，格付け変更，及び配転の場合に事業所委員会に情報提供をしたうえでその同意を得なければならないこととされている。したがって，変更解約告知の具体的内容が，ここにいう格付け変更や配転に該当する場合には，使用者は右情報提供と同意とを得る必要がある。これは，上記102条の意見聴取に比して非常に強い規制となりうるが，同意を得ることができない場合には，使用者は，労働裁判所に申し立ててこの同意に代わる決定を得ることも可能であるし，緊急の必要がある場合には暫定的に上記雇入れ等を実施することもできる（BetrVG 100条）。さらに，ドイツには従業員代表としての事業所委員会と使用者とが，日本の労基法における就業規則の記載事項に該当する事項その他の労働条件関連事項について，共同決定を行わねばならないとする「事業所内共同決定制度（betriebliche mitbestimmung）」が機能しており，この共同決定の対象となる事項に，変更解約告知の目的となる事項が含まれている。たとえば配転や賃金制度や労働時間の変更などはしばしば変更解約告知の対象となるが，これらについては事業所委員会との共同決定によらなければ実現することができない（BetrVG 87条1項1号，2号，4号）。共同決定を経ない労働条件の変更は無効となるので，使用者は変更解約告知を行うこと自体ができなくなる。ただ，共同決定に至らなかった場合の処理として，BetrVGは，仲裁委員会（Einigungsstelle）の仲裁が共同決定に代わることを規定している（事業所組織法87条2項）ので，事業所委員会の同意が得られな

---

[12] Erfurter kommentar zum Arbeitsrecht 430KSchG §2 s2168 Ⅵ. Materiellrechtliche Prufung.

[13] BAG Urt. 10. 3. 1982（AP Nr. 2 zu KSschG1969)).

い場合でも，使用者はなお共同決定事項としての労働条件の変更を実現し，そのうえで変更解約告知の意思表示を行う道は残されている。

(c) **日本から見たドイツ変更解約告知制度の意義**

労働契約の締結時に職種や業務，勤務場所や格付けなどを明示的に合意することが通常であるドイツにおいては，上記のように変更解約告知は労働条件の変更手段として，制度的にも実際にも非常に重要な役割を与えられている。その意義を，日本型変更解約告知制度の構築の可能性という観点から見ると，ポイントとなるのは以下の諸点であるように思われる。

第一に，ドイツの変更解約告知は，解約告知，すなわち解雇の前提条件とされていることである。ドイツでは，特に経営上の理由による解雇を対象として，その適法性を判断する基準である社会的相当性の内容について，「比例原則（Grundsatz der Verhältnismässigkeit）」が適用されており，解雇よりも緩和された手段があると認められる場合には当該解雇は社会的相当性を欠くこととなる[14]。日本の場合は，周知のとおり整理解雇に対する権利濫用判断の要素として，「解雇回避努力」が定着しているが，これと類似する法理である。そして，この「緩和された手段」には変更解約告知も含まれる[15]ので，使用者は，解雇の前に変更解約告知によって所定の目的を達成しえないか否かを検討しなければならないこととなる。変更解約告知が解雇よりも緩和された手段であるとされる実質的根拠は，留保付き承諾により，雇用を失わずに変更保護訴訟を提起できる点にある。

このように，ドイツの変更解約告知の位置づけとして，解雇を回避するための手段という意義が重視されており，その理由が留保付き承諾制度にあるという点は，変更解約告知が個別労働条件の変更手段という観点から検討されている日本においても重要な示唆を与えうるが，この点は後述したい。

第二に，ドイツにおいては，変更解約告知についても右比例原則が適用される。すなわち，変更解約告知よりも緩和された手段がある場合には，社会的相当性を欠くものと判断されるのである。そして右手段とは，労働条件の存続にかかわることのない労働条件変更手段であり，使用者が一方的に行使できるも

---

[14] BAGv. 30. 5. 1978 AP Nr. 70 §626 BGB, BAGv. 7. 12. 1978 EzA §1 KschG 1969 Betriebsbedingte Kündigung Nr. 10.

[15] BAGv. 27. 9. 1984 AP Nr. 8 §2 KschG 1969.

のや，更改契約，労働条件に基本的に変更のない配置転換などがこれにあたる[16]。

このような原則の定立によって，ドイツでは，使用者が労働コストを削減しようとする場合，労働条件の変更が解雇に優先してなされるべきであり，しかも労働条件の変更は解雇を伴わずしてなしうる手段から選択されなければならないというヒエラルキーが確立されていることとなる。このヒエラルキーは，日本から見れば，長期雇用慣行を土台として築かれてきた解雇権濫用法理と労働条件変更法理の組み合わせに極めて親和的であると考えられよう。日本においては，解雇権の行使がしばしば権利濫用であると判断される背景に，転勤や配置換え，休業や労働時間短縮，再教育や新たな職業訓練など，ドイツでは合意なくしてなしえない多くの措置を行う権限を使用者が保持していることを前提としてそのような措置を行うことで解雇を回避できるにも関わらず解雇したとみなされる事態が多いという事実がある。このような事実は，要するに，解雇に至る前に労働条件の変更が模索されるべきであるという理念の存在を推測させるのであり，右理念は，ドイツの比例原則にきわめて類似すると言える。そうすると，日本における変更解約告知がこれまでの労働条件の変更や解雇をめぐる諸法理と整合性をもって構築されるために留意すべきポイントの一つは，雇用形態の多様化や自己決定権の重視といった傾向を踏まえながら，解雇と労働条件の変更との連結点となりうる法理として変更解約告知をどのように位置づけるか，という点にあるといえよう。

(3) 日本の判例法理と学説
(a) 判例法理

それでは，日本の裁判所は変更解約告知の法理をどのように扱ってきたであろうか。周知のように日本の裁判所が正面から変更解約告知という概念を取り上げて検討したのは，前述のようにスカンジナビア航空事件（東京地決平7・4・13労判675号13頁）を嚆矢とし，これを契機に変更解約告知をめぐる議論はにわかに学会と実務界をにぎわせることとなったが，裁判所はその後，上記スカンジナビア航空事件決定のように正面から変更解約告知という概念を採用して事案を処理することには慎重な姿勢を示し，「講学上いわゆる変更解約告知と い

---

[16] BAG v. 30. 5. 1978 AP Nr. 70 §626 BGB, BAG v. 7. 12. 1978 EzA §1 KschG 1969 Betirebsbedingte Kündigung Nr. 10.

労働法が目指すべきもの

われるものは，その実質は，新たな労働条件による再雇用の申出を伴った雇用契約解約の意思表示であり，労働条件変更のために行われる解雇であるが，労働条件変更については，就業規則の変更によってされるべきものであり，そのような方式が定着しているといってよい。これとは別に，変更解約告知なるものを認めるとすれば，使用者は新たな労働条件変更の手段を得ることになるが，一方，労働者は，新しい労働条件に応じない限り，解雇を余儀なくされ，厳しい選択を迫られることになるのであって，しかも，再雇用の申出が伴うということで解雇の要件が緩やかに判断されることになれば，解雇という手段に相当性を必要とするとしても，労働者は非常に不利な立場に置かれることになる。してみれば，ドイツ法と異なって明文のない我国においては，労働条件の変更ないし解雇に変更解約告知という独立の類型を設けることは相当でないというべきである。」として日本における変更解約告知法理の採用を原則として否定することを明言する裁判例も現れた（大阪労働衛生センター事件大阪地判平10・8・31労判751号38頁）。そしてその後も，例外的に変更解約告知という概念自体を使用することはあっても，それを事案処理の法理として活用するという傾向はほとんど見られなかった[17]。

しかし，近年に至ってある裁判例は，人員削減を行っていた会社が，勤続25年以上の全従業員を解雇するとともに，応募しても採用されない場合があることを示したうえで，解雇対象者については新規条件での採用を募集する旨を通知し，この通知に対して新規募集に応募しなかった労働者を解雇した事案を判断するにつき，「労働契約を解約（解雇）するとともに新たな労働条件での雇用契約の締結（再雇用）を募集すること（いわゆる変更解約告知）が，適法な使用者の措置として許される場合はある」との判断を示しつつ，「それが労働条件の変更のみならず人員の削減を目的として行われ，一定の人員については再雇用しないことが予定されている場合には，整理解雇と同様の機能を有することとなるから，整理解雇の場合と同様に，その変更解約告知において再雇用

---

[17] 事件によっては当事者が変更解約告知の法理に則った主張を行いながら，裁判所がそれを採用しないという例も少なくなかった。そのような裁判例として，正和機器産業事件・宇都宮地決平5・7・20（労判642号52頁），新日本製鐵（日鐵運輸第2）事件・福岡高判平11・3・12（労判847号18頁），濱田重工事件・熊本地決平11・12・28労判781号55頁，新日本製鉄（三島光産・出向）事件・福岡高判平12・2・16労判784号73頁，ドコモ・サービス（雇止め）事件・東京地判平22・3・30労判1010号51頁等がある。

296

されないことが予定された人員に見合った人員整理の必要性が存在することが必要となると考えられる。すなわち，人員の削減を目的として本件のような変更解約告知が行われた場合に，変更解約告知に応じない者が多数生じたからといって，人員整理の必要性により本来許容されるべき限度を超えて解雇が行われることは許されないというべきである。」と述べてあらためて変更解約告知の概念を採用するに至った[18]。この事案そのものは，労働者が解雇後の新労働条件での再雇用を望んでも採用候補者として認められるのみで使用者の選択が留保されているので，従来理解されてきた意味では変更解約告知とは言えない内容であったが，裁判所としては，解雇と労働契約の変更とが結びついている場合を広く一般的に変更解約告知という概念でとらえることとしたものであろう。このような対応は，変更解約告知に関するそれまでの議論に混乱をもたらす不適切なものと言わざるを得ないが，すくなくとも，変更解約告知法理を採用する機運が司法に見られるようになったことは注目すべきであるといえよう。

さらに，日々雇用契約を反復更新して14年間にわたり雇用されてきたホテルの配膳人（スチュワード）に対し，ホテルが労働条件の不利益変更（賃金の減額）を通知し，これに対して不利益変更の効力を争う権利を留保した上で同意すると通知した者 雇止めした事案につき，裁判所は，これら日々雇用される労働者は，日々個別の雇用契約を締結しているものであり，その関係が長期間継続したからといって，期間の定めのない契約に転化し，あるいはそれと実質的に異ならない関係を生じたということはできないが，景気変動によってホテルの業務量が低下し，労働力の過剰が生じたなどの社会通念上相当と認められる合理的な理由が認められない限り，更新を拒絶することは許されないとの判断基準を示した。そして本件については，労働組合とのホテルとの間でこれら労働者の労働条件について定期的に協議がなされていたことや，同一の労働条件で他のホテルに勤務できる可能性は低かったことなどから，雇用関係のある程度の継続が期待されていたものであってこの期待は法的保護に値し，本件雇止めについては，解雇に関する法理が類推されるとした上で，本件では労働条件の変更には合理性が認められるが，業務量の低下等はなく，雇止めを正当化するに足りる合理的理由は認められないと結論付けた[19]。

---

[18] 関西金属工業事件・大阪高判平19・5・17労判943号5頁。
[19] 日本ヒルトン事件・東京高判平14・11・26労判843号20頁。

労働法が目指すべきもの

　本件では，労働者の対応はまさに変更解約告知における留保付き承諾と同様のものであったが，裁判所は，有期雇用労働者の雇い止めに関する判例法理を応用して事案を処理し，このような留保付き承諾そのものの効力をそのまま認めることはなかった。

　以上のように，裁判例は変更解約告知という概念自体は認めつつ，当初のスカンジナビア航空事件東京地裁決定の場合のようにそれを正面から法理として構築しようとする姿勢は見られない。その理由は，上記大阪労働衛生センター事件の判旨に尽きているものと思われるが，併せて，右関西電力工業事件の判旨が変更解約告知という概念を必ずしも適切に理解していないことなどに見られるように，裁判所としては変更解約告知という概念や考え方を，現在の日本の実定法体系のもとで採用する契機を有していないという点も無視できない。当事者により変更解約告知法理の採用が主張された多くの事案が，整理解雇法理や出向など人事異動に関する判例法理，さらには有期労働契約の雇い止めに関する判例の考え方など，すでに確立されている判例法理を援用し，あるいは若干のアレンジを加えることで処理されてきた事実には，それらの判例法理を超えて変更解約告知法理の構築をすべき必要性が，司法において認められていない現実が如実に表れているといえよう。

　(b)　**学説の対応**

　変更解約告知は，日本の法制度には存在せず，ドイツにおいて実定法上の制度として普及しているものなので，日本での議論は基本的には，ドイツの制度の意義と構造とをいかに正確に紹介し，理解するかという課題が中心であった[20]。しかし，就業規則や労働協約による集団的労働条件変更手段に関する議論が一定の成熟をみせ，最高裁による判例法理も確立し[21]，就業規則による労働条件変更については労働契約法により，きわめて不十分ではあるものの，方向性がみえるようになると，個別的労働条件の変更法理に関する議論がいっそう高まるようになり，変更解約告知はその中心的テーマとして扱われるに至っ

---

[20]　高島・前掲注(2)，土田・前掲注(3)，野川・前掲注(4)，根本・前掲注(4)参照。
[21]　朝日火災海上保険(石堂本訴)事件・最一小判平9・3・27労判713号27頁，朝日火災海上保険(高田)事件・最三小判平8・3・26民集50巻4号1008頁，第四銀行事件・最二小判平9・2・28民集51巻2号705頁，みちのく銀行事件・最一小判平12・9・7民集54巻7号2075頁等。

た。

　議論の対象はほぼ以下の三点に絞られる。

　第一に，そもそも変更解約告知という特別な法理ないし制度を日本に導入し，あるいは構築する必要があるのかという点である。

　第二に，変更解約告知法理を採用するとして，それをどのように位置づけ，役割をどう画定するのかである。これは，変更解約告知の目的や機能をどのように理解するのかによって大きく異なる。

　第三に，最も議論が集中したのが，留保付き承諾の制度を日本において認めることができるのか，あるいは認める必要があるのか，という点である。

　いうまでもなく，この三点は互いに強く関連しており，独立して論じることはできないが，これらの論点をめぐって，学説は以下のような展開を示した。

　まず，第一の点については，日本では変更解約告知という概念を認める必要はないという大阪労働衛生センター事件判決の見解は，現在ではほぼ否定されているといってよい。

　確かに，広汎な人事権（労働契約内容を当初から限定せず，職種や勤務地等の決定権が使用者にゆだねられている），解雇権濫用法理，整理解雇法理などが定着している現実を前提とすれば，そもそも個別的労働条件の多くは使用者の権限により変更可能であるし，そうでない場合にも労働条件の変更を拒否した労働者に対する解雇は，精緻に構築されてきた解雇権濫用法理や整理解雇法理の枠内で処理できる，と考えられていたことには理由があろう。しかし，その後雇用関係の多様化や労働組合機能の衰退による労働協約のカバリッジの低下，労働契約法10条が，就業規則の変更によっても変更されない労働条件の存在を明記したことなど，変更解約告知という手段が実務上も法理の上でも必要であることが再確認されるようになり，問題は変更解約告知という新しい制度をどのような明確な内容として確立するかという点に移行した。

　この点，労働契約の個別化が進展する状況の下で，変更解約告知は，いきなり解雇に至ることなく労働条件を変更して雇用を維持するための有効な制度であることなど，いわば労働関係の柔軟な展開を可能にする実益からこれを認めようとする見解[22]と，自己決定権の尊重や，労働条件の労使共同決定原則の強

---

[22] 荒木尚志「雇用システムと労働条件変更法理」（2001年）302頁以下，毛塚勝利「労働条件変更法理としての『変更解約告知』をどう構成するのか」労判680号11頁以下。

労働法が目指すべきもの

化というより積極的な観点から変更解約告知制度の導入を提唱する見解[23]とがあり，両者は対立するわけではないものの，変更解約告知制度の具体的内容に関して相違を生じている。

すなわち，前者の考え方からすれば，変更解約告知制度は，労働条件の変更により雇用関係の柔軟な展開を維持し[24]，あるいは労働条件の変更が認められなければそれを理由とする解雇が適法とみなされるという場合にそれを回避できる手段として[25]意識されており，いわば解雇という脅威から労働者を守りつつ使用者側の労働条件変更の必要性にも配慮しようとする手段と考えられているので，具体的内容としては，変更解約告知の対象となる労働条件は，労働契約内容として限定された労働条件の変更に限られ，また留保付き承諾が認められることが重要な条件となる。

これに対して後者の考え方によれば，変更解約告知は労働者が主体的に労働条件を決定できる契機の一つとしてとらえられ，対象となる労働条件は特に労働契約内容として限定されているものに限られないし，留保付き承諾は不可欠の条件ではなくなる。

第三の留保付き承諾については，何よりも民法528条をどう解釈するかが最大の論点となった。同条は，契約変更の申し出に対する条件付きの承諾は，新たな契約の申し込みになると規定しており，これをそのまま変更解約告知の場合に適用すれば，申し出られた労働条件変更に対する労働者の留保付き承諾は，いったん労働契約を解約して新たな労働契約を申し込むことと同視されてしまい，その結果解雇が成立することとなってしまうからである。そこで学説は，528条の存在を重視して立法論的に解決することを提唱するもの[26]と，労働契約のような継続的契約の変更については民法528条は適用されず，留保付き承諾が否定されるわけではないと解釈されるべきであるとの見解[27]，留保付き承諾が認められなくとも自己決定権の理念が生かされる解釈論の構築によって変更解約告知を認めるべきであるとの見解[28]，528条の解釈にかかわらず，従業

---

(23) 土田・前掲注(3)，野川・前掲注(4)，同『新訂労働法』(2010年) 173頁以下，大内伸哉「変更解約告知」(講座21世紀の労働法第3巻『労働条件の決定と変更』62頁以下)。
(24) 荒木・前掲注(22)。
(25) 毛塚・前掲注(22)。
(26) 根本・前掲注(4)，毛塚・前掲注(22)。
(27) 荒木・前掲注(22)。

300

員代表の関与など制度的補完を通して対処すべきであるとの見解[29]などが主張されている。

　これらの学説の議論から見て取れるのは，日本においてもドイツと同様，変更解約告知は労働条件の変更手段として理解されており，それがかなわない場合の解雇が自動的に正当化されるわけではないこと，及び留保付き承諾については，そもそも変更解約告知という新しい制度を導入する目的をどこに置くかによってかなりのバリエーションが認められることである。

(4)　変更解約告知法理の問題点

(a)　序

　以上の検討から，日本において変更解約告知の法理を導入する場合に，実質的には何が問題となっているのかを見て取ることができるであろう。すなわち第一に，これまで裁判例において変更解約告知が正面から取り上げられ，あるいは実際上変更解約告知が行われているとみなしうる事案は，ほぼ経営上の理由による人員整理が背景にあった。したがって，裁判例にみられる事案の具体的処理基準も，学説が主として検討対象とするのも人員整理の場面であった。そこでまずは，整理解雇について展開されてきた議論の内容と，これまでの変更解約告知についての議論の内容との関係を整理する必要があろう。たとえば判例法理は，整理解雇が権利濫用にならない条件の一つとして，解雇を回避するためにどのような努力がなされてきたかを重視するが，その具体的判断要素には，配転や出向などの人事異動も含めた労働条件の変更がいかに模索されたかが取り上げられる。整理解雇法理と変更解約告知法理との関係の解明は重要な課題である。第二に，変更解約告知を制度として導入する場合の最大の障壁が留保付き受諾であることはすでに述べたとおりである。この点につき，民法528条の存在をどう位置づけるのかという課題を解決しておく必要があることは言うまでもない。そして第三に，変更解約告知は，基本的には労働条件変更手段として認識されているものの，解雇という手段をともなう以上，労働契約法16条との関係が問題とならざるを得ない。この点についても一定の整理が必要となろう。

---

[28]　土田・前掲注(3)，同『労働契約法』(2008年) 528頁以下。
[29]　野川・前掲注(4)，同注[23]，大内・前掲注[23]。

労働法が目指すべきもの

(b) 整理解雇法理と変更解約告知

　前述スカンジナビア航空事件において東京地裁が示した変更解約告知による解雇の有効性の判断基準は，当該事案が「労働条件の変更が認められない場合は解雇せざるを得ない」という事態を想定した内容である。すなわち，そこで示されている，労働条件の変更が会社業務の運営にとって必要不可欠であるか否か，あるいは解雇を回避するための努力が十分尽くされているか否か，といった判断要素は，通常変更解約告知一般について必要とされると考えられる内容とは若干異なっており，むしろ，変更解約告知による解雇に対して，整理解雇の変型事例という位置づけをしていることがうかがわれる。その後の前掲関西電力工業事件も人員削減の課程で生じた事案であり，前掲日本ヒルトン事件も，企業財政の立て直しという観点から日々雇用従業員の賃金減額を実現しようとした事案であって，いずれも，労働条件の変更は，整理解雇を回避するための一手段として考えられていたとみなすことが可能である。

　しかし，人員整理を背景とした労働条件の変更申し出は，従業員数の削減や賃金カットなど労働者にとって深刻な労働条件の低下を内容とするものであり，このような労働条件変更を受諾するか，解雇を甘受するかは，まさに労働者にとって「究極の選択」を強いるものであるから，労働条件変更申し出を拒否した労働者に対する解雇の有効性判断は，どうしても厳しくなることはやむを得ないし，また留保付き受諾が現行法上認められ，あるいは制度して新たない確立される必要性が強く認められるのも当然である。

　仮に，変更解約告知をあくまでも労働条件の変更の一手段という趣旨で認めようとするのであれば，人員整理のようなきわだった場面を対象として検討されてきた判断枠組みや要件・効果の議論は若干狭隘に過ぎると言わざるを得ない。たとえば理論的には，ある労働者が職務怠慢や業務不適格により解雇対象となりうる場合に，使用者が，他の領域について当該労働者が有していると認められる非凡な能力を生かすために現在の職種からの転換を申し出て，それが受け入れられない場合にのみ解雇する，という事態も十分考えられるが，現在議論されている変更解約告知法理のありかたにはこのような視点は見られない。

　したがって，ここで必要とされるのは，整理解雇の場面における変更解約告知法理の機能をそれとして限定し，そのうえで，確かに労働条件の変更がさしせまった解雇を回避するための不可欠の手段として申し出られるような場合が

変更解約告知の中心的な適用場面の一つであることを踏まえた検討であるということになろう。

　この点において前提となるのは，一方で，変更解約告知一般についての位置づけや要件はさしあたり人員整理の場合に限られることなく想定されるべきであり，他方で，その一般的要件等は人員整理の場合にも有効に機能するものでなければならないという要請である。そうすると，変更解約告知に関してこれまで検討されてきたその適用範囲や留保付き受諾に関する基本的内容自体はほぼそのまま有効であるが，それを人員整理における解雇回避のための労働条件変更申し出についても用いるためには，整理解雇の有効性について構築されてきたいわゆる四要素が，変更解約告知が行われた場合の法的効果についてどのような意味を有するのかを確認することが必要となろう。

　右四要素については，現在，人員整理の必要性や解雇回避努力などについては企業の判断を一定程度尊重する傾向があることや，人選基準とその適用の妥当性は丁寧に判断され，また解雇手続きが重視されつつあることなどが指摘されている[30]。さらに，一時東京地裁において四要素に代わる整理解雇の判断基準が模索され，人員整理の必要性や解雇回避努力といった要素ではなく，解雇後の労働者の生活保障や転職費用について解雇企業が一定の拠出をすること，及び労働者に対してその雇用をそのままでは維持できないことについて納得を求める話し合いを十分に行うことが求められていたことも無視できない[31]。

　思うに，人員整理の場合の変更解約告知については，労働条件の変更の一手段という原則を踏まえつつも，それが実現しなければ解雇せざるを得ないとみなしうるほどの事情が立証されることにより，変更による不利益性の評価が緩和されるという方向で解釈されるべきであろう。すなわち，変更解約告知一般について労働条件の変更が認められるか否かを判断する基準は，変更の不利益性と労働条件変更の必要性との比較考量が中心的な判断基準となるが，それが人員整理を契機とする場合には他の場合よりも変更の不利益性が若干緩和され

---

[30]　土田・前掲注(28)『契約法』611頁以下，野川「経営上の理由による解雇―新たな判断枠組みの可能性」安西愈先生古稀記念論文集『経営と労働法務の理論と実務』(2009年) 129頁以下。

[31]　ナショナルウエストミンスター銀行事件（第三次仮処分）・東京地決平 12・1・21 労判 782 号 23 頁。ただし，同決定の示した判断枠組みはその後の裁判例には踏襲されていない。

る結果をもたらす，ということになる。

　しかし，もちろんこのような結果は類型としての人員整理型変更解約告知において事実上帰結する傾向であり，あらかじめ人員整理型変更解約告知に対して特に一般の変更解約告知と異なる判断枠組みを検討すべきであるということにはならない。むしろ，あくまでも，多様に想定しうる変更解約告知の諸類型のうちの，中心的ではあるがすべてではないパターンとして位置づけられるべきであろう。

(c) **留保付き承諾に関する議論**

　留保付き承諾の可否及び要否に関する議論は，前述のように変更解約告知を何のために認めようとするのかによってスタンスが異なる。

　まず，民法528条の存在を理由に現状において留保付き承諾を認めることは不可能であり，立法によって明確な制度を設けるべきであるとする見解[32]には，ドイツにおいて留保付き承諾が立法的に解決された背景に，日本の528条とほぼ同じ規定であるドイツ民法150条2項があり，この規定の存在を前提として解釈論による留保付き承諾を認めることは困難が多いとの認識があったという事実から，日本でも同様の困難は免れないであろうとの判断がある。そして，それにも関わらず留保付き承諾を制度として確立することが変更解約告知の導入のためには不可欠であるとすれば，ドイツのように立法的に解決することが必要であると主張するのである[33]。また，民法528条の存在にもかかわらず留保付き承諾は可能であると主張する見解は，労働者が留保付き承諾を行った場合には，それを解約告知の解除条件たる承諾にあたると解釈することによって，同条は労働契約の変更申込みには適用されないとすることが可能であることを示す[34]。さらに，留保付き承諾制度にかかわらず変更解約告知制度の導入が必要であることを示す見解[35]は，従業員代表など，労働者側の集団的関与や手続き上の担保を強化することによって対応すべきことを主張する。

　この問題を解決するためには，何よりも日本型変更解約告知制度をどのよう

---

[32] 根本・前掲注(4)，本久洋一「労働条件変更の法理」(道幸哲也ほか『職場はどうなる労働契約法制の課題』(2006年) 144頁以下)。
[33] 根本・前掲注(4)。
[34] 荒木・前掲注(22) 348頁。
[35] 野川・前掲注(22)，大内・同。

な意味で導入すべきなのかを確認したうえで，留保付き承諾制度が不可欠なのか否か，また不可欠だとした場合には解釈論のレベルで対応すべきなのか，立法措置が必要なのかを検討することが適切であろう。

　この点，変更解約告知の意義を，自己決定理念の具現化に置くのか，労働条件変更システムの合理化に置くのかが問われている。この両者は必ずしも相容れないわけではないが，仮に前者を重視した場合には，留保付き承諾制度の導入は不可欠とまでは言えなくなるし，後者のスタンスをとった場合には，留保付き承諾制度こそが変更解約告知の中核となり，また変更の合理性判断はかなり入念な内容審査に至ることとなる。ここで注目されるのは，使用者による労働条件の一方的変更の可能性を広げることになるにも関わらず後者の理念が主張される背景に，「雇用保障を中核とした雇用システム」を重視する考え方があることである。確かに従来の日本では，強大な人事権が猛威を振るう一方で，解雇権濫用法理が強力な機能を果たしていた。特に高度成長期には，青壮年男性労働者の雇用を保障し，女性や高齢者，障碍者などは男性正社員に対する家族手当や扶養手当などを充実させることで対処するという一般的な雇用慣行が意味を有していたことは間違いない。年金や医療保険，労働保険などの社会保険制度も必ずしも成熟しておらず，雇用保障が何よりも優先されるという理念が一定の説得力を有していたであろう。しかし，雇用をめぐる社会的慣行の現状と動向をみるとき，労働条件の変更システムのうち使用者による一方的変更が可能になる制度を現在以上に拡充することが妥当であるとは言えないであろう。むしろ，突きつけられた労働条件の不利益変更に対して，労働者が使用者と対等な立場で考慮することが可能となり，それを拒否して解雇されても大きな打撃とはならないような制度的サポートが確立されるほうが，より優先される方向ではないかと思われる。

　また，留保付き承諾については，最近の研究では，要件事実論のアプローチから注目すべき検討結果がしめされている。すなわちこの研究によれば，民法528条の適用を排除できた場合に借地借家法32条のような規定を必要としなくても，要件事実を整理することによって留保付き承諾制度が想定する結果は十分もたらしうること，また労働条件の変更が合理的であるか否かの判断については，「新たな労働条件にもとづく予備的請求などとして構成することにより，雇用関係を維持しつつ労働条件変更の合理性を争う余地がありうる」と

されており[36]，その検討内容は十分にうなづける。こうした状況も踏まえると，仮に変更解約告知制度を日本に導入した場合でも，留保付き承諾を認めうる解釈論や立法論に拘泥する必要はないように思われるのである。

このように考えると，日本における変更解約告知の制度は，留保付き承諾について新たな制度を設けることにエネルギーを傾注することも，変更の合理性について裁判所の立ち入った内容審査を想定することも妥当ではない。むしろ後述のように，労働者側の対応についてその交渉力を強化する制度的保障を確保することにより対応する方向が目指されるべきであろうと思われる。

(d) 変更解約告知と労契法16条

使用者からの変更解約告知の意思表示に対して，労働者が労働条件変更を端的に拒否すれば解雇に至る。この場合，労契法16条に規定された解雇権濫用の認定基準はどのように機能するであろうか。この点については，変更解約告知という手段を取らずに端的に解雇の意思表示がなされた場合とは異なり，労働者に選択権が付与されていることから，選択の結果としての解雇の有効性判断は，単なる解雇よりは緩和されるべきであるという見解[37]と，そもそも変更解約告知は解雇の威嚇をもって労働条件の変更受諾を求める制度であり，留保付き承諾がなされて労働条件変更の適法性が判断される場合も，解雇が選択された場合も，同様に一般の解雇権濫用法理に即して対応されるべきであるという見解[38]が対立する。

解雇は原則としては告知の時点を判断の基準とすることや，労働条件変更についての労働者の選択が解雇の脅威を前提としている点が考慮されるべきことは後者の見解が指摘するとおりであるが，他方で，労働条件変更により解雇を回避しようとする使用者の対応が，全くそのような対応なしにいきなり解雇に及ぶ場合と同視される結果となるのは望ましくない。労契法16条は客観的に合理的な理由と社会通念上の相当性の両面から当該解雇の有効性を判断することとしているのであり，変更解約告知の結果としての解雇についても当然同条

---

[36] 山川隆一「労働契約における変更解約告知」（中嶋士元也先生還暦記念『労働関係法の現代的展開』）315頁以下。

[37] 荒木『雇用システム』304頁以下，土田『契約法』532頁。

[38] 西谷敏『労働法』(2008年) 432頁，根本到「労働契約による労働条件の決定と変更」（西谷敏＝根本到編著『労働契約と法』(2011年) 113頁以下) 134頁。

〔野川　忍〕　　　　　　　　　　　　　*13*　変更解約告知法理の構造と展開

が適用される。この場合，労働条件変更申出が拒否されたことは解雇の客観的合理的理由として認められるべきであって，判断の主たる対象は，たとえ労働者の選択による解雇であってもなお相当性を欠くとみられる事情の存否ということになろう。そして，実際には，前述のように変更解約告知が発動される多くの場合が人員整理など経営上の理由によるものであるという事情等を踏まえると，この相当性判断において当該解雇が無効とされる場合も少なくないと思われる。要するに，変更解約告知において労働条件変更の申出を拒否したことによる解雇についても，労契法16条は適用されるが，その判断については，単なる解雇の場合よりは緩和されることとなる。

3　変更解約告知法理の展望

(1)　変更解約告知法理の必要性と解釈論上の課題
(a)　変更解約告知法理の必要性

　まず確認されるべきは，変更解約告知を日本において導入する必要性である。変更解約告知は，労働条件の変更の申し出と解雇とがセットとなった使用者の意思表示であるが，その内容がかなり広い解釈を可能にするため，どの範囲までを変更解約告知という特別な概念に含むかが問題となる。そこで，変更解約告知という概念でとらえる対象を，①合意によらずには変更しえない労働条件につき，②当該労働条件の変更を申し入れ，同時に，労働条件変更申し入れに承諾しないという労働者の意思表示を解除条件もしくは停止条件とする解雇の意思表示を行うことと限定することとする。これは広く普及した取扱いであって特に新しい趣旨を含んでいない。労働条件変更の申し入れと解雇の意思表示は同時であることが前提とされるが，労働者が解雇を受け入れるか労働条件変更を受諾するか，もしくは留保付きで承諾するかを検討する機会が与えられることが要件となるため，単に労働条件の変更を申し入れ，それを労働者が拒否した後に初めて解雇の意思表示をするばあいは，まず解雇の意思表示を確定的に行い，その後新労働条件による新たな労働契約の締結を申し入れることは含まない。

　次に，右のような内容を変更解約告知として定義した場合，これまで同様の意思表示が行われた場合に対応されてきた処理基準と異なる手法を定立する必要があるか否かを考えるに，変更解約告知法理の意義は，労働条件の変更申し

労働法が目指すべきもの

入れに対する労働者の拒否又は使用者留保付き承諾により、固有の法的効果が生じることにある。拒否すれば解雇となるが、変更解約告知という固有の枠組みを前提とせずにこの解雇の有効性を判断する場合には、解雇権濫用法理の枠組みが直接採用され、労働条件変更申し入れは労契法16条の「客観的に合理的な理由」と「社会通念上の相当性」という判断基準の対象となる一要素に過ぎなくなるであろう。しかし変更解約告知を労働条件変更手法の一つとして独自の位置づけをする場合には、変更申し入れを拒否したことによる解雇は、労働条件変更の必要性やそれによって生じうる労働者の不利益の内容・程度が、有効性判断の中心的な指標となりうる。また、留保付き承諾という対応を法的意味のある意思表示としてとらえ、従前の労働条件で就労する法的地位の確認請求や、新しい労働条件で働く義務のないことの確認請求などをスムーズになしうるよう法的整備がなされた上で、当該訴訟において労働条件変更申し入れの内容の合理性が判断されるという方向が妥当であろう。

このような手法が導入されるこにより、労働契約を現在のような包括的合意を主流とする「組織編入契約」の実質から、個々の労働者と使用者とが労働条件について合意して締結し、また変更していくものであるという本来の姿に促す意味を発揮することになる。さらに、実際に雇用関係の個別化、非正規労働者の激増、企業変動の常態化などが見られる現状と、それがなお拡大しつつある動向は、労働条件の変更と労働契約関係の打ち切りに対する労働者と使用者との権利義務関係を再度整理することの必要性を示しているといえる。しかも、労働契約法は繰り返し労働者と使用者との合意によって労働契約関係が成立・展開するという原則を明示しており、変更解約告知の導入はそれを具体化することにもつながるであろう。

こうして、変更解約告知制度は導入されるべきであるものの、具体的内容についてなお検討が必要であることは明らかである。

(b) **日本型変更解約告知の基本構造**

(ⅰ) 変更解約告知の制度的枠組み

日本型変更解約告知は、法的には以下の三点を内容とするものとして、解釈論上、立法論上の対応がなされるべきである。

第一に、使用者が労働条件の変更と解雇とを同時に申し出た場合、それが変更解約告知とみなされる場合には、労働者には受諾と留保付き受諾と拒否の三

〔野川　忍〕　　　　　　　　　　　　*13* 変更解約告知法理の構造と展開

つの選択肢があり，しかもその選択は十分に主体的な考慮によることができるというルールが明示される必要がある。

　第二に，上記ルールの設定において重視されるべきは，留保付き受諾を促すような制度の形成よりは，むしろ受諾と拒否の場合に労働者がそれを主体的決定であるとみなすことができる条件の形成である。

　第三に，上記ルールの具体的中身は，当該労働者の交渉力を高めるような制度的保障が中心となるべきである。情報提供義務の厳格化や従業員代表の関与などが想定されることとなろう。

　まず，第一の点が実現されるためには，いうまでもなく最低限の立法的措置が不可欠である。変更解約告知を定義し，使用者が変更解約告知の意思表示を行う場合にはそれが変更解約告知である旨を明示することを義務づける規定を労働契約法に設けるべきであろう。具体的法文は，ドイツ解約告知保護法2条を参考として，「変更解約告知は，使用者が労働契約の内容である労働条件の変更の申し入れと，申し入れが拒否された場合の解雇との意思を併せて表示することによって成されるものとする。意思表示は，規則の定めるところにより以下の内容を明示しなければならない」といった内容となろう。そしてこの要件によらない場合は，変更解約告知としての扱いを受けず，労働条件の変更申し入れを拒否した労働者に対する解雇は，労働契約16条にしたがって厳しく判断されることとなる。この場合には，実質的に変更解約告知であるのに所定の明示要件を満たすことなく解雇に至ったことは，原則として客観的に合理的理由を欠いた解雇として無効とされよう。ただ，変更解約告知について規定する条文自体において，明示要件を欠いた解雇が無効であることを記すことは必ずしも妥当ではない。変更解約告知の要件の不備により自動的に当該解雇を無効とする仕組みは硬直的に過ぎ，労働契約法16条における権利濫用判断の中で処理されるべきである。

　明示されるべき内容は，変更されるべき労働条件の具体的内容と，受諾，留保付き受諾，拒否のいずれかを通告する期限，そして拒否の場合に解雇の効力を発生させるべき日付とすべきであろう。実際には書面によることが望まれるので，施行規則により書面とすることを明記して，その中で右内容の記載を義務付けることとなろう。

　この場合，留保付き受諾に関して特にドイツ解約告知法のような特別な制度

労働法が目指すべきもの

を設けるか否かはなお議論の余地がある。すなわち，前述のように留保付き承諾が必要とされるのは，変更解約告知が労働条件の変更手段であることを前提として，当該労働条件変更が有効であるか否かを，雇用を維持したまま争える立場を労働者に確保するためである。日本においても，ドイツ民法150条2項に該当する528条の解釈によっては，立法措置によらない限り留保付き承諾が意図された効果をもたらしえないことになるが，これについては，民法債権法の改正動向をにらみつつ，変更解約告知に固有の対応が必要か否かを慎重に検討すべきであろう。前述のように現在でも民法528条は変更解約告知には適用されないとの解釈もあり，また要件事実論の観点から対応可能であるとの見解も存在することや，変更解約告知においてのみ発動される民事的効果を新たに規定することが，契約一般の法的効果にどのような影響を与えうるか未知であることなどを踏まえると，すくなくとも直ちに留保付き承諾について特別な法的対応を立法的に措置することは控えるべきであろうと思われる。

　労働者の主体的決定の担保を実現するための制度的対応として，変更解約告知は，当該労働者のみならず過半数組合もしくは過半数代表に対しても通告し，その意見を聴取することを義務付けるべきであろう。さらに，労働者が求める場合には，過半数組合ないし過半数代表同席のもとで使用者と話し合うことも必要とすることが望ましい。そして，このような要件の不備も，労働条件の変更を拒否した場合の解雇について客観的に合理的な理由を疑わしめる事情とされることになる。

　労働者代表によるサポートについては，以上の基本的ルールを設定しつつ，他方で，労働協約により別段の定めを置く場合には上記ルールに代わるものとすることが適当であろう。

(ii)　解釈論上の課題

　最後に，いくつかの解釈論上の課題に触れておく。

　まず，変更解約告知を集団的な労働条件の変更手段としても認めるべきかである。ドイツでは否定されていないが，日本においては，能動的ロックアウトは認められていないものの，就業規則による集団的労働条件変更の法理が高度に精緻化されており，また労働協約による変更も当然可能であるから，変更解約告知を集団的労働条件の変更法理としても認める必要はないであろう。

　次に，変更解約告知の実体法上の要件としては，労働条件変更の必要性と労

働者がそれによって被る不利益とを比較考量し，前者が，それが実現しない場合の労働者の解雇をやむなしとみなしうるほどに高度なものと認められることが必要となろう[39]。したがって，解雇という手段以外（人事権の枠内での対応，業務体制の再編など）によって所定の目的を達しうる場合には違法となろう。他方で，そのような労働条件変更の必要性が充分に認められ，かつ，解雇回避の努力が十分になされていれば，それにも関わらず労働者が拒否したことによる解雇については，客観的に合理的な理由は原則として認められるので，権利濫用判断は社会通念上の相当性に絞られることが妥当である。

　なお，変更解約告知が解雇という結果をもたらした場合には，それを争う訴訟形態は，一般の解雇の場合と同様労働契約上の地位の確認が請求されるのと併せて，従来の労働条件の給付請求が認められることとなろう。労働条件変更を争う場合は，従来の労働条件のもとで就労する地位の確認，もしくは新労働条件のもとで働く義務のないことの確認請求がなされることとなろう[40]。

---

[39]　同旨，土田・前掲注[28]『契約法』531頁。
[40]　土田・同上532頁以下，山川・前掲注[36]。

14 労災保険不支給決定の取消訴訟における要件事実

山 川 隆 一

1 はじめに
2 概　観
3 労災保険不支給決定取消訴訟の訴訟物
4 請求原因
5 抗弁等
6 おわりに

1　はじめに

　本稿は，労災保険の不支給決定に対する取消訴訟の要件事実につき検討を試みるものである。労働災害に遭った労働者やその遺族がとりうる法的手段は，損害賠償請求と労働者災害補償保険法（労災保険法）に基づく保険給付の請求とが主なものであるが，労災保険法に基づく保険給付の請求については，要件事実を検討すべき訴訟は，不支給決定等に対する行政訴訟，特に抗告訴訟という形で発現することになる[1]。本稿では，その中でも代表的な訴訟形態である，不支給決定に対する取消訴訟について検討を行うこととする。

2　概　観

　労災保険法は，業務上の災害及び通勤災害等につき政府が保険給付を行うものとし，その要件・効果や手続について定めている。同法により労災保険給付を求める労働者や遺族は，労働基準監督署長に対して請求を行い，監督署長は，同法所定の要件に照らして支給・不支給を決定する（具体的な給付請求権はこの決

---

[1] 労災保険法のもとで，労働基準監督署長が保険給付の請求に対して支給の可否を判断する手続においても，保険給付請求権についての要件事実が問題となりえないではないが，同手続は職権的性格が強く，主張立証責任が意識されることはあまり多くないので，ここでは行政訴訟段階を検討の対象とすることとした。

定により発生する[2]。

　労働基準監督署長の不支給決定等[3]に不服のある者は，労働者災害補償保険審査官に審査請求をすることができ，その決定に不服のある者は，さらに労働保険審査会に対して再審査請求をすることができる（労災保険法38条）。これらの審査請求・再審査請求を経なければ，不支給決定について国に対する取消訴訟[4]を提起することはできないのが原則である（審査請求前置－同40条）。

　取消訴訟の対象は，労災保険の給付請求に対する労働基準監督署長の決定（原処分）であることが多い。労災保険審査官や労働保険審査会が行った審査請求・再審査請求に対する裁決についても取消訴訟を提起することは可能であるが，裁決取消の訴えを提起した場合には，原処分の違法を主張できず（行訴法10条2項），裁決固有の瑕疵のみを主張できるにとどまるためである（原処分主義）。そこで以下では，労働基準監督署長のなした不支給決定が争われる場合について検討を加えることとする。

　なお，労働基準監督署長の決定に対して取消訴訟を提起できるのは，保険給付を求める労働者側に限られ，事業主は取消訴訟を提起することはできないが，いわゆるメリット制（労働保険徴収法12条の1第3項）のもとで支払うべき保険料に影響の生じ得る事業主は，被告国側に補助参加することができる[5]。

3　労災保険不支給決定取消訴訟の訴訟物

(1)　訴訟物の内容

　労働基準監督署長の行った不支給決定も行政処分であるから，その取消訴訟の訴訟物については，行政処分の取消訴訟についての一般的議論が基本的に妥当する。行政処分取消訴訟の訴訟物については，現在，行政処分の違法性一般がこれに当たるという理解が通説的なものであり，これに従えば，労働基準監

---

(2)　正木土建事件・最二小判昭和29・11・26民集8巻11号2075頁。
(3)　取消訴訟の対象には，単なる不支給決定の他，支給決定がなされたがその内容につき請求をした労働者側に不服がある場合（障害等級の認定など）も含まれる。こうした場合も，基本的には不支給決定の取消訴訟と同様に考えればよいと思われるので，本稿では，こうした場合における不服の対象となる決定も含めて，不支給決定という用語を用いる場合がある。
(4)　現行行政事件訴訟法11条1項によれば，国の機関（行政庁）が行った行政処分に対する取消訴訟の被告は国である。
(5)　レンゴー事件・最一小判平成13・2・22労判806号12頁。

督署長の不支給決定の違法性一般がその取消訴訟の訴訟物となる[6]。

以上に対し，労働基準監督署長の不支給決定に対する取消訴訟においては，労災保険は労基法上の災害補償を政府が保険給付の形で実施するものであるとの理由により，労災保険法による保険給付請求権が訴訟物となるという見解も有力である[7]。しかし，政府に対する保険給付請求権はあくまで労災保険法により創設されたものであり，年金給付をはじめとして給付の内容が異なる場合も少なくない点で，両者は異なる性格のものといえるから，労災保険が労基法上の災害補償請求権の責任保険であるとしても，労災保険法による保険給付請求権を訴訟物とみる帰結は必ずしも導けないであろう[8]。

(2) 訴訟物の同一性

以上の点とも関連して問題になるのは，労災保険不支給決定の取消訴訟における訴訟物の同一性の範囲をどう考えるかという問題である。具体的な訴訟においては，当事者の提出した攻撃防御方法が当該訴訟における訴訟物の同一性の範囲を超える場合には，かかる攻撃防御方法の提出は失当となるという結果がもたらされることになる。

(a) 行政庁の第1次判断権限との関係

この問題に関しては，まず，行政処分の違法性一般が訴訟物になると解するのを原則としても，申請に対する拒否処分（労災保険不支給決定もこれに含まれる）のように，法令上の要件のうち1つでもみたされないと判断されればその適法性が根拠づけられる行政処分等については，判断の対象は，行政庁が第1次的判断権限を行使した要件，すなわち，行政庁が不充足と判断した要件の充足いかんに限定されるかが，行政訴訟一般につき議論されている。そして，

---

[6] 東京大学労働法研究会『注釈労働基準法（下巻）』895頁［岩村正彦］（有斐閣，2001年）。行政訴訟一般については，最二小判昭和49・7・19民集28巻5号897頁など参照。

[7] 西森みゆき「業務起因性(2)――業務起因性の立証責任」林豊＝山川隆一編・新裁判実務大系17巻『労働関係訴訟法Ⅱ』（青林書院，2001年）253頁など。

[8] なお，不支給決定の取消請求が認容される場合でも，裁判所が保険給付そのものを命ずるわけではなく（いわゆる義務づけ訴訟の場合も，労基署長に対して支給決定をなすことが命じられるにとどまる），労働基準監督署長が判決の趣旨に従い改めて支給決定を行うことが求められ（行訴法33条2項），被災労働者等はそれによりはじめて保険給付を請求できるのであるから（前注2及びその本文参照），ここでいう労災保険給付請求権は，私法上の請求権と同等のものと観念することはできない。

労働法が目指すべきもの

　この点を肯定に解し，行政庁が第 1 次的判断権限を行使した要件以外の要件の充足いかんについては，訴訟物の同一性の範囲を超える問題となるとする見解が生じている[9]。

　この見解によれば，たとえば，労災保険法の施行前に従事した業務により疾病が施行後に発生したとしてなされた労災保険の給付請求に対し，労働基準監督署長が，施行前に従事した業務による疾病については同法の適用外であると判断して，それを理由に不支給決定をしたことの適否が争われる事案においては，行政庁としての第 1 次的判断権限は労災保険法の時間的適用範囲の問題についてのみ行使されているから，当該疾病に業務起因性が認められないという主張のように，別の要件の不充足を理由として不支給決定を適法とする主張は，行政庁としての第 1 次的判断権限が行使されていない要件についてのものであり，訴訟物の同一性の範囲を超えるので許されないとの結論が導かれることになる。最高裁判例にも，同様の事案において，問題となった疾病が労災保険法の時間的適用範囲内にあるとして，その業務起因性について判断せずに不支給決定の取消請求を認容した原判決を支持したものがある[10]。

　以上のような事案に限らず，労災保険に関しては，被災者が労災保険法上の労働者に当たらないとしてなされた不支給決定の取消訴訟においても，同人の労働者該当性を肯定する判断がなされた場合には，業務起因性についての判断に立ち入ることなく決定を取り消す取扱いがみられる[11]。また，業務起因性がないとしてなされた不支給決定の取消訴訟においても，裁判所が業務起因性を肯定した場合には，具体的な給付内容に応じた支給要件につき特段の判断を示さずに取消判決が下されることが多いようである[12]（これらの場合，行政事件訴訟

---

[9] 司法研修所編『改訂・行政事件訴訟の一般的問題に関する実務的研究』（法曹会，2000 年）12 頁以下。

[10] 和歌山労基署長事件・最三小判平成 5・2・16 民集 47 巻 2 号 473 頁（ただし，本文掲記のような訴訟物の同一性を超えるとの理由によって業務起因性の判断を行わなかった旨を述べているわけではない）。

[11] 新宿労基署長事件・東京高判平成 14・7・11 労判 832 号 13 頁など。ただし，西脇労基署長事件・神戸地判平成 22・9・17 労判 1015 号 34 頁は，被災者が労働者に当たらないことを理由とする不支給決定につき，労働者該当性を認めて同決定を取り消すとともに，業務起因性は明らかであるとして，支給決定の義務づけの請求を認容した。

[12] 横浜南労基署長事件・横浜地判平成 5・3・23 労判 628 号 44 頁（最一小判平成 12・7・17 労判 785 号 6 頁により支持された）など。法務省訟務局内労災訴訟実務研究会編『新・

法33条2項により，行政庁として処分をやり直すことになろう）。

　行政庁が第1次的判断権限を行使した要件か否かで訴訟物の同一性が画されるとの上記の見解は，こうした実務の取扱い状況を基礎づけうる注目すべきものだと思われるが，この見解に対しては，行政庁が第1次的判断権限を行使したか否かは明確でないことがあるなどの点で批判がみられる[13]。また，上に掲げたような事案の取扱いについては，労災保険法の時間的適用範囲や労働者該当性，あるいは業務起因性など，行政庁が不支給決定の理由とした要件以外の要件については，行政庁が第1次的判断権限を行使する義務に違反していたことに照らして，その要件の不充足を処分理由として追加することは許されないと解することにより対処できるといいうる（その他に，不支給決定の理由とした要件についての判断を誤り，その結果他の要件につき判断をしなかったことが処分の違法性を根拠づけるとの解釈によって，決定取消しという処理を根拠づけることもできると思われる）[14]。そうすると，以上のような取扱いは，行政処分の違法性一般を訴訟物とする判例・通説に従い，労働基準監督署長の不支給決定の違法性一般を訴訟物とする理解によっても基礎づけることができそうである。

　他方で，公法上のものであれ，労災保険法による保険給付請求権が訴訟物となるとの見解によると，労働者が労災保険給付請求権の発生の各要件の根拠事実を全て主張立証しない限り，当該請求権の発生は基礎づけることができないように思われる。そうすると，行政庁が第1次的判断権限を行使して要件不充足とした判断が誤りであることが明らかになった反面，他の要件については行政庁の第1次的判断権限が行使されていないことが明らかな事案においても，他の要件についての審理をしない限り，請求を認容して不支給決定を取り消すことはできないという帰結をもたらすことになりそうである。しかし，このような帰結は，上記のような裁判例の取扱いとは必ずしも整合性をもたず，また，

　　労災訴訟の実務解説』（商事法務研究会，1998年）126頁は，こうした取扱いが通例であるとする。
[13]　法務省訟務局内労災訴訟実務研究会編・前掲注[12]書116頁など。
[14]　綿引万里子・最判解民事平成5年度232頁（前掲注[10]和歌山労基署長事件の調査官解説）。その他，本来行政庁が第1次的判断権限を行使すべきであるにもかかわらずそれを行使しなかったという重大な瑕疵があるとみて，それ自体が処分の取消理由になるとの構成も考えられる。鶴岡稔彦「抗告訴訟の訴訟物と取消判決の効力」藤山雅行編・新裁判実務大系25巻『行政争訟』（青林書院，2004年）211頁注(6)。

労働法が目指すべきもの

行政庁の第1次判断権限との関係でも問題が生じうるように思われる[15]。

(b) 原因同一説と傷病同一説

以上とは別の問題として，訴訟物の同一性，また，訴訟物の基礎となる行政処分の同一性につき，災害の原因[16]によって判断する（原因同一説）のか，それにより発生した傷病によって判断する（傷病同一説）のかが議論されている[17]。

原因同一説においても，同一の原因によって発生した傷病が異なるものである場合には，給付要件も異なってくるため，それらについての支給・不支給決定は同一の処分とはいえないと考えられるので，両説の差異は，傷病が同一であっても原因が異なる場合につき現れることになる。

すなわち，ある傷病に関し，労働者側が主張した災害の原因が認められないとして不支給決定がなされ，その取消訴訟が提起された場合に，労働者側において，別の原因によってその傷病が発生したという主張をすることができるかにつき，原因同一説によれば，そのような主張をすることは訴訟物の範囲を超えるものとして許されないことになるが[18]，傷病同一説によれば，傷病が同一である限り，別の原因によってそれが発生したとの主張も可能となる。

この点については，傷病の発生のみならず，その業務起因性，すなわち当該傷病が業務を原因として発生したことを重要な要件としている労災保険法の枠組みに照らすと，原因同一説をとるのが自然であるように思われる。ただし，労働者側の請求における災害の原因の記載は，必ずしも訴訟における訴状のように法的な知識を前提とするものではなく，また，支給・不支給の決定を行う労働基準監督署長等も，裁判所とは異なり，請求当事者の主張によるのみならず，職権により調査を行うことが求められるのであるから，原因の同一性の判断に当たっては，柔軟な解釈が要請されるといえるであろう。すなわち，労働者側が主張した傷病の原因と厳密に一致するものでなくとも，原因の同一性の

---

[15] 行政庁が他の要件の充足性を訴訟において積極的に争わない場合には，弁論の全趣旨によりそれら要件に該当する事実を認定できることはあろうが，これらの要件該当性を行政庁が明示的に争った場合にはこうした取扱いも困難であろう。

[16] 被災労働者や遺族が保険給付を請求する際には，災害の原因を請求書に記載することが求められる。労災保険法施行規則12条等参照。

[17] この問題については，法務省訟務局内労災訴訟実務研究会編・前掲注[12]書119頁以下参照。

[18] また，裁判所としても，被災労働者側の主張したものと異なる原因により当該傷病が発生したと認定して不支給決定を取り消すことはできなくなると考えられる。

範囲を超えるものではないと解すべき場合も少なくないと考えられる。

4　請 求 原 因

(1)　労災保険不支給決定の取消訴訟における主張立証責任

　労災保険不支給決定の取消訴訟における要件事実を考える場合には，同訴訟における主張立証責任の分配はいかなる基準によって判断されるかをまず検討しておく必要がある。この点については，行政処分の取消訴訟一般における主張立証責任いかんをめぐる議論が参考になる。

　この問題については，従来から種々の見解が唱えられており，現在のところ，(a)民事訴訟における法律要件分類説と同様の発想をとる見解，及び，(b)国民に権利利益を与える受益処分とそれらを侵害する侵害処分に分け，受益処分を拒否する処分を争う場合は当該権利利益の実現を求める原告がその根拠となる事実につき主張立証責任を負い，侵害処分については行政庁がその処分の適法性を基礎づける事実につき主張立証責任を負うとする見解が有力であり，その他に，(c)当事者間の公平や事柄の性質，あるいは立証の難易などの事情を事案ごとに考慮するとの見解も取り入れつつ主張立証責任の所在を判断するとの見解などもみられる[19]。また，(d)これらを必ずしも背反するものとはとらえずに，(b)説を基本としつつ，(a)説や(c)説の趣旨もとりいれて主張立証責任の分配を考える見解も唱えられている[20]。

　これらのうち，(a)説によると，労災保険法上の保険給付の要件を定めた規定により，原告が国に対して労災保険の給付を求める公法上の権利が認められるならば，訴訟物たる労働基準監督署長の不支給決定の違法性が根拠づけられることになるので[21]，そのような規定（権利根拠規定）に該当する事実については，原告側が主張立証責任を負うことになると思われる[22]。

---

[19]　宇賀克也『行政法概説Ⅱ』（有斐閣，2006年）206頁以下，行政事件訴訟実務研究会『行政訴訟の実務』（ぎょうせい，2005年）196頁など参照。

[20]　司法研修所編・前掲注(9)書172頁。

[21]　このように考えても，最終的な判断の対象は不支給決定の違法性であるので，上述した訴訟物の問題につき，労災保険給付請求権が訴訟物となるとの見解をとることには直ちには結び付かないであろう。

[22]　他方，保険給付の要件がみたされる場合でも不支給決定を行うことを可能とする規定は，上記権利の発生ないし行使を妨げ，あるいは消滅させる規定といえるので，これに該当する事実については被告側が主張立証責任を負うことになるであろう。

労働法が目指すべきもの

　他方, (b)説によっても, 労災保険給付は労働基準監督署長の給付決定によりはじめて権利として具体化するのであるから, 保険給付決定はいわゆる受益処分に該当し, 不支給決定を争う原告側が保険給付の要件に該当する事実について主張立証責任を負うことになると考えられる。そうすると, 現在有力な上記(a)説・(b)説のいずれによっても, 大きな差が生じることはなさそうであり ((c)説はともかく, (d)説によっても同様の結論が予想される), 一般的に, 労災保険給付の不支給決定に対する取消訴訟においては, その取消しを求める原告側が支給要件に該当する事実につき主張立証責任を負うという理解がとられている[23][24]。

(2) 請求原因の内容

　以上によると, 労災保険給付の不支給決定に対する取消訴訟の請求原因は, 基本的には, (i)行政処分(労働基準監督署長の不支給決定)の存在, 及び(ii)原告が労働基準監督署長に請求した労災保険給付の支給要件に該当する事実ということになる[25]。

　これらのうち, (ii)の労災保険給付の支給要件については, 労災保険法が具体的に要件を定めている。それらのうち, 特に基本的なものである業務上の災害(7条1項1号)に関する各種の保険給付(12条の8第1項)については, ①被災者が「労働者」であること[26], ②負傷・疾病・障害・死亡の事実及びそれが

---

[23] 金子順一「労災保険訴訟の主張立証責任」宗宮英俊＝萩尾保繁編・現代裁判法大系21巻『労働基準・労働災害』(新日本法規, 1998年)248頁など。裁判例としては, 豊田労基署長事件・名古屋高判平成15・7・8労判856号14頁などがある。これに対し, 塩野宏『行政法Ⅱ(第4版)』(有斐閣, 2005年)148頁は, 社会保障給付請求権についての不支給決定の適法性については, 被告行政庁側がこれを根拠づける事実についての主張立証責任を負うとする。

[24] ただし, 後注(30)とその本文でみるように, 主張立証の対象が不支給決定に当たり不充足とされた要件該当性いかんに限定されることがあろう。

[25] 以上の他, 取消訴訟一般については, 原告には処分の違法事由を指摘する事実上の負担があるとする見解が有力である。司法研修所編・前掲注(9)書168頁。しかし, 労災保険不支給決定の取消訴訟の場合は, 労災保険給付の支給要件に該当する事実が原告において主張立証すべき要件事実となり, また, 不支給決定通知書において不支給の根拠(いかなる要件に該当しないのか)が示されるため, 原告の指摘をまつまでもなく, 争点は実際上も特定されるといえるであろう。

[26] 労災保険法上は「労働者」の定義規定は置かれていないが, 一般に, 労災保険制度が労基法上の災害補償責任を基礎にしていることから, 労基法9条の「労働者」と同義であると解されている。同条は,「労働者」につき,「事業又は事務所(以下「事業」とい

業務上のものであることが共通の要件となり，さらに，③療養補償給付，休業補償給付，障害補償給付，遺族補償給付などの給付内容に応じた固有の支給要件が加わることになる[27][28]。

労災保険不支給決定の取消訴訟においては，これらの要件のいずれもが争われうるが，以下では，上記②のうち，特に重要な「業務上」という要件について取り上げることとしたい[29]（その中で，近年裁判例が多い急性脳・心臓疾患（いわゆる過労死）をめぐる問題についてはやや詳細に検討する）。

他方，通勤災害に関する保険給付（7条1項2号）に関する各種の保険給付（21条）については，①被災者が「労働者」であること，②負傷・疾病・障害・死亡の事実及びそれが通勤によるものであることが共通の要件となり，他に，③療養給付，休業給付，障害給付，遺族給付などの給付内容に応じた支給要件が加わる。ここでは，「業務上」という要件に代わり，「通勤により」という要件がみたされることを要するが，「通勤」の要件については，労災保険法7条2項に具体的な定めが置かれている。これらの内容についても議論があるが，

う）に使用される者で，賃金を支払われる者をいう」と定義しており，①「使用される」とは，相手方の指揮命令のもとに労務を供給することをいうとされているが，「使用される」及び②「賃金を支払われる」という要件への該当性は，諸種の要素を総合評価して判断されている（各要素の詳細はここでは省略するが，昭和60年に労働省の労働基準法研究会が発表した報告書（「労働基準法の『労働者』の判断基準について」）が参考になる）。ただし，①及び②の要件該当性は法的評価の問題というよりは事実認定上の問題であると考えられるので，それらの要素は，上記両要件の認定についての間接事実（またはそれによる推認を妨げる事実）になるといえよう。労災保険法上の労働者性に関する代表的事例としては，横浜南労基署長事件・最一小判平成8・11・28労時1589号136頁がある。なお，以上の意味での労働者に該当しなくとも，労災保険法33条以下の特別加入制度のもとで労災保険給付を受けうる場合がある。

(27) 西森・前掲注(7)論文253頁，金子・前掲注(23)論文248頁など。

(28) 以上の他，再審査請求前置及び出訴期間の要件をみたしたことも，労災保険不支給決定の取消訴訟の適法要件として必要となる。岡口基一『要件事実マニュアル4（第3版）』（ぎょうせい，2010年）398頁。なお，同書は，不支給決定がなされたこと，並びに再審査請求前置及び出訴期間の要件をみたしたことを請求原因として挙げる一方で，本文の①ないし③を再抗弁としている。しかし，労災保険不支給決定の取消訴訟においては，①ないし③を請求原因の内容と解しないと，原告側として，訴訟物を根拠づける請求原因として，支給要件への該当事実を主張立証したことにはならないように思われる。

(29) 労災保険法上の各給付の支給要件の主張立証責任については，金子・前掲注(23)論文261頁以下参照。

本稿では検討を省略する。

　なお，前述した訴訟物の理解とも関連して，被災労働者が労災保険法上の労働者該当性という要件をみたさないことを理由になされた不支給決定の取消訴訟のような場合，行政庁側において他の要件の不充足を主張することができなくなることにより（あるいは，当該要件についての判断の誤りを理由に処分の違法性が根拠づけられることにより），他の要件については判断の対象から外れ，原告側は具体的な主張立証をするまでもないことがありえよう[30]。

(3)　業務上災害の主張立証責任
(a)　「業務上」の意義

　労災保険法における「業務上」の災害とは，労基法上の災害補償の要件としての「業務上」の災害と同内容であり，災害が「業務上」のものであることは，一般に業務起因性の要件といわれている。「業務上」ないし業務起因性とは，問題となっている災害が，業務に内在する危険が現実化して発生したものといえることと一般に定義されている[31]。この要件は，相当因果関係と呼ばれることもあるが，無過失責任である災害補償責任を根拠づけるための概念であるから，民法上の損害賠償の範囲を画するために用いられる概念としての「相当因果関係」とは，機能を異にするものである。

　以上において，業務上の「災害」という用語は，疾病・負傷・疾病・障害ま

---

[30]　ただし，労災保険給付請求権を訴訟物とみる見解（注(7)及びその本文参照）に立つ場合には，このような取扱いが可能かどうか疑問が生じる。

[31]　公務災害の事例であるが，最高裁判決としては，地公災基金東京都支部長事件・最三小判平成8・1・23労判687号16頁などがある。こうした理解は，業務上災害に関する労災保険が労基法上の使用者の災害補償責任を基礎とする責任保険として位置づけられており，かつ，労基法上の災害補償制度が，使用者の業務に伴う危険が現実化した労働災害については使用者に無過失責任を負わせるのが妥当であるという発想に基づくものであることを背景としている。これに対して，労災補償制度が労働者の生存権等の憲法上の権利を基礎に置くものであることを根拠に，業務との関連性があれば業務起因性を認めるべきであるとの見解（水野勝「業務上外認定の基準」窪田隼人教授還暦記念論文集『労働災害補償法論』（法律文化社，1985年）168頁以下，岡村親宜『過労死と労災補償』（旬報社，1990年）75頁以下など）があるが，判例及び大多数の学説は本文のように理解している。ここではそうした理解を前提に検討するが，判例や学説の多数の見解においても，「危険」の概念等につき，労働関係の特質を踏まえて考えていくことは可能であり，必要でもあろう。

たは死亡という労働者に生じた被害のことを広く捉えたものとして用いているが，より狭い意味では，疾病・負傷・疾病・障害または死亡という被害を生ぜしめた事故ないし突発的な出来事をいうこともある（たとえば，建築現場からの転落という事故により死亡という被害が生じた場合，事故そのものを「災害」と呼ぶことがある）。

このように狭い意味での「災害」という用語が用いられる事案においては，①業務と災害との間の因果関係と，②災害と疾病・負傷・疾病・障害または死亡という被害との間の因果関係の両者を観念することができる。この場合，業務上災害と判断されるためには，両者の因果関係が肯定される必要があり，業務起因性とはこれら両者を含みうるものであるが，②については，医学的な観点から判断されることが多く，①の判断が相当因果関係の中心的要素をなす。これに対して，いわゆる職業病（非災害性疾病）については，事故を介在せずに発症しうるものであるため，業務と疾病・負傷・疾病・障害または死亡という被害の相当因果関係が直接的に問題となる。

なお，業務起因性の立証の程度については，特段の定めがない以上，通常の民事訴訟や行政訴訟において求められる立証の程度と基本的に異なるところはないと解される[32]。ただ，ここでの立証は，医療過誤事件で最高裁が判示したように，一点の疑義も許されない自然科学上の証明ではなく，経験則に照らして因果関係を是認し得る高度の蓋然性の証明で足りると考えることになろう[33]。

(b) 業務起因性の判断と主張立証責任

上記のとおり，業務起因性とは，問題となっている災害が，被災労働者の業務に内在する危険が現実化して発生したものであることをいうが，前述したように，労災保険給付の不支給決定の取消訴訟においては，基本的に原告側が支給要件に該当する事実の主張立証責任を負うと解されるので，業務起因性についても，原告側が主張立証責任を負うことになる。

以上に関しては，業務起因性ないし「業務に内在する危険が現実化して発生した」ことをいわゆる規範的要件と位置づけるか（この見解によるとそのよう

---

[32] 西森・前掲注(7)論文 256 頁など。
[33] ルンバール・ショック事件・最二小判昭和 50・10・24 民集 29 巻 9 号 1417 頁参照。後掲注(43)の横浜南労基署長事件に関する指摘として，渡辺章「判批」判時 1749 号（判評 510 号）42 頁がある。

な評価を根拠づける具体的事実につき原告側が主張立証責任を負うことになる),あるいは,それ自体が具体的事実として原告側が主張立証責任を負う要件事実となるか(この見解によれば,上記評価根拠事実は間接事実として位置づけられる)がまず問題となる。

この点については,業務に危険が内在していたか,また,問題となった災害がそうした危険の現実化として発生したものといえるかは,諸種の事情を総合考慮して評価すべき面があるので,業務起因性を規範的要件とみることも可能だと思われる[34]。しかし他方で,これらはあくまでも経験則による事実認定上の問題であり,法的評価とまではいえないとの理解もまた誤りとはいえないであろう。

そこで,両見解の実際上の帰結をも考慮すると,業務起因性を規範的要件と考えてその評価根拠事実や評価障害事実を要件事実とみる場合には,それら具体的事実が主張立証責任の対象となる。そして,とりわけ主張責任の対象となることにより,当事者が主張していない事実は,裁判の基礎として認定することはできないことになる。しかし,労災保険法における業務起因性の判断は,医学上の知見も交えてなされる困難なものであることも多く,適切な結論を導くためには,当事者の主張には必ずしも現れていない事実を認定せざるを得ないこともありうると思われる。

このような実際的な観点も考慮して,現時点では,災害が「業務に内在する危険が現実化して発生した」ことを事実認定上の問題としてとらえ,それ自体が要件事実となると解しておきたい。ただし,この点に関する間接事実であっても,審理に当たって特に重要と思われるものについては,当事者に釈明を求めるなどして相互に十分な主張を尽くさせた上で判断を行うことが,訴訟運営上は望ましいと思われる[35]。

(c) 業務遂行性という概念の意義

行政における業務災害の認定においては,いわゆる職業病を除き,このように業務起因性を判断する前提として,業務遂行性の判断を行う必要があるとさ

---

[34] 法務省訟務局内労災訴訟実務研究会編・前掲注(12)書154頁は,何が主要事実かを直接検討した文脈ではないものの,相当因果関係を法的評価の問題としている。

[35] 以上については,基本的に,松本光一郎「業務起因性(1)——業務起因性の判断基準」林=山川編・前掲注(7)書245-246頁に従っている。

れている。すなわち，まず業務遂行性（当該災害が事業主の支配管理下において発生したこと）の有無を判断し，それが肯定される場合には業務起因性の判断に移るというプロセスがとられる。

　行政機関としては，業務災害の認定を迅速かつ効率的に行うために，このように業務遂行性という基準で第1次的なスクリーニングを行うことには意味があると考えられるが，訴訟において不支給決定の適法性が争われる場合，その直接的な判断基準，すなわち要件事実になるのは業務起因性であり，業務遂行性は，それが認められる場合に，業務起因性を事実上推認できることが通例であるという意味を持つに留まる[36]。

　たとえば，労働時間中に発生した災害については，労働者は使用者の指揮命令下に置かれていることから，業務遂行性が肯定され，かつ，原則として業務起因性も肯定されており，この場合は，業務起因性が推認されるといえる。ただし，その場合でも，災害が私的行為や天災地変によるとみられる事情があるときには，業務起因性は例外的に否定されるが，ここでは，これらの事情が業務起因性の推認をくつがえす意味をもつことになる。他方，休憩時間中の災害の場合は，業務遂行性は肯定されるものの，労働者は使用者の指揮命令から解放されているため，原則として業務起因性は否定されると解されている（ただし，災害が事業主の施設の瑕疵に基づくときなどは例外的に業務起因性が肯定される）。

　以上に対して，非災害性疾病（職業病）については，災害という事態を経由せずに発症するものであるため，行政上の認定においても，業務遂行性の有無を判断することなく業務起因性を判断するプロセスがとられる。ただし，こうした職業病については，医学的な判断を要することも多いため，労働基準法施行規則35条により，同規則別表第1の2所定の一定の業務に従事したことにより一定の疾病が発生した場合を業務上の疾病とする旨が定められており，同法上の災害補償の責任保険としての労災保険についても適用される。

　同別表の1号から10号に定められた疾病は例示列挙であるが（11号に「その他業務に起因することの明らかな疾病」が挙げられている），列挙された疾病については，一般的な医学的経験則に基づいて定められたものであるので，労働者がそれらを発症させうる条件のもとで当該業務に従事し，かつ当該疾病に罹患して

---

[36] 松本・前掲注[35]論文235頁など。

いれば，特段の事情がない限り，業務起因性が事実上推認されることとなる[37]。
(d) 急性脳・心臓疾患における業務起因性の主張立証責任
ア 業務起因性の判断基準

いわゆる「過労死」をめぐる事案においては，被災労働者の基礎疾病ないし素因が業務遂行の過程で悪化して急性脳・心臓疾患が発症したことにつき，業務起因性が問題となることが通常である。この場合，発症の医学的なメカニズムの解明に難しい部分が生じうることに加えて，基礎疾病等がその自然的経過により悪化したときでも発症の可能性があることから，業務起因性の判断が困難な問題となることがある。

かつては，こうした急性脳・心臓疾患については，労基則別表第1の2においては特に定められず，「その他業務に起因することの明らかな疾病」の問題とされてきたが，平成22年4月1日施行の労基則改正において，同別表の8号に「長期間にわたる長時間の業務その他血管病変等を著しく増悪させる業務による脳出血，くも膜下出血，脳梗塞，高血圧性脳症，心筋梗塞，狭心症，心停止（心臓性突然死を含む。）若しくは解離性大動脈瘤又はこれらの疾病に付随する疾病」が加えられた。もっとも，現在のところ，行政による認定においては，後述する改正前の通達[38]の基準については特に変更が加えられていないようであり，また，裁判例においては，もともと行政の認定基準には必ずしも拘束されないという立場が一般的であることから，本稿では，これまでの行政上の基準や裁判例を前提に検討することとする。

以上のような急性脳・心臓疾患の業務上認定の問題をめぐっては，行政の示した認定基準に従った不支給決定を裁判所が取り消す例が少なからずみられ，行政解釈も変遷を重ねてきた。現在の行政解釈は，業務による明らかな過重負荷によって，基礎疾病がその自然的経過を超えて著しく増悪し，これらの疾患が生じた場合には，業務起因性が認められるとしている[39]。その詳細について

---

(37) 横浜西労基署長事件・最三小判昭和63・3・15労働省監修・新訂体系労災保険判例総覧357頁参照。
(38) 平成13・12・12基発1063号。
(39) 上記基発1063号。なお，上記認定基準は行政上の通達であるから，本文でも述べたとおり，裁判所を拘束するものではない。そこで，認定基準とは異なるプロセスにより問題の疾病が発症したことを原告側が主張立証した場合には，被告側は，認定基準に依拠して業務起因性を否定するだけではなく，当該プロセスによる疾病発症についての反

は本稿では省略するが，現在の基準は，業務による過重負荷が認定されうる場合の時間的な観点からの類型として，①業務に関連する異常な出来事に遭遇した場合，②発症に近接した時期（おおむね1週間）において，日常業務（通常の所定労働時間内の所定業務をいう）に比較して特に過重な業務に従事した場合，③発症前の長期間（おおむね6か月間）にわたり，著しい疲労の蓄積をもたらす特に過重な業務に従事した場合をあげている[40]。

こうした行政の認定基準は，相対的有力原因説と呼ばれているが，現在の定式化によれば，「業務による明らかな過重負荷によって，基礎疾病が自然的経過を超えて著しく増悪した」ことを中核的内容とするものであり，下級審裁判例にも同旨のものがみられる[41]。他方，下級審裁判例の中には，業務の遂行が共働原因となって基礎疾病を増悪させ発症を招いたかどうかを基準とする共働原因説をとるものもみられるが[42]，相対的有力原因説に比べて，結果に必然的な差異が生ずるものかどうかは必ずしも明らかではない。

なお，平成12年の横浜南労基署長事件最高裁判決[43]は，「上告人が右発症前に従事した業務による過重な精神的，身体的負荷が上告人の右基礎疾患をその自然の経過を超えて増悪させ，右発症に至ったものとみるのが相当であって，その間に相当因果関係の存在を肯定することができる」と判示しており，相対的有力原因説に近い表現を用いている。ただし，この判示においては，業務

証を行うことが必要となる場合がある。金子・前掲注[23]論文261頁。

[40] 長期間にわたる疲労の蓄積を考慮する類型③は，従前の基準（平成7・2・1基発38号等）に付加されたものであり，後注[43]掲記の横浜南労基署長事件最高裁判決の影響だと思われる。

[41] 裁判例としては，新宿労基署長事件・東京高判平成3・5・27労民集42巻3号359頁，名古屋南労基署長事件・名古屋高判平成8・11・26労判707号27頁など。なお，相対的有力原因説は，業務起因性に関する一般的な判断基準と位置づけられることもあるが，同説の示した基準は，基礎疾病等と業務の負荷が競合する場合を念頭に置いていることは明らかであり，急性脳・心臓疾患に限られるものではないとしても，基礎疾病等を伴わない業務上傷病には必ずしも適用されない（少なくとも実質的内容は異なりうる）と考えられる。

[42] 三田労基署長事件・東京高判昭和51・9・30判時843号39頁，向島労基署長事件・東京高判平成3・2・4労民集42巻1号40頁など。従来の裁判例の詳細については，小畑史子「脳血管疾患・虚血性心疾患の業務上外認定に関する裁判例」山口浩一郎他編・花見忠先生古稀記念論集『労働関係法の国際的潮流』（信山社，2000年）97頁以下参照。

[43] 最一小判平成12・7・17労判785号6頁。

労働法が目指すべきもの

による過重負荷が基礎疾患をその自然の経過を超えて増悪させた程度が「著しい」ものであったことは要求されておらず，その点において行政上の基準と異なっている（むしろ，同判決を受けた見直しにより現在の認定基準が定立された）ことにも，留意が必要である[44]。

イ　主張立証責任の検討

そこで，上記横浜南労基署長事件最高裁判決を素材に，急性脳・心臓疾患の業務起因性についての主張立証責任の整理を試みると，同判決は，脳動脈りゅうの破裂によるくも膜下出血が問題になった事案において，上記のとおり，「業務による過重な精神的，身体的負荷が……基礎疾患をその自然の経過を超えて増悪させ，……発症に至った」と判示している。その過程において，同判決は，業務による慢性疲労等が慢性の高血圧症等の原因の一つとなりえ，かつ慢性高血圧症等が脳動脈りゅうを増悪させるという，業務による基礎疾患の増悪の一般的なプロセスを示したうえで，他方において，「上告人の右基礎疾患が右発症当時その自然の経過によって一過性の血圧上昇があれば直ちに破裂を来す程度にまで増悪していたとみることは困難というべきであり，他に確たる増悪要因を見いだせない」として，上記のような結論的判示に至っている。

ここでは，被災労働者の業務による過重負荷が医学的にみてその基礎疾患等を増悪させるものであることが立証されれば，基礎疾患が発症当時その自然の経過によって一過性の血圧上昇があれば直ちに破裂を来す程度にまで増悪していたこと[45]，または，他に確たる増悪要因があったこと[46]が立証されない限り，当該事件において，業務による過重な精神的，身体的負荷が基礎疾患をその自然の経過を超えて増悪させ発症に至ったとの認定がなされうることが示されている。

これを立証の観点から整理すれば，原告側において，①被災労働者が業務による過重負荷を受けており，それが医学的にみてその基礎疾患等を増悪させる

---

[44]　最高裁判例を分析し，行政の採用している相対的有力原因説とも共働原因説とも異なると指摘するものとして，佐久間大輔『労災・過労死の裁判』（日本評論社，2010年）8頁以下がある。

[45]　同事件では，被災労働者は，血圧が正常と高血圧の境界領域にあり，高血圧症が進行していたが，治療の必要のない程度のものであったと認定されている。

[46]　同事件では，被災労働者に酒，たばこ等健康に悪影響を及ぼすと認められるし好はなかったとされている。

ものであることを立証すれば，被告側において，②基礎疾患が発症当時その自然の経過によって発症直前の程度にまで増悪していたこと[47]，または，③業務以外の特定の増悪要因があったこと[48]を立証しない限り，当該事件において業務起因性を認めることができるとのルールを抽出することが可能だと思われる[49]（以上は業務起因性を事実認定の問題と見た場合の整理であるが，これを規範的要件ととらえれば，①は業務起因性の典型的評価根拠事実として原告側の主張立証責任に属し，②・③がその典型的な評価障害事実として抗弁の内容をなし，被告側の主張立証責任に属すると整理することとなろう）。

なお，以上とは異なり，自然的経過により急性脳・心臓疾患が発症した事案でも，業務を続けざるをえなかったため症状が悪化したといえる場合には，業務に内在する危険が現実化したものとして業務起因性を認められうる[50]。こうした事案は「治療機会の喪失」類型といえるが，上記判断枠組みにおいて②の立証がなされても，業務を続けざるをえなかったため症状が悪化したことの立証がなされれば，なお業務起因性が肯定されることが示されていると思われる。

5　抗弁等

労災保険給付請求権については，給付の内容に応じてその支給制限事由や消滅事由が定められていることがあり，これらに該当する事実については，基本的に被告側が抗弁として主張立証責任を負うと考えられる（たとえば，遺族補償年金における遺族の死亡や婚姻等による受給資格の喪失（労災保険法16条の4）など[51]）。

---

[47]　基礎疾病等が業務によらず自然的経過により発症寸前にまで増悪していたかどうかが問題とされた事案として，地公災基金鹿児島県支部長事件・最二小判平成18・3・3労判919号5頁参照。

[48]　労働者が血圧のコントロールを怠ったことを重視して，脳内出血の公務起因性を否定した例（昭和郵便局事件・最三小判平成8・1・23労判687号18頁）は，他に確たる増悪要因が存在したことを認めたものといえよう。

[49]　佐久間・前掲注[44]書17頁も，主張立証責任には直接触れてはいないものの，相当因果関係を構成する重要な要素として本文掲記の①ないし③を挙げている。

[50]　公務災害に関する事案であるが，地公災基金東京都支部長事件・最三小判平成8・1・23労判687号16頁など。否定例として，同愛知県支部長事件・最二小判平成12・4・21労判781号15頁がある。

[51]　療養補償給付を求める権利（労災保険法13条1項）も，一身専属的なものとして死亡により消滅すると解されている（福岡地判平成2・3・23判時560号32頁）ので，受給権者の死亡は抗弁となる。それ以外の権利については原則として相続の対象となるとさ

労働法が目指すべきもの

以下では，各給付におおむね共通する主要な抗弁等について検討することとする[52]。

(1) 故意等による事故の招致

労働者が故意に負傷，疾病，障害もしくは死亡またはその直接の原因となった事故を生じさせた場合には，政府は保険給付を行わないものとされ（同12条の2の2第1項），また，労働者が故意の犯罪行為もしくは重大な過失により，または正当な理由がなくて療養に関する指示に従わないことにより，負傷，疾病，障害若しくは死亡もしくはこれらの原因となった事故を生じさせた場合などには，政府は保険給付の全部または一部を行わないことできるとされている（同第2項）。

以上の支給制限事由に該当する事実（重大な過失の存在や正当な理由がないことについてはその評価根拠事実）については，被告側が主張立証責任を負う。これらのうち，「故意」については，業務上の疾病と主張されるうつ病等により労働者が自殺した事案では，外形上は労働者の意思によるとみられる行為によって事故が発生しているため，「故意」によるものといえるか否かが問題となるが，近年の裁判例の多くは，当該行為が業務に起因して発生したうつ病の症状として発現したと認められる場合には，労働者の自由な意思に基づく行為とはいえず，ここでいう「故意」には該当しないとの立場を示している[53]。

れているが，遺族において新たに支給決定を得る必要があるため（同11条），受給権者の死亡により同人固有の請求権は消滅し（それゆえ死亡の事実が抗弁となる），遺族らに対して不支給決定がなされた場合に改めて取消訴訟で争われることになろう。受給権者が不支給決定の取消訴訟の係属中に死亡した場合には，訴訟承継がなされるかにつき見解の対立があるが，国民年金に関する最高裁判例（本村訴訟・最三小判平成7・11・7民集49巻9号2829頁）の射程が及ぶとする否定説が有力である。金子順一「訴訟承継」宗宮英俊＝萩尾保繁編・現代裁判法大系21巻『労働基準・労働災害』（新日本法規，1998年）276頁参照。

[52] 業務起因性を規範的要件とみて，それを基礎づける評価根拠事実を主要事実と解する場合は，その評価障害事実について，被告側が抗弁として主張立証責任を負うことになる（4(3)(b)参照。また，急性脳・心臓疾患の事例については，4(3)(d)イ参照）。

[53] 大町労基署長事件・長野地判平成11・3・12労判764号43頁，豊田労基署長事件・名古屋高判平成15・7・8労判856号14頁など。うつ病そのものが業務上災害とされた事案ではないが，こうした「故意」の解釈の先例として，佐伯労基署長事件・福岡高判平成6・6・30判タ875号130頁がある。

平成11年の行政解釈も，従前の見解を改め，業務による心理的負荷によってうつ病等の精神障害が発病したと認められる者が自殺を図った場合には，精神障害によって正常の認識，行為選択能力が著しく阻害され，または自殺行為を思いとどまる精神的な抑制力が著しく阻害されている状態で自殺が行われたものと推定し，原則として業務起因性が認められるとの立場をとるに至っている[54]。

　以上のような裁判例の立場は，労災保険法12条の2の2第1項の趣旨を，業務と関わりのない労働者の自由な意思によって発生した事故は，業務との因果関係が中断されるため，業務起因性がないことを確認的に示したものとの理解を根拠とするが，これによれば，うつ病等の精神障害に業務起因性が認められる場合には，同条による支給制限は原則として適用がないことになるので，これを主張する被告側としては，原告側の請求原因事実の立証に対して当該うつ病等に業務起因性がない旨の反証を行うか，当該自殺が業務にかかわらない他の要因によることを抗弁として主張立証する他ないことになろう[55]。

(2) 保険給付を求める権利の時効消滅[56]

　労災保険給付のうち，療養補償給付，休業補償給付，葬祭料，介護補償給付等を受ける権利は，2年を経過したとき，障害補償給付及び遺族補償給付等を受ける権利は，5年を経過したときは時効によって消滅する（労災保険法42条）[57]ので，時効による権利の消滅も，不支給決定の適法性を根拠づけるものとして，被告側の抗弁となりうる。これに対して，不支給決定に対して審査請求や再審査請求がなされたことが，時効期間の進行を中断させるものとして（38条3項），

---

[54]　平成11・9・14基発第545号。

[55]　上記基発545号は，発病後に治療等が行われ相当期間が経過した後の自殺については，治ゆの可能性やその経過の中での業務以外の様々な心理的負荷要因の発生の可能性があり，自殺が当該疾病の症状の結果と認められるかどうかは，さらに療養の経過，業務以外の心理的負荷要因の内容等を総合して判断する必要があるとしている。

[56]　この問題についての実体法上の検討としては，山口浩一郎『労災補償の諸問題（増補版）』（信山社，2008年）389頁が有益である。

[57]　ここで時効消滅等が問題となる権利は，労働基準監督署長等が支給決定をなしたことにより発生する具体的請求権（会計法30条所定の消滅時効に服する）ではなく，かかる決定がなされる前の抽象的な保険給付の支給決定を求める権利である（前注(2)とその本文参照）。

労働法が目指すべきもの

原告側が主張立証すべき再抗弁事実となる[58]。

　この労災保険法 42 条の趣旨については，消滅時効を定めたものであるとの見解と除斥期間を定めたものであるとの見解があるが，下級審裁判例では前者が多数である[59]。ただし，時効の援用に関しては，前者の見解をとる裁判例でも，会計法 31 条の（類推）適用により被告側の援用は不要であると解するものが有力であり[60]，被告側としては，時効援用の事実を抗弁の内容として主張立証する必要はないことになる。そうすると，時効による権利消滅を抗弁として主張する被告側は，起算点から 2 年または 5 年の時効期間が経過したことを主張立証すれば足りることになる[61]。

　労災保険法 42 条にいう消滅時効の起算点については，条文上は明らかでない。この点については，裁判例も分かれており，(a) 民法 166 条を根拠に（労災保険法 42 条の権利消滅の趣旨を除斥期間と解することを根拠とする見解もある[62]），被災労働者の権利行使につき法律上の障害がなくなったときを起算点とするもの[63][64]，(b) 民法 724 条を根拠に，被災労働者において当該傷病が業務上災害であること（を基礎づける事実）を知ったときが起算点となるとするもの[65]，(c) 被災労働

---

[58]　以上のほか，給付請求をした事実も時効中断事由になると解すべきであろう。山口・前掲注[56]書 394 頁。

[59]　除斥期間説としては，川口労基署長事件・浦和地判平成元・12・15 判時 1350 号 57 頁があり，消滅時効説としては，大垣労基署長事件・名古屋高判平成 3・4・24 労判 591 号 48 頁，岐阜八幡労基署長事件・名古屋高判平成 4・2・26 労判 611 号 79 頁，王子労基署長事件・東京地判平成 7・10・19 労判 682 号 28 頁などがある。

[60]　今市労基署長事件・東京高判平成 3・6・27 労判 608 号 79 頁，前掲注[59]王子労基署長事件など。

[61]　休業補償給付については，休業日ごとに請求権が発生するとされているため，各休業日ごとの請求権につき時効消滅を考えることになるので，起算点が一時点に固定されるわけではない。なお，休業補償給付の不支給処分が争われ，それが取り消された後でなされた後続請求については，当該請求にかかる給付請求権の発生時点ではなく，原処分が取り消された時点を起算点と解すべきであろう。山口・前掲注[56]書 402 頁。

[62]　前掲注[59]川口労基署長事件。

[63]　藤沢労基署長事件・東京高判平成 13・11・29 判時 1778 号 154 頁など。

[64]　この見解による場合，保険給付の支給事由については原告側が請求原因において主張立証すべきことからすれば，請求原因において支給事由の発生時点が現れることが通常と考えられるので，通常，被告側は時効期間の経過のみ主張すれば足りることになろう（期間の経過は顕著事実として被告側の立証は不要となる）。ただし，原告側の主張する日よりも早く支給事由が発生していたため，起算点もそれに応じて早くなることを被告側が主張する場合は別論である。

者が権利を行使するにつき法律上の障害がなく，かつ権利の性質上その権利行使が現実に期待できるときから起算されると解するもの[66]などがあり，近年では最後の(c)の見解が有力になっている。

以上のうち最後の(c)説による場合，被災労働者が権利を行使するにつき法律上の障害がないことは，給付請求権の発生により原則として根拠づけられ，その事実の主張は請求原因において現れることになるが，その権利の行使が現実に期待できたことについては，原・被告のいずれが主張立証責任を負うかが問題となりうる。この点については，上記見解は，民法166条にいう「権利を行使することができる時」が消滅時効の起算点となるという原則を前提に，権利行使が事実上困難である場合の不当な結果を回避するためにその内容を修正したものといえるから[67]，権利行使が現実には期待できなかったことについては，原告側が主張立証責任を負うと解すべきであろう[68]。

以上によると，被告側の時効の抗弁としては，原告側による給付請求権の発生の主張立証を前提に，時効期間が経過したことを主張立証すれば足り（期間の経過は裁判所に顕著な事実となる），上記のとおり，権利行使が現実には期待できなかったことを基礎づける事実について，原告側が再抗弁として主張立証する責任を負うことになる。

(3) 使用者または第三者による損害賠償の支払

労災保険給付と同一の事由につき，使用者やそれ以外の不法行為者（第三者）が被災労働者に対して損害賠償をした場合には，政府は，労災保険給付をしないことができる（使用者行為災害につき労災保険法64条2項，第三者行為災害につき同12条の4第2項）。これに従って労災保険給付の（一部）不支給決定がなされた場

---

[65] 高山労基署長事件・名古屋高判昭和61・5・19労判476号23頁など。
[66] 前掲注[59]大垣労基署長事件，熊谷労基署長事件・東京地判平成21・5・18判時2046号150頁など。
[67] この見解は，供託物取戻請求権に関する最大判昭和45・7・15民集24巻7号771頁を参考にしたものと推測されるが，同判決も，供託物取戻請求権について権利行使が困難となる場合があることを考慮したものである。
[68] この見解に立つ前掲注[66]熊谷労基署長事件判決は，「原告の起算点に関する主張の理由は，原告の誤解，病気，本件会社の非協力的態度であり，いずれも事実上の障害に過ぎないし，権利の性質上その権利行使が現実に期待できない事由とはいえない」と判示しており，本文と同様の理解によるものと思われる。

合，被告側は，その取消訴訟における（一部）抗弁として，使用者や第三者が同一の事由につき損害賠償を支払ったことについて主張立証する責任を負う[69]。

なお，最高裁は，示談や和解により，労働者や遺族が損害賠償請求権を放棄ないし免除した場合についても，以上と同様に，政府は労災保険給付義務を免れると解している[70]。それゆえ，被告側の上記抗弁については，使用者や第三者が現実に「損害賠償を支払った」ことのみならず，示談や和解により損害賠償請求権を放棄ないし免除したことでも足りることになる。しかし，労災保険の行政解釈は，保険給付が将来なされることを前提としてなされた上積み的な示談金や和解金については支給調整を行わないなど，限定的な対応を行っている[71]ので，被災労働者側がこうした対応をなすべきであったと主張する場合には，再抗弁として，当該示談や和解の趣旨が保険給付が将来なされることを前提としてなされた上積み的な金員を支払うものであったことを主張立証して，労災保険給付請求権の消滅の効果発生を妨げることができる。

6　おわりに

本稿においては，労災保険不支給決定の取消訴訟における要件事実に焦点を当てた検討を行い，(1)本訴訟形態においても，行政処分の違法性一般を訴訟物と考える通説的見解を維持できると考えられること，(2)主張立証責任については，原告側が業務起因性など労災保険の支給要件に該当する事実につき主張立証責任を負うのが原則と解されること，(3)急性脳・心臓疾患の業務起因性については，①原告側において，被災労働者が業務による過重負荷を受けており，それが医学的にみてその基礎疾患等を増悪させるものであることを立証すれば，被告側において，②基礎疾患が発症当時その自然の経過によって発症直前の程度にまで増悪していたこと，または，③業務以外の特定の増悪要因が

---

[69] ここでは，支払われた損害賠償が問題となっている保険給付と「同一の事由」に該当することにつきいずれが主張立証責任を負うかという問題も生じ得る。被災労働者と使用者ないし第三者との関係にかかわる事情であることにかんがみ，原告側が「同一の事由」には当たらないことにつき主張立証する責任を負うとの見解もあり得ようが，労基署長がすでに不支給決定を行っていることからすれば，被告側が「同一の事由」への該当性についての主張立証責任を負うとしても立証上酷だとはいえないと思われる。

[70] 小野運送事件・最三小判昭和38・6・4民集17巻5号716頁。

[71] 昭和56・6・12発基60号など参照。

あったことを立証しない限り，当該事件において業務起因性を認めることができると考えられることなどの私見を提示してみた。

　もとより，労災事件は極めて多様な内容を持つものであり，本稿は，典型的な事例を想定して基本的かつ覚書的な検討を行ったものに過ぎない。また，本稿で取り上げた問題の中には，行政訴訟理論や要件事実論一般における基本的な問題にかかわるものも含まれており，これらに関する考察の進展を踏まえてさらに検討を行うべき点も少なくないものと思われる。今後機会をみてそうした作業にも取り組みたいと考えている。

渡辺 章先生 ご略歴

1940 年 10 月	山梨県に生まれる
1964 年 3 月	中央大学法学部法律学科卒業
1965 年 4 月	東京大学大学院法学政治学研究科民刑事法専門課程修士課程入学
1966 年 4 月	日本労働法学会会員
1967 年 3 月	東京大学大学院法学政治学研究科民刑事法専門課程修士課程修了（法学修士取得）
1970 年 3 月	東京大学大学院法学政治学研究科民刑事法専門課程博士課程単位取得（満期退学）
11 月	東京学芸大学教育学部講師
1971 年 4 月	東京経済大学非常勤講師（1992 年 3 月まで）
1973 年 6 月	東京学芸大学教育学部助教授
1974 年 4 月	国際基督教大学非常勤講師（1981 年 3 月まで）
1976 年 4 月	日独法学会会員
1982 年 4 月	早稲田大学商学部非常勤講師（1995 年 3 月まで）
5 月	労働省労働基準法研究会委員
1983 年 10 月	日本労働法学会理事
1986 年 7 月	東京学芸大学教育学部教授
1987 年 3 月	じん肺審議会委員（1991 年 10 月まで）
4 月	法務省司法試験第二次試験考査委員
1988 年 4 月	文部省在外研究員〔連合王国・ロンドン大学〕（1989 年 2 月まで）
1989 年 8 月	第 7 期東京都労働審議会委員
1990 年 4 月	筑波大学社会科学系教授
1991 年 11 月	第 30 期東京都地方労働委員会委員
12 月	日本学術会議社会法学研究連絡委員
1992 年 4 月	第 8 期東京都労働審議会委員更新
1993 年 11 月	第 31 期東京都地方労働委員会委員更新
1994 年 4 月	第 9 期東京都労働審議会委員更新（1996 年 3 月まで）
	参議院〔労働調査室〕客員研究員
12 月	日本学術会議社会法学研究連絡委員更新（1997 年 3 月まで）
1995 年 4 月	東京経済大学非常勤講師（2002 年 3 月まで）
	参議院〔労働調査室〕客員研究員更新（1996 年 3 月まで）
5 月	中央最低賃金審議会委員
11 月	第 32 期東京都地方労働委員会委員更新

渡辺 章先生 ご略歴

1997 年 4 月		筑波大学大学院経営・政策科学研究科企業科学専攻〔博士課程〕副研究科長（1998 年 3 月まで）
	5 月	中央最低賃金審議会委員更新〔会長代理〕（2002 年 12 月まで）
	12 月	第 33 期東京都地方労働委員会委員更新
1998 年 4 月		筑波大学大学院経営・政策科学研究科企業科学専攻〔修士課程〕副研究科長（2000 年 3 月まで）
		第 11 期東京都労働審議会委員〔会長代理〕
1999 年 5 月		中央最低賃金審議会委員更新〔会長代理〕
	12 月	第 34 期東京都地方労働委員会委員更新〔会長代理〕（2002 年 8 月まで）
2000 年 4 月		第 12 期東京都労働審議会委員〔会長代理〕
	5 月	大学設置・学校法人審議会専門委員（大学設置分科会）（2003 年 3 月まで）
2002 年 4 月		東京経済大学現代法学部教授
	11 月	中央労働委員会委員
2003 年 1 月		中央最低賃金審議会〔会長〕（2005 年 3 月まで）
2004 年 4 月		専修大学大学院法務研究科教授（法科大学院）
	11 月	中央労働委員会委員更新〔会長代理〕
2005 年 9 月		労働政策審議会臨時委員（2006 年 12 月まで）
2006 年 11 月		中央労働委員会委員更新〔会長代理〕（2008 年 11 月まで）
2009 年 12 月		内閣府参与（2011 年 8 月まで）

（筑波大学名誉教授）

渡辺 章先生 主要著作目録

　主要著作については，渡辺章先生の還暦に際し刊行された先生および山川隆一教授（現慶應義塾大学法科大学院）編・「筑波大学労働判例研究会」著『労働時間の法理と実務』（信山社出版，2000年11月）の巻末に2000年9月までのものが収録されており，先生のご意思により，本書では2000年9月以前のものは同書目録の補足にとどめ，それ以後の主要著作目録を掲げる。

　著書は『　』，論文，判例・事例研究等は「　」，対談，座談会は表題の前に表記した。

■ 2000年9月以前

「労働判例研究　地方公務員の争議行為と代償措置──人事院勧告の完全実施を求める争議行為と懲戒処分の効力」（熊本県教組等事件・熊本地判平成4・11・26, 大分地判平成5・1・19 判例集未登載）ジュリスト 1027号 93～96頁（1993年7月）

「労働判例研究　時季指定の方式違反と時季変更権の行使」（東京郵便局事件・東京地判平成5・1・27 労働判例 628号 71頁）ジュリスト 1041号 113～115頁（1994年3月）

「労働判例研究　賃金の基本給決定における男女差別と是正方法」（日ソ図書事件・東京地判平成4・8・27 労働判例 611号 10頁）ジュリスト 1044号 139～143頁（1994年5月）

「労働判例研究　出向の全社的統一基準にかかわる事項を含む地方本部労組の団交請求と支店長の応諾義務」（JR東日本労組秋田支店事件・秋田地判平成5・3・1 労働判例 644号 52頁）ジュリスト 1067号 138～141頁（1995年6月）

「労働判例研究　派遣労働者受入れ企業の団体交渉上の使用者性」（朝日放送事件・最3小判平成7・2・27 労働判例 672号 6～14頁（1995年7月）

「労働判例研究　過半数組合と三六協定を締結している状態の下で，少数組合が割増賃金の基礎給になる歩合給の引き下げを承認しないことを理由に，右組合との間で三六協定の締結を拒否するとして，時間外労働を禁止したことが，労組法7条1号，3号の不当労働行為に当たらないとされた事例」（高知観光事件・最1小判平成15・6・5 判例時報 1530号 132頁）判例時報 1561号 218～223頁（1996年6月）

■ 2000年10月以降

「労働時間法政策の課題と展望」渡辺章＝山川隆一編・筑波大学労働判例研究会著『労働時間の法理と実務』3～28頁（信山社，2000年11月）

渡辺 章先生 主要著作目録

■ 2001 年
「労働基準法上の労働時間」『筑波大学大学院企業法学専攻創設十周年記念論文集・現代企業法学の研究』647 〜 680 頁（信山社，2001 年 3 月）
「労働判例研究　不当労働行為制度上の使用者概念——朝日放送事件（最 2 小判平成 7・2・28 労働判例 668 号 11 頁）」監修山本吉人『人事・労務の法律実務』339 〜 343 頁（経営書院，2001 年 7 月）
「労働判例研究　支店長付き自動車運転手が発症したくも膜下出血の業務起因性」（横浜南労基署長事件・最 1 小判平成 12・7・17）判例時報 1749 号 220 〜 230 頁（2001 年 8 月）
「不当労働行為の審査手続と労働委員会規則」『中央労働時報』986 号 2 〜 13 頁（2001 年 8 月）
「成果主義賃金制度を中心とする法律問題の検討」『成果主義を考える』22 頁〜 49 頁（東京都産業労働局中央労政事務所，2001 年 12 月）

■ 2002 年
「報告と対談　処遇差別訴訟と救済法理——芝信用金庫事件を契機として」労働判例 814 号 6 頁〜 33 頁（下井隆史教授と対談）（2002 年 1 月）
「雇用形態の多様化と法的問題所在について」季刊労働法 200 号 36 〜 46 頁（報告と対談・八代尚宏日本経済研究センター理事長，コーディネーター山川隆一教授）（2002 年 9 月）
「男女の昇格差別とその救済（芝信用金庫事件・東京高判平成 12・12・22 労働判例 796 号 5 頁）」労働判例百選〔第 7 版〕66 頁〜 67 頁（2002 年 11 月）

■ 2003 年
「経営陣の更迭を求める管理職労働者らの署名活動と懲戒解雇の効力（日本臓器製薬事件・大阪地判平成 13・12・19 労働判例 824 号 53 頁）」ジュリスト 1245 号 212 〜 215 頁（2003 年 6 月）
「ビル管理業務に従事する労働者の仮眠時間と労基法上の労働時間（大星ビル管理事件・最 1 小判平成 14・2・28 民集 56 巻 2 号 361 頁）」ジュリスト平成 14 年度重要判例解説 210 〜 212 頁（2003 年 6 月）
「労働委員会の審査手続と救済命令の司法審査について」中央労働時報 1016 号 2 〜 10 頁（2003 年 8 月）
「『経営体制としての労使関係』の法理について」中央労働時報 1017 号 2 〜 11 頁（2003 年 9 月）

■ 2004 年
『人事マネジメントハンドブック』（日本労務研究会，2004 年 1 月）

「成果主義賃金制度と労働法」290〜296 頁,「労働時間法の内容および改正経過」351〜360 頁,「変形労働時間制・事業場外労働の労働時間算定」385〜393 頁,「フレックスタイム制」393〜397 頁,「労働者の主体的労働のための労働時間制（裁量労働制）」397〜401 頁,「年少者の労働時間」401〜404 頁

小西國友＝渡辺章＝中嶋士元也『労働関係法〔第 4 版〕』（第 3 部雇用関係法）86〜361 頁（有斐閣, 2004 年 3 月）

「中期雇用という雇用概念について」『中嶋士元也先生還暦記念論集・労働関係法の現代的展開』71〜95 頁（信山社, 2004 年 11 月）

「労働協約の法的性質」ジュリスト増刊労働法の争点〔第 3 版〕14〜15 頁（2004 年 12 月）

■ 2005 年

「労働組合への期待」月刊労委労協 585 号 3〜9 頁（2005 年 1 月）

「『性同一障害』を理由とする入社日翌日の解雇・個別労働紛争あっせん録(1)」労働法令通信 2055 号 28〜29 頁（2005 年 9 月）

「職安の求人募集に応じた労働者が, 求人票記載の法人に労働者派遣をする事業者の従業員として派遣使用され, 退職にいたった例・個別労働紛争あっせん録(2)」労働法令通信 2058 号 28〜29 頁（2005 年 10 月）

「試用期間 1 ヵ月と定めて採用され, 入社 10 日目に解雇された例・個別労働紛争あっせん録(3)」労働法令通信 2061 号 28〜29 頁（2005 年 11 月）

「有期夜間勤務者の『時給』と深夜・時間外労働割増賃金・個別労働紛争あっせん録(4)」労働法令通信 2064 号 30〜31 頁（2005 年 12 月）

■ 2006 年

「退職後の競業避止特約に合意しないことを理由とする退職金の支払遅延・個別労働紛争あっせん録(5)」労働法令通信 2066 号 34〜35 頁（2006 年 1 月）

「判例研究　労働者の正当な内部告発を理由とする不利益取扱と損害賠償請求権（トナミ運輸事件・富山地判平成 17・2・23 労働判例 891 号 12 頁）」専修ロージャーナル創刊号 85〜106 頁（2006 年 2 月）

「有期派遣就業契約を反復した労働者の雇止めと解雇予告義務・個別労働紛争あっせん録(6)」労働法令通信 2069 号 26〜27 頁（2006 年 2 月）

「労働契約法制の「基本的考え方」を考える」季刊労働法 212 号 2〜16 頁（2006 年 3 月）

「社内『相談センター』への相談内容等を理由とする本採用拒否・個別労働紛争あっせん録(7)」労働法令通信 2072 号 18〜19 頁（2006 年 3 月）

「労災による能力低下を理由とする有期雇用者の雇止め・個別労働紛争あっせん録

「(8)」労働法令通信 2075 号 20 〜 21 頁（2006 年 4 月）

「有期『契約社員』の割増賃金支払い要求と退職トラブル・個別労働紛争あっせん録(9)」労働法令通信 2078 号 24 〜 25 頁（2006 年 5 月）

「和解について（覚書）」中央労働時報 1056 号 2 〜 7 頁（2006 年 5 月）

「賃金の支払・第 24 条」別冊法学セミナー・基本法コンメンタール労働基準法〔第 5 版〕132 〜 143 頁（日本評論社，2006 年 5 月）

「『抑うつ状態』で欠勤中の女性職員の休職願を拒否してなした解雇・個別労働紛争あっせん録(10)」労働法令通信 2081 号 20 〜 21 頁（2006 年 6 月）

「通勤途上災害のための加療中の労働者に対する退職勧奨・個別労働紛争あっせん録(11)」労働法令通信 2084 号 24 〜 25 頁（2006 年 7 月）

「キャリア（中途）採用の役職者に対する業務改善プログラム後の退職勧奨・個別労働紛争あっせん録(12)」労働法令通信 2087 号 26 〜 27 頁（2006 年 8 月）

「転籍条件の折り合いのつかない従業員に対する待機後の退職扱い・個別労働紛争あっせん録(13)」労働法令通信 2089 号 20 〜 21 頁（2006 年 9 月）

「更新期間の『上限 5 年ルール』を理由にする雇止め・個別労働紛争あっせん録(14)」労働法令通信 2092 号 30 〜 31 頁（2006 年 10 月）

『賃金・労働時間』（独立行政法人労働政策研究・研修機構）（2006 年 11 月）

「日本語能力の不足を理由とする採用から 8 日目の外国人労働者の解雇・個別労働紛争あっせん録(15)」労働法令通信 2095 号 26 〜 27 頁（2006 年 11 月）

「量販店フロア長の『現金横領』行為等を理由とする懲戒解雇・個別労働紛争あっせん録(16)」労働法令通信 2098 号 27 〜 28 頁（2006 年 12 月）

■ 2007 年

小西國友＝渡辺章＝中嶋士元也『労働関係法〔第 5 版〕』（第 3 部雇用関係法）89 〜 387 頁（有斐閣，2007 年 1 月）

「賃金戦後史への断想」中央労働時報 1066 号 14 〜 15 頁（2007 年 1 月）

「中途採用した『営業企画課長』の就業状況不良を理由とする解雇・個別労働紛争あっせん録(17)」労働法令通信 2100 号 30 〜 31 頁（2007 年 1 月）

「専門業務型裁量労働制適用者の基本給引下げと『みなし残業手当』・個別労働紛争あっせん録(18)」労働法令通信 2103 号 22 〜 23 頁（2007 年 2 月）

「判例研究　外注化による剰員整理解雇（宝林福祉会事件・鹿児島地判平成 17・1・25 労働判例 891 号 62 頁）」専修ロージャーナル No. 2，99 〜 116 頁（2007 年 2 月）

「外国人旋盤作業労働者の期間途中における即時解雇の大荒れ顚末・個別労働紛争あっせん録(19)」労働法令通信 2106 号 26 〜 27 頁（2007 年 3 月）

「工場法史が今に問うもの」日本労働研究雑誌 562 号 101 〜 110 頁（2007 年 5 月）

『個別的労働関係紛争あっせん録』（労働法令協会，2007 年 7 月）
「戦争経済下の工場法について（覚書）」『山口浩一郎先生古希記念論集・友愛と法』195 〜 237 頁（信山社，2007 年 12 月）

■ 2008 年
「不当労働行為審査制度と労組法の改正」ジュリスト 1355 号 76 〜 83 頁（2008 年 4 月）
「評論労使関係法・管理職の不当労働行為と責任の帰属（JR 東海〔東京運転所〕第二事件・最 2 小判平成 18・12・8 別冊中央労働時報 1355 号 54 頁・労働判例 929 号 5 頁について）」中央労働時報 1092 号 13 〜 19 頁（2008 年 9 月）
「労働者性・使用者性の問題——その整理と復習」中央労働時報 1102 号 2 〜 14 頁（2009 年 4 月）

■ 2009 年
『労働法講義・上』（信山社，2009 年 8 月）
「提言　最低賃金制論議に寄せて」日本労働研究雑誌 593 号 1 頁（2009 年 12 月）

■ 2010 年
「業務委託契約と労働組合法の適用関係—— INAX メンテナンス事件東京高裁判決を素材にして」専修ロージャーナル No. 5　1 〜 26 頁（2010 年 1 月）
「労組法上の『労働者性』を団体交渉事項の性質から考える」月刊労委労協 650 号 2 〜 18 頁（2010 年 6 月）
「『責任ある自治』の法としての労働法」日本労働法学会誌 116 号 96 〜 99 頁（2010 年 10 月）
「座談会・個別的労働紛争処理の実務と課題」（岩村正彦＝木下潮音＝徳住堅治＝渡辺章＝渡辺弘）ジュリスト 1408 号 16 〜 43 頁（2010 年 10 月）

■ 2011 年
「労働組合法上の労働者性に関する最高裁 2 判決」最新不当労働行為事件重要命令判例 1406 号 2 〜 3 頁（2011 年 5 月）
「座談会・労働組合法上の労働者性——最高裁二判決をめぐって」（山川隆一＝小松秀夫＝木下潮音＝徳住堅治＝渡辺章）中央労働時報 1135 号 4 〜 27 頁（2011 年 7 月）
『日本立法資料全集 55 巻・労働基準法〔昭和 22 年〕(4)上』
『日本立法資料全集 56 巻・労働基準法〔昭和 22 年〕(4)下』
　（土田道夫＝中窪裕也＝野川忍＝野田進＝和田肇と共編著）（信山社，2011 年 3 月）はしがき i 〜 iii 頁，第 1 章「労働基準法の施行について」3 〜 15 頁，第 3 章「史

料記録としての『労働基準法解説』等」75〜116頁,第4章「労働基準法および施行規則の改正」117〜153頁
『労働法講義・下』(信山社,2011年11月予定)

渡辺 章先生古稀記念
労働法が目指すべきもの

2011（平成23）年12月18日　第1版第1刷発行
2251：P372　￥11000E-014：050-010-005-TG5

編　者	菅野和夫　中嶋士元也
	野川　忍　山川隆一
発行者	今井　貴　稲葉文子
発行所	株式会社　信　山　社
	編集第2部

〒113-0033　東京都文京区本郷 6-2-9-102
Tel 03-3818-1019　Fax 03-3818-0344
henshu@shinzansha.co.jp
東北支店　〒981-0944　宮城県仙台市青葉区子平町 11 番 1 号
笠間才木支店　〒309-1611　茨城県笠間市笠間 515-3
Tel 0296-71-9081　Fax 0296-71-9082
笠間来栖支店　〒309-1625　茨城県笠間市来栖 2345-1
Tel 0296-71-0215　Fax 0296-72-5410
出版契約 2011-2251-7-01011　Printed in Japan

Ⓒ 編・著者, 2011　印刷・製本／ワイズ書籍・渋谷文泉閣 46K
ISBN978-4-7972-2251-7 C3332　分類328.609-a004 労働法

JCOPY　《(社)出版者著作権管理機構　委託出版物》
本書の無断複写は著作権法上での例外を除き禁じられています。複写される場合は、
そのつど事前に、(社)出版者著作権管理機構（電話 03-3513-6969, FAX 03-3513-6979,
e-mail: info@jcopy.or.jp）の許諾を得てください。

外尾健一著作集〔全8巻〕

労働者の権利が具体的には無に等しかった状況のなかから、基本的人権として法の体系のなかに定着し、今日にいたるまでのわが国の労働法の軌跡の一端を体験し、観察して来た著者の論文を、テーマ別にまとめた著作集。

1 　労働権保障の法理

2 　団結権保障の法理

3 　労働権保障の法理〈1〉

4 　労働権保障の法理〈2〉

5 　日本の労使関係と法

6 　フランス労働協約法の研究

7 　フランスの労働組合と法

8 　アメリカのユニオン・ショップ制

———— 信山社 ————

蓼沼謙一著作集〔全8巻+別巻〕

第Ⅰ巻　労働法基礎理論
　労働法一般・方法論／労働基本権／
　略歴・主要著作【作成】盛誠吾・石井保雄／【解説】毛塚勝利・石井保雄
第Ⅱ巻　労働団体法論
　労働組合／不当労働行為／団体交渉／労働協約／【解説】石井保雄
第Ⅲ巻　争議権論（1）
　争議権基礎理論／【解説】石井保雄
第Ⅳ巻　争議権論（2）
　ロックアウト論／労働争議法の諸問題／【解説】石井保雄
第Ⅴ巻　労働保護法論
　労働基準法／労働契約／就業規則／個別労働条件／【解説】毛塚勝利
第Ⅵ巻　労働時間法論（1）
　労働時間法制／労働時間／【解説】毛塚勝利
第Ⅶ巻　労働時間法論（2）
　年休権論
第Ⅷ巻　比較労働法論
　アメリカ法研究／書評・紹介（サヴィニー、ジンツハイマー等）／
　【解説】藤原稔弘
別　巻　労働法原理　H. ジンツハイマー 著
　楢崎二郎・蓼沼謙一 訳

信山社

◆ 穂積重遠 法教育著作集
　われらの法　全3集　【解題】大村敦志

■第1集　法学
◇第1巻『法学通論(全訂版)』／◇第2巻『私たちの憲法』／第3巻『百万人の法律学』／◇第4巻『法律入門—NHK教養大学—』／◇正義と識別と仁愛　附録—英国裁判傍聴記／【解題】(大村敦志)

■第2集　民法
◇第1巻『新民法読本』／◇第2巻『私たちの民法』／第3巻『わたしたちの親族・相続法』／◇第4巻『結婚読本』／【解題】(大村敦志)

■第3集　有閑法学
◇第1巻『有閑法学』／◇第2巻『続有閑法学』／第3巻『聖書と法律』／【解題】(大村敦志)

◆ 来栖三郎著作集

《解説》安達三季生・池田恒男・岩城謙二・清水誠・須永醇・瀬川信久・田島裕・利谷信義・唄孝一・久留都茂子・三藤邦彦・山田卓生

I　法律家・法の解釈・財産法
II　契約法　財産法判例評釈(1)総則・物権
III　財産法判例評釈(2)債権・その他
家族法　家族法判例評釈(親族・相続)

◆ フランス民法——日本における研究状況
　　大村敦志　著

信山社

◆ 労働法講義 上
総論・雇用関係法 I
渡辺 章 著

◆ 労働法理論の適用場面をリアルに解説した法科大学院用体系書 ◆

上巻14講・下巻10講で構成した実務や司法試験にも対応した体系書。
＜上巻内容＞労働関係法総説／労働基本権の保障／労働憲章／労働契約と就業規則／労働契約上の権利義務／労使協定等・労働協約／賃金法制／法定労働時間制・時間外労働／弾力的労働時間制／年次有給休暇／労働契約の成立と試用労働契約／異動人事／労働契約の終了。

下巻　2011年末刊行予定

◆ プラクティス労働法
山川隆一 編

◆ 基礎を身につけるコンセプトで作られた新感覚標準書 ◆

具体的かつ的確なイメージを5行程度のillustration事例で確実に把握し、また章ごとの演習用ケース問題で、知識の定着を図り、応用力を養成。
巻末に、第一線の弁護士の解説付きの横断的な「総合演習」も6問掲載。
これ1冊で基礎から、高度な知識の獲得まで、読者を的確に導く最新型テキスト兼実務書。

信山社

世界の労使関係
ＩＬＯ著、菅野和夫・ＩＬＯ東京支局 監

労災補償の諸問題〔増補版〕
山口 浩一郎

労働契約の変更と解雇
―フランスと日本
野田 進

外国人労働者法
―ドイツの成果と日本の展望
野川 忍

国際労働関係の法理
山川 隆一

不当労働行為争訟法の研究
山川 隆一

労務指揮権の現代的展開
―労働契約における一方的決定と合意との相克
土田 道夫

信山社

貴重な資料から人間の営為を読み解く―資料研究の現代的価値を提示

日本立法資料全集 ◆労基法の施行細則制定資料を収集・考証◆

― 渡辺 章・野田 進 編 ―

労働基準法〔昭和22年〕(4)上

従来アクセス出来なかった労働省所蔵の労働基準法制定資料の完全翻刻資料集。新発見の労働基準法施行規則制定資料を整理分類し制定経緯について詳細に解説。立案作業における「立法者意思」研究の必須文献〔既刊(1)(2)(3)上下日本立法資料全集本巻51・52・53・54〕
【本巻目次】労基法施行規則制定経過の解説/労基法施行規則制定資料(施行規則草案・公聴会関係資料)
【目 次】
はしがき
第一部 労働基準法施行規則の制定経過
　第一章 労働基準法の施行について
　第二章 労働基準法施行規則の草案
　第三章 史料記録としての「労働基準法解説」等
　第四章 労働基準法および施行規則の改正
第二部 労働基準法施行規則制定資料
　Ⅰ 労働基準法施行規則立案関係
　Ⅱ 労働基準法施行規則案に関する公聴会

労働基準法〔昭和22年〕(4)下

従来アクセス出来なかった労働省所蔵の労働基準法制定資料の完全翻刻資料集。新発見の労働基準法施行規則制定資料を整理分類、制定経緯について詳細に解説。特別資料として「労働基準法解説(寺本広作・厳太郎)」を収録。本巻の刊行により労働法研究者必見資料全6巻完結日本立法資料全集本巻51・52・53・54・55・56〔本巻目次〕末3/4解説/施行規則に対する労使諸省庁意見/施行通達類

【目 次】
はしがき
第二部 労働基準法施行規則制定資料(つづき)
　Ⅲ 法施行に関する政府の声明
　Ⅳ 労働基準法施行規則に対する労使・諸省庁意見
　Ⅴ 労働基準法の施行に関連する政令・省令・告示
　Ⅵ 労働基準法の施行に関する通達

【既刊】
■労働基準法〔昭和22年〕(1)　渡辺 章 編集代表
　菊変・上製648頁　定価43,689円(税別)　ISBN4-88261-256-9 C3332
■労働基準法〔昭和22年〕(2)　渡辺 章 編集代表
　菊変・上製800頁　定価55,000円(税別)　ISBN4-88261-257-7 C3332
■労働基準法〔昭和22年〕(3)上　渡辺 章 編集代表
　菊変・上製502頁　定価35,000円(税別)　ISBN4-88261-258-5 C3332
■労働基準法〔昭和22年〕(3)下　渡辺 章 編集代表
　菊変・上製476頁　定価34,000円(税別)　ISBN4-88261-259-3 C3332

信山社

◆労働時間の法理と実務
筑波大学労働判例研究会 著
渡辺 章・山川隆一 編

渡辺章教授が60歳の際に捧げられた論文集。労働時間規制の原理に立ち返り、近年における法政策の動向を理論的に位置づけるとともに、法令および判例が示したルールを明らかにすることにより、労働時間をめぐる実務への指針を明らかにする。（2000年刊）

◆労働関係法の国際的潮流
花見忠先生古稀記念論集
花見忠先生古稀記念論集刊行委員会 編

◆友愛と法
山口浩一郎先生古稀記念論集
編集代表　菅野和夫・中嶋士元也・渡辺 章

◆労働関係法の現代的展開
中嶋士元也先生還暦記念論集
中嶋士元也先生還暦記念論集刊行委員会 編

◆変貌する労働と社会システム
手塚和彰先生退官記念論集
編集代表　手塚和彰・中窪裕也

信山社